Jane Kramer

SONDERBARE EUROPÄER

DIE ANDERE BIBLIOTHEK
Herausgegeben
von Hans Magnus Enzensberger

Jane Kramer

SONDERBARE EUROPÄER

Gesichter und Geschichten

Aus dem Amerikanischen
von Matthias Fienbork

Eichborn Verlag
Frankfurt am Main 1993

Die Balkan-Schweden

Predrag Ilić hat vor acht Jahren damit angefangen, sich in Jugoslawien ein Haus zu bauen. Predrag war einundzwanzig damals. Seine achtzehn Monate Militärdienst in Marschall Titos Armee lagen bereits hinter ihm. Er hatte einen festen Job als Packer in der Flaschenfabrik am Rande seines Dorfes, und seine Frau Darinka würde ihm bald ihr erstes Kind schenken. Ein Haus zu bauen — das war ganz einfach der nächste Schritt, der von Predrag erwartet wurde. Für einen serbischen Bauern ist ein Haus sehr wichtig. Predrag sagt, daß ein Mann in seiner Heimat nichts ist, wenn er kein eigenes Haus hat — so wie er nichts ist ohne einen kräftigen, gesunden Sohn und ein paar Hektar Obstgarten für den Pflaumenschnaps. Das war so, als Predrags Vater sich ein Haus baute, aber um so mehr galt das, als auch für Predrag die Zeit kam, sich ein Haus zu bauen, denn inzwischen durfte niemand in Jugoslawien mehr als zehn Hektar Land besitzen, für gut eine Million der zweiundzwanzig Millionen Einwohner gab es keine Arbeit, und ein Haus war oft das einzige, was ein armer junger Mann aus einem Bauerndorf, ohne Beziehungen zur Partei oder besondere Ausbildung, vorweisen konnte.* Es bedrückte Predrag, daß er mit einer schwangeren Frau noch immer im alten Bauernhaus seines Vaters wohnte. Predrag ist knapp einssechzig, und wie so viele kleinwüchsige Männer litt er stark unter seiner geringen Körpergröße, denn er war der Ansicht, daß das Leben größere

* Daran hat sich noch immer nichts geändert, auch wenn die offizielle Arbeitslosenziffer inzwischen auf ca. 750000 gesunken ist. Man kann davon ausgehen, daß die meisten der 820000 Jugoslawen, die gegenwärtig im Ausland arbeiten, in der Heimat ebenfalls arbeitslos wären.

Männer bevorzugt. Er hatte schon zahlreiche Demütigungen einstecken müssen. Beim Militär, in Kroatien, hatte er die Meisterschaft seiner Kaserne im Armdrücken gegen einen stämmigen Schmied aus Mazedonien verloren. Zu Hause hatte er seine Freundin an einen hochgewachsenen Metzger aus der Kreisstadt verloren. Jetzt war er verheiratet, beinahe Vater, aber ein Mann ohne Haus.

Predrag litt hingebungsvoll, nach bester Balkantradition. Er verzehrte sich in seinem Kummer, und als ihn das allmählich langweilte, verlegte er sich aufs Prahlen. Er schloß haarsträubende Trinkwetten mit alten, hartgesottenen Dorfsäufern ab. Er ölte sich das Haar, polierte die abgekauten Fingernägel, warf sich in Schale. Er putzte sich heraus und stolzierte wie ein aufgeregter Vogel im Dorf herum, während Darinka zu Hause blieb und das alte Bügeleisen erhitzte, um die rosa Rüschenhemden zu bügeln, die er halbdutzendweise bei einem Belgrader Versandhaus bestellt hatte. Abends setzte er sich unübersehbar in eines der drei Kaffeehäuser des Dorfes und kritzelte mysteriöse Dinge in ein Schulheft, und jedem, der sich erkundigte, erklärte er, daß er an komplizierten mathematischen Problemen arbeite. Seine Nachbarn sollten wissen, daß er sehr wohl jemand war — ein überaus begabter, bitter enttäuschter Mann, den ein unfreundliches, ungerechtes Schicksal in ein Leben und in einen Körper gesteckt hatte, die zu klein für ihn waren. Doch die Nachbarn kümmerten sich nicht sonderlich um Predrag. Die alten Männer tranken ihn allabendlich unter den Tisch und nahmen sein Geld, und die jungen Männer spotteten über seine sinnlosen Kritzeleien. Predrags Schulheft wurde zum Witz, über den das ganze Dorf lachte.

Predrag plante sein Haus wie einen Racheakt. Sein Haus sollte ihn für alle Demütigungen entschädigen, die ihm widerfahren waren. Es würde ein modernes Haus sein, eine Villa, so wie die Villa des Vorarbeiters in der Flaschenfabrik oder des Doktors in der Kreisstadt. Es würde aus feinem Belgrader Zement gebaut werden, nicht aus Holz, wie die alten serbischen Bauernhäuser, und es würde vier große Zimmer haben, eine moderne Küche, ein Badezimmer mit WC und fließend Warm- und Kaltwasser. Niemand würde sagen können, daß Predrag wie ein Bauer auf Holzdielen wohnte. Der Fußboden würde aus amerikanischem Linoleum sein. Die Kissen würden mit feinem Schaumgummi statt mit gewöhnlichen Gänsefedern gefüllt sein. Die Räume würden von Neonröhren hell erleuchtet und mit Elektroheizung ausgestattet sein. Hochgewachsene Männer würden sich beim Anblick des Plastikschlauchs im Küchengarten sehr ärmlich vorkommen. Die Frauen der hochgewachsenen Männer würden mit Fünfundzwanzig schon alt sein, gebeugt und verbraucht vom Wasserholen, während Predrags Frau jung und füllig bleiben würde, denn sie würde in ihrer Küche sitzen und die Schaltknöpfe ihrer importierten Waschmaschine bedienen.

Predrag wohnt nicht mehr in seinem Dorf. Er wohnt mit Darinka und seinen drei Kindern in Södertälje, einer schwedischen Industriestadt an der Ostseeküste, arbeitet bei Saab-Scania am Fließband und verdient dort das Geld, das er für die Fertigstellung seines Hauses benötigt. Seit fast acht Jahren ist er jetzt schon in Schweden. Am Ende, sagt er, habe er keine Möglichkeit gesehen, zu Hause zu bleiben und ein anständiges Haus zu bauen — nicht bei seinem Wochenlohn von umgerechnet weniger als zwanzig Dollar und wo alles, was er für sein Haus brauchte, jedes Jahr teurer wurde. Und irgendein anderes Haus hätte er nicht akzeptiert. Er war als Bauer geboren worden, in einem Dorf aufgewachsen, aber noch bevor er mit der Volksschule fertig war, hatte sich diese Welt schon verändert. Zuerst die befestigte Straße zur Kreisstadt, dann der Bus, der allwöchentlich ins ferne Belgrad fuhr und mit bunten Zeitschriften und Katalogen und all den Zeugnissen des materiellen Fortschritts zurückkam. Die jungen Burschen im Dorf schämten sich, schämten sich ihrer Väter und sehnten sich nach den Symbolen eines besseren Lebens. Als Predrag nach Schweden fuhr, waren einige von ihnen schon nach Westeuropa gegangen, um dort in einer Fabrik zu arbeiten, und wollten, genau wie er, für das eigene Haus sparen. Sie dachten, daß sie schon irgendwie weiterkommen würden, wenn das Haus erst einmal stand. Doch inzwischen sind so viele Leute weggezogen, und es wird so viel gebaut, daß aus dem Dorf eine kleine Stadt geworden ist, die den gespenstischen Eindruck vermittelt, sie sei in verschiedenen Bauphasen überstürzt verlassen worden. Die neuen Straßen, ungepflastert und grasüberwuchert, werden von den Fundamenten und Rohbauten jener Villen gesäumt, von denen die jungen Leute in den deutschen und schwedischen Fabriken träumen, und sie liegen von einem Sommer bis zum nächsten verwaist da, wenn die Männer für einen Monat nach Hause kommen, um nun ihr übers Jahr erspartes Geld für einen neuen Fußboden oder einen Wassertank oder für Dachziegel auszugeben. Im Sommer blüht das Dorf auf. Es wimmelt von Kindern, die die südliche Sonne wiederentdecken, jungen Paaren, die mit ihrem ausländischen Geld angeben, und Heerscharen von Zimmerleuten, Klempnern, Maurern und Elektrikern aus der Kreisstadt. Doch im September endet das ausgelassene Fest, und dann ist niemand mehr da außer den alten Männern und Frauen, die sich um die Babys kümmern, deren Eltern es sich nicht leisten können, sie ins Ausland mitzunehmen.

Im August eines guten Jahres kehrt Predrag mit zehntausend Kronen heim. Im August ist er wer, ein Herr, der mit seiner Familie Urlaub macht, ein Herr mit einer Brieftasche voll Geld und einem Peugeot Baujahr 1967. Aber binnen eines Monats ist alles Geld ausgegeben, und er flüchtet (was er hat, reicht gerade noch für Verpflegung und Benzin auf der langen Rückreise nach Sädertälje), bevor das Selbstvertrauen, das er in einem Monat des Geldausgebens gepflegt hat, ebenfalls zerronnen ist. Er schätzt, daß er noch fünf Jahre »pendeln« wird (diesen Ausdruck hat er in Schweden gelernt), bevor sein Haus fertig ist und er an eine endgültige Heimkehr denken kann. Die Arbeit kommt nur langsam voran, denn in Jugoslawien sind, was Baumaterial und Löhne angeht, selbst zehntausend Kronen nicht mehr viel wert. Und keiner der Handwerker aus der Kreisstadt arbeitet auf Pump; kaum ist Predrag abgereist, hören sie mitten in der Arbeit auf (was immer sie gerade tun) und warten bis zum nächsten Sommer, um ihre Arbeit dann wiederaufzunehmen. Die Mauern stehen schon, und zum Schutz vor den Winterstürmen, die von den Bergen hinter dem Dorf herunterwehen, hat das Haus ein provisorisches Dach bekommen. Der Wohnzimmerfußboden ist mit schwarzweißem Linoleum ausgelegt, und Darinka hat gerade die Möbel hereingestellt, die sie zur Aussteuer erhalten hat, für die Fenster weiße, mit kleinen Rosenknospen gesäumte Nylonvorhänge gekauft und Strohmatratzen bestellt, damit die Familie dort schlafen kann, wenn sie in diesem Sommer zu Hause ist. Aber gutes Linoleum ist so teuer in Jugoslawien, daß Predrag die anderen Zimmer nicht hat auslegen können, und außerdem muß er noch mehrere tausend Kronen für Elektroleitungen und Installation sparen, bevor mit der Küche oder dem Badezimmer angefangen werden kann.

Der Winter in Södertälje, das ist für Predrag nur ein halbes Leben. Er sagt, in Gedanken sei er nie richtig da, sondern immer zu Hause. Er sitzt in seiner kleinen Wohnung am Küchenfenster, hört serbische Musik in einem gebraucht gekauften Kurzwellenradio, guckt sich Schnappschüsse in einem Familienalbum an, das inzwischen völlig von der halbfertigen Villa dominiert wird, ißt von dem jugoslawischen Käse und der Wurst, die er samstags auf dem Heumarkt in Stockholm kauft, und trinkt von dem Sliwowitz, den er jeden September in leeren Bierflaschen nach Schweden schmuggelt. Er ist gereizt und übellaunig geworden in Södertälje, wie der junge Mann, der innerhalb von ein paar Monaten seinen Titel im Armdrücken und seine Freundin verlor. Er klagt oft, daß er seine besten Jahre in einem kalten, dunklen, unfreundlichen Land vergeudet. Aber er denkt nicht an die Möglichkeit, in das Land heimzukehren, wo es auch im Winter in seiner Erinnerung immer warm und sonnig ist und alles üppig gedeiht. Statt dessen sitzt er in seinem alten rosa Rüschenhemd und grübelt und tröstet sich von Zeit zu Zeit mit einem neuen Heft für seine imaginären mathematischen Berechnungen. Daß die meisten seiner Nachbarn in dem riesigen Neubauviertel, das die Schweden freundlicherweise als *förort* (Vorstadt) bezeichnen, ebenfalls Ausländer sind und Heimweh haben, tröstet ihn ganz und gar nicht.

Zehn Millionen ausländische Arbeiter leben in den Industrieländern Westeuropas.* Sie kommen aus verlassenen Bauernhöfen in Portugal und Spanien und dem Mezzogiorno, aus Dörfern in Griechenland und Jugoslawien, aus maghrebinischen Ortschaften und entlegenen Orten in Anatolien, um in den Fabriken des Nordens zu arbeiten. Sie alle stellen das menschliche Material dar, mit dessen Hilfe die großen Staaten im Europa der Nachkriegszeit ihre Industrialisierung vorangetrieben haben. Tatsächlich sind sie, in ihrer Gesamtheit, so etwas wie eine neue europäische Nation — eine polyglotte Diaspora, ein riesiges Wanderproletariat, beispiellos in der abendländischen Geschichte seit der Epoche des Römischen Reichs. Jeder sechste Industriearbeiter in Westeuropa ist heutzutage Ausländer — nicht ein Einwanderer, der sich in einem neuen Land niederläßt, sondern ein *homme déraciné*, wie die Franzosen sagen, den Armut und Träume zu schwerer, demoralisierender Arbeit in einer fremden, feindlichen Stadt des Nordens treiben, wo er in erstaunlicher Distanz zu seiner Umgebung überlebt. Er zählt die Jahre, oft Jahrzehnte, bis er (wie er glaubt: ruhmvoll) heimkehren kann in sein fertiggebautes Haus, zu dem restlos abbezahlten kleinen Geschäft oder Café, geachtet von den alten Nachbarn, die dageblieben sind. Er symbolisiert gewissermaßen all die abgeschiedenen südeuropäischen Dörfer, über die plötzlich eine Welt von High-Tech und komplexen Wirtschaftsverhältnissen hereinbrach, eine Welt, der sich das Dorf nicht verweigern kann, für die es aber auch keinen Platz hat.

Die Nachkriegsemigration von Arbeitern in Richtung Norden ist die größte Völkerwanderung, die Europa seit den großen Auswanderungswellen nach Amerika im ausgehenden neunzehnten und frühen zwanzigsten Jahrhundert erlebt hat. Zwischen dem Norden und dem Süden ist eine komplizierte symbiotische Bindung entstanden. Die neuen Emigranten sind diejenigen Arbeitskräfte, mit deren Hilfe die west- und

* Zehn Millionen sind eine relativ konstante, offizielle Zahl; es ist die Zahl der Familienangehörigen und der illegalen Einwanderer, die Schwankungen unterliegt.

nordeuropäische Wirtschaft überleben und ihre beherrschende Stellung behaupten konnte — und sie sind zugleich die Quelle von Devisen, mit deren Hilfe ihre Heimatländer die Abhängigkeit und die Arbeitslosigkeit überleben, die durch die Abhängigkeit erst entstanden ist. Auf dem Höhepunkt der Auswanderung — 1973, kurz vor dem ersten Winter der Ölkrise — waren neunzehn Prozent der Arbeiter in der Schweiz Italiener, die ihre Löhne nach Italien überwiesen. In Frankreich schickten eine Million portugiesische Arbeiter, die in den Fabriken von Paris und Clermont-Ferrand tätig waren, jährlich zweiundzwanzig Milliarden Escudos nach Hause. Billige Arbeitskräfte waren also Portugals attraktivstes Exportprodukt. Fast eine Million Algerier unterstützten ihre Familien in der Heimat mit französischen Löhnen und Renten und damit auch die einheimische Wirtschaft, die ohne sie womöglich zusammengebrochen wäre. In Westdeutschland, mit mehr als 2,5 Millionen ausländischen Arbeitern, verdienten 750000 Jugoslawen ihren Lebensunterhalt — das heißt, fünfzehn Prozent aller arbeitsfähigen jugoslawischen Arbeiter gingen jeden Morgen in Westdeutschland zur Arbeit.* Für beide Seiten war das nicht nur vorteilhaft. Einerseits war der unbeschränkte Zustrom an billigen Arbeitskräften die Voraussetzung für den rasanten Aufschwung der westeuropäischen, wachstumsorientierten Industriegesellschaften, doch in den sechziger Jahren war die Wachstumsspirale schon inflationär, und in den siebziger Jahren, als Ölkrise und weltweite Rezession den Export drosselten, befanden sich die meisten westeuropäischen Industrieländer in einem Zustand der Überentwicklung, der sich nicht auf Dauer halten ließ. Andererseits hatten fünfundzwanzig Jahre ununterbrochener Emigration erheblich dazu beigetragen, daß der Süden Europas unterentwickelt blieb. Die Auswanderung hatte einen Plazeboeffekt auf die wichtigsten sozialen und wirtschaftlichen Probleme, insofern sie eine zeit-

* Seit der Ölkrise sind mindestens 300000 jugoslawische Arbeiter in Westdeutschland entlassen worden und in die Heimat zurückgekehrt, aber geblieben sind noch immer 400000 — wenn man die Familienangehörigen mitrechnet, sind das mehr als 600000 Personen.

weilige Lösung für Arbeitslosigkeit darstellte und Illusionen von inländischem Reichtum nährte, der auf Lohnüberweisungen beruhte, die in den allermeisten Fällen unproduktiv investiert wurden, das heißt in Häuser, Autos, kleine Cafés und Werkstätten, in Land, das, weil Spekulationsobjekt, brachlag, und vor allem in Importgüter. Die Auswanderung hat zerrüttet, was früher zumindest eine funktionierende Landwirtschaft war. Aus den südeuropäischen Dörfern sind so viele junge Männer weggegangen, daß weite Landstriche in Südeuropa heutzutage nicht mehr bewirtschaftet werden. Und die Emigration hat bewirkt, daß in diesen Ländern keine Entscheidungen hinsichtlich der eigenen Entwicklung getroffen werden mußten — Entscheidungen, die schon deswegen so kompliziert waren, weil Industrie und Regierungen in Westeuropa keine Veranlassung sahen, in politisch instabilen südlichen Ländern zu investieren, wenn sie die besten Arbeiter von dort zu sich holen konnten.

Unter der gegenwärtigen Krise in Europa leiden zuallererst die Arbeitsemigranten. Tausende, die seit Beginn der Rezession entlassen wurden, kehren in ihre Heimatländer zurück, die nicht imstande sind, sie wieder zu integrieren. Millionen, die in der Fremde geblieben sind, sind plötzlich unerwünschte Eindringlinge. Zehn Jahre zuvor waren sie willkommen, weil sie Tätigkeiten verrichteten, für die sich kein anderer fand. Heute sind sie die Schurken der Rezession, die ihre Familien mit Geld ernähren, das anständigen west- und nordeuropäischen Männern und Frauen zusteht. Die Anwerbung ausländischer Arbeitskräfte wurde in Deutschland 1973, in Frankreich 1974 eingestellt. In Holland und Schweden wurden komplizierte Gesetze und gewerkschaftliche Regelungen beschlossen, die wie fortschrittliche Sozialgesetze aussahen, aber demselben Zweck dienten.* 1974 fand in der Schweiz sogar eine Volksab-

* Diese Gesetze und Verordnungen sind in diesen Ländern noch immer in Kraft, doch man darf nicht vergessen, daß sie nur für bestimmte Arbeiter gelten. Die neun Mitgliedstaaten der Europäischen Gemeinschaft haben sich verpflichtet, einen gemeinsamen Arbeitsmarkt zu schaffen und ihren Staatsangehörigen die uneingeschränkte Bewegungs- und Niederlassungsfreiheit zu garantieren. Einige EG-Staaten haben »Rückkehrerprämien«

stimmung statt: Mehr als ein Drittel der Stimmberechtigten sprach sich für einen Repatriierungsplan aus.* Angesichts von Massenarbeitslosigkeit, Sparmaßnahmen und sozialen Konflikten hat in Westeuropa eine Gegenreaktion eingesetzt, die, jahrelang offiziell ignoriert, im Namen der neuen »Krisenökonomie« mittlerweile gesellschaftsfähig geworden ist.

Jedes Land hat eine Bezeichnung für seine ausländischen Arbeiter und behandelt sie meist entsprechend. Die Franzosen, die sie *les émigrés* und manchmal *les déracinés* nennen, lassen sie unterbezahlt und buchstäblich entwurzelt in riesigen, trostlosen Slumvierteln hausen, in Paris oder in den dreckigen *bidonvilles,* die ringförmig um die großen Industriestädte liegen und seltsamerweise wie die Kulisse für einen kritischen französischen Dokumentarfilm über die Wohnverhältnisse von Arbeitern in Rio oder Casablanca aussehen. Die Deutschen bezeichnen ihre ausländischen Arbeiter als Gastarbeiter, und als Arbeiter bekommen sie guten Lohn für gute Arbeit, aber als Gäste werden sie nicht ermuntert, sich in Deutschland wohl zu fühlen. Sie müssen vielmehr sterile, behelfsmäßige Firmenunterkünfte beziehen, die in praktischer Nähe zu den Fabriken liegen, vom eigentlichen Deutschland aber ziemlich entfernt sind. Die Schweden nennen sie dagegen *invandrare,* also einfach Einwanderer — eine freundliche Bezeichnung für jeden, der sich im Lande niederlassen will. Sie bezahlen ihre ausländischen Arbeiter anständig, bringen sie ordentlich unter, ermuntern sie, ihre Familien mitzubringen, sorgen für die Schulbildung der Kinder, studieren sie mit der ernsten Neugier von Ethnologen, messen ihre Zufriedenheit mit dem Interesse von Psychologen, kämpfen für ihre Rechte und schreiben unentwegt über ihre Probleme. Und das bedeutet, daß Schweden für einen südeuropäischen Arbeiter im großen und ganzen das erträglichste und toleranteste Land in Europa ist. Schweden hat nur acht

ausgesetzt, die aber nur von wenigen ausländischen Arbeitern in Anspruch genommen werden.

* Die Schweiz hat seit 1974 zwei weitere Volksabstimmungen zum Thema Repatriierung durchgeführt, beide Male mit sehr ähnlichem Ergebnis. Das nächste Referendum wird wohl nicht lange auf sich warten lassen.

Millionen Einwohner, davon sind mehr als 400000 ausländische Arbeiter und deren Familienangehörige, davon die Hälfte Finnen, die aufgrund einer innerskandinavischen Vereinbarung uneingeschränkte Bewegungsfreiheit genießen. Bis 1972, als die Anwerbung von südeuropäischen Arbeitern gestoppt wurde — vorgeblich im Rahmen eines Vollbeschäftigungsprogramms, das die Arbeitsplätze für schwedische Bürger sichern und neue Jobs für Frauen und ältere Menschen oder Behinderte schaffen sollte —, bis dahin galt ein Arbeitsvertrag mit einem schwedischen Betrieb als das Nonplusultra für jeden südlichen Arbeitsemigranten, der hinreichend gebildet oder informiert war, um zwischen den nördlichen Ländern differenzieren zu können.

Südeuropäische *invandrare* kamen in solchen Zahlen nach Schweden — in den späten Sechziger- und frühen Siebzigerjahren waren es 10000 bis 25000 pro Jahr —, daß in dem Augenblick, als Einwanderungsbeschränkungen erlassen wurden, bereits die Hälfte der Fließbandarbeiter in der schwedischen Schwerindustrie Südeuropäer und Finnen waren. Sie kamen, weil Schweden, mehr als jedes andere Land im industrialisierten Westeuropa, ein Arbeiterstaat ist — kein sozialistischer Staat (das ist das Image Schwedens in Amerika und den meisten europäischen Ländern), sondern ein erstaunliches Experiment in Sachen kapitalistischer Wohlfahrtsstaat. Geprobt wird im Grunde das profitable Einverständnis zwischen ein paar mächtigen Konzernchefs und dem alle Institutionen des Landes beherrschenden Gewerkschaftsbund namens »Landsorganisationen«, dem schwedischen Arbeiter ein derart komfortables Leben zu verschaffen, daß er sich in den idealen Diener der Industrie verwandelt — in einen Menschen, der nicht mehr danach strebt, aus der Arbeiterklasse aufzusteigen. Die Schweden scheinen eine Gesellschaft errichtet zu haben, in der die höchsten Güter ein neuer Volvo und ein Farbfernseher sind. Hier triumphiert der Materialismus, und die Jugoslawen und Türken und Griechen, die von weither kommen, um dort zu arbeiten, sind von dem Wohlstand und den offenkundigen Annehmlichkeiten, denen sie hier begegnen, zunächst wie betäubt und verwirrt. Sie finden sich in einem Traumparadies wieder, wo merkwürdige Vorstellungen von einem Gesellschaftsvertrag die gewohnte lockere Etikette der Korruption ersetzt haben, die das südeuropäische Leben weitgehend organisiert. Es gibt keine Arbeiterslums in Stockholm, keine *bidonvilles,* nirgendwo die gespannte Atmosphäre der Ausbeutungsverhältnisse. In Schweden arbeiten die meisten *invandrare* in sauberen, modernen Fabriken, und zwar, gesetzlich vorgeschrieben, für schwedische Löhne. Predrag bringt monatlich 1800 Kronen netto nach Hause, mehr als das Fünffache dessen, was er in Jugoslawien verdient hat. Im Krankheitsfall bezieht er automatisch neunzig Prozent seines Lohns. Wenn Darinka ein Kind bekommt, hat sie Anspruch auf sechs Monate bezahlten Mutterschaftsurlaub. Das Geld wird mit obligatorischer Herzlichkeit gezahlt. Das gleiche gilt für alle anderen Leistungen des hochentwickelten und großzügigen schwedischen Wohlfahrtsstaats. Jener Rassenhaß, der vor ein paar Jahren dazu führte, daß sogenannte anständige Franzosen in Marseille algerische Arbeiter ermordeten, wäre in Schweden undenkbar. Die offene Verachtung, mit der die Deutschen den Gastarbeitern begegnen, würde hier nicht toleriert. Die Schweden finden den Gedanken abstoßend, daß in der Schweiz öffentlich darüber diskutiert werden konnte, ob man Ausländer repatriieren sollte, nur weil sie Ausländer sind. Schweden betrachten Ausländer mit einer ruhigeren, gelasseneren Art von Mißbilligung. Sie betrachten das Ausländersein gewissermaßen als angeborenes Fehlverhalten — quasi als psychosoziale Krankheit, die jeden Betroffenen eigentlich so sehr beschämen sollte, daß er sich so lange unauffällig verhält, bis die Symptome verschwunden sind. Die *invandrare* in Schweden stellen bald fest, daß sie isoliert sind, und sie spüren, daß ihre Isolation irgendwie tiefer geht als das unbeständige, defensive Abgesondertsein von ausländischen Arbeitern beispielsweise in Frankreich oder Deutschland. Wenn diese Arbeiter die »Neger Europas« sind — als solche haben sie sich jüngst bezeichnet —, dann ähneln die schwedischen *invandrare* ein wenig den traurigen, nervösen Knaben in einem Strindberg-

Roman — wohlgenährt, gepflegt, versorgt, aber nicht als Mitmenschen anerkannt, solange sie sich nicht einigermaßen wie Erwachsene verhalten. Die *invandrare* haben den Eindruck, dadurch, daß sie schlicht sie selbst sind, befänden sie sich in einem schrecklichen Irrtum, und ihre Verwirrung ist tief und bitter, weil sie wenig konkreten Anlaß zu Beschwerden haben, die ihr unheimliches Gefühl bekräftigen würden, daß irgend etwas mit ihnen nicht stimmt. Obwohl Predrag sich oft beklagt, sagt er, daß niemand ihn in Schweden schlecht behandelt. Das Problem, sagt er, besteht darin, daß ihn niemand wirklich wahrnimmt.

Schweden ist bekanntermaßen ein provinzielles Land. Es hat keine Tradition von kultureller Vielfalt und auch kein echtes Verständnis dafür, und die gleichmütige Konformität, die den Touristen so sehr verwirrt, weil er eine Nation von sexy Mädchen und schweigsamen, vor sich hin grübelnden Zechbrüdern erwartet, ist im Grunde ein Ausdruck für die große Unsicherheit der Schweden, wenn sie mit Andersartigem konfrontiert sind. Schweden mag seine Strindbergs und seine Selbstmörder hervorbringen, aber die Schweden selbst scheinen Genialität ebenso wie Verrücktheit als Musterbeispiele für die beklagenswerte Unfähigkeit mancher Leute zu halten, ihre Eigenheiten zu unterdrücken und auf fröhliche, gelassene Weise so zu werden wie alle anderen. Tatsächlich scheinen die meisten Schweden, seit Jahrhunderten Protektionisten und inzwischen abgesichert in einer gutartigen, aber dümmlichen Xenophobie, das Fremdsein als Beleidigung zu betrachten. In den vergangenen vierzig Jahren haben sie die liberalste und humanste Flüchtlingspolitik in Europa praktiziert. Diese Politik, konzipiert im Namen der neuen sozialdemokratischen Ideologie, gründete aber weitgehend auf der Überzeugung, daß der schwedische Charakter und die schwedischen Werte (als der richtige Charakter und die richtigen Werte) jeden Ausländer im Nu bekehren würden — und daß, indem man Fremde ins Land ließ, die eigene spärliche Bevölkerung um Hunderttausende von potentiellen Schweden aufgestockt würde. Man hatte nicht die konkrete Angst der Amerikaner vor Immigranten, die die lange und chaotische Erfahrung mit der Schmelztiegel-Kultur genährt hat. Und man begegnete den Einwanderern nicht mit jenem Zynismus, den die Kolonialgeschichte in Afrika und Asien etwa unter den Franzosen hatte entstehen lassen. Das einzig nennenswerte Kolonialabenteuer der Schweden im letzten Jahrtausend war die siebenhundertjährige Besetzung des benachbarten Finnland. Sie waren gewiß nicht auf das Resultat vorbereitet, als sie begannen, *invandrare* in Südeuropa anzuwerben, und was sie dann bekamen, fanden sie unakzeptabel. Sie fühlen sich unbehaglich mit ihrem neuen Vorurteil, von dem sie ahnen, daß es ihrem Image als Verfechter einer egalitären Gesellschaft widerspricht, und daher ziehen es die meisten vor, dieses Vorurteil nicht auszusprechen. Vor der Präsenz so vieler Fremder, die beharrlich fremd sind, schützen sie sich einfach mit freundlicher, aber unerschütterlicher Nichtbeachtung.

Selbst die Landschaft scheint nur ungern zugeben zu wollen, daß Südeuropäer in Schweden leben. Die modernen Arbeitervorstädte mit ihren Massen von *invandrare,* die die Großstädte wie Stockholm, Göteborg und Malmö und Industriestädte wie Södertälje umringen, legen sich wie ein unauffälliges, aber wirksames Tarnnetz über Lebensweisen und Gewohnheiten, die die meisten Schweden bestenfalls für grotesk und schlimmstenfalls für unzivilisiert halten. Kein Stadtbezirk in Stockholm weist einen Fremden darauf hin, daß dort etwa Griechen oder Jugoslawen wohnen — nicht einmal die wenigen Viertel, wo fast jeder tatsächlich Grieche oder Jugoslawe ist. Der einzige exotische Ort in Stockholm ist eine riesige, weißgekachelte unterirdische Markthalle unter dem alten Heumarkt (Hötorgshallen), die zum größten Teil inzwischen von griechischen, türkischen, italienischen und jugoslawischen Händlern übernommen wurde, die heimische Lebensmittel verkaufen. Alle *invandrare*, die im Umkreis von ein paar Autostunden von Stockholm entfernt leben, tauchen dort am Samstagvormittag auf und geben für teure importierte Oliven, Käse und Wurst mehr Geld aus, als sie eigentlich vorhatten — einfach deswegen, weil Hötorgshallen mit dem Lärm und den Gerüchen und all dem bunten Durcheinander sie an heimatliche Wochenmärkte erinnert. In Schweden erinnert sie ansonsten nicht viel an die Heimat. Wenn sie durch die Straßen einer schwedischen Stadt gehen, wirken sie wie unbeholfene, verunsicherte Schatten in einer Welt, in der Wutausbrüche im stillen Kämmerlein oder in der Nervenheilanstalt stattfinden, in der man sich allein betrinkt, wo Intimitäten sich nach strenger Ordnung abspielen und die Menschen sich an eine Etikette von absoluter Diskretion halten.

Eigentlich überrascht es nicht, daß die Schweden (selbst die schwedischen Arbeiter, die höchstens ein, zwei Generationen von ihrer eigenen bäuerlichen Herkunft entfernt sind) so erschrocken auf diese türkischen Hirten, serbischen Bauern, neapolitanischen und sizilianischen Slumkinder reagieren. Die *invandrare* sind in ihren Augen rüpelhaft, vulgär, schamlos durchtrieben, abnorm feindselig — und fast alles sonst noch, was ein anständiger Schwede nicht ist. Häufig demonstrieren sie auch einen aggressiven Machismo, der durch den Aufenthalt in einem Land, in dem Machos keine Privilegien genießen, noch mehr akzentuiert wird. Zehn Jahre zuvor pflegten in Schweden die örtlichen Geschworenen, ernannt von den jeweiligen Stadträten, ein paarmal im Monat zusammenzukommen, und sie waren selten mit etwas anderem als »Erregung öffentlichen Ärgernisses« konfrontiert. Heute kommen diese Geschworenen tagtäglich zusammen und haben, assistiert von einem Trupp Dolmetscher, über Fälle zu entscheiden, in denen es um üble Schlägereien, bewaffnete Raubüberfälle, Vergewaltigung, Mißhandlungen von Kindern und Ehefrauen geht. Indem die *invandrare* es ablehnen, sich nach dem Grenzübertritt in Schweden zu verwandeln, haben sie die Gewalt der Armut in ein Land hineingetragen, in dem es bis dahin immer mehr Selbstmorde als Morde gab und wo die Nachbarn die Polizei rufen, wenn ein unartiges Kind von seinen Eltern geschlagen wird.*

* Die Polizei wurde so oft gerufen, daß inzwischen ein Gesetz erlassen wurde, wonach das Schlagen von Kindern verboten ist.

Vor tausend Jahren gründeten die Wikinger Södertälje zum Schutz vor den Fremden. Die Ansiedlung lag an einem schmalen, kaum schiffbaren Kanal, der die Ostsee mit dem Mälar-See verband, wo die Wikinger ihre Inselhauptstadt Birka hatten. Sie machten es sich zur Gewohnheit, einige Krieger am Kanalufer zu postieren und so den Zugang zu ihrem Territorium und zu ihren Schiffen zu bewachen, die im See vor Anker lagen. Schließlich bauten sie eine Garnison, dann eine kleine Siedlung. Im dreizehnten Jahrhundert — Birka war längst aufgegeben worden — war Södertälje ein Dorf mit ein paar hundert Kaufleuten, Handwerkern, Fischern und Bauern. Und es genoß eine eigentümliche Bekanntheit im Land — als eine Art kirchliches Depot, das die Geistlichen versorgte, die per Schiff aus den Ostseestädten und aus der aufstrebenden neuen Stadt Stockholm und aus den alten Bischofsstädten am See anreisten. Södertälje blieb in den nächsten sieben Jahrhunderten klein. Schweden, vierzehntausend Jahre zuvor aus der Eiszeit hervorgegangen, erhob sich immer mehr über den Meeresspiegel, und der Kanal von Södertälje, der gleichzeitig anstieg, war seit Wikingerzeiten unpassierbar. Im fünfzehnten Jahrhundert wurde ein Kanalprojekt begonnen, aber bald wieder aufgegeben. Niemand hatte den Mut, es von neuem zu probieren. Erst im Jahre 1806 kamen einige Kaufleute und Adlige zusammen, stellten Ingenieure ein und verkauften Aktien, um den Bau zu finanzieren. Der neue Kanal erschloß den Mälar-See für die großen Schoner, die auf der Ostsee verkehrten, später dann für die Dampfschiffe. Södertälje wurde eine aufstrebende Stadt. Eine reiche neue Stockholmer Bourgeoisie, die die deutschen Bürger mit ihrem Baden-Baden zu imitieren gedachte, befand, daß das Wasser in Södertälje, das einem oberhalb der Stadt gelegenen Hügel namens Torekällberget (Berg der Thorsquelle) entsprang, für die Behandlung von Rheumabeschwerden und Racheninfektionen, die durch die naßkalten Stockholmer Winter gefördert wurden, hervorragend geeignet sei. Man bezog Residenz in Södertälje. Im Sommer kam man per Schaufelraddampfer oder mit der neuen Eisenbahn, die auf der Strecke nach Göteborg in Södertälje hielt. Man errichtete prächtige Villen an den Ufern des Kanals. Man hielt sich kleine Segelboote im Hafen für Picknicks auf dem Mälar-See; man veranstaltete Kurkonzerte und feierte Hochzeiten und tanzte in den Restaurants der neuen Badehotels. Werkstätten wurden eröffnet, in denen elegante Fahrräder und Kutschen hergestellt wurden. 1891 begann ein kleiner Betrieb namens Vabis mit der Fabrikation von Eisenbahnwaggons. Dreizehn Jahre später entzückte eine Fabrik namens Södertälje Verkstäder die wohlhabenden Sommergäste mit Södertäljes erstem Automobil.

Badeorte unterliegen der Mode, und bei Ausbruch des Ersten Weltkriegs zogen die Reichen aus Södertälje weg. Aber die Fabriken blieben, ebenso die fünfzehntausend Leute, die nach Södertälje gezogen waren, um dort zu arbeiten. Vabis erwarb Scania, damals eine kleine Fahrradfabrik in Malmö, und später fusionierte Scania-Vabis mit Saab zu Saab-Scania, Schwedens zweitgrößtem Autohersteller, dem die riesige Fabrik gehört, in der heute Predrag und weitere tausendfünfhundert *invandrare* arbeiten. Der Kanal wurde wieder ausgebaggert, und die mächtigen schönen Holzschleusen wurden modernisiert, damit Schiffe dort fahren konnten, die Stahl, Kohle und Nutzholz für die Fabriken der Region transportierten. Und die Stadt wuchs, in sauberen Reihen von Arbeiterhäusern, über den Kanal und über Torekällberget hinaus.

Die neuen Arbeiter waren sozusagen Södertäljes erste Einwanderer. Sie waren Bauernsöhne, die sich widerstrebend von einem Leben und einem Land trennten, das sie nicht mehr ernährte, und in den folgenden Jahrzehnten sahen sie, wie Schweden, ein Agrarland, beherrscht von einer Elite von Grundbesitzern (bis 1921 orientierte sich das Kommunalwahlrecht an Vermögen und Grundbesitz: vierzig Stimmen für den Reichsten, eine für den Ärmsten), sich in eine soziale Demokratie verwandelte, die ihre Entwicklung sorgfältig vorzubereiten begann. Während der größte Teil Europas in einem Weltkrieg versank und sich anschließend auf einen zweiten vorbereitete, experimentierte Schweden mit dem, was die Regierung »Überlebensökonomie« nannte — eine Wirtschaft, die nicht auf dem Ausbau der Exportindustrie beruhte, sondern auf einer so weitgehenden Diversifizierung von Landwirtschaft und Grundstoffindustrie, daß das Land zu Friedenszeiten ein Maß an Autarkie erlangen und aufrechterhalten würde, das zu Kriegszeiten, bei Rationierung und entsprechender Opferbereitschaft, total sein könnte. Schwedens strikte Neutralität hing davon ab. Und so kam es, daß 1945, während das übrige Europa in Trümmern lag, Schweden den Weltmarkt als das europäische Land mit dem größten Exportpotential betrat. Seine Fabriken produzierten bereits eine komplette Skala von hochentwickelten Verbrauchs- und Industriegütern, und seine Währung war so weit unterbewertet, daß der Export gesichert war, die Schweden selbst aber davon abgehalten wurden, zu importieren.

Ab 1949 brauchte Schweden Arbeitskräfte. Während des Krieges und unmittelbar danach waren mehr als hunderttausend politische Flüchtlinge — überwiegend Esten, Letten, Litauer und Polen — ins Land gekommen. Die meisten von ihnen arbeiteten in schwedischen Fabriken, aber gegen Ende der vierziger Jahre konnte selbst ein permanenter Flüchtlingsstrom nicht mehr Schritt halten mit der wirtschaftlichen Entwicklung des Landes, und man begann, sich vorsichtig nach *invandrare* umzusehen. Zuerst kamen die Italiener, dann, nach Ratifizierung der skandinavischen Arbeitsmarktverträge von 1954, die Finnen. Mitte der sechziger Jahre kamen Griechen und Jugoslawen, und schließlich, in den späten siebziger Jahren, Türken und Araber und Migranten aus einem Dutzend anderer Länder. Die Industrie rekrutierte ausländische Arbeiter, und die Regierung half ihr dabei, indem sie in Griechenland, in der Türkei, in Italien und Jugoslawien Anwerbungsbüros einrichtete. Als die Rekrutierung eingestellt wurde, hatte sich Schweden so gründlich und effizient industrialisiert, daß es etwa fünfzig Prozent seiner Industriegüter exportieren konnte und trotzdem nahezu vollständig autark war. Und aus Södertälje, einem aus der Mode gekommenen Kurort von 15000 Einwohnern, war eine kleine Industriestadt mit zehn großen Fabriken und 80000 Einwohnern geworden — davon 10000 *invandare* aus über 55 Ländern.

Heute leben 41000 Jugoslawen in Schweden.* Jugoslawen entladen Frachtschiffe im Hafen von Malmö, nur wenige Kilometer von Kopenhagen auf der anderen Seite des Öresund; Jugoslawen fällen Bäume in Lappland, und Jugoslawen arbeiten in den Fabriken jeder größeren Industriestadt dazwischen. Sechshundert leben in Södertälje. Manche, wie Predrag, haben einen heimischen Arbeitsplatz gegen einen besseren Job in Schweden eingetauscht. Die meisten sind weggegangen, weil es zu Hause überhaupt keine Arbeit für sie gab. Sie alle sind, in gewissem Sinne, Opfer einer einzigen Entscheidung in Jugoslawiens schwieriger Nachkriegsgeschichte — Titos berühmter Wirtschaftsreform von 1965, die aus der straff zentralistischen und subventionierten Planwirtschaft des sozialistischen Jugoslawien ganz offiziell eine westlich geprägte Marktwirtschaft machen wollte. Fabriken sollten direkt der Kontrolle der Arbeiterräte unterstehen und für ihr Überleben in einem freien Binnen- und Weltmarkt selbst verantwortlich sein. Diese Reformen waren lebenswichtig für Jugoslawien, ein Land, das bankrott gehen mußte, wenn es fortfuhr, personell aufgeblähte Industriebetriebe zu subventionieren, die nicht einmal die Kosten erwirtschafteten, aber das Ergebnis war, daß diese Fabriken, die plötzlich auf sich allein gestellt waren und sich selbst tragen mußten, keine Arbeitskräfte mehr einstellten. Bald wurden Arbeiter und Angestellte entlassen, und manche Betriebe, die sich gegenüber der Konkurrenz nicht behaupten konnten, mußten völlig schließen. Um den ökonomischen Schock abzudämpfen und dringend benötigtes Kapital ins Land zu holen, blieb Tito keine andere Wahl, als den Arbeitern Pässe zu geben und die Grenzen zu öffnen, die seit dem Krieg für Arbeitsemigranten geschlossen gewesen waren. Anders als Predrag — und im Gegensatz auch zu den *invandrare* aus den meisten anderen Ländern — waren die Jugoslawen, die ihre Arbeitsplätze oder die Aussicht auf einen Arbeitsplatz verloren

* Mittlerweile sind es 40000. Allerdings sind in dieser Zahl nicht die 4000 Jugoslawen enthalten, die inzwischen die schwedische Staatsangehörigkeit besitzen (hier handelt es sich überwiegend um in Schweden geborene Kinder von *invandrare*).

hatten und emigrieren mußten, oft gebildete und erfahrene Leute. Mindestens ein Viertel von ihnen hatte die höhere Schule besucht, einige hatten sogar studiert und waren qualifizierte Werksdirektoren und Betriebswirtschaftler und Ingenieure. Sie wußten mehr von Europa als die südeuropäischen Arbeiter. Sie wußten, daß die deutschen Fabriken die besten Löhne in Europa zahlten, und so gingen sie nach Deutschland. Sie wußten, daß Schweden, dessen große Rekrutierungskampagne mit der Wirtschaftsreform in Jugoslawien zusammengefallen war, ihnen das angenehmste Leben bot, und so gingen sie auch nach Schweden. Die meisten verließen, wenn man ihre Lage bedenkt, die Heimat erstaunlich optimistisch. Sie hatten Vertrauen in die Reform, die sie arbeitslos gemacht hatte; sie vertrauten darauf, daß sie binnen weniger Jahre wieder in Jugoslawien sein würden. Selbst die Regierung gab ihnen Sicherheit — ihr offizieller Status zu Hause, in den Dokumenten, war: »Jugoslawische Arbeiter, die sich zwecks Arbeitsaufnahme vorübergegend im Ausland aufhalten.«

Elf Jahre später sind die meisten dieser Jugoslawen noch immer im Ausland, ohne Aussicht, daheim Arbeit zu finden, und voller Angst, den Job, den sie haben, zu verlieren.* Allein während der Ölkrise von 1973/74 wurden in Deutschland 100000 Jugoslawen entlassen. Schweden, das viel weniger habgierig war und eine vernünftigere Entwicklungspolitik vertrat, hat zwar alle seine *invandrare* halten können, aber niemand weiß genau, was aus den Arbeitsplätzen wird, falls die weltweite Rezession noch ein weiteres Jahr dauert. Die Jugoslawen in Södertälje klagen über ihren Aufenthalt. Aber die wenigsten haben die Illusion, daß sie bald abreisen — außer natürlich, Schweden wirft sie hinaus. Jeden Sommer bringen sie ihre Ersparnisse nach Hause. Noch immer bessern jugoslawische Arbeitsemigranten mit einer Milliarde Dollar jährlich die Handelsbilanz auf, aber die Lebenshaltungskosten in Schweden steigen jährlich um zwölf Prozent, was bedeutet, daß sie von ihrem Lohn immer weniger zurücklegen können,

* Die offizielle Arbeitslosenrate in Jugoslawien liegt bei 11,5 Prozent, die tatsächliche dürfte doppelt so hoch sein.

und die Inflationsrate in Jugoslawien liegt zwischen zweiundzwanzig und zweiunddreißig Prozent — je nachdem, wer die Zahlen zu welchem Zweck produziert —, das heißt, mit ihren Ersparnissen können sie zu Hause immer weniger kaufen.* Sie wissen inzwischen, daß es sinnlos ist, von »noch ein, zwei Jahren« zu sprechen. Sie machen Witze über die Finnen, die nach Södertälje kommen, um dort für eine Saison zu arbeiten und noch nach zwanzig Jahren kein Wort Schwedisch sprechen, weil sie überzeugt sind, daß sie morgen heimkehren werden. Die meisten Jugoslawen bemühen sich, etwas Schwedisch zu lernen, aber sie haben, wie die Finnen, festgestellt, daß die Heimkehr mit jedem Jahr schwieriger wird. Es gibt jugoslawische Ingenieure, die an schwedischen Fließbändern viermal soviel verdienen wie daheim in ihrem erlernten Beruf. Bosnische und serbische Bauern, wie Predrag, haben das Farbfernsehen und gute Autos und Kredite für Möbel aus Walnuß entdeckt, und die tollen neuen Sachen bedeuten ihnen inzwischen mehr als das kommunistische Experiment in Jugoslawien. Wenn sie von Heimkehr sprechen, dann meinen sie die Rückkehr zu einem Leben, das ihren neuen schwedischen Ansprüchen genügt. Sie haben ihr Zuhause aufgeben müssen, und sie glauben, daß sie in ihren Dörfern das Gesicht verlieren, wenn sie zurückkehren, ohne eine Menge vorweisen zu können. Schon allein deswegen werden die meisten von ihnen in Schweden bleiben, wenn ihre Villen schon längst fertig oder ihre ausländischen Autos abbezahlt sind. Und sie werden, ohne wirklich den Grund dafür zu wissen, den größten Teil ihres berufstätigen Lebens entwurzelt, vereinsamt und bedeutungslos verbringen.

Das Zentrum von Södertälje ist eine kleine, für Autos gesperrte Einkaufsstraße, genannt Gånggatan, also Gehstraße. Sie wurde 1969 von der Kommune gegen den Protest zahlreicher alteingesessener Familien angelegt, die dafür plädierten, die alten Holzhäuser dieses Viertels zu restaurieren und zu

* Jugoslawien beziffert seine Inflationsrate auf ca. 14 Prozent. Ob diese Angabe korrekt ist, läßt sich nicht genau überprüfen.

verwenden, statt sie abzureißen, wie es teilweise geschah, oder, wie im Fall der schönsten Häuser, sie nach Torekällberget zu verlegen und dort eine Art schwedisches Dinkelsbühl für Touristen und Schulklassen einzurichten. Aber die Stadtverwaltung und die Geschäftsleute von Södertälje befragten Stadtplaner, und die erklärten, daß eine moderne Fußgängerzone eine kommunale Dienstleistung sei — sicher, hygienisch und bequem —, und genau das bekamen die Einwohner von Södertälje. Eine Hausfrau kann ihr Auto auf dem Parkplatz am einen Ende von Gånggatan abstellen, ihre Kinder am Spielplatz von Gånggatan loswerden oder auf eines der Schaukelpferde setzen, eine Zeitung besorgen, einen Lottoschein abgeben und Eintrittskarten für die nächsten Fußballspiele kaufen, ihre Besorgungen erledigen, zur Bank eilen, die Preise in den beiden Kaufhäusern vergleichen, an der Würstchenbude einen Hot dog bestellen und, wenn noch ein bißchen Zeit bleibt, auf einer Holzbank neben einer Pflanze in einem bunt angemalten Kübel ihren Imbiß verspeisen. Gånggatan wird von den meisten Södertäljern auf diese Weise genutzt. Mittags herrscht hier reger Betrieb und dann wieder am späten Nachmittag, nach Feierabend, wenn die Leute noch etwas zum Abendessen einkaufen. Samstags vormittags spielt hier die Kapelle der Heilsarmee und verteilt Flugblätter, die zur Abstinenz aufrufen. Manchmal stellen Studenten Tische auf und sammeln Geld für Angola.* Aber kein Schwede käme auf die Idee, sich in Gånggatan zu amüsieren. Die Schweden sind ein reservierter Menschenschlag, und es ist nicht ihre Art, sich im Stadtzentrum mit Freunden zu treffen. Sie sind schockiert, wenn neue *invandrare,* die die Fußgängerzone als eine Art Piazza betrachten, dort flanieren und diskutieren und trinken und gutgelaunt herumstehen, so wie es in einem südeuropäischen Ort üblich ist. Der Anblick einer *invandrare*-Familie, die sich zur abendlichen Promenade in der Fußgängerzone herausgeputzt hat, scheint die Schweden fast ebenso stark zu beunruhigen wie der Anblick einer Gruppe von jungen Griechen oder Jugoslawen, die abends unter den Straßenlaternen von Gånggatan herumlun-

* Heutzutage wird für die *boat people* gesammelt.

gern und nach schwedischen Mädchen Ausschau halten — und auf ihre Weise lassen die Schweden die *invandrare* das auch wissen. In jüngster Zeit haben die Geschäfte im Zentrum Wachpersonal eingestellt, dessen Aufgabe es ist, die Eingänge frei zu halten und nächtliche Raufereien zu verhindern. In der Cafeteria des Kaufhauses Domus, das der Stockholmer Filiale des schwedischen Verbraucherverbandes gehört, werden Leute, die bei einer Tasse Kaffee ein bißchen plaudern wollen, in sechs Sprachen darauf aufmerksam gemacht, daß sie den Tisch nur für eine halbe Stunde beanspruchen dürfen. In dem Maße, wie die *invandrare* von Södertälje praktische Erfahrungen mit den Regeln von Gånggatan machen, lernen sie etwas über Schweden. Sie lernen, daß man zielstrebig und höflich ist, selten spielerisch und nie grob. Sie lernen, daß der alte betrunkene Schwede, der ruhig am Kanal liegt, akzeptiert wird, während der betrunkene Finne, der singend und brüllend und streitlustig die Straße hinunterwankt, verachtet wird. Sie lernen, daß Freunde in Schweden geerbt und nicht gesucht werden, daß man sich privat und nicht öffentlich vergnügt. Und sie lernen schließlich, daß sie, solange sie diese Regeln nicht beherrschen, in ihre Arbeiter-Vorstädte gehören — von Gånggatan mit dem Auto leicht zu erreichen, aber viel zu abgelegen für eine Einwandererfamilie, die einen Sonntagsausflug oder einen abendlichen Spaziergang machen will.

Diese Vororte sind Schwedens Trabantenstädte. Theoretisch zumindest sind es die ältesten Trabantenstädte Europas, weil man sich in Schweden vor allen anderen Ländern mit Fragen wie der unkontrollierten Stadterweiterung auseinandergesetzt hat. Schon in den neunziger Jahren des letzten Jahrhunderts erwarb die Kommune Stockholm Grund und Boden, riesige Gebiete jenseits des Brückenrings, der die Innenstadt umgibt, um sie zu gegebener Zeit zu bebauen und die bäuerlichen Zuwanderer dort anzusiedeln. Als 1932 die Sozialdemokraten an die Macht kamen, wurden die Trabantenstädte Bestandteil des schwedischen Gesellschaftsmodells. Jede Stadt, ob groß oder klein, wollte, unter Berufung auf die modernen demographischen Theorien, ihre eigene »Neustadt« haben. Und Stockholm ist seit jeher das Modell, an dem sich die Provinzschweden in einer Mischung aus Nachahmung und Neid orientieren, so wie die Franzosen Paris nachzueifern suchen. Tatsächlich waren die nach dem Krieg entstandenen Stockholmer Vorstädte wie Tensta und Skärholmen — allein in Skärholmen wohnen 34000 Menschen — architektonische Träume und menschliche Alpträume. Betongettos wuchsen unmittelbar neben sechsspurigen Schnellstraßen aus dem Boden, isoliert von dem natürlichen Wachstum und Rhythmus der Stadt, und entwickelten sich, kaum überraschend, nie zu wirklichen Gemeinwesen. Es waren Orte, wo niemand spazierenging oder überhaupt zu Fuß unterwegs war — Orte ohne jedes menschliche Maß, das funktionierende Wohnviertel aus ihnen hätte machen können. Und sie zementierten auch physisch die Kluft zwischen den Klassen und Kasten, die dem erklärten Gleichheitsanspruch des neuen Schweden Hohn sprach.

Södertälje hat seit 1945 sieben solcher Vorstädte gebaut — fünf davon seit 1960, als die Einwanderer in größeren Zahlen kamen. Und die Hälfte der Bevölkerung der neuen Kommune Södertälje, die in den letzten Jahren durch Eingemeindung um zwanzigtausend Einwohner anwuchs, wohnt in diesen Vorstädten. *Invandrare* wie Predrag, insofern sie die neuesten, ärmsten und unschwedischsten Einwohner der Stadt sind, enden zwangsläufig in der neuesten, größten und unbeliebtesten dieser Vorstädte, was meist bedeutet, daß sie am weitesten von Södertälje entfernt sind und in allernächster Nähe der großen Fabriken liegen. Predrags Vorstadt, nennen wir sie Vikingabyn (»Wikingerdorf«), beherbergt sechstausend Menschen in einem Labyrinth von identischen Gebäuden, eingerahmt von Parkplätzen und numeriert nach einem System, das potentielle Besucher offenbar abschrecken soll. Tatsächlich wird der für Besucher reservierte Teil der Parkplätze meist von den Kindern aus Vikingabyn okkupiert, die nachmittags, bevor ihre Eltern Feierabend haben, nach Hause kommen und draußen in kleinen Gruppen warten und einander auf finnisch, serbokroatisch, griechisch und in einem Dutzend anderer Sprachen anbrüllen und gelegentlich auf schwedisch miteinander spielen. In dem

Mieterverzeichnis, das in der Eingangshalle eines jeden Gebäudes von Vikingabyn hängt, findet sich kaum ein schwedischer Name. Schwedische Arbeiter, die dort wohnen, meiden die Ausländer und ziehen, sobald es irgend geht, in die älteren, besseren, »schwedischen« Vorstädte. Vikingabyn selbst, trotz seiner sechstausend Einwohner und der herumlungernden Kinder und der billigen Architektur, die trotzdem etwas hermachen soll, strahlt eine eigentümliche Leere aus. Die Mieter halten Distanz, und wenn sie einander begegnen, sind sie unsicher, als wäre ihnen das gemeinsame Ausländersein irgendwie peinlich. Die Kommunikation findet in Form von Gerüchten statt. So gibt es das Gerücht, daß die verschleierte Türkin mit den fünf Kindern — die im zweiten Stock von Predrags Aufgang wohnt — so übel von ihrem Mann zugerichtet wurde, weil sie auf dem Parkplatz spazierengegangen war, daß sie eine Woche im Krankenhaus von Södertälje liegen mußte. Das Gerücht, daß die sechs finnischen Familien in diesem Gebäudeteil ihre Kinder mit Wodka abfüllen. Das Gerücht über die politische Einstellung der Griechen im vierten Stock. Das Gerücht von den unaussprechlichen Schmalfilmen, die sich die italienischen Brüder, die bei Saab-Scania arbeiten und sich eine Parterrewohnung teilen, von einem Stockholmer Sex-Shop zuschicken lassen. Das Gerücht, daß einer der vier jugoslawischen Arbeiter im Gebäude — zu denen auch Predrag zählt — von seiner Botschaft in Stockholm Geld dafür bekommt, alles zu melden, was er von den anderen hört oder sieht.

Die Jugoslawen selbst demonstrieren eine flüchtige Außenseiterkameraderie, wenn sie einander im Aufzug oder auf dem Parkplatz oder im Supermarkt von Vikingabyn begegnen, aber wenn man den Gerüchten glauben darf, dann sind sie nicht miteinander befreundet. Offensichtlich werden die jugoslawischen Arbeiter in Schweden beobachtet, aber höchstwahrscheinlich nicht nur von Botschaftsagenten, mit denen man sowieso rechnet, sondern von angeworbenen Informanten — Arbeitern, die ein Problem mit ihrem Paß hatten oder während ihres Sommerurlaubs Ärger mit der Polizei bekamen und die man im Austausch für Informationen laufenließ, was gewöhnlich heißt: Informationen über Landsleute. Als die ersten Jugoslawen nach Schweden kamen, gab es eine Art Waffenstillstand unter ihnen. Keine anderen *invandrare* waren eine so sonderbare polyglotte Gruppe wie die Jugoslawen, aber das Exil verband sie, und eine Weile konnten sie die alten Klassen- und Nationalitätengegensätze vergessen, die ihnen in der Heimat zu schaffen machen. Sie bemühten sich, miteinander auszukommen. Sie organisierten jugoslawische Clubs in den großen Städten. Slowenische Intellektuelle, die am Fließband neben mazedonischen Bauern arbeiteten, luden die Bauern zu sich nach Hause zum Essen ein. Serben und Kroaten besuchten gemeinsam Diskotheken, um Ausschau nach einsamen finnischen Mädchen zu halten. Der Waffenstillstand wurde durch Zeit und Temperament auf eine harte Probe gestellt, und er endete abrupt im Jahre 1971, als zwei kroatische Nationalisten — Angehörige der Ustascha, jener Organisation, die während des Zweiten Weltkriegs einen nazifreundlichen »autonomen« kroatischen Staat errichtete, Hunderttausende von Jugoslawen umbrachte und jetzt als geheime Terrorgruppe operiert — den jugoslawischen Botschafter in Schweden folterten und anschließend ermordeten. Anderthalb Jahre später brachten drei Kroaten ein SAS-Flugzeug in ihre Gewalt, nahmen die Passagiere auf dem Flughafen Malmö als Geiseln und forderten die Freilassung der Attentäter aus schwedischer Haft sowie die Zusicherung ungehinderter Ausreise nach Spanien. Die Schweden reagierten mit leisem Horror. Die jugoslawische Regierung reagierte, indem sie noch mehr Informanten anwarb. Und die jugoslawischen *invandrare* reagierten damit, daß sie sich voneinander distanzierten. Am schlimmsten war die Situation in Göteborg und Malmö, wo die meisten in Schweden ansässigen Kroaten arbeiten, aber selbst in Södertälje, wo es nur ein paar kroatische Familien gibt, sind die Jugoslawen jetzt ängstlich und zurückhaltend, und die meisten sind lieber einsam, als daß sie etwas tun, was die Aufmerksamkeit auf sie lenken könnte. Sie mißtrauen einander und sind überzeugt davon, daß sich die Schweden beim nächsten Zwischenfall gegen sie wenden werden, und sie weigern sich grundsätzlich, mit irgend jemandem, den sie nicht von zu Hause kennen und dem sie nicht schon seit zwanzig, dreißig Jahren vertrauen, über jugoslawische Politik zu reden.

Franc und Ema Mlinarič, die im dritten Stock von Predrags Aufgang wohnen, fahren samstags zum Slowenischen Club in Stockholm, um sich dort bei Tanz und Gesprächen einen schönen Abend zu machen, aber die einzigen Leute, mit denen sie in Södertälje Kontakt haben, sind ebenfalls Slowenen. Sie sagen, daß sie mit den meisten anderen Jugoslawen in Vikingabyn ohnehin nichts verbindet. Sie kommen aus Familien, die früher viel Land besaßen. Ema ist Geigerin und Franc Statistiker mit Universitätsabschluß. Zu Hause, vor zehn Jahren, war Franc Mlinarič Planungsdirektor in einer großen staatlichen Fabrik, aber er verlor seine Stelle, als er und Ema sich katholisch trauen ließen — obwohl sie mit Bedacht eine Kirche gesucht hatten, die über zweihundert Kilometer von ihrem Heimatort entfernt lag. Zwei Wochen später begannen die Reformen, und Franc blieb keine andere Wahl, als sich im Ausland nach Arbeit umzuschauen. Einmal, vor fünf Jahren, in Vikingabyn, hatten die Mlinaričs Violeta und Nebojša Teodorović vom ersten Stockwerk zu einer Tasse Kaffee eingeladen, doch die Teodorovićs haben diese Einladung nie erwidert. *Sie* kommen aus Belgrad, und weil die temperamentvolle, schöne Violeta die Tochter eines gefallenen Partisanenhelden ist, genießen sie einen gewissen offiziellen Status. Nebojša ist Elektriker. Er wurde 1965 arbeitslos und konnte keinen anderen Job finden. Er und Violeta wollen aber zurück nach Hause und das Leben genießen, sobald ihre Kinder die schwedische Oberschule absolviert haben, und sie haben nicht die Absicht, ihre Zukunft durch Kontakte zu verdächtigen Slowenen aufs Spiel zu setzen. So bleiben nur noch die Blaževskis — Vera und Meša —, aber niemand spricht mit ihnen, weil sie mazedonische Bauern sind, Analphabeten fast und so verängstigt und mißtrauisch gegenüber jedermann, daß sie sich kaum in den Supermarkt von Vikingabyn trauen. Außerdem sind die Blaževskis nur zum Schlafen zu Hause. Sie haben sechs Kinder in Mazedonien zurückgelassen und sparen wie versessen auf ein kleines Haus.

Von sieben Uhr früh bis vier Uhr nachmittags packen sie Kartons in einer Fabrik, dann fahren sie in das eine Stunde entfernte Stockholm, klappern mit Mop und Eimer und einem alten Staubsauger einundzwanzig Büros ab und kommen um Mitternacht nach Södertälje zurück, essen rasch noch etwas Brot und Suppe, bevor sie ins Bett fallen. Die Blaževskis sind Predrags Nachbarn, aber selbst Predrag hat bisher höchstens guten Tag und auf Wiedersehen zu ihnen gesagt. Er findet, daß sie wie Schweine leben und wie Hunde arbeiten und genau die Sorte Leute sind, die den Schweden den Eindruck vermitteln, daß Jugoslawen Tiere sind. Tatsächlich verdächtigt er Meša Blaževski, daß er die Gerüchte von Vikingabyn in die Welt setzt, so wie die Blaževskis ihrerseits Predrag im Verdacht haben.

Wenn Predrag schlechte Laune hat, nennt er seinen Aufgang »Jugoslawien«. Er beklagt sich oft über die Mlinaričs. Er sagt, daß die Mlinaričs ihn schneiden, weil sie aus Slowenien kommen und sich von Rechts wegen für Österreicher halten, die versehentlich Jugoslawen sind, und er vermutet, daß sie die Ereignisse bedauern, die sie auf so peinliche und unwiderrufliche Weise mit Leuten wie ihm zusammengebracht haben. Andererseits sagt er, daß ihm die Blaževskis als Mazedonier peinlich sind. Und den Teodorovićs (die genauso Serben sind wie er, aber eben »Stadtserben«, wie er sie nennt) wirft er vor, daß sie ihr Geld in einen dicken neuen Volvo gesteckt haben, statt es für die Wohnung zurückzulegen, die sie in Belgrad kaufen wollen — eine Geste, die Predrag vermuten läßt, daß sie nicht allzu großes Heimweh haben. Im Grunde ist Predrag neidisch auf den neuen Volvo. Er braucht so einen großen neuen Volvo, sagt er, um pünktlich zur Arbeit zu kommen. Er braucht ihn, um Darinka und die Kinder im Sommer nach Hause bringen zu können. Und schließlich wird er ihn in Jugoslawien benötigen, wo ein Volvo mehr Geld kostet, als er je besitzen wird. Er ist nicht zufrieden mit seinem 67er Peugeot, obwohl er die letzten acht Jahre in Schweden darauf hingearbeitet hat. Sein erstes Auto in Schweden — sein erstes Auto überhaupt — war ein alter Saab, den er für hundert

Kronen erstand, zusammenflickte und für einen 65er Ford anlegte. Für den Ford, plus tausend Kronen, bekam er einen ganz anständigen gebrauchten Audi. Und für zweitausend Kronen und den Audi, plus einen kaputten Volkswagen, den er an einem Unfallort zwischen Stockholm und Södertälje aufgegabelt hatte, bekam er den Peugeot, den er im Moment fährt. Er hat viel Arbeit in den Peugeot gesteckt und hofft, ihn für den neuen Volvo in Zahlung geben zu können, der genauso schön sein wird wie das Auto von Nebojša Teodorović.

Predrag ist inzwischen schon so weit Schwede, daß er glaubt, mit dem richtigen Auto ein richtiges Leben in Södertälje führen zu können, aber er ist noch so sehr Serbe, daß er glaubt, daß er in Jugoslawien erst mit einem richtigen Haus ein richtiger Mann ist. Morgens wirft er vom Küchenfenster aus einen prüfenden Blick über die Parkplätze von Vikingabyn und denkt darüber nach, welchen Status er als Besitzer eines 67er Peugeots unter sechstausend unbekannten Nachbarn wohl genießt. Die Schlüsse, die er zieht, deprimieren ihn den ganzen Tag lang. In der letzten Zeit sitzt er oft am Fenster — dank eines schwedischen Arztes, der für eine kleine Gegenleistung ausländischen Arbeitern düstere Befunde ausstellt, ist er in den letzten drei Monaten krank geschrieben. Als Predrag erstmals beschloß, krank zu werden, fehlte ihm nichts, er hatte nur einen ziemlichen Kater, weil er zuviel geschmuggelten Sliwowitz getrunken hatte. Er war gut drauf damals. An einer nahe gelegenen Tankstelle, wo man für ein paar Kronen die Stunde Stellplatz und Werkzeug mieten kann, bastelte er an seinem Auto herum, und er nahm sogar ein paar Aufträge für Nachbarn an, die ihn dort gesehen hatten. Er arbeitet gern an Motoren, seit er in der jugoslawischen Armee etwas auf diesem Gebiet gelernt hat. Tatsächlich hatte er, als er in Schweden ankam, um in einer Telefonfabrik zu arbeiten, so sehr mit seinen Kenntnissen in Mechanik geprahlt, daß der Vorarbeiter ihn vom Fließband nahm und ihn in die firmeneigene LKW-Werkstatt versetzte. Aber ein kleines Erlebnis ließ Predrag reizbar werden. Er brachte sein Schulheft mit auf die Arbeit und füllte es mit merkwürdigen Kurven. Er begann, sich als

»Maschinenbauingenieur« zu bezeichnen, und ließ sich von den Firmenmechanikern nichts mehr sagen. Zwei teure Lastwagen, bei denen er die Zündkerzen suchte, richtete er zugrunde, woraufhin er seinen Job verlor. Da er seitdem so viel an seinen eigenen Autos experimentiert hat, ist Predrag nicht mehr völlig inkompetent. Seine Nachbarn hatten ihn im ersten Monat seiner »Krankheit« — die an dem Tag einsetzte, als die Leute bei Saab-Scania seinen Antrag auf Verlängerung seines Sommerurlaubs im nächsten Jahr ablehnten — mit Aufträgen eingedeckt und waren offenbar zufrieden. Doch dann ruinierte er die Bremsen eines Volkswagens, der einem amerikanischen Kriegsdienstverweigerer gehört, der in Södertälje wohnt und dort in einer Mühle arbeitet, und obwohl Predrag dem Auto die Schuld gab — er bezeichnete es als »billige Hippie-Kutsche« —, ging sein Automechanikergeschäft spürbar zurück. Das Ende kam, als ein paar Halbwüchsige, die in der Langeweile von Vikingabyn nach Abwechslung suchten, den Kofferraum von Predrags Auto aufbrachen und sich mit seinem Werkzeug davonmachten.

Inzwischen ist Predrag durch seine Grübeleien tatsächlich krank geworden. Doch sein Arzt, der mittlerweile von der Gesundheitsbehörde beobachtet wird, zögert, Predrag weiterhin Arbeitsunfähigkeit wegen Magenbeschwerden zu bescheinigen, und Predrag weiß, daß es Zeit ist, wieder zu arbeiten. Er versucht, den Tankstellenbesitzer zu überreden, ihm einen Job zu geben, einen Job als »Maschinenbauingenieur«. Er will nicht wieder zu Saab-Scania zurück, wo seine Talente, wie er sagt, verkannt werden. Fließbandarbeit, die Schweden sagen Tempo-Arbeit dazu, ist ihm zuwider, und besonders haßt er es, zusammen mit anderen Einwanderern zu arbeiten, vor allem mit anderen Jugoslawen. Er möchte jetzt mit Schweden arbeiten. Er mag die Schweden nicht — laut Predrag sind alle Schweden kalt und herzlos —, und er wird wohl auch nicht so viele kennenlernen, da er nach acht Jahren nur gebrochen Schwedisch spricht, aber behauptet, fließend Schwedisch zu sprechen, und zu eitel ist, von einem Gesetz zu profitieren, das es Ausländern ermöglicht, auf Betriebskosten zweihundertvierzig Stunden Sprachunterricht zu nehmen. Mit Schweden zu arbeiten ist für Predrag eine Sache des Stolzes. Er will nicht mit anderen Jugoslawen um die Anerkennung von seiten eines schwedischen Bosses oder eines schwedischen Vorarbeiters oder gar eines schwedischen Arbeiters konkurrieren, und seine Lösung des Problems besteht darin, sich einen Arbeitsplatz zu suchen, wo es außer ihm keine andere Jugoslawen gibt. Vor Jahren bekam er einmal in der Telefonfabrik von einem schwedischen Arbeiter die Anweisung, allabendlich bei Schichtende hinter ihm aufzuräumen. Das Problem, sagt Predrag, war nicht die Anweisung, in die er sich bereitwillig fügte, sondern der Umstand, daß ein anderer Jugoslawe das Gespräch mitbekommen hatte und für den Schweden saubermachte, bevor Predrag mit seiner eigenen Arbeit fertig war, und so in Null Komma nichts zum Vorzeigeausländer avancierte.

Predrag hat seither in vier Fabriken gearbeitet und in drei Arbeitervorstädten gewohnt, und jetzt, mit neunundzwanzig, fühlt er sich alt und verbraucht. Er sagt, daß er eigentlich nie nach Schweden wollte. Er sagt, er hätte nach Österreich gehen können, nur daß in Österreich fast ebenso miserable Löhne gezahlt wurden wie in Jugoslawien. Und er hätte nach Deutschland gehen können — aber er haßt Deutsche, aus Respekt vor seinem Vater. Sein Vater ist noch so eine Bürde, an der Predrag schwer trägt, ebenso wie seine kleine Statur und sein verkanntes Talent. Der alte Mann ist hartnäckig altmodisch, eine Peinlichkeit im neuen Jugoslawien, in seinem Dorf aber noch immer angesehen, weil er fünfunddreißig Jahre zuvor tapfer im Krieg gekämpft hat, gefangengenommen wurde, in einem deutschen Arbeitslager saß und schließlich einen kühnen Ausbruch unternahm, der ihn zu einem lokalen Helden machte. Die Bauern, die ihn drei Jahre lang in ihren Scheunen und Dachkammern unterbrachten, setzten ihr Leben aufs Spiel, und so ist es sehr wichtig für sie, an seiner Bedeutung festzuhalten. Außerdem ist er im Umkreis von fünfzig Kilometern der einzige, der ihre Pflüge anständig reparieren und Räder für ihre hölzernen Pferdewagen machen kann. Wenn Predrag betrunken ist, erzählt er manchmal vom Leben im Elternhaus, als der

Weihnachtsmann noch nicht offiziell durch Väterchen Frost ersetzt worden war. Er erinnert sich daran, daß seine Mutter an Heiligabend Heu über den Fußboden streute und die Kinder die ganze Nacht lang wie die Küken piepsten und schnatterten. Er erinnert sich an das Fest dort im Heu, das immer mit einem besonderen Brot endete, in das Glückssymbole eingebachen waren — Basilikumblätter für Gesundheit, Pfennigstücke für Reichtum, Bohnen für eine gute Ernte. Er erinnert sich an den Priester, der das Haus am *slava,* dem Namenstag seines Vaters segnete. Und vor allem erinnert er sich an Ostern: an das Spanferkel, das im Garten an einem Drehspieß gebraten wurde, an den Gottesdienst, der bei Sonnenaufgang in der alten Kirche im Wald hinter dem Dorf stattfand, an die Kinder, die auf dem Nachhauseweg sangen. Doch über all diese Dinge spricht er nicht gern, wenn er nüchtern ist, weil er glaubt, daß moderne Menschen ihn dann auslachen.

Predrag spricht lieber über moderne Dinge — über die neuen Fabriken rings um das Dorf, über die staatlichen Agrarbetriebe und über die riesigen Wälder, die vom Flugzeug aus angesät werden. Zu Hause, im Sommer, macht er seinen Vater so diskret wie möglich seine Aufwartung, und nach einer *slava* oder einem Kirchgang macht er die Runde durch drei Kaffeehäuser und bekennt sich als Kommunist. Er neigt dazu, den Kommunismus mit Flugzeugen gleichzusetzen, die Bäume anpflanzen, sowie mit neuen Villen und Zügen nach Schweden und amerikanischen Filmen und all den anderen Dingen, von denen sein Vater nichts hält. Als er noch ein Junge war — seine vier Schwestern kümmerten sich für ihn um die Gemüsefelder der Familie und schafften Wasser für die Tiere heran und machten den Stall sauber —, ließ er sich von Lastwagenfahrern in die Kreisstadt mitnehmen, um sich die neuen, dort ausgestellten Maschinen und Geräte anzusehen und mit den neuen Bussen zu fahren. Als Fünfzehnjähriger schaffte er es einmal bis nach Belgrad. Er blieb vier Tage weg, übernachtete in Parks, schlich sich in Kinos und beobachtete die startenden Flugzeuge auf dem Belgrader Flugplatz. Völlig ausgehungert kehrte er heim und wurde mit einer Tracht Prügel empfangen.

Hinfort stand er unter väterlicher Aufsicht. Mit sechzehn wollte Predrag in die Stadt auf die höhere Schule gehen, doch der alte Herr schickte ihn in die Flaschenfabrik. Als er vom Militär heimkehrte und feststellte, daß seine Liebste den baumlangen Metzger geheiratet hatte, suchte ihm sein Vater eine richtige Frau.

Predrag sagt, er habe Darinka bei einem Erntetanz kennengelernt, sei einen Monat mit ihr gegangen, habe sie zweimal geküßt, die entsprechenden Erkundigungen über ihre Familie eingezogen und dann um Darinkas Hand angehalten. Hier in Schweden räumt er nur ungern ein, daß sein Vater die Hochzeit mit einem einfachen Mädchen aus einem kleinen Dorf arrangiert hat — einem Mädchen, das sich, wie er annahm, seiner familiären Pflichten bewußt war und dem es nicht im Traum einfallen würde, einen Ausflug nach Belgrad machen zu wollen. Außerdem hatte Predrag Darinka bei einem Erntetanz tatsächlich schon einmal gesehen, bewacht von ihrer Mutter, drei Tanten und ein paar verheirateten Schwestern, und hatte sie sofort als reizlos und bäurisch abgetan. Herr Ilić tat Darinka Jovanović aber keineswegs ab. Ihm bereitete zugegebenermaßen Sorge, daß ihr Vater in der Partei war und sogar den Weihnachtsmann aus seinem Haus verbannt hatte. Darinkas Vater besaß aber zufällig einige Hektar besten Boden und züchtete die besten Schweine in der Gegend, so daß Herr Ilić bereit war, seine politischen Bedenken hintanzustellen, nachdem man über den beiderseitigen Nutzen gesprochen hatte, die Jovanovićschen Schweine auf den Ilićschen Pferdewagen zu transportieren. Gemeinsam richteten sie die glanzvollste Hochzeit aus, die das Dorf seit Jahren erlebt hatte. Predrag gelang es, mit drei Schüssen aus einem alten Jagdgewehr die drei Äpfel zu treffen, die an drei Kopftüchern an einer Eiche in Darinkas Dorf befestigt waren — und damit seine Manneswürde zu beweisen. Darinka warf mit gekonnter Bewegung eine Weizengarbe auf das Dach des Ilićschen Bauernhauses — und stellte damit unter Beweis, daß sie eine zuverlässige Ehefrau war. Drei Tage lang wurde gefeiert. Die Leute tanzten zur Musik von Klarinette, Kontrabaß und zwei

Ziehharmonikas. Sie wetteiferten miteinander, dem Hochzeitspaar das fetteste Schwein, den deftigsten Kuchen zu präsentieren. Man amüsierte sich so gut, daß sich nur wenige Gäste erkundigen wollten, warum das Brautpaar denn direkt vom Standesbeamten zurückgekehrt war und nicht den Umweg genommen hatte, durch den Wald, vorbei an der alten Kirche. Diejenigen, die tatsächlich fragten, zogen die Schlußfolgerung, daß Herr Ilić, mit nüchternem Blick auf die kostbaren Schweine, sich mit Darinkas Vater nicht anlegen wollte und zu gegebener Zeit schon dafür sorgen würde, daß Darinka eine richtige Schwiegertochter und eine fromme Ehefrau würde. Er wartete nicht lange Als Predrag anderntags aus dem ehelichen Schlafzimmer trat, stand Darinka schon in der Küche, um Kaffee für ihre neue Familie zu machen Von diesem Tag an kochte Darinka und trug die Mahlzeiten auf. Aus Respekt für Predrags Mutter blieb sie stehen, während die Familie aß. Und aus Respekt für seinen Vater wusch sie Herrn Ilić allabendlich die schmutzigen Füße. Kein einziges Mal bat sie um die Erlaubnis, nach Belgrad fahren zu dürfen. Doch sie bat darum, nach Schweden fahren zu dürfen, und nun, da sie in Schweden ist, will sie so lange bleiben, bis sie in Jugoslawien ein eigenes Haus hat, in dem sie wohnen kann.

Darinka Ilić ist keineswegs reizlos. Sie ist eine kleine, anmutige junge Frau mit klaren grauen Augen und einem zarten, feingeschnittenen runden Gesicht. Sie sagt, sie komme sich reizlos vor, weil Predrag so oft von den schönen Frauen spricht, die er hätte heiraten können. Und sie findet, daß sie reizlos aussieht, weil sie in Södertälje, um Geld zu sparen, meistens Jeans trägt statt der bunten, blumenbedruckten Kleider, die sie als verheiratete Frau zu Hause tragen würde. Eigentlich sieht Darinka mit ihren Jeans und dem buntkarierten Hemd von Domus und dem glatten braunen Haar, das von einem Band zurückgehalten wird, eher wie eine junge schwedische Studentin vom Land aus als wie eine ausländische Fabrikarbeiterin von fünfundzwanzig, die ihr viertes Kind erwartet. Aber in Schweden vermittelt ihr niemand Selbstvertrauen. Wenn Predrag mißmutig ist, erklärt er ihr, daß sie zu schlicht für ihn ist, und beschwert sich darüber, daß er, ohne Frau und Kinder am Hals, etwas aus sich hätte machen können, Geld sparen und studieren und Mathematiker oder ein berühmter Ingenieur hätte werden können. Manchmal stimmt sie ihm zu. Sie verdient monatlich tausendfünfhundert Kronen netto mit ihrer Arbeit in einer kleinen Fabrik, aber ein paar hundert Kronen gehen jeden Monat dafür drauf, die beiden Töchter nach der Schule in Vikingabyn in einer Kindertagesstätte unterzubringen; und die Schwedin, bei der sie den Kleinsten, Radislav, in Pflege gibt, behauptet, daß der Staat ihr die Unkosten nur teilweise erstattet, und so muß Darinka jede Woche etwas dazuzahlen, um sicherzugehen, daß Radislav genug zu essen bekommt. Darinka würde gern eine besser bezahlte Arbeit finden. Sie hat gehört, daß viele *invandrare*-Frauen in der Pharmafabrik Astra arbeiten und dort mehr verdienen als anderswo, doch die Arbeit bei Astra, die darin besteht, Tabletten und Impfstoffe nach komplizierten Etiketten zu ordnen, setzt gute Schwedischkenntnisse voraus. Predrag verbietet ihr aber, sich für die zweihundertvierzig Stunden Sprachunterricht anzumelden. Er empfände es als demütigend, eine Frau zu haben, die besser Schwedisch kann als er. Und er will nicht, daß sie mit Schwedinnen spricht, Lebensformen und Männer vergleicht — auf dumme Gedanken kommt, sagt er, womöglich verlangt, daß er beim Abwasch mithilft, sich um die Kinder kümmert und sich mit dem Kinderwagen auf dem Parkplatz lächerlich macht. Oder daß er ihr modische Sachen kauft und sie in Restaurants und Diskotheken und Kinos einlädt. Einmal hatte er erwogen, sich mit Darinka einen Film im Klara-Viertel anzusehen, dem Stockholmer St. Pauli, das inzwischen hauptsächlich von Türken und Jugoslawen besucht wird, nachdem die Schweden Pornographie allmählich langweilig finden. Predrag sagt, als moderner Mann habe er eine moderne Frau haben wollen, die »Bescheid weiß«, doch als Darinka begeistert einwilligte, habe er es sich anders überlegt und ihr erklärt, sie solle aufhören, an unanständige schwedische Dinge zu denken, und sich darauf besinnen, als anständige serbische Ehefrau ihm das Haus zu führen und die Kinder zu versorgen.

Als Slavko Jovanović vor neun Jahren seine Tochter Darinka an Predrag versprach, protestierte sie. Eine Woche lang habe sie geweint, sagt sie. Sie wollte einen Mann aus ihrem eigenen Dorf heiraten. Immer wieder erklärte sie, daß die Jungen, die sie kannte, gut genug für sie seien — daß sie mit jedem von ihnen einverstanden sei. Am Ende willigte sie ein, aber nur vor lauter Erschöpfung und aus Pflichtbewußtsein. Ihr gefiel es zu Hause, sie lebte gern bei ihren Eltern und Schwestern, arbeitete auf den Feldern und fütterte die Kühe und Ziegen, die Ochsen und die Zuchtschweine. Sie sagt, sie sei schon als Vierjährige eine Bäuerin gewesen, die hinter dem väterlichen Pferdepflug einherlief und Getreide aussäte. Mit fünf war sie verantwortlich für die Ochsen, die beiden Kühe, drei Kälber und eine prächtige Sau mit elf Ferkeln. Ihr Vater hatte ihr ein Joch angefertigt, an das zwei kleine Eimer gehängt wurden, so daß sie am Brunnen neben dem Haus Wasser holen und zum zwei Kilometer entfernten Stall bringen konnte. Bald trug sie dreimal täglich sechzig Liter Wasser zum Stall. Um fünf Uhr morgens stand sie auf, und spätestens um acht lag sie im Bett, und zwischendrin, sagt sie, sei nie Zeit gewesen für Tagträume von einem Mann oder einem anderen Leben. Sie ging acht Jahre lang zur Schule, und vielleicht hätte sie die höhere Schule in der Kreisstadt besucht, doch sie habe den Gedanken nicht ertragen, ihre Schweine einem anderen Menschen anzuvertrauen. Sie war stolz auf die Jovanovićschen Schweine, und sie betete ihren Vater an, der es geschafft hatte, eine so bedeutende Persönlichkeit in der Partei zu werden, und der so reich war, daß er jedes Jahr im August zehn Erntehelfer einstellen konnte. Sie hat nie erfahren, wie oder warum er Predrag für sie ausgesucht hat. Von ihren verheirateten Schwestern hatte sie gehört, daß Predrag eitel und faul sei, daß er ein Mädchen aus seinem Dorf hatte heiraten wollen und sie nur als zweite Wahl betrachtete. Doch damals wußte sie noch nichts von Predrags eigenartigem Vater, nichts davon, daß sie während des Essens stehen und daß sie einem alten Mann die Füße waschen mußte, nichts von der lärmenden Frömmigkeit, die bei den Ilićs herrschte.

Als Predrag im Herbst 1968 nach Schweden reiste, ließ er Darinka im Haus zurück, gewissermaßen als Geisel für seinen Vater, der ihn überhaupt nicht hatte gehen lassen wollen und am Ende nur deswegen eingewilligt hatte, weil ihm der Dorfpriester versichert hatte, ein Junge wie Predrag werde die Dienste einer jungen Frau viel zu sehr vermissen, als daß er lange fortbleiben würde. In Wahrheit sehnte sich Predrag nach Abenteuern. Er ignorierte Darinkas Tränen und ihr Flehen, ihren neuen Paß und ihre schüchternen Verführungsversuche und erklärte, daß er mehr Geld für ihre Villa sparen könne, wenn er ein bescheidenes Junggesellenleben mit den beiden Freunden aus dem Dorf führe, die schon in Södertälje wohnten und ihm einen Arbeitsvertrag mit der Telefonfabrik verschafft hatten. Auf dem Bahnhof umarmte er seinen Vater zum erstenmal seit langer Zeit. Er verließ Jugoslawien mit einem Wochenlohn in der Tasche, zwei geräucherten Würsten und einer Flasche bestem Sliwowitz aus dem Hause Jovanović. Die Flasche fiel ihm vom Schoß und zerbrach auf dem Fußboden, als sich der Zug in Österreich in eine enge Kurve legte, und die beiden Würste aß er, während draußen vor dem Abteilfenster Deutschland dahinflog. Das Geld ging für ein Taxi nach Södertälje drauf, weil Predrag, nach zwei Tagen und zwei Nächten in überfüllten Zweiter-Klasse-Abteilen müde und schläfrig, seine Station verpaßt hatte und in einer kleinen Ortschaft landete, von der er noch nie etwas gehört hatte. Er bat um Hilfe in einer Sprache, die nur der jugoslawische Taxifahrer verstand. Da begann sein Abenteuer. Die Freunde aus seinem Dorf hatten ein Zimmer in einem heruntergekommenen Heim, in dem dreißig *invandrare* auf die Einweihung von Södertäljes jüngster Vorstadt warteten, und die beiden notierten jede einzelne Krone, die Predrag sie kostete, einschließlich das Essen und das Bier, das sie in seiner Gesellschaft reichlich konsumierten. Als er einen Monat gearbeitet hatte, nahmen sie ihm den gesamten Lohn ab, nachdem sie zu ihren Ausgaben noch etwa zweihundert Kronen addiert hatten, den Betrag nämlich, den sie für das gemeinsame Zimmer an Miete zahlen mußten. Sie nahmen Predrag auch in eine kleine jugoslawische

Kaschemme mit, die sich auf illegale Glücksspiele und auf den Ausschank alkoholischer Getränke außerhalb der Sperrstunden spezialisiert hatte. Eines Nachts, als er gerade dabei war, tausend Kronen zu gewinnen, wurde das Etablissement durchsucht und geschlossen. Und an dem Tag, als es, unter einem anderen Namen und an einem anderen Ort, wieder aufmachte, geriet Predrag sofort in eine Schlägerei, die dadurch ausgelöst wurde, daß ein Bosnier einen anderen Fernsehkanal einstellen wollte. Die Keilerei endete in einer Schlacht zwischen Serben und Kroaten. Drei Gäste wurden verletzt ins Krankenhaus eingeliefert, darunter auch Predrag.

Predrag versuchte es dann mit Diskotheken. In einer billigen Stockholmer Diskothek lernte er den einzigen Menschen kennen, der in Schweden sein Freund wurde — einen Finnen, der in einer Glühbirnenfabrik Tungstendrähte wickelte. Gemeinsam zogen die beiden los, in wilder Zeichensprache miteinander kommunizierend, bis es ihnen so lästig wurde, daß sie etwas Schwedisch lernten, um sich unterhalten zu können. Sie feierten gerade die Nachricht, daß Predrag Vater geworden war, als sein Freund ihn mit einer hübschen finnischen Putzfrau bekannt machte, die ihn mitnahm zu sich nach Hause ins Bett. Predrag war stolz und erschrocken. Er fand inzwischen, daß er moderner und männlicher kaum noch leben konnte. Die Ersparnisse aber, die eigentlich für das Haus gedacht waren, sagt er, habe er für Restaurants in Södertälje ausgegeben (ein Mann, der für sich selbst kocht, erschien ihm undenkbar) und für seine finnische Freundin in Stockholm, die eine Vorliebe für Diskotheken hatte und eine offenbar ebenso starke Tendenz zur Ehe. Ihre Romanze dauerte einen Monat und kostete tausend Kronen. Sie endete, als Predrag auf einen abgerissenen, völlig erschöpften Serben aus seinem Heimatort stieß, der bei einem Bier zusammenbrach und ihm erzählte, nachdem er sich wieder erholt hatte, daß er gerade zum drittenmal geheiratet habe und deswegen Tag und Nacht arbeiten müsse, daß er die härtesten, miesesten Jobs in ganz Schweden angenommen habe, um drei Villen zu bezahlen — zwei für die beiden Frauen, die er verlassen habe, und eine für die jetzige.

Drei Wochen später traf Darinka in Schweden ein. Predrags Brief, in dem er sie aufgefordert hatte, sofort zu kommen, war eine Woche unterwegs gewesen. Das Baby zu entwöhnen hatte eine weitere Woche gedauert. Dann hatte Darinka das Baby durch einen Schneesturm in das Dorf der Eltern bringen müssen, weil die Ilićs sich empört geweigert hatten, das Baby zu behalten, falls sie abreisen würde. Und ihr Vater hatte ein paar Tage in der Kreisstadt nach einem vertrauenswürdigen Paar suchen müssen, das auf dem Weg nach Schweden war und während der Bahnfahrt auf Darinka würde aufpassen können. In Södertälje verbrachte Darinka die erste Zeit allein in einem dunklen Souterrainzimmer des alten Wohnheims, dem einzigen Raum, der noch frei war. Nichts habe sie in Schweden so sehr deprimiert wie die Dunkelheit, sagt sie. Drinnen war es dunkel, und als sie und Predrag aus der Stadt in eine Zwei-Zimmer-Wohnung in dem neuen Vorort Skärholmen umzogen, stellte sie fest, daß es auch draußen meistens dunkel war. Ihre ersten Ausflüge führten sie in den Supermarkt. Sie bezahlte mit dem Geld, das ihr Predrag daließ, und bekam Wechselgeld und die Quittung für Predrag, ohne ein einziges Wort sprechen zu müssen. Ihre erste Arbeit war ein Putzjob in einem Motel in der Nähe von Skärholmen, wo ein forscher Geschäftsführer die in Tränen aufgelöste Darinka von Zimmer zu Zimmer schleppte und auf Besen und Lappen und Abfalleimer zeigte, offenbar in der Überzeugung, daß jemand, der aus Jugoslawien kam, noch nie aufgewischt oder einen Abfalleimer geleert hatte. Darinka haßte Skärholmen, diesen monströsen Vorort, der auf halber Strecke an der Autobahn zwischen Södertälje und Stockholm lag, wo man nichts anderes als Fabriken und vorbeirasende Autos sah. Und sie hatte Sehnsucht nach ihrem Baby. Predrag sagt, er habe nachts nicht einschlafen können, so sehr mußte sie beim Anblick des Fotos ihres Babys schluchzen und jammern, und wenn es ihm schließlich doch gelungen sei, habe sie ihn sofort wieder aufgeweckt und von neuem begonnen. Er sagt, daß er am Ende keine andere Wahl hatte, als das Baby nach ihrem ersten Sommerurlaub mitzunehmen. Er überredete Darinkas Mutter, mitzukommen und ihnen zu helfen. Frau Jovanović schlief auf einer Matratze im Flur, kümmerte sich um die Wohnung, wenn Darinka auf Arbeit war, und kümmerte sich um das Baby. Ein paar Monate später, während sie noch darauf wartete, daß Predrag von der Arbeit nach Hause kam und Darinka ins Krankenhaus brachte, assistierte sie bei der Geburt des zweiten Kindes. Frau Jovanović, die sich von ihrem Mann und ihren Schweinen noch nie weiter entfernt hatte als bis in die Kreisstadt, war so verängstigt in Schweden, daß sie sich weigerte, auch nur einen Fuß vor die Wohnungstür zu setzen — das heißt, bis sie Magenschmerzen bekam und verlangte, daß man sie, ausgestattet mit einer Fahrkarte, die sie an ihren Mantel heftete, und mit dem Paß, den sie in ihr schwarzes Kopftuch einnähte, in den nächsten Zug in Richtung Jugoslawien setzte. Darinka hat jetzt schon den dritten Job, seitdem ihre Mutter abgereist ist. Eine Zeitlang arbeitete sie als Zimmermädchen in einem Touristenhotel in Stockholm, was bedeutete, daß sie hin und zurück jeweils eine halbe Stunde mit der U-Bahn unterwegs war und sich mit einer Clique von Rumäninnen anzufreunden versuchte, die ebenfalls in dem Hotel arbeiteten. Aber ihre Arbeitsstunden waren lang und unregelmäßig, und nachdem sie einmal vier Wochen krank geschrieben zu Hause geblieben war, mußte sie in der höchst komplizierten und starren Putzfrauenhierarchie wieder ganz unten anfangen, ohne regelmäßige Arbeitszeiten und ohne festen Arbeitsbereich — nachts und an Wochenenden sprang sie gewöhnlich für Frauen ein, die frei hatten. Anschließend arbeitete sie in einer Stockholmer Molkerei, wo sie in einem heißen, schlecht gelüfteten Raum an einem Fließband stand und Abfüllmaschinen kontrollierte. Diese Episode endete mit ihrem Rückzug nach Södertälje und einem dritten Kind. Sie sagt, aus finanziellen Gründen habe sie eigentlich kein weiteres Kind haben wollen, aber Predrag wollte nach zwei Töchtern unbedingt einen Sohn haben. Und nun, da er einen hat, will er noch einen, falls sich herausstellt, daß der andere blöd ist oder krank oder ihn später irgendwie enttäuscht.

Darinka hat sich inzwischen an Schweden gewöhnt. Sie beobachtet Predrag, wenn er düsterer Stimmung ist, und hört sich seine Klagen an, aber sie hat gelernt, auf seine Launen nicht einzugehen. Nach und nach hat sie ihr isoliertes Dasein in Södertälje in die Hand genommen und versucht, es so angenehm zu machen, wie sie kann. Es war Darinka, die in Södertälje zum Invandrerbyrå ging, zu dem staatlichen Einwandererbüro, dessen Dolmetscher in Anspruch nahm, mit den Beratern und Sozialarbeitern über Krippenplätze und Kindergärten und Wohnmöglichkeiten sprach und Predrag sogar einen Termin für ein Bewerbungsgespräch bei Saab-Scania vermittelte. Darinka fand auch die Wohnung in Vikingabyn, in der sie jetzt wohnen. Das Apartment kostet sechshundertfünfzig Kronen im Monat, was für sie eine Menge Geld ist, aber sie haben drei Zimmer — Wohnzimmer, Schlafzimmer und Küche —, und weil sie ihr erstes schwedisches Wohnzimmer schonen wollen, schlafen alle fünf Ilićs in dem kleinen Schlafzimmer auf Feldbetten. Besonders freut sich Darinka über das Wohnzimmer. Manchmal bedauert sie nur, daß sie gegenüber der Couch nicht auch eine Schrankwand aus Walnuß haben, wie die schwedischen Familien im Fernsehen. Sie hat gehört, daß die Teodorovićs eine schöne Schrankwand haben, in der sie ihre Likörflaschen und die Gedenkplaketten zu Titos Geburtstag und die Kristallschalen mit teuren Wachsfrüchten hingestellt haben, und die Mlinarićs haben ebenfalls eine Schrankwand, vollgestellt mit gewichtig aussehenden Büchern und Schallplatten, sowie eine Stereoanlage und einen kupfernen Blumenständer auf Rollen. Sie hätte gern ein paar Bilder, die zu dem Walt-Disney-Poster von Schneewittchen und den sieben Zwergen passen, das der Haushaltspackung eines neuen Waschpulvers beigelegt war. Predrag bezeichnet es säuerlich als »Darinkas Picasso«, seit er das Begräbnis des Malers in den Abendnachrichten gesehen hat. Sie hatte Predrag immer wieder wegen ein paar Bildern für die Wand angesprochen, aber als sie eines Tages von der Arbeit nach Hause kam und feststellte, daß auf der einen Seite des Fernsehers ein Kalender mit der Heiligen Familie hing und auf der anderen das Poster eines nackten *Playboy*-Models, da gab sie auf. Sie sagt jetzt, daß das Zimmer auch ohne Bilder sehr schön sei. Es steht ein großer Farbfernseher darin, den Predrag im letzten Jahr plötzlich mit nach Hause brachte, fast wie neu und recht preiswert, sowie zwei Stehlampen und ein Couchtisch aus hellem Holz, den Darinka selbst vor Jahren erwarb, als das Hotel, in dem sie arbeitete, neu eingerichtet wurde. Und seit Weihnachten sind die kahlen Wände vollends aufgewertet worden — durch eine neue orangefarbene Couch und dazu passende Clubsessel, die Darinka und Predrag in einem Billigkaufhaus bei Stockholm erstanden haben — für vierhundert Kronen Anzahlung, der Rest zahlbar innerhalb von zwei Jahren, bei zwölf Prozent Zinsen.

Darinka hätte gern einen Menschen, der sie in ihrem neuen Wohnzimmer besucht — und nicht nur Predrags finnischen Freund, der manchmal auf ein Glas vorbeikommt. Die beiden Jugoslawen, mit denen Predrag früher zusammenwohnte, sind inzwischen fort. Weggezogen ist auch die Frau aus Darinkas Fabrik, die nach der Arbeit oft vorbeischaute, nachdem sie festgestellt hatten, daß ihre verheirateten Schwestern Nachbarinnen in der Kreisstadt sind. Die Frauen haben dann gemeinsam gekocht, die Männer haben Poker gespielt, und im Frühling sind sie oft mit den Kindern zum Picknick an den See hinausgefahren. Aber im letzten Jahr bekam das Paar eine bessere Arbeit und zog nach Tensta, auf der anderen Seite von Stockholm, und da die Ilićs kein Telefon haben, können die beiden Familien keinen Kontakt zueinander halten. Das Wohnzimmer wird jetzt meistens von den Kindern okkupiert. Die beiden Mädchen, Cveta und Slavica, sechs und sieben Jahre alt, sind vormittags in der Schule, wo sie Schwedisch lernen, kommen nachmittags aus der Kindertagesstätte, wo sie spielen, und sehen fern, bis es Schlafenszeit ist, während Radislav, der mit seinen drei Jahren schon verzogen und launisch ist, sich auf der orangefarbenen Couch räkelt und mit seinem Spielzeugharmonium Krach macht. Zu Hause verbringt Darinka die meiste Zeit in der Küche und kümmert sich um das Essen, während Predrag am Tisch neben dem Fenster sitzt, die Volvos auf dem Parkplatz zählt und in seinem Schulheft herumkritzelt.

Kürzlich stand Darinka am Herd, rotbackig und rundlich in ihrem karierten Hemd und den ausgelassenen Jeans, die sie für die ersten Monate einer neuen Schwangerschaft aufhebt, und rührte in einem Topf mit Fleisch, Paprika und kleingeschnittenen Karotten. Predrag saß in seinem rosafarbenen Hemd am Tisch und goß sich ein Glas Sliwowitz ein. Für Darinka gab es keinen Sliwowitz, weil Predrag davon überzeugt ist, daß man Schnaps nicht für Frauen vergeuden soll, aber er war in relativ guter Stimmung, denn er war gerade von einem vielversprechenden Treffen mit dem Tankstellenchef, bei dem er arbeiten will, nach Hause gekommen.

»Elf Kronen«, sagte er. »Dafür kriegt man in Belgrad einen Liter Sliwowitz. Hier kostet ein Liter fünfzig Kronen.« Er erhob sein Glas zu einem kläglichen *skål*. »Die Schweden wissen nicht, wie man lebt. *Das* ist ihr Problem. Sieh dir nur Stockholm an. Wo sind die Parks in Stockholm? Belgrad hat doppelt so viele Parks wie Stockholm.«

Darinka warf ihm einen Blick zu. »Mir erklärst du immer, daß Belgrad furchtbar ist. Furchtbarer Lärm, furchtbarer Verkehr.«

»Der Verkehr, ja. Aber mehr Parks, mehr Krippen für die Kinder, mehr richtige Lebensmittel. Hier in Schweden macht man den Kühlschrank auf, und alles ist gefroren. Hier kriegt man immer nur Smörbröd und Kaffee, Smörbröd und Kaffee.« Predrag dachte eine Weile nach. »Ich würde gern eine schwedische Hochzeit erleben. Ha! Ich wette einen Liter Sliwowitz, daß man bei einer schwedischen Hochzeit auch nur Smörbröd und Kaffee bekommt. «

Darinka lachte. »In diesem Haus wird schon genug gewettet«, sagte sie. »Predrag ist ein richtiger Schwede geworden. Er spielt Toto. Und das Geld, das wir für unsere Villa brauchen — alles aufgebraucht.«

»Was sind schon sechs Kronen die Woche?« brummte Predrag.

»Lüg nicht. Es sind dreißig oder hundert Kronen.«

»Fünfundzwanzig vielleicht«, sagte Predrag. »Außerdem warte ich darauf, daß ich im Toto einmal richtig gewinne. Dann fahre ich nach Hause. Ich habe alles berechnet, hier« — er tippte auf sein Schulheft —, »Mathematik. Mit jeder Woche, die ich spiele, steigt meine Gewinnchance. Aber wenn ich überhaupt nicht spiele, habe ich ja gar keine Chance.«

Darinka zuckte mit den Schultern, und Predrag streckte selbstzufrieden die Hand nach Radislav aus, der, das Harmonium hinter sich her schleppend, ins Zimmer gekommen war. Der Junge wich ihm aus, lief zu seiner Mutter, rief nach Essen.

»Er kommt immer so hungrig nach Hause«, sagte Darinka.

»Tja, was kriegt er bei dieser Schwedin schon zu essen? Suppe. Du gibst ihr Geld, und sie nimmt das Geld für ihre eigenen Kinder und setzt meinem Sohn Suppe vor. Bei mir würde er ein Steak bekommen.« Predrag klopfte sich an die Brust. »Kein Serbe würde sein Kind hungern lassen. Es würde das Herz eines jeden Serben brechen, wenn er ein hungriges Kind sieht.«

»Serben sind Lügner«, sagte Darinka. »Sie versprechen dir etwas und tun etwas ganz anderes.«

»Hier versprechen sie dir alles und tun nichts«, unterbrach Predrag. »Sie haben kein Herz, diese Schweden. Sie wollen einem helfen, aber in ihrer Seele sind sie sehr schlecht. Sie inserieren in der Zeitung: Guter Job, leichter Job, Schwede gesucht. Sie haben keine Ahnung, was es heißt, Ausländer zu sein. Sie laden einen nie zu sich ein. Sie glauben, man ist ein Tier. Sie glauben, daß man nie zur Schule gegangen ist, daß man nichts weiß. Ich würde gern einen Schweden nach Jugoslawien mitnehmen und ihn dort hilflos stehenlassen, ohne die Möglichkeit, sich zu verständigen, Erklärungen zu verstehen.«

Darinka wies darauf hin, daß es in ihrer Fabrik eine Schwedin gebe, die sehr nett, sehr hilfsbereit sei. »Letzten Monat hatte sie Geburtstag«, sagte Darinka. »Sie hat mir ein Stück von ihrem Kuchen geschenkt. Jetzt trinken wir gemeinsam Kaffee, wie Menschen, die ... die auf der gleichen Ebene stehen. Sie spricht über die Arbeit und das Essen und die Familie ...«

Predrag guckte finster. »Aber hat sie dich jemals nach Hause eingeladen? Na?«

»Vielleicht werde *ich* sie einladen,« sagte Darinka. Sie hatte Radislav hochgenommen und schaukelte ihn auf dem einen Arm, während sie mit dem andern im Kochtopf rührte. »Weißt du, ich verstehe jetzt Schwedisch, aber ich spreche es noch nicht so gut, und sie hilft mir. Sie sagt, daß ich im Betrieb Sprachunterricht nehmen soll oder in der Abendschule.«

»Ich würde auch liebend gern in die Schule gehen«, sagte Predrag, »Mathematik lernen«.

»Du kannst mit Schwedisch anfangen«, meinte Darinka.

Predrag ging auf diese Bemerkung nicht ein. »Das ist mein Traum — zur Schule gehen. Aber dafür reicht das Geld natürlich nicht.« Er seufzte. »Ich habe eine Familie.«

»Wir sind ihm im Weg«, sagte Darinka gutmütig, setzte Radislav auf dem Schoß seines Vaters ab und begann, den Tisch zu decken. Sie hat all das schon oft gehört und mag darüber nicht mehr streiten.

Predrag zuckte mit den Schultern. »Früh geheiratet«, sagte er. »Ist so üblich bei uns. Ein Mann ist ein Mann, wenn er mit Zwanzig aus der Armee kommt. Das Leben in der Armee ist hart. Nicht wie hier in Schweden, wo man lange Haare hat und einen Bart und übers Wochenende nach Hause darf. Und eine Frau, die zwanzig ist. Pah! Wer will so eine schon haben? Ein Mann wird sie ansehen und fragen: ›Warum hat sich noch niemand für sie interessiert?‹«

»Eine Freundin von mir ist mit Achtundzwanzig nach Jugoslawien zurückgekehrt und hat geheiratet«, wandte Darinka ein. Und dann sagte sie: »Ist gar nicht so schlecht, die schwedische Lebensart. Es ist . . . praktisch.«

Predrag funkelte sie an. »Wie Tiere — so leben sie hier. Leben zusammen wie Tiere. Warten mit der Ehe, bis sie dreißig sind. Wenn man mit Dreißig heiratet, ist man ein alter Mann. Aber ich — wenn mein Sohn fünfzehn ist, bin ich noch jung. Wir können gemeinsam Jagd auf Mädchen machen.«

Darinka kicherte. »Er will den Mädchen hinterherlaufen, wo er sowieso schon so viele Probleme hat. Heute morgen, in Södertälje, haben sie ihm wegen Falschparkens einen Strafzettel über fünfzig Kronen verpaßt — zum zweitenmal.«

»Ich würde gern zu diesem Palme gehen«, sagte Predrag. »Zum Ministerpräsidenten. Ich würde ihn dann fragen: ›Welchen Schaden haben Sie davon, wenn das Auto eines kranken Mannes ein paar Minuten länger auf der Straße steht?‹«

Darinka lachte wieder. »Predrag ist ein kranker Mann. Er weigert sich, die Pillen zu nehmen, die ihm der Arzt für den Magen verschrieben hat, weil er weiß, daß er nicht trinken kann, wenn er die Tabletten nimmt, also ...«

»Diese ganzen Probleme«, rief Predrag erregt. »In Jugoslawien war es anders. Ich weiß, daß es im Leben immer Probleme gibt. Aber nicht solche wie hier. Zu Hause gibt es immer eine Großmutter, die auf die Kinder aufpaßt. Hier kümmert sich niemand um die Kinder. In der Schule dürfen sie tun, was sie wollen. Sie lassen sie allein zu Hause, lassen sie herumlaufen, schlagen sie nie. Hier ist es zu frei, und die Leute sind so gleichgültig. Diese Schwedin, die auf Radislav aufpaßt — sie interessiert sich nur für das Geld. Und selbst sie — es hat einen Monat gedauert, bis ich sie gefunden hatte. Ich mußte Schlange stehen. Ich sagte: ›Sie müssen helfen. Meine Frau arbeitet, und in der Tagesstätte ist noch kein Platz für meinen Jüngsten.‹ Ich bin vor dieser egoistischen Frau fast auf die Knie gefallen.«

Darinka nickte. »Als ich hier ankam, saß ich in dieser dunklen Souterrainwohnung und dachte immer. Was für ein Land ist das bloß — dieses *dunkle* Land, wo man keine Freunde hat? Predrags Vater hatte mir erklärt, daß das Leben in Schweden schlimm ist. Er sagte, Predrag würde als Trinker zurückkehren, als Bandit, wie ein Schwede. Aber das war nicht das Problem. Es sind die Schweden, die uns Jugoslawen für Trinker und Gauner halten. Ich weiß das jetzt. Auf der Arbeit wird immer über die Ausländer gesprochen — wie die Ausländer krankfeiern, faul zu Hause herumsitzen und die schwedischen Sozialleistungen in Anspruch nehmen. Ich frage dann: ›Woher wißt ihr das?‹ Sie sagen: ›Wir wissen es nicht — wir glauben einfach, daß es so ist.‹ Und ich sage: ›Glauben reicht nicht.‹«

»Gerade *die* müssen reden!« brummte Predrag. »Die Schweden sind langsam. Die Schweden arbeiten lieber nicht so viel.« Er setzte Radislav auf den Fußboden, goß sich noch ein Glas Sliwowitz ein und trank es aus. »Es ist schwer, hier zu leben«, sagte er. »Meine besten Jahre! Wenn ich daran denke, frage ich mich: ›Lohnt es sich?‹ Lange kann ich hier nicht mehr bleiben — das steht fest. Ich werde noch verrückt.«

Darinka schüttelte den Kopf. »Nein, *ich* würde jetzt hier bleiben. Nicht für immer, aber vielleicht für längere Zeit. Zu Hause gibt es keine Arbeit für uns, und selbst wenn man einen Job findet, ist er anstrengend und schmutzig. Hier habe ich einen guten Job, eine schöne Wohnung. Dort habe ich Predrags Eltern. Ich stehe als erste morgens auf, um zu heizen, Kaffee zu machen ...« Sie lächelte plötzlich. »*Mein* Vater hat sich die Füße selbst gewaschen.«

Predrag wandte sich ab und starrte aus dem Fenster. »Ich werde in die Partei eintreten, wenn ich wieder zu Hause bin«, sagte er schließlich. »Sie haben's mir angeboten. Ich habe ihnen gesagt, daß ich komme, sobald ich hunderttausend Kronen für meine Kinder zusammengespart habe ...«

Darinka, die gerade Teller auf den Tisch stellte, lachte schallend.

»Na schön, vierzig- oder fünfzigtausend Kronen. Hör zu, ich will hier nicht bleiben, aber jeden Sommer fahren wir für einen Monat nach Hause und geben eine Menge Geld aus, also müssen wir wieder zurück, mehr verdienen ...«

»Wir verbringen einen Monat dort, ich sitze im Haus, und er gibt das ganze Geld aus«, unterbrach Darinka ihn. »Also werde ich unruhig. Ich gehe in unsere Villa und wische den Staub von einem Jahr von meinen Möbeln. Ich staube meine Vitrine ab. Es ist eine wunderschöne Holzvitrine — lackiert, damit sie richtig glänzt. Es ist eine Vitrine, in die man Sachen reinstellen kann. Meine Porzellanfiguren stehen da drin. Porzellanblumen und kleine Porzellanfiguren. Und meine großen Platten von der Küste. Schöne Platten, mit Korallen und Seesternen und Seeigeln und Austernschalen.« Darinka hielt inne, nahm den Topf vom Herd und stellte ihn auf den Tisch. Sie wischte sich mit dem Hemdsärmel über die Stirn und fuhr fort: »Dann pflanze ich Blumen im Garten. Rote Rosen und weiße und gelbe Astern. Ich pflanze Bäume — Äpfel und Birnen und Pfirsiche. Aber dann werde ich wieder unruhig. Es reicht mir ... ein Monat. Nach einem Monat will ich wieder zurück nach Schweden.« Sie lachte, und es klang fast fröhlich. »Ich bin es nicht mehr gewöhnt, wie ein serbisches Mütterchen zu Hause herumzusitzen. Und ich sage zu Predrag: ›Nachdem wir all das durchgemacht haben, allein zurechtkommen, uns verständigen können und die anderen uns verstehen, nachdem all diese Schwierigkeiten jetzt hinter uns liegen, Probleme mit der Arbeit, Probleme mit Freunden, die unser Geld genommen haben — jetzt *könnten* wir nach Hause zurück, aber warum bleiben wir nicht noch eine Weile und fangen an zu leben?‹«

Darinka rief die Mädchen zum Essen.

»Schweden ... ist irgendwie eine Gewohnheit«, sagte Predrag resigniert. »Man gewöhnt sich dran.«

Die pieds noirs

Mme. Martins Koffer ist seit hundert Jahren in der Familie. Eigentlich ist es mehr eine Tasche als ein Koffer — eine große, schwarze Tasche aus lederverstärktem Leinen mit ausgeblichenen gelben Blumen, eine Tasche, wie sie von Frauen für die Reise verwendet wurde. Die Urgroßmutter von Mme. Martin hatte sie kurz vor ihrer Hochzeit in Béziers gekauft, und 1873, als eine furchtbare Reblausepidemie die Weinberge der Region vernichtete, packte sie ihre beste Aussteuerwäsche in die Tasche und fuhr mit ihrem Mann nach Algerien, um dort ein neues Leben anzufangen. Die Tasche wurde auf die jeweils älteste Tochter weitervererbt, bis hinunter zu Mme. Martin. Im Juni 1962, als über eine Viertelmillion französischer *colons* fluchtartig Algerien verließen, holte Mme. Martin ihre Tasche hervor, die sie nicht mehr benutzt hatte, seit sie mit ihren vier Kindern in den Wallfahrtsort Notre Dame de Lourdes de Misserghin gefahren war. Sie packte die Familienfotos ein, das *croix de guerre* ihres Mannes aus dem Zweiten Weltkrieg, für jedes der Kinder eine Garnitur Socken und Unterwäsche sowie alle Dokumente, die notariell beglaubigen zu lassen ihr noch die Zeit geblieben war — ein von der *mairie* in Algier abgestempeltes Zeugnis, daß Paul, ihr ältester Sohn, sein *baccalauréat* bestanden hatte; ein Haushaltsinventar; ein Verzeichnis der Weinstöcke und Obstbäume in ihrem Garten und der Kaninchen, die sie zum Verkauf züchtete; Rechnungen für die Geräte, die M. Martin, Elektriker von Beruf, für seine Werkstatt angeschafft hatte. Die Socken und die Unterwäsche wurden auf dem Schiff, das die Familie zurück nach Frankreich brachte, zwar gestohlen, aber die Papiere und die Bilder blieben unversehrt, und sie sind noch immer in der Tasche, die, für alle Fälle, auf dem zersprungenen steinernen Fenstersims in Mme. Martins neuer Küche bereitliegt. Sie traut sich aber nicht, sagt sie, die Tasche wegzupacken, auch wenn sie bezweifelt, daß sie aus dem kleinen Dorf, wo die Familie jetzt lebt, je wieder wegziehen wird. Sie erklärt manchmal, daß sie vor Trauer dort sterben wird, so wie ihre Mutter, die mit Achtzig in einem anderen fremden Dorf in der Nähe von Marseille gestorben ist. »Man nimmt einen Setzling und verpflanzt ihn, und er gedeiht«, sagt sie oft, wenn sie von ihren Kindern spricht. »Aber ein alter Baum wie ich, ein Baum mit Wurzeln ... Herausgerissen aus seiner Heimaterde, wird dieser Baum eingehen.« Sie würde die Tasche gern Yvette vererben, ihrer einzigen Tochter, aber Yvette findet sie schäbig und altmodisch. Yvette ist mit einem *métropolitain* verheiratet — einem *französischen* Franzosen —, und für ihre Flitterwochen hat sie bei Prisunic in Marseille einen neuen weißen Plastikkoffer gekauft.

Im Juni 1830 marschierten die ersten französischen Soldaten in das spätere Algerien ein, »um die Ehre der französischen Fahne« wiederherzustellen. Tatsächlich war die Fahne seit Jahrhunderten von Berberpiraten geschändet worden, die sich von ihren Aktionen auf hoher See zu erholen pflegten, indem sie die französische Küste heimsuchten, doch diesmal, so schien es, war die Fahne definitiv beleidigt worden: Der Dey von Algier hatte den französischen Konsul während einer Auseinandersetzung über den Preis einer Getreidelieferung mit einer Fliegenklatsche geschlagen. Die Franzosen brauchten fünf Jahre, um die größeren Küstenstädte einzunehmen, und weitere siebzehn Jahre, um den größten Teil des restlichen Algerien, nördlich der Sahara, zu besetzen. Zu jener Zeit gab es noch kein Algerien — während es bereits ein Marokko und ein Tunesien gab, die von einer Herrscherdynastie regiert wurden —, und die Franzosen gingen daran, das Land wie ein überseeisches *département* einzurichten. Sie waren die Armen Frankreichs, und sie kamen zu Hunderttausenden, noch bevor der größte Teil des Landes befriedet war — die politischen Flüchtlinge von 1848 und 1852, die Elsässer von 1871, die Korsen und dann die Bauern aus dem Languedoc und den Cevennen und den Basses-Alpes, deren Weinberge von derselben großen Reblausepidemie vernichtet worden waren, die Mme. Martins Urgroßeltern gezwungen hatte, ihre Heimat zu verlassen. Spanier kamen nach Oran, Italiener und Malteser nach Constantine, und *sie* wurden Franzosen zum Preis der Gebührenmarke auf der Einbürgerungsurkunde. *»Français à douze sous«* nannte man sie. 1870 wurde allen Juden in Algerien per Dekret die französische Staatsangehörigkeit verliehen, und ab 1889 war jeder dort geborene Europäer automatisch französischer Staatsbürger. Gegenüber *métropolitains* pflegten sie sich würdevoll als *les Français d'Algérie* zu bezeicdnen, doch zu Hause in Algerien nannten sie sich *pieds noir,* was die Bezeichnung der Einheimischen für sie war, wenngleich niemand wußte, ob dieser alte Ausdruck sich auf die glänzenden schwarzen Stiefel der ersten französischen Offiziere im Land bezog oder auf die ersten französischen Bauern-Einwanderer, die ihre nackten Füße in die schwere dunkle Erde des Maghreb vergruben. Einige *pieds noirs* waren reiche Großgrundbesitzer *(gros colons),* und alle *pieds noirs* waren zweifellos reicher als die neun Millionen Araber und Berber, dank deren Arbeit sie ihren Status behielten. Aber die meisten *pieds noirs* waren einfach Bauern, die ihren Lebensunterhalt als Arbeiter in den großen Städten der Kolonie verdienten. Sie waren als Bauern ins Exil nach Algerien gegangen, und 1962, als Algerien seine Unabhängigkeit erlangte, verließen sie das Land als vertriebene Proletarier. Vierundzwanzig Familien emigrierten nach Australien, vierzehn nach Kanada und hundert nach Taiwan. Woanders wollte man sie nicht haben — abgesehen vom Schah von Persien, dessen Angebot, 2500 *pied-noir*-Familien aufzunehmen, abgelehnt wurde. Die Franzosen wollten sie ganz sicher nicht haben — aber trotzdem kehrten eine Million *pieds noirs* »heim« nach Frankreich.

Die meisten der *gros colons* hatten diese Entwicklung kommen sehen, einfach deswegen, weil sie die Ursache für viele Probleme waren. Sie schafften ihr Geld schon Ende der fünfziger Jahre außer Landes, mit dem Ergebnis, daß fast jeder, der in den fünfziger Jahren in Algerien reich war, 1962 in Frankreich genauso oder fast genauso reich war. Alle 200000 Beamten, die sich zum Zeitpunkt der Unabhängigkeit in Algerien aufhielten, bekamen Arbeitsplätze in Frankreich oder wurden in den wohldotierten Ruhestand versetzt, da Frankreich, wie die *pieds noirs* gern sagen, zwar seine Kolonien im Stich lassen mag, niemals aber seine *fonctionnaires.* Und was die *vedettes de clandestins* betraf — die obersten Bosse der Organisation de l'Armée Secrète, die nicht in algerische Gefangenschaft geraten, nicht von den Franzosen verurteilt worden beziehungsweise, falls sie geflohen waren, in Spanien, Paraguay oder Argentinien mit offenen Armen aufgenommen worden waren —, so fanden viele von ihnen eine einträgliche neue Existenz, etwa in Marseille im Heroinschmuggel oder in Paris im »Schmutzgeldgeschäft«, wo sie von anderen Flüchtlingen Geld erpreßten.* Die *petits pieds noirs* dagegen — Leute wie die Martins, die sich aus den Kämpfen herausgehalten hatten, aber auch solche, die die *bombes plastiques* für die OAS transportiert und in den Straßen von Algier und Oran Jagd auf Algerier gemacht hatten —, die *petits pieds noirs* kamen ohne einen Franc und ohne Zukunftsaussichten in Frankreich an. Einige von ihnen, wie etwa Mme. Martin, waren ganz offenkundig Franzosen, doch die große Mehrheit dieser *Français d'Algérie,* die mittellos in das Mutterland heimkehrten, waren jene Spanier, Korsen, Maltesen und Italiener, die um die Jahrhundertwende in die Kolonie gekommen waren.

Die Franzosen in Paris bezeichneten diese Zuwanderer als *hyper-méditerranéen,* weil sie aufbrausend und engstirnig und unberechenbar waren, extrem fromm und leidenschaftlich in ihrem Haß. Sie waren die Nordiren Afrikas. Ihre politischen Ansichten stammten aus den rechten, demagogischen Zeitungen der *gros colons,* und daß sie eine Verantwortung als Franzosen trugen, hatten sie von den Geheimsendern der OAS erfah-

* Sie sind noch immer im Drogenhandel tätig und erpressen noch immer Gelder, wenngleich das »Schutzgeldgeschäft« zurückgegangen ist, da ihre Klienten inzwischen etwas etablierter und erheblich klüger geworden sind.

ren. Die Franzosen, die Algerien der Gewalt überlassen und dann Soldaten geschickt hatten, die für Ruhe und Ordnung sorgen sollten, machten sie verantwortlich für den Krieg und für den Tod von Soldaten, die widerwillig gekommen waren, um Franzosen zu retten, die in ihren Augen überhaupt keine Franzosen waren. 1962 verachtete man die *pieds noirs* in Frankreich, aber sie kamen trotzdem, während ihre Beschützer von der OAS Bombenanschläge auf Eisenbahnen, Häfen und Flugplätze verübten, um sie aufzuhalten. Sie kamen in Marseille an — 10000 fast jeden Tag in jenem Juni —, und das erste, was die meisten von Frankreich sahen, war die Parole SALES PIEDS NOIRS, die die wütenden Marseiller auf die Mauern des alten Hafens gemalt hatten. Dort am Hafen lebten sie — Familien ohne Lebensmittel, kranke Kinder ohne Medizin —, und der Staat, der mit ihrer Ankunft offenbar nicht gerechnet hatte, schickte sich an, ihre Zukunft von einem Büro am Hafen aus zu organisieren, das sich *»centre d'accueil«* nannte. Schließlich wurde ihnen eine kleine Unterstützung ausgezahlt, und Familien mit kleinen Kindern durften, solange Betten zur Verfügung standen, auf Staatskosten ein, zwei Wochen in Marseiller Hotels bleiben. Über 100000 *pieds noirs* ließen sich in Marseille nieder, doch die anderen zogen bald weiter. Viele gingen nach Paris, wo sie eine bessere Chance hatten, Arbeit zu finden, aber die meisten verteilten sich auf die Städte und Dörfer im Süden des Landes, deren *mairies* leerstehende Wohnungen gemeldet hatten.

Das Dorf, in dem die Martins sich niederließen, liegt in der Provence, etwa zweieinhalb Stunden mit dem Auto von Marseille entfernt. Dorthin zog die Familie, als nach zwei Monaten in Marseille über die *préfecture* bekanntgegeben wurde, daß es in dem Dorf ein großes leerstehendes Haus gab, das früher einmal als Waisenhaus gedient hatte. Der Ort hat siebenhundert Einwohner. Die meisten arbeiten auf den Feldern, Weinbergen und Obstplantagen in dem trockenen, kargen Tal unterhalb des Dorfes, das am Südhang eines der kleinen, steil ansteigenden Berge klebt, die wie ein Ring um die Region liegen und sie seit Jahrhunderten abgeschirmt, aber auch isoliert haben. Bevor die Pariser, auf der Suche nach alten Bauernhäusern, die sie zu ihrem Landsitz ausbauen wollten, hierherkamen, handelte es sich bei den Fremden, die diese Berge überquerten, meist um Leute, die vor irgend etwas auf der Flucht waren. Römische Soldaten versteckten sich in den Bergen, ebenso Albigenser und die Widerstandskämpfer des französischen Maquis. Die Bauern klagen darüber, daß die jungen Leute aus ihrem Dorf wegziehen und nur dann wiederkommen, wenn sie in Schwierigkeiten sind. Die Bauern selbst verlassen ihr Dorf eigentlich nur, wenn sie an Markttagen in die nächste Stadt fahren. Fremde sind bei ihnen nicht sonderlich beliebt. Einmal, so wird hier erzählt, sei ein alter Mann aus ihrem Dorf in seinem Karren losgefahren, um ein Bild von dem Dorf zu malen, das sich, zehn Kilometer entfernt auf der gegenüberliegenden Seite des Tales, ebenfalls an einen kleinen Berg schmiegt. Am frühen Morgen verabschiedete man ihn mit vielen Ratschlägen für sein Wohlergehen, und als er abends heimkehrte, wurde er schon erwartet. »Na, wie war es?« fragte ihn der Bürgermeister. Der Bauer spuckte aus. *»On ne peut pas travailler chez les étrangers«*, sagte er.

Die Martins wohnen in der Rue de la Libération, einem ungepflasterten Weg, der an der alten steinernen Kirche ganz oben im Dorf beginnt und sich bis zu der neuen Kirche am Fuße des Dorfes hinunterwindet. Ihr Haus stammt zum größten Teil aus dem fünfzehnten Jahrhundert und war eine einzige Ruine, als die Martins es vier Jahre nach ihrer Ankunft in Frankreich kauften. Im Dorf war niemand sonst an dem Haus interessiert: es war riesig und kaputt und wimmelte von Skorpionen, und der hintere Teil wurde regelmäßig vom heftigen Mistral in Mitleidenschaft gezogen. Die Martins kauften es für 20000 Francs, damals etwa 4000 Dollar, von einem alten Bauern, der, als er die Papiere beim *notaire* unterschrieb, nicht wußte, daß seine Käufer *pieds noirs* waren. Das Geld hatten sie sich zusammengeliehen — die eine Hälfte bei einem von Mme. Martins Brüdern, der Algerien 1958 verlassen und außerhalb von Marseille ein Haushaltswarengeschäft eröffnet hatte, und die andere Hälfte beim Staat. Für die Einrichtung nahmen sie das *déménagement*-Darlehen, das der Staat den *pieds noirs* zur Verfügung stellte. M. Martin, der in einer Elektrowerkstatt in der Kreisstadt mittlerweile Arbeit gefunden hatte, baute an seinen freien Sonntagen selber Installation und Heizung ein und verlegte die elektrischen Kabel. Mme. Martin schrubbte die Steinmauern mit Desinfektionsmittel und beseitigte die Skorpione mit Hilfe von kleinen Sprengladungen, die sie in jedem Zimmer hochgehen ließ. Als das Haus fertig war, klopfte sie bei den Nachbarn und lud sie für den Abend auf einen Kaffee und ein Gläschen ein. Sie kaufte sich für diesen Anlaß auch ein neues Kleid — das erste neue Kleid seit der Flucht aus Algier —, und M. Martin, der durch den Krieg und den Umzug und vor lauter Heimweh zum Trinker geworden war, blieb den ganzen Tag lang nüchtern, um die Gäste zu begrüßen. Niemand erschien zu Mme. Martins Fest. Und keine Frau im Dorf hat die Martins je zu sich nach Hause zum Kaffee eingeladen.

Mme. Martin ist jetzt fünfzig, und an die Einsamkeit hat sie sich gewöhnt. Sie verbringt die meiste Zeit in der Küche, wo sie kocht und wäscht und sorgenvoll an ihre Kinder denkt — und manchmal schaut sie sich die Fotos in ihrer Tasche an. Sie ist eine verbitterte, verhärmte Frau in einer braunen Nylonkittelschürze, korpulent und schon etwas ergraut. Die Dorfkinder, die sie morgens beim Lebensmittelhändler sehen, wo sie laut über die Preise schimpft, zeigen noch immer auf ihre großen Goldzähne und flüstern einander zu, daß sie eine Afrikanerin ist, aber sie fragen wenigstens nicht mehr, ob sie ihre Füße sehen dürfen, die nach ihrer Überzeugung bestimmt schwarz sind. Sehr viel mehr sehen sie von M. Martin, der *seine* Zeit meist damit verbringt, hinter der Dorfschmiede Wein zu trinken, seit er sich 1969 bei einem Arbeitsunfall Brandverletzungen zuzog und die Arbeit aufgeben mußte. Ein ganzes Jahr dauerte es, bis seine Verletzungen ausgeheilt waren, und eine Zeitlang bezog er eine staatliche Rente von monatlich vierhundert Francs, der jedoch die Annahme zugrunde lag, daß er nicht mehr als Elektriker arbeiten konnte.

Als andere Elektriker aus der Gegend feststellten, daß er Aushilfsjobs übernahm, um schwarz etwas hinzuzuverdienen, schickten sie einen anonymen Brief an das Sozialversicherungsbüro des *département,* und nach einigen Ermittlungen wurde M. Martins Rente auf weniger als hundertfünfzig Francs im Monat gekürzt. Jetzt verdient er, wenn er nicht gerade trinkt, ein paar Francs, indem er sich um den Garten eines Pariser Bankiers kümmert, der im Tal einen Bauernhof besitzt. M. Martin kann eigentlich jeden Job annehmen, den er findet — die *pieds noirs* sind clever, sagt er, und sie haben den Pioniergeist, der den Bauern abgeht. Seine Frau glaubt, daß die Elektriker sich deshalb zusammengetan und den Brief geschrieben haben, weil sie auf seine Fähigkeiten neidisch waren.

Mme. Martin sagt, sie hätten alle zugesehen an jenem Tag vor zehn Jahren, als M. Martin einen alten Lastwagen reparierte, den die anderen schon aufgegeben hatten. Das war am Morgen nach der Ankunft der Martins. Mme. Martin war gerade dabei, das Zimmer sauberzumachen, das ihnen die *mairie* im alten Waisenhaus zur Verfügung gestellt hatte, und sie hörte ihre beiden jüngsten Kinder weinen. Die Kinder waren hungrig — Claude war damals neun und Jacques acht —, aber Mme. Martin hatte kein Geld, und außerdem waren die drei Lebensmittelgeschäfte im Ort geschlossen, weil sie am Tag zuvor wegen eines kirchlichen Festes bis spät in den Abend geöffnet gewesen waren. M. Martin schlief in einer Ecke, wachte aber von dem Weinen auf und ging hinaus, um ein wenig Essen für seine Familie aufzutreiben. In Pierres Café begegnete er einem alten Bauern, der ihm erklärte, daß er einen Mann gebrauchen könne, der seine Melonen zum Markt schaffe, sein einziges Transportfahrzeug sei aber vor einem Jahr kaputtgegangen, und niemand im Dorf könne es reparieren. M. Martin reparierte den Wagen in weniger als einer halben Stunde und fuhr ihn für den alten Mann, bis er in der Stadt die Stelle als Elektriker fand. Er ist jetzt einundsechzig, sieht aber viel älter aus, wegen des Alkohols, der ihn, wie der Dorfarzt sagt, noch umbringen wird. Sein Haar ist weiß, und seine Haut ist braun und ledrig — irgendwie sieht er fast wie ein Algerier aus. Er sagt, während der Kämpfe, als die Front de Libération Nationale einmal einen Vergeltungsschlag in seinem Viertel durchführte, sei er nur deswegen entkommen, weil er sich als Araber mit französischer Frau ausgegeben habe. Tatsächlich ist er eher Spanier; seine Urgroßeltern kamen in den sechziger Jahren des letzten Jahrhunderts aus der Provinz Alicante nach Oran. In der Familie heiratete man unter Spaniern, und erst seine Mutter nahm sich einen Mann aus Algier, der ein halber Franzose war. Er sagt, es sei das Spanische in ihm, das ihn so gut mit den Arabern auskommen ließ (die er als reizbar, beeindruckbar betrachtet, wie Frauen und Kinder), und oft spricht er über seinen alten algerischen Assistenten, der ihm einmal erklärte, daß ein Mann in der bestmöglichen aller Welten eine Araberin heiraten würde, sich einen Spanier als Nachbarn und einen Franzosen als Richter suchen würde. Martin ist nicht böse auf die Algerier. Sein Groll gilt de Gaulle und den anderen *métropolitains*. Er ist nörgelig und prahlerisch und in Gegenwart einer schönen Frau auch galant, aber seine Augen sind fast verrückt vor Schmerz und Hilflosigkeit. Er lacht und flucht viel, wenn er betrunken ist, und einmal hat er die Dorfbewohner brüskiert, als er während des Feuerwerks am Tag der Bastille mit seiner Frau allein in einer Ecke des Schulhofs stand und ihren Busen begrapschte. Seine Frau klagt, daß Frankreich ihn ruiniert und lüstern gemacht habe. »Es ist der Kummer«, sagt sie. »Zu Hause hatte er seinen Stolz. Jeder *pied noir* ist stolz. Er hat es nicht gern, wenn seine Frau ausgeht, so daß die Männer sie anschauen können. Er ist sehr eifersüchtig, sehr liebevoll, wenn sie jung und schön ist. Aber später respektiert er die Tatsache, daß sie nicht mehr jung ist. Er weiß, daß es sogar in der Bibel geschrieben steht — das Leben einer Frau meines Alters ist nicht für die Liebe da; sie soll sich um die Enkel, um den alten Ehemann kümmern. Aber mein alter Mann — mein Mann ist hier ein schlechter Mensch geworden, wie ein Franzose. Er hat für Frankreich gearbeitet und gekämpft — sieben Jahre hat er für Frankreich gekämpft, und niemand hat ihn damals einen *sale pied noir* geschimpft. Jetzt ist er alt und hat nichts. Also ist er eifersüchtig auf die

Jugend, eifersüchtig auf seine eigenen Kinder. Er trinkt und träumt davon, jung zu sein, und dann bringt er mir Lippenstift und Parfum mit und versucht, mich bei den Festen zu küssen. So etwas gehört sich nicht. Er kommt an wie ein schmachtender Jüngling, und wir streiten miteinander, weil er verrückt ist. Ich sage zu ihm: ›*Laisse-moi seule. Je me fous de ton amour.*‹ «

Der Krieg in Algerien hat sie alle verrückt gemacht, sagt Mme. Martin. Paul, der eine Algerienfranzösin geheiratet hat und weggezogen ist, arbeitet für eine Versicherungsfirma in Marseille und gibt sich als *métropolitain*. Yvette schreckt nachts noch immer schreiend aus ihren Alpträumen auf, in denen sie den Tag durchlebt, als sie mit einem Apfelkuchen zum Hof ihrer Großtante ging und die alte Dame mit durchschnittener Kehle und einer Warnung der Befreiungsfront vorfand. Claude, der inzwischen neunzehn ist, möchte einmal Märtyrer werden. Jeden Morgen betet er auf dem Dorffriedhof und schmückt sein Zimmer mit Marienschreinen und alten Fotografien seiner toten Verwandten. Und Jean-Jacques — er geht auf ein *lycée* und sollte eigentlich vernünftig sein, sagt seine Mutter — ist unverschämt und starrsinnig und hat einen so unerbittlichen Haß auf die Franzosen, daß sich selbst seine Eltern vor ihm fürchten. Eines Tages wird Jean-Jacques das Dorf verlassen. Er wird sogar aus Frankreich wegziehen, wenn er kann, sobald die Familie entschädigt wurde und er nicht mehr während der Schulferien arbeiten muß, um seinen Eltern zu helfen, die Schulden zurückzuzahlen. Seine Eltern warten, wie Millionen anderer *pieds noirs* in Frankreich, schon seit zehn Jahren auf Entschädigung für den Verlust ihres Eigentums. Diese Entschädigung wurde in den Verträgen von Evian garantiert, mit denen Frankreich die Unabhängigkeit Algeriens anerkannte, doch diese Garantien waren eine leere, beschwichtigende Geste, da die Algerier ganz offensichtlich keine Zahlungen leisten würden, und die Franzosen hatten nach jahrelangen Kämpfen in Indochina und dann in Algerien kein Geld in der Staatskasse, um eine Million Flüchtlinge zu entschädigen. Selbst Mme. Martin räumt ein, daß Frankreich seinerzeit arm war. »Sicher«, sagt sie. »Der Hafen von Marseille hat früher von Indochina, von Algerien gelebt. Und was ist Frankreich heute geblieben? Ein paar wertlose kleine Kolonien. *C'est rien.*«

De Gaulle hatte den Franc im Jahre 1958 abwerten müssen, um ihn zu retten, und bis zum Schluß ignorierte er den Ruf der *pieds noirs* nach Entschädigung mit dem Argument, daß durch eine so enorme finanzielle Aufwendung das Land in eine noch größere wirtschaftliche Krise gestürzt würde. Es stimmt wahrscheinlich, daß die Franzosen, die ohnehin gegen die *pieds noirs* waren und noch immer unter ihrem Engagement in dem langen und idiotischen Algerienkrieg litten, jeden Plan, Steuergelder für die Entschädigung der *pieds noirs* zu verwenden, abgelehnt hätten. Doch die Verzögerungstaktik de Gaulles bestätigten nur den Eindruck der *pieds noirs,* daß man sie verraten hatte. Für sie war de Gaulle der Schuldige, denn er war bei den Präsidentenwahlen von 1958 mit einem politischen Programm angetreten, das aus ihrer Sicht nichts anderes heißen konnte als »Algerien muß französisch bleiben«, und sie hatten ihm geglaubt und tatsächlich mehr als jede andere Wählergruppe dafür gesorgt, daß er gewählt wurde — insofern sie die Algerier, die inzwischen an französischen Wahlen teilnehmen durften, gezwungen hatten, zu den Urnen zu gehen und gaullistisch zu stimmen. Kaum ein Jahr später bot de Gaulle den Algeriern seine Kooperation an und verkündete, daß Algerien entkolonisiert würde.

1962 wurden den *pieds noirs* einige Zugeständnisse gemacht, wenn auch nur, um eine neue Wirtschaftskrise zu vermeiden, zu der es sicherlich gekommen wäre, wenn auf Dauer zusätzlich eine Million Menschen auf Sozialunterstützung angewiesen gewesen wären. Die Hilfe war gering — 450 Francs pro Monat für jedes Paar und für jedes Kind zusätzlich 50 Francs —, aber sie wurde für ein Jahr garantiert beziehungsweise so lange, bis der Familienvorstand Arbeit gefunden hatte. Das Einrichtungsdarlehen in Höhe von 20000 Francs war großzügiger — wenngleich es nur Familien gewährt wurde, die ein Haus oder eine Wohnung gekauft hatten, und diese Bedingung erfüllten nicht einmal 25000 der *pieds noirs.* Und außerdem gab es Darlehen — bis zu 200000 Francs bei drei Prozent Zinsen — für Unternehmer, Selbständige und Bauern, die für ihren Betrieb eine Kapitalhilfe brauchten. Einige *pieds noirs,* die diese Darlehen in Anspruch nahmen, machten bankrott. Fast jeder *pied noir,* der eines in Anspruch genommen hatte, tat so, als habe er bankrott gemacht. Tatsächlich dürften sich bis Ende 1969 die meisten *pied-noir*-Geschäftsleute damit beschäftigt haben, falsche Bankrotterklärungen abzugeben, so daß die Regierung, angesichts einer Bankrottrate von siebzig Prozent und unter Druck gesetzt von den *pied-noir*-Syndikaten, ein Moratorium für alle Kreditrückzahlungen bekanntgab.

1969 ging auch die Ära de Gaulle zu Ende, und jeder wichtige und ehrgeizige Politiker im Lande hatte einen Plan zur Entschädigung der *pieds noirs* vorgelegt. Der von Präsident Pompidou vorgeschlagene und inzwischen Gesetz gewordene Plan war ursprünglich als *loi d'indemnisation* gedacht. Die *pieds noirs* protestierten, weil es ihnen als unzureichend erschien, und so wurde es schließlich als *loi de contribution nationale* verabschiedet. Es sieht vor, daß über einen Zeitraum von vierzehn Jahren 500 Millionen Francs jährlich zu Entschädigungszwekken bereitgestellt werden. Das dürfte einigermaßen akzeptabel sein. Beispielsweise werden Abwertung und Inflation nicht berücksichtigt — die Kaufkraft des Franc ist im Vergleich zu 1962 um die Hälfte gesunken. Die Höchstsumme beträgt 80000 Francs. Und trotzdem werden Entschädigungsansprüche immer nur teilweise befriedigt werden. »Die Beamten werden sich freuen«, sagt M. Martin zu dem neuen Gesetz, denn in jedem *département* ist es Sache der *fonctionnaires,* den Antrag eines *pied noir* zu prüfen und die Höhe der auszuzahlenden Entschädigung festzusetzen. Martin selbst wird erst in ein paar Jahren in den Genuß der gesetzlichen Regelung kommen.*

* Nur ein sehr kleiner Prozentsatz der *pieds noirs* kam durch die *contribution nationale* an Geld. 1978 wurde das Gesetz durch Giscard d'Estaing revidiert: 34 Milliarden Francs wurden für die *pieds noirs* beiseite gelegt, denen »Wiedergutmachungszertifikate« zustanden — übertragbare Anleihen mit einem Höchstwert von 500000 Francs, stufenweise einlösbar. Personen über Siebzig haben sie naheliegenderweise bereits erhalten und können sie binnen

Die Mühlen der Behörden mahlen langsam. Im Juli 1971, im ersten Monat der *contribution,* erhielten in ganz Frankreich nur tausend *pieds noirs* Geldzahlungen (es handelte sich dabei um Personen, die über Fünfundsechzig oder mittellos waren oder vier minderjährige Kinder im Haushalt hatten). Dennoch brachten die Martins ihr Dossier in Ordnung. Tatsächlich war es Mme. Martin, die den Antrag ausfüllte — mit Hilfe einer verschrobenen alten Baronin aus dem Tal, deren einziger Sohn Oberst in der OAS gewesen war und die in einem 1947er Citroën herumfährt und Lebensmittel und Medizin an *pied-noir*-Familien verteilt. Zuerst hatte Mme. Martin gehofft, daß ein Hilfssyndikat ihr beistehen würde. Sie ging mit ihren Papieren in die Kreisstadt, aber der Mann in dem dortigen Büro erklärte, daß er ihr nur dann helfen würde, wenn sie ihm Geld gebe und sich schriftlich für den Rest ihres Lebens zu jährlichen Zahlungen verpflichte. Daraufhin fuhr sie nach Marseille zur Association Nationale des Français d'Afrique du Nord d'Outre-Mer et Leurs Amis (ANFANOMA), die als das angesehenste der *pied-noir*-Hilfssyndikate gilt. Mme. Martin hatte gehört, daß die Leute dort ehrlich seien, aber das Büro war voll, als sie ankam, und alle redeten von den Schwarzen in Paris, davon, daß Paris bald von den Afrikaner überrannt werde. Mme. Martin verließ das Büro sofort und tröstete sich mit einem Teller Marseiller Fischsuppe, hatte aber zuviel Angst, um es noch einmal zu probieren. Sie hatte davon gehört, daß die Organisationen von Gangstern beherrscht würden, und Jean-Jacques kam eines Tages mit dem Gerücht aus der Schule, daß die Syndikate eine Revolution planten und daß jeder *pied noir,* der dort Mitglied sei, gezwungen würde, sich am Kampf zu beteiligen. Mme. Martin ging daraufhin mit ihren Papieren nicht mehr zu den Syndikaten. Sie sagte, sie habe bei der Revolution nicht mitmachen wollen — die sich als mißlungene Demonstration in Paris herausstellte.

Mme. Martin hat ihr Dossier in die Leinentasche gelegt, zu den alten Papieren und den Familienfotos. Es enthält eine Auf-

fünf Jahren einlösen. Alle anderen müssen bis 1982 auf ihr Zertifikat warten und werden es erst nach fünfzehn Jahren vollständig eingelöst haben.

stellung des Besitzes der Martins in Algerien und des Besitzes ihrer Väter, die beide tot sind. M. Martin wird einen Teil des Geldes für den väterlichen Besitz erhalten, sobald sein älterer Bruder, der vierundsechzig ist und in Lyon lebt, die Entschädigung erhalten hat. Er vermutet jedoch, daß es nicht besonders viel sein wird, da sein Vater, der etwa zwanzig Kilometer von Algier entfernt eine Gemüsefarm besaß, das Unternehmen mit Verlust verkaufen mußte und bei Ausbruch des Krieges mit seiner Familie in die relative Sicherheit der Stadt zog. Mme. Martins Vater besaß einen größeren Landwirtschaftsbetrieb, mit Kühen, Ziegen und Hühnern und fünf Hektar Weinanbaufläche und drei Hektar Getreideland. Ihr Bruder, der außerhalb von Marseille lebt, verkaufte 1958 die Hälfte davon, um mit diesem Geld ihre Mutter aus Algerien herausbringen zu können. Auf den Rest verzichteten sie, nachdem Mme. Martins Tante, die das benachbarte Gehöft besaß, ermordet worden war. Mme. Martin hat allerdings sieben Schwestern und Brüder in Frankreich, und sie haben alle einen Anspruch auf einen Teil der Entschädigung für den Hof ihres Vaters. Ihr eigener Anteil, sagt sie, wird bestenfalls dafür reichen, ihre Schulden beim älteren Bruder zurückzuzahlen, der ein knallharter Geschäftsmann ist und jeden Monat Zinsen bei ihr kassiert.

»Solange ich das Geld nicht gesehen habe, glaube ich nicht an das Entschädigungsgesetz«, verkündete Mme. Martin eines Morgens, als sie, von Heimweh gepackt, ihre Tasche durchstöberte und die alten Fotos betrachtete. »Die warten doch nur, bis wir alle gestorben sind, dann brauchen sie nicht zu zahlen. Hunderttausend *pieds noirs* in Frankreich sollen ja schon tot sein. Vierzehn meiner Freunde — vierzehn Leute aus meinem Viertel in Algier — sind hier gestorben, und sie haben keinen Sou von dem bekommen, was ihnen zustand. Ach ja, diese Versprechungen! Zuerst de Gaulle, und jetzt Pompidou.* Wenn Pompidou unsere Wählerstimmen braucht, erklärt er

* Und jetzt Giscard. Während des Wahlkampfs machte Giscard d'Estaing den *pieds noirs* seine eigenen Versprechungen. Nach seinem Amtsantritt erklärte er, daß er die jährliche Summe an Entschädigungszahlungen verdoppeln wolle. Später führte er das revidierte Entschädigungsgesetz ein.

im Fernsehen, daß es eine Schande ist, daß die Verträge von Evian nicht respektiert wurden. Aber wenn er dann an der Macht ist, tut er nichts. Ich glaube also nicht an die Entschädigung, an das Geld, das er versprochen hat. Schauen Sie ...« Mme. Martin eilte ans Fenster und schloß die Läden. Das Küchenfenster liegt zum Berg hin, wo keine Häuser mehr stehen, aber trotzdem schließt sie die Läden immer, wenn sie sich unterhält. Den Leuten im Dorf traut sie nicht. Sie befürchtet, daß sie ihre Gespräche mitbekommen und den Behörden davon berichten — und daß sie dann nie die Entschädigung bekommen wird, an die sie nicht glaubt. Sie hat nur eine Vertraute im Dorf — Mme. Duclos, die Frau des Gendarmen. Mme. Duclos stammt nicht aus dem Dorf. Sie kommt aus dem Elsaß und hat in den Kolonien gelebt, als ihr Mann beim Militär war, und laut Mme. Martin ist sie »vernünftig«. Trotzdem sprechen sie nur beim Lebensmittelhändler oder auf den Stufen der Kirche am unteren Ortseingang miteinander. Die Frau des Gendarmen will kein Gerede, und sie hat Mme. Martin noch nie zu sich nach Hause eingeladen. Die anderen Frauen im Dorf begrüßt Mme. Martin nur mit einem Kopfnicken, wenn sie ihnen auf der Straße oder auf dem Markt begegnet; sie hat, seit dem Tag ihrer Einweihungsfeier im Jahre 1966, kaum mit ihnen gesprochen. Sie hat sie meistens in der neuen Kirche gesehen, wo sie sich morgens, auf dem Nachhauseweg vom Bäcker, zum Plaudern trafen. Aber jetzt kommen sie nicht mehr in die Kirche. Das Dorf ist kommunistisch, und die Leute hatten für Kirchen ohnehin nie viel übrig, schon zu Zeiten der Avignoner Päpste. Die Frauen haben die Kirche immer als einen Ort betrachtet, wo man miteinander plaudert und heiratet, wie es sich gehört. Mit ihren Gebeten und ihrer Frömmigkeit hat Mme. Martin, die sich ständig bekreuzigte und zur Muttergottes emporschaute, die Frauen vertrieben. Nur Mme. Martin und die drei Dorfmagierinnen gehen werktags noch regelmäßig zur Kirche. Gelegentlich erscheint auch die Baronin, die die Kerzen stiftet, und es kommen auch die Frauen der beiden anderen *pied-noir*-Familien im Dorf, aber die sind aus Oran, und Mme. Martin weiß, daß Leute aus Oran und Algier einfach nicht miteinander auskommen. Sie sagt, daß die *Oranais* laut und vulgär sind und den *pieds noirs* zu einem schlechten Ruf verhelfen. Mme. Martin vergißt dabei, daß der größte Teil der Familie ihres Mannes aus Oran kam, und sie ist immer wieder erstaunt, wenn sie hört, daß die *Oranais* dasselbe über die *Algérois* sagen.

»Schauen Sie«, fuhr Mme. Martin fort, »die Leute hier sind Bauern. Dummköpfe! Sie sind neidisch, weil wir ein bißchen gebildet sind und aus der Stadt kommen und zu leben verstehen. Das liegt an ihrer Mentalität. Sie sind reich, diese Bauern, aber Geizhälse. Sie stecken ihre Francs in die Matratze und laufen in Lumpen herum. Und sie flüstern, daß *wir* reich sind, weil wir eine Toilette haben — denn *sie* würden niemals Geld für eine Toilette ausgeben. Als es im Dorf noch keinen Doktor gab, leerten sie ihre Nachttöpfe nachts einfach auf die Straße und wunderten sich dann, warum es im Sommer so viele Kranke gab. Aber ein *pied noir* ist auf Draht. Ein *pied noir* wird immer eine Toilette und eine Waschmaschine haben und einen Fernseher, der ihm die Welt in die Wohnstube holt.« Mme. Martin deutete auf ihr Fernsehgerät, das sie 1967 auf Ratenzahlung angeschafft hat und das noch immer nicht abgezahlt ist. Es war der erste Fernsehapparat im Dorf. Der Mann, der ihn lieferte, warnte sie, daß sie sich Ärger mit den Nachbarn einhandeln könne, und noch immer achtet Mme. Martin darauf, daß der Ton ganz leise eingestellt ist. Der Fernseher steht in der Küche, auf einem kleinen Tisch neben dem Kühlschrank, und der Bildschirm wird durch ein kleines gerafftes Vorhängedeckchen züchtig bedeckt wie ein viktorianisches Klavierbein. Mme. Martin findet, daß das viel anständiger aussieht und auch viel eleganter. Sie sagt, daß sie in einer Pariser Frauenzeitschrift, die sie in Algier abonniert hatte, von diesen Schonbehängen für Möbelstücke gelesen habe. Auf die Idee, den Bildschirm zu verdecken, sei sie aber selbst gekommen.

»In Algerien wußten wir, wie man anständig lebt«, fuhr Mme. Martin fort und zog dabei ein Foto von Paul im Erstkommunionsanzug aus der Tasche und dann ein Foto, das ihr

Mann von der Kommunionstafel gemacht hatte. »Wir hatten immer Besuch im Haus. Alle aßen und unterhielten sich. Darin ähneln die *pieds noirs* den Arabern — sie reden gern, feiern gern. Die Araber waren unsere Freunde — wir haben einander verstanden. Den *pieds noirs* war es doch egal, wem das Land gehörte, solange man uns in Ruhe ließ.« Mme. Martin stutzte. Daran hatte sie noch nie gedacht — daß es eigentlich keine Rolle spielte, ob die Franzosen oder die Algerier das Land besaßen. »Als die Kämpfe ausbrachen, wurde das anders. Neun Millionen Moslems gegen eine Million *pieds noirs.* Es war bei den Hühnern meines Vaters — wenn man zehn Hühner hat und eines ist schwarz, dann werden die anderen es umbringen, sobald es zu einem Kampf kommt. Und das arme schwarze Huhn ist machtlos dagegen. Nach einer Weile sind wir nie mehr ohne militärische Eskorte aus dem Haus gegangen. Wenn die Kinder krank waren, habe ich die Soldaten gerufen, damit sie sie zum Arzt brachten. Wenn ich Lebensmittel brauchte und mein Mann bei der Arbeit war, mußte ich warten, bis die Soldaten kamen. Wir haben die Türen verriegelt und das Hoftor verbarrikadiert. Zwei Jahre lang haben wir so gelebt. Wir haben mit Matratzen vor den Fenstern gelebt, um vor den Kugeln geschützt zu sein. Wenn geklopft wurde, dachten wir jedesmal, daß es Araber waren, und mein Mann oder Paul stellte sich mit einem Gewehr hinter die Tür und wartete. Man konnte nur warten. Wenn man sich auf die Seite der OAS schlug, wurde man von der FLN umgebracht. Half man den Arabern, wurde man von der OAS umgebracht. Also haben wir das Gewehr behalten, es aber versteckt, denn die französischen Soldaten haben ständig die Häuser durchsucht, und wenn sie ein Gewehr fanden, wurde man als OAS-Sympathisant ins Gefängnis gesteckt. *Ils sont bêtes, les Français.* Sie haben gedacht, sie verstehen die Araber, aber das stimmte nicht. Sie hätten nie verstanden, daß es oft Araber waren, die uns halfen, wenn wir Schwierigkeiten hatten. Im Hafen von Marseille hat eine Araberin ihr Essen mit meinen Kindern geteilt. In Algier hat ein Araber, der bei meinem Mann beschäftigt war, uns einmal das Leben gerettet. Er kam eines

Tages und sagte: ›Paßt auf, heute nacht komme ich mit meinen Männern, um die Leute in eurem Viertel umzubringen. Nehmt eure Kinder und versteckt euch, denn ich habe meine Befehle, und wenn ich euch hier finde, werde ich euch ebenfalls töten müssen.‹ Also fuhren wir zum Hof meines Vaters und verbrachten dort die Nacht. Der Araber hatte recht — als wir zurückkamen, sahen wir, daß es Kämpfe gegeben hatte, und viele unserer Freunde waren umgebracht worden.«

Mme. Martin seufzte und wandte sich wieder dem Inhalt ihrer Tasche zu. Der Schrein in Misserghin, wo Claude durch die Jungfrau Maria von einer Kolik geheilt wurde. Ein Comicheft über das Leben Unserer Lieben Frau von Fatima. Ein Marienbild (auf dem die Jungfrau ein bißchen wie Betty Grable aussah), das ihr Mann den ganzen Zweiten Weltkrieg über in seiner Brieftasche aufbewahrt hatte. Seine Briefe von der Front an Mme. Martin. Und das *croix de guerre* mit Palmen, das ihm nach der sechsmonatigen Schlacht, die zur Befreiung des Elsaß geführt hatte, verliehen worden war. M. Martin war *premier canonnier* in der Groupe d'Artillerie d'Afrique. Als er die Auszeichnung erhielt, wurde er als *libérateur de la patrie* tituliert — die Algerier weisen gern darauf hin, daß ein Franzose, der für Frankreich kämpft, immer ein *libérateur de la patrie* ist, während ein Algerier, der für Frankreich gekämpft hat, bloß ein *ancien combattant* ist. Während der beiden Weltkriege wurden noch vier weitere Männer aus seiner Verwandtschaft als *libérateurs* geehrt. Er und seine Frau haben dreizehn Familienangehörige in Frankreichs Kriegen verloren. Die *pieds noirs* waren stolz, für Frankreich zu sterben, sagt Mme. Martin heute. Ihr Mann wurde 1938 einberufen, blieb bis zur Kapitulation Frankreichs in der Armee und schloß sich sofort den Freien Französischen Streitkräften an. Einer seiner ersten militärischen Aufträge, sagt Mme. Martin, habe darin bestanden, provenzalische Deserteure aufzugreifen und sie, mit vorgehaltener Waffe, zu ihren Kompanien zu bringen. Sie sagt, die Provenzalen, die behaupten, daß die *pieds noirs* keine wahren Franzosen sind, seien selbst viel zu feige gewesen, um für Frankreich zu kämpfen. Der Bürgermeister des Dorfes, den sie sympathisch findet, war Maquisard und ein Held der Résistance, aber daß noch andere Leute aus dem Tal tapfere Widerstandskämpfer gewesen sein könnten, streitet Mme. Martin einfach ab. Schließlich schickte das Dorf in den fünfziger Jahren nur einen einzigen Soldaten nach Algerien; all die anderen Wehrpflichtigen hatten sich zurückstellen lassen. Dennoch räumt sie ein, daß sie ihr Leben und das ihrer Kinder den französischen Soldaten verdankt. Sie kamen eines Nachts im Juni 1962 zu ihrem Haus, unmittelbar vor einem Trupp von FLN-Terroristen, die das Viertel überfielen, um den Tod eines jungen Algeriers zu rächen. M. Martin und Yvette hatten diesen Vorfall gesehen. Der Junge, der auf seinem Fahrrad durchs Viertel gefahren war, wurde von ihrem Nachbarn erschossen, weil er womöglich eine *plastique* bei sich hatte — was aber nicht der Fall war. Die Nachbarn rechneten mit einem Vergeltungsschlag, doch die Algerier erschienen erst zwei Wochen später und erwischten sie unvorbereitet. Die Martins rettete der Umstand, daß sie im letzten Haus in der letzten Straße des Viertels wohnten. Als die Soldaten kamen, waren die anderen alle schon tot. Mme. Martin sagt, sie sei froh gewesen, daß sie auf das Angebot des Nachbarn von nebenan nicht eingegangen war, der tags zuvor angerufen und ihr angeboten hatte, für fünfhundert Francs ihr Mobiliar in Umzugskisten zu verpacken. Der Mann war tot, seine Kisten standen auf der Straße und brannten, und Mme. Martin hatte die fünfhundert Francs in ihrer Tasche, als die Soldaten sie und die Kinder in gepanzerten Fahrzeugen zum Hafen brachten. Tausende von auswanderungswilligen *pieds noirs* kampierten damals am Hafen, verunsichert, weil die OAS erklärt hatte, daß jeder Flüchtling als Verräter betrachtet werde, und weil auf die Schiffe, die die *pieds noirs* benutzen wollten, Terroranschläge verübt worden waren. Das Schiff, das die Martins schließlich nahmen, war ein alter Frachter, der normalerweise zwischen Algier und Haifa verkehrte; er hatte sich unterwegs nach Marseille irgendwie verirrt und mußte nach Algier zurückkehren. Mme. Martin kaufte Fahrkarten dritter Klasse für die Familie — zweiter Klasse war zu teuer — und spuckte vor den französischen Soldaten am Hafen aus, die ihr für ein Bakschisch von fünfzig Francs eine billige Kabine in der zweiten Klasse verschaffen wollten. Die Reise verschlang auch so das meiste Geld, das in der Tasche war. Mit zwanzig Francs kamen die Martins in Marseille an.

»Ich werde Ihnen eine Geschichte erzählen«, sagte Mme. Martin, während sie die alten Briefe ihres Mannes zusammenfaltete. »Ich war mit Yvette und den beiden Kleinen allein im Hafen von Algier. Paul war losgegangen, um seinen Vater zu finden, der bis in den späten Abend gearbeitet hatte, und ich versuchte, das Gebäude zu finden, wo die französischen Soldaten die *pieds noirs* bewachten. Ich kam zu dem Ort, der mir der richtige zu sein schien, und bat einen Soldaten am Tor, mich hereinzulassen. Der Soldat sah mich an, wie ich mit den Kindern dastand, und zeigte dann auf die Straße und sagte: ›Da drüben. Dort warten die *pieds noirs.*‹ Ich ging los und war schon fast dort, als ein anderer Soldat, es war ein Hauptmann, mich anhielt. ›*Bon Dieu!* Was machen Sie denn hier?‹ fragte er mich. Ich drehte mich um und zeigte auf den ersten Soldaten. ›Er hat mich geschickt; er hat gesagt, daß die *pieds noirs* hier sind‹, sagte ich zu dem Hauptmann. ›Dann ist er ein Mörder‹, sagte der Hauptmann. ›Dort in der Straße befindet sich das Hauptquartier der FLN. Der Soldat wollte Sie in den Tod schicken.‹« Mme. Martin schüttelte den Kopf. »Ein Jahr später, hier im Dorf, gehe ich zum *tabac,* um Zigaretten für meinen Mann zu kaufen, und wen sehe ich am Ladentisch, im Gespräch mit dem Besitzer? Denselben Sodaten, der uns im Hafen von Algier in den Tod schicken wollte. Ich spreche ihn an: ›Sagen Sie, waren Sie nicht in Algerien?‹ Und er sagt: Ja, er sei der Sohn von Blanchot, dem Bauern, und er sei der einzige im Dorf, der nach Algerien gegangen ist. ›Erinnern Sie sich zufällig an eine Nacht in Algier, als Sie eine arme *pied-noir*-Frau und ihre Kinder in eine Richtung losschickten, die für sie den Tod bedeutet hätte?‹ fragte ich ihn. Da sah er mich an und drehte sich rasch um, aber ich sah seinen Augen an, daß er sich erinnerte. ›Es ist Schicksal‹, sagte ich. ›Jetzt sind wir Nachbarn in diesem kleinen Dorf. Wir sind hier, um einander daran zu erinnern. Sie werden mit Ihrem Gewissen leben und ich mit meinem.‹«

Mme. Martin würde sagen, daß sie ansonsten nichts Aufregendes im Dorf erlebt hat. Sie lebt in der Vergangenheit, wie die meisten der älteren *pieds noirs,* die nach Frankreich kamen. Ihr Leben, sagt sie, endete auf dem Frachter; sie erhofft sich nichts mehr. Sie hätte mit ihrer Familie nach Paris ziehen können, wie eine ihrer Schwestern im Jahre 1962. Sie räumt ein, daß das Leben in Paris für *pieds noirs* sehr viel besser ist, aber sie hat sich für die Provence entschieden, weil es dort heiß und trocken ist und ein bißchen wie zu Hause aussieht. Eine halbe Million *pieds noirs* in Frankreich haben sich so wie sie entschieden. »Was sollten wir denn sonst tun«, sagt Mme. Martin. »Wir *pieds noirs* waren ja an ein angenehmes Klima gewöhnt.« Natürlich gab es Aix — oder Marseille mit seiner rauhen, polyglotten Bevölkerung, seinem Service des Rapatriés in jeder Zeitung und mehr Sozialwohnungen für seine Bevölkerung als in jeder anderen französischen Stadt. Aber Aix klang teuer, und in Marseille gab es keine Arbeit für M. Martin, als sie ankamen. Sie sprechen manchmal noch davon, sich in Marseilel niederzulassen. Die *pieds noirs* sind dort stark. Sie leben gemeinsam in riesigen Wohnsilos. Sie stellen fünfzehn Prozent der Wähler in Marseille. Und Gaston Defferre, der Bürgermeister, hat den Präsidenten der ANFANOMA zu einem seiner Stellvertreter ernannt.* M. Martin meint, daß sie das Haus verkaufen und dorthin ziehen können, aber Mme. Martin findet, daß es jetzt zu spät ist, in einer so großen Stadt noch einmal von vorn anzufangen. Dann lieber Carnoux, sagt sie. Carnoux ist eine kleine, geschäftige Stadt, eine neue Stadt nördlich von Cassis, in der die Franzosen angesiedelt wurden, die aus Marokko weggegangen waren, und später die Algerienfranzosen. Genaugenommen stammt jeder Einwohner von Carnoux aus Nordafrika, und sogar die Häuser sehen danach aus — mit ihren flachen Dächern und Innenhöfen und den

* Gaston Defferre ist noch immer Bürgermeister von Marseille, und offenbar ist noch immer ein *pied noir* einer seiner Stellvertreter.

Bougainvilleen an der Tür. Aber Mme. Martin hat viel zuviel Angst, das Dorf zu verlassen und in eine reine *pied-noir*-Stadt zu ziehen. Sie sagt, wenn es jemals zu einem Krieg zwischen Franzosen und Algeriern komme, dann würden die Algerier Carnoux noch vor Paris bombardieren. Und sie möchte lieber vor Trauer in dem Dorf sterben als in Carnoux glücklich sein und durch eine algerische Bombe den Tod finden.

Also bleiben die Martins im Dorf und träumen von der Vergangenheit und streiten sich manchmal wegen der neuen Nachbarn, die sie danach beurteilen, wie sie zu den *pieds noirs* stehen. Der Bürgermeister ist für die *pieds noirs* — darunter verstehen die Martins, daß er dem Finanzamt nicht gemeldet hat, daß M. Martin für seine Tätigkeit als Gärtner von dem Pariser Bankier in Geld und Naturalien bezahlt wird. Dafür sehen sie ihm nach, daß er Kommunist ist, obwohl sie den Kommunisten vorwerfen, die Franzosen während des Algerienkriegs gegen die *pieds noirs* aufgehetzt zu haben. Daß der Bürgermeister Kommunist ist, glauben sie ohnehin nicht. Er ist ein reicher alter Bauer, der mehrere Weinberge besitzt und eine Schafherde, die den Sommer in den Alpen verbringt. Er geht jeden Sonntag zur Kirche, und M. Martin hält ihn für einen guten, konservativen katholischen Bauern, der sich nicht sonderlich von einem Algerienfranzosen unterscheidet. Er sagt, der Bürgermeister sei schlau und es sei nur eine taktisch kluge Entscheidung von ihm gewesen, in die Partei einzutreten, die seit den Zeiten des Maquis in allen Dörfern der Region den Bürgermeister stellt. M. Martin zufolge haben die Bauern sowieso keine Ahnung, was Kommunismus ist, außer daß die KP grundsätzlich gegen die Regierung in Paris ist — und dieser Position können sie von Herzen zustimmen. Ihre Unabhängigkeit liegt ihnen außerordentlich am Herzen — das gilt für alle Provenzalen —, und außerdem empfinden sie es als Beleidigung, daß einige der Politiker in Pompidous Partei ihre Mätressen, und nicht ihre Ehefrauen, in den ausgebauten Bauernhöfen einquartiert haben. Sie sind stolz darauf, daß sich das Dorf bei den letzten Wahlen zu achtundneunzig Prozent gegen die Regierung ausgesprochen hat. Sie sagen, dieses Ergebnis sei so überzeugend ausgefallen, weil der Bürgermeister auf den Wahlplakaten mit einer so geschickten Parole aufgetreten sei: »Wählt Kommunisten — die Partei des kleinen Grundbesitzers«.

M. Martin hat eines der Plakate aufbewahrt, und wenn er guter Laune ist, schaut er es sich gern an und lacht. Er sagt, daß der Bürgermeister ein besserer Katholik sei als sämtliche alten Frauen im Dorf, ein besserer sogar als der Curé, der aus der Kreisstadt kommt, um sonntags die Messe zu lesen und, wie es im Dorf Brauch ist, die Leute in der neuen Kirche zu trauen und die Verstorbenen neben der alten Kirche zu bestatten. Jeder im Dorf läßt sich in der neuen Kirche trauen und weiß, daß seine Totenmesse in der alten gelesen wird, aber nicht viele gehen zum Gottesdienst. Selbst die Martins gehen nicht mehr zur Kirche, nachdem der Curé es abgelehnt hatte, Paul und seine Freundin zu trauen, eine *Algéroise* aus dem Nachbardorf, die zu diesem Zeitpunkt schon vier Monate schwanger war. Er beharrte darauf, daß sie das Aufgebot bestellen und die gesetzlich vorgeschriebene Zeit warten sollten — was die Martins als deutliches Zeichen dafür werteten, daß der Curé die *pieds noirs* nicht leiden kann. Mme. Martin hatte auf dem Friedhof eine lautstarke Auseinandersetzung mit ihm, in deren Verlauf sie ihn als Weihwasserfrosch beschimpfte und er sie als einen afrikanischen Teufel, der nach Frankreich gekommen sei, um Zügellosigkeit zu verbreiten. Mme. Martin, die jugendliche Leidenschaft mit nüchternen Augen sieht, sagte sich, daß der Curé mit einer so puritanischen Haltung bestimmt ein Kommunist sei und kein Katholik. Paul und seine Verlobte wurden von einem anderen Curé im Dorf des Mädchens getraut, und Mme. Martin schrieb ihrem eigenen Curé dann einen Brief, in dem sie ihm eine Versetzung in eine französische Kolonie wünschte.

Außer über den Curé beklagen sich die Martins am meisten über den Dorfarzt. Der Doktor war nur ein Jahr vor den Martins in das Dorf gekommen, aus einer kleinen Stadt im benachbarten Département. Die Martins betrachten ihn aber als einen *pied noir,* als ihresgleichen, da er die ersten fünf Berufsjahre in Nordafrika praktiziert hatte. Der Doktor selbst empfindet sich als Pariser, weil seine Frau nur dreiundsiebzig Kilometer von Paris entfernt geboren wurde. Für die Dorfbewohner ist er ein Skandal, weil er die Frau des Tischlers geschwängert hat und der Tischler, der aus dem Dorf stammte, sein Geschäft verkaufen und mit Frau und Kindern in eine andere Stadt ziehen mußte. Alle finden, daß der Doktor unfähig ist, aber alle gehen sie zu ihm, obwohl die Bauern sich bemühen, ihn erst dann zu konsultieren, wenn sie sehr alt sind und, zumindest theoretisch, weniger zu verlieren haben, wenn sie bei seiner Behandlung sterben. Die Martins geben den Dorfbewohnern die Schuld am Doktor, da die Leute lieber über den Doktor herziehen, als sich bei der Regierung, die den Großteil ihrer Arztrechnungen bezahlt, über ihn zu beschweren. Mme. Martin hat einmal begonnen, einen Brief zu schreiben — nachdem der Doktor Yvette, deren Wehen gerade einsetzten, allein gelassen hatte, um ein Tête-à-tête mit der Frau des Tischlers nicht zu versäumen —, doch sie zerriß den Entwurf am nächsten Morgen. Niemand hätte auf einen *pied noir* gehört, sagt sie heute. Außerdem ist die Familie auf den Doktor angewiesen. Mme. Martin hat Asthma — ihren ersten Anfall hatte sie, als sie in Marseille von Bord des Frachters ging. Claude, der regelmäßig fastet, erleidet immer wieder Schwächeanfälle. Jean-Jacques wird bei Kämpfen mit jungen *métropolitains* verprügelt. Und Yvettes Zwillinge fallen in Mme. Martins Haus regelmäßig die steile Steintreppe hinunter. Der Doktor, der ein paar Häuser weiter in der Rue de la Libération wohnt, kommt notfalls auch nachts, doch die Martins haben etwas gegen ihn, nicht so sehr wegen seiner Unfähigkeit, sondern weil er nie in der Öffentlichkeit mit ihnen spricht und sie in seiner Praxis warten läßt, bis alle Dorfbewohner gegangen sind.

Mme. Martin schluckt ihren Ärger über den Doktor nicht hinunter. Die Leute im Dorf sprechen noch immer von dem Tag, als er sie über drei Stunden warten ließ, woraufhin sie ihn beim Stethoskop packte und ihn als *sale pied noir* beschimpfte. Sie sprechen über all die Szenen, die Mme. Martin gemacht hat, weil sie, wie Mme. Martin zu sagen pflegt, ihre Fensterläden und ihre Münder geschlossen halten und nie daran denken würden, eine Familie zum Kaffee einzuladen, bevor sie nicht ein Jahrhundert im Dorf ansässig ist und mindestens zehnmal in einheimische Familien eingeheiratet hat. Der Bürgermeister sagt, daß dies einfach die »Bauernmentalität« ist — daß die anderen Dorfbewohner schlecht über die *pieds noirs* reden, weil sie gern klatschen, daß es aber nicht böse gemeint ist. Er erinnert die Martins daran, daß im Juni 1962, als er eine Gemeinderatssitzung einberief, alle dreizehn Ratsmitglieder seinem Plan zustimmten, das ehemalige Waisenhaus anzubieten. Dennoch gelang es den Leuten, vier der sieben interessierten *pied-noir*-Familien davon abzuhalten, sich im Dorf niederzulassen. Sie fanden die Flüchtlinge laut und eingebildet und sehr anmaßend — eine Eigenschaft, welche die gebildeteren Dorfbewohner dem Umstand zuschrieben, daß diese Leute noch in jüngster Zeit neun Millionen Algerier herumkommandieren konnten. Die älteren Bauern machten keinen Unterschied zwischen den *pieds noirs* und den Algeriern. Sie nennen sie noch immer *les Africains,* und sie sind schockiert über die jungen Pariserinnen, die im Sommer ins Tal kommen und ihre Babys auf dem Rücken tragen, genauso, wie sie es von den Afrikanerinnen gehört haben. Als Yvette ihr erstes Baby bekam, kaufte sie vorsichtshalber einen richtigen Kinderwagen und fuhr das Kind täglich auf der Rue de la Libération spazieren. Aber den Wagen irritierte die alten Bäuerinnen bloß. Er war zu groß und zu auffällig, und sie tuschelten einander zu, daß nur ein *pied noir* so ein vulgäres Ding kaufen würde, um damit anzugeben. Niemand weiß genau, was sie unter *pied noir* verstehen. Die drei Hexen meinen damit, daß es eine neue und einflußreiche Magie — nordafrikanische Magie — im Dorf gibt, vor der sie sich fürchten, während die beiden angesehenen Witwen, die Lebensmittel verkaufen, damit meinen, daß etwas nicht ganz Anständiges, nicht ganz Französisches, ins Dorf gekommen ist. Mme. Martin kauft bei beiden Witwen nicht mehr ein. Die eine schlug ihr Angebot aus, daß sie den Transport ihrer Kinder, die seinerzeit auf die katholische Schule in der Kreisstadt gingen, doch gemeinsam organisieren könnten. Die andere bot ihr einmal an, daß sie anschreiben lassen könne, und verbreitete anschließend das Gerücht, Mme. Martin würde nie ihre Rechnungen bezahlen. Mme. Martin hat sich damit abgefunden, bei Rimbaud einzukaufen, dem dritten Lebensmittelhändler im Ort, obwohl Rimbaud sich immer zu seinen Gunsten verrechnet und sich als lokaler Parteitheoretiker bemüßigt fühlt, seine *pied-noir*-Kunden mit belgischen Francs übers Ohr zu hauen, die er zu diesem Zweck in einem kleinen Einmachglas auf seinem Ladentisch stehen hat.

Mme. Martin vermißt noch immer ihren alten Lebensmittelhändler und ihren alten Metzger, die ihre Eltern kannten und sich an sie als kleines Mädchen erinnerten. »Wer kennt mich denn hier?« sagt sie, wenn sie von ihnen spricht. »Wer kann mich hier denn begrüßen, wenn ich einkaufen gehe, und mir erzählen, daß Yvettes Kinder die Augen ihres Urgroßvaters haben?« Sie sagt, die Dorfbewohner seien verbittert, weil ihre eigenen Kinder in die Stadt ziehen, um dort Geld zu verdienen, so daß sie im Alter ganz allein sind. Laut Mme. Martin sind die Kinder der *pied noirs* anders. Yvette, Claude und Jean-Jacques sind noch immer bei ihr, »wie Küken bei ihrer Mutter«. Paul ist natürlich schon weg, aber Paul ist etwas Besonderes. Er hat sein *bac* und ist Versicherungsangestellter, und daß er seinen eigenen Weg gehen will, findet sie ganz verständlich. Sie ist sehr stolz auf Paul, obwohl er ihr inzwischen keine monatliche Unterstützung mehr schickt, aber sie sagt, daß sie von den Dorfbewohnern kein Verständnis erwartet. Sie sagt, daß die Dorfbewohner keinen Ehrgeiz für ihre Kinder haben, wie die *pieds noirs,* und erzählt von einer Frau aus dem Dorf, die sie auf der Straße traf und fragte, was ihr ältester Sohn tue. »Mein Sohn ist Angestellter bei einer großen Firma«, sagte Mme. Martin stolz. Als die Frau das hörte, antwortete sie blasiert: »Also *mein* Sohn hat eine sehr gute Stelle. Er ist zweiter Lehrling bei einem Mann, der in Aix Croissants bäckt.«

Yvette wohnt in einem kleinen Haus am unteren Dorfende zur Miete, verbringt aber mehr Zeit bei ihrer Mutter als zu

Hause. Mme. Martin sagt, daß Yvette ihr einziger Trost sei. Yvette kommt vormittags, um ihr beim Saubermachen zu helfen. Im Sommer läßt sie meistens ihre Kinder da, wenn sie nachmittags ins Tal hinunterfährt, um bei einem Pariser Paar als Haushaltshilfe zu arbeiten, und abends, wenn sie sie wieder abholt, bleibt sie meist noch eine Weile, um ihrer Mutter bei der Zubereitung des Abendessens zu helfen. Sie ist ein rosiges, dralles und ausgesprochen fröhliches Mädchen von vierundzwanzig Jahren. *»Il faut vivre«* ist Yvettes Lieblingsausdruck. Sie sagt *»Il faut vivre«* zu ihrem Mann, wenn sie spätabends, mit der Brille auf der Nase, im Bett liegt und die Kleider in ihrem bevorzugten Versandhauskatalog studiert, aber auch zu Mme. Martin, wenn sie, unterwegs zur Arbeit, ihre Mutter weinen sieht, weil die Martins früher selbst einmal Hauspersonal hatten. Yvette schämt sich kein bißchen dafür, daß sie als Dienstmädchen arbeitet, obwohl sie sagt, daß sie es gehaßt habe, für die Dörfler zu arbeiten, bevor die Pariser kamen und Häuser im Tal kauften. Die Pariser zahlen ihr fünf Francs die Stunde und sind immer zu einer Unterhaltung aufgelegt und haben die besten Küchenmaschinen, während die Dörfler knauserig waren und sie rüde behandelten, weil sie aus einer *pied-noir*-Familie kam. Sie suchten in den Ecken nach Staub, und wenn sie etwas fanden, schüttelten sie den Kopf und sagten: »Aha, so macht man also in Algerien sauber.« Oder sie hielten ihre Weingläser gegen das Licht und erklärten, wenn sie Flecken fanden: »Wir hier in Frankreich legen großen Wert auf ordentlich gespülte Gläser.«

Yvette sagt, daß es die Bäuerinnen wurmt, wenn sie sehen, daß sie bei den Parisern arbeitet und zufrieden ist. Und das wiederum amüsiert sie, weil sie die einzige junge Frau im Dorf ist, die über eigenes Taschengeld verfügt. Seit sie hierhergekommen ist, arbeitet und spart sie. Sie sei es ja gewöhnt gewesen, nicht mehr zur Schule zu gehen, seit sie zwölf war — nachdem die Algerier die Schule, die sie und Paul besuchten, überfallen und einigen Kindern vom Land, die dort im Internat wohnten, die Kehle aufgeschlitzt hatten. Mme. Martin beschloß daraufhin, daß es sogar tagsüber, wenn die Schulen bewacht waren, zu gefährlich für ihre Kinder sei, in Algier eine Schule zu besuchen. Sie sind nie wieder zurückgekehrt. Paul belegte Fernkurse — Montag morgens kamen die Soldaten mit dem Lehrstoff der Woche vorgefahren, und Samstag mittags kamen sie, um die Papiere wieder abzuholen — und machte auf diese Weise sein *bac,* während Yvette, die ohnehin nicht gern zur Schule gegangen war, sich darauf verlegte, ihre Mutter zu trösten und auf ihre zwei kleinen Brüder aufzupassen. Sie kann an einer Hand abzählen, wie oft es ihr in den darauffolgenden zwei Jahren möglich war, das Haus zu verlassen. Das erstemal fand sie ihre Großtante ermordet vor. Das zweitemal wurde sie von Soldaten zum Zahnarzt in die Stadt gebracht. Und das drittemal sah sie, wie der Nachbar den algerischen Jungen erschoß. Das letztemal außer Haus war Yvette knapp eine Woche, bevor die Familie floh. Sie habe etwas Eingelegtes haben wollen, sagt sie, etwas Eingelegtes zum Mittagessen, und sie sei viel zu ungeduldig gewesen, als daß sie sich von den Soldaten zum Lebensmittelhändler hätte begleiten lassen oder auf ihren Vater oder auf Paul gewartet hätte, die meist gemeinsam einkaufen gingen, wobei in Pauls Tasche der Revolver versteckt war. Während ihre Mutter sich gerade um die Kinder kümmerte, entriegelte sie die Tür und schlich auf Zehenspitzen hinaus, zum Laden des Berbers, ein Stück weiter die Straße hinunter. Sie stand gerade vor der Ladentür, als jemand hinter ihr zu schießen begann. Der Kaufmann zog sie herein und schloß sie, in Ermangelung eines besseren Verstecks, in seinen großen Kühlschrank. Yvette war schon fast erfroren, als die Soldaten das Viertel räumten.

Yvette sagt, daß es sinnlos gewesen wäre, nach ihrem Eintreffen im Dorf wieder anzufangen, zur Schule zu gehen. Außerdem hätten die gleichaltrigen Jungen und Mädchen sie gehänselt. Sie wollten ihre Füße sehen, und sie verlachten sie, weil sie in den ersten Monaten am ganzen Körper Nesselausschlag hatte. Es sei die Ruhe in Frankreich gewesen, die diesen Ausschlag verursacht habe, sagt sie. Sie sei nervös geworden. Sie habe immer darauf gewartet, daß irgend etwas Schlimmes passiere. Wenn sie während der Jagdsaison die Gewehrschüsse der Bauern hörte, lief sie zur Mutter und schrie: »Mama, Mama, die Araber kommen!« Wenn sie die Fehlzündungen der Lastautos hörte, glaubte sie, die OAS sei mit *bombes plastiques* gekommen, um sie zu bestrafen. Und wenn sie nachts aus einem Alptraum hochfuhr, erschreckte sie die Stille ringsum mehr als der Traum selbst, sagt sie.

Yvette hatte anfangs keine Freunde — die Bauern hatten ihren Kindern verboten, sich mit den *pied-noir*-Kindern einzulassen —, aber heute lacht sie, wenn sie davon erzählt. »Sie waren so jung«, sagte sie. »Und ich war ein großes, voll entwickeltes Mädchen, Sie verstehen — ein *pied-noir*-Mädchen. Ich habe diese Gören kichernd und schreiend durch das Dorf laufen und spielen sehen, und ich habe immer nur gedacht: *Sauve-toi!* Diese Kinder werden dir einen Komplex verursachen, wenn du ihnen die Möglichkeit gibst.« Yvette wünschte sich vor allem einen Mann damals. Sie konnte bei der Frau des Mitarbeiters des *notaire* als Putzfrau arbeiten, und die Hälfte ihres Lohns gab sie ihren Eltern, die andere Hälfte steckte sie in ihr »Aussteuer«-Sparschwein. Mit sechzehn hatte sie ein langes weißes Nachthemd aus Marseille und acht rosarote Bettbezüge und vier Kissenbezüge, die es zu besticken galt. Sie besaß auch ein Ballkleid. Yvette tanzte leidenschaftlich gern — sie sagt, daß alle *pieds noirs* gern tanzen —, und sie wußte, daß jeden Samstag in einem Dorf der näheren Umgebung ein Tanzabend oder ein Kirchenfest stattfand. Die Jungen und Mädchen aus ihrem Dorf ließen keines dieser Feste aus. Die Mädchen gingen mit ihren Müttern hin und suchten einen Mann, und die Jungen gingen in ihrer Clique hin und suchten Händel und die legendäre Schönheit, die ohne Aufpasser zum Tanz erscheinen würde. Yvette hörte sie Samstag vormittags miteinander plaudern, am Brunnen bei der Scheune des Schmieds, und manchmal gesellte sie sich zu ihnen, in der Hoffnung, daß irgend jemand sie mitnehmen würde. »Hinterher haben sie dann gesagt: ›War ein toller Abend gestern, Yvette. Wirklich schade, daß du nicht dabei warst.‹ Und ich habe dann gesagt: ›Wie sollte ich davon wissen?‹ — *Pieds noirs* sind nämlich schlau und haben immer eine passende Antwort. Doch dann bin ich immer zu Mutter gelaufen und habe mich ausgeheult. Ich wollte sie alle umbringen.« Schließlich konnte sie Paul überreden, sie zu den Tanzfesten mitzunehmen. Sie lernten die Kinder der italienischen Bauern kennen, die vor dem Krieg in die Provence gekommen waren, und andere *pieds noirs,* die in kleine Dörfer wie das ihre umgesiedelt worden waren. Yvette sagt, daß sich die *pieds noirs* bei diesen Tänzen immer zueinander hingezogen fühlten. »Man traf einen Mann, der herzlich und freundlich war und gut tanzte — nicht wie die Bauern hier, die herumhopsen und das für Tanzen halten. Und später hat er gesagt: ›Ich glaube, ich muß dir etwas sagen — ich bin ein *sale pied noir.*‹ Und dann hat man geantwortet: ›Ich bin auch ein *pied noir.*‹ Und dann haben wir beide gelacht, weil uns in dem Moment klar war, warum wir uns so gut verstanden hatten. Die Jungen aus dem Dorf waren alle eifersüchtig. Zu Hause auf der Straße haben sie mich ignoriert, aber bei den Tanzveranstaltungen haben sie mit mir geflirtet. So waren sie eben. Einmal hatte ich einen Freund im Dorf. Er war der Sohn des Schmieds, er sah sehr gut aus, aber seine Freunde haben ihn ausgelacht, weil er mit mir ging, also ließ er mich fallen. Einen Monat lang habe ich ihn nicht gesehen. Und dann, eines Abends, kam er ins Kino in der Stadt, als ich mir dort mit Paul einen Film ansah. Er ging direkt an mir vorbei und sagte nicht einmal *bonsoir,* aber als das Licht ausging, kam er angeschlichen und setzte sich neben mich. Da habe ich laut gesagt: ›Du schämst dich wohl, neben einem *pied noir* zu sitzen, was? Wirst du dich wieder wegschleichen, bevor das Licht angeht?‹ Und ich stand auf und verließ das Kino, aber im Hinausgehen hörte ich, daß alle ihn auslachten. ›He!‹ riefen sie. ›Der *pied noir* hat Henri lächerlich gemacht.‹ Danach hatte ich nie wieder einen Freund im Dorf. *Chat échaudé craint l'eau froide.*«

Yvette lernte Georges, ihren Mann, auf einem Sommerfest in einem anderen Dorf kennen, als sie zwanzig und er siebzehn war. Sie war mit ihrer Familie dorthingefahren, und kaum hatte sie Georges gesehen, erklärte sie ihrer Mutter, daß sie sich in ihn verliebt habe. Er sehe aus wie Nino Ferrer, der berühmte Sänger. Georges, der sich für den Abend geschrubbt hatte und seinen schicken braunen Anzug trug, muß wohl wirklich wie Ferrer ausgesehen haben. Yvette sagt, sie sei ein bißchen enttäuscht gewesen, als er sie drei Tage später zu Hause besuchte. Damals arbeitete er in einer Ziegelei, und so kam er im Firmenlastwagen vorgefahren, der mit Dachziegeln für den Maurer beladen war. Georges war von oben bis unten mit dunkelrotem Staub bedeckt. Er trug zwar einen neuen Overall, hatte aber vergessen, sich zum Besuch ein Hemd anzuziehen. Außerdem fiel Yvette im Tageslicht auf, daß Georges kaum noch Zähne hatte. Er war ein Raufbold. Er hatte seine ersten sechs Lebensjahre in einem Pariser Waisenhaus verbracht und war schließlich von seinen Großeltern mütterlicherseits aufgenommen worden, die in dem Dorf wohnten, wo Yvette ihn kennengelernt hatte. Als Georges elf war, schickten sie ihn arbeiten. In Steinbrüchen, als Kirschenpflücker und gelegentlich in Ziegeleien und beim Straßenbau schlug er sich durch, doch er war ein rauflustiger und einfacher Bursche, der es, als er Yvette kennenlernte, noch nie länger als zwei Monate in einem Job ausgehalten hatte.

Yvette konnte Georges gut leiden, weil er so jung war und weil sie es gewöhnt war, sich um Jungen zu kümmern, und sie sagte sich, daß sie vielleicht schon nach einem Jahr das Geld verdient hätte, um ihm die Zähne ersetzen zu können. Ihre jüngeren Brüder mochten ihn, weil er ihnen altersmäßig nahestand und ihr Freund werden konnte. Selbst ihr Vater schien nichts gegen ihn zu haben, und das gefiel Yvette, die gehört hatte, daß Pierre, der Cafébesitzer, immer zur Schrotflinte griff, wenn dessen Töchter einen Kavalier mit nach Hause brachten. Mme. Martin war glücklich, weil Georges zum Mittagessen erschienen war, und jeden, der zum Mittagessen kam, betrachtete sie als gute Gesellschaft. Sie legte ein zusätzliches Gedeck auf, und Georges setzte sich an den Tisch. Niemand erwähnte ihm gegenüber an diesem Tag, daß sie *pieds noirs* waren.

»Als er herausfand, woher wir kamen, war er sehr wütend. Er rief: ›*Moi, je n'aime pas les pieds noirs!*‹« sagt Yvette heute.

»Und dann brütete er dumpf vor sich hin. Aber es war nichts, denn ich wußte, es würde sich legen. Ich wußte ja schon, daß er mich liebte. Und außerdem, Georges ist sehr fügsam. Ich habe einen viel stärkeren Charakter als er, und wenn er grübelt, was soll's? Er grübelt immer über Dinge, die er nicht versteht. Sehen Sie, er hat nie etwas Eigenes gehabt, bevor er mich kennenlernte. Keine richtige Mutter. Keinen Vater. Keine Freunde. Als er zum Mittagessen kam, gingen mein Bruder und er nach oben und spielten und machten eine Kissenschlacht, und später kam er herunter und sagte zu mir: ›Jetzt habe ich eine Familie.‹ Noch heute ist er eifersüchtig. Er kommt zu mir und sagt: ›Ich habe nie etwas gehabt. Jetzt habe ich dich und die Kinder und deine Familie, und ich habe immer Angst, daß ich dich verlieren werde.‹ Und dann schlägt er mich. Oder er droht, daß er alle meine schönen Kleider zerreißt und sie aus dem Fenster wirft, damit kein anderer sich für mich interessiert und versucht, mich ihm wegzuschnappen. Aber ich bin stärker. Ich wehre mich. Ich sage zu ihm: ›Wenn du dieses Kleid wegwirfst, gehe ich los und kaufe mir *zwei,* und zwar genau die gleichen.‹ Also, er kann eigentlich nicht viel machen.«

Sie heirateten im Oktober, nachdem Yvette ihre acht rosaroten Bettbezüge mit Herzen und Lilien und Georges' Namen bestickt hatte. Georges wohnte inzwischen bei den Martins, teilte sich mit Jean-Jacques und Claude ein Zimmer. Tatsächlich war er seit Ende August nicht mehr zu Hause gewesen. Seine Großeltern hatten ihn hinausgeworfen, als er ihnen erzählte (während sie gerade die Heiratspapiere für ihn unterschrieben), daß seine Verlobte aus einer *pied-noir*-Familie stamme. Sie kamen aber zweimal ins Dorf — einmal, um sich bei den Martins nach einer Mitgift zu erkundigen, und ein andermal, um an der Hochzeit teilzunehmen, weil sie sich das Festmahl nicht entgehen lassen wollten.

Die Trauung wurde vom Curé in der neuen Kirche vollzogen. Yvette hatte sich schon darauf gefreut, ihren Minirock zu tragen, aber Georges hatte protestiert, er wollte, daß sie aussah wie eine Filmbraut, und so trug sie ein langes weißes

Kleid aus ihrem Versandhauskatalog. Vier von Georges' Freunden aus der Ziegelei kamen zur Hochzeit und zehn Mädchen, sechs davon *pieds noirs* und der Rest Italienerinnen, die Yvette bei Tanzveranstaltungen und Festen kennengelernt hatte. Aus dem Dorf kam niemand, nur die Frau des Doktors, die Yvette anbot, bei ihr zu arbeiten, und die Frau des Assistenten des *notaire*. Yvette sagt heute, die Dörfler seien neidisch gewesen, weil sie, ein *pied noir*, jemanden heiratete, der *prèsque Parisien* war.

Georges, der inzwischen einundzwanzig ist, wird im Dorf fast ebenso als Fremder angesehen wie Yvette. Er hat seinen vierten Job seit der Hochzeit — im Moment arbeitet er für den Klempner —, doch niemand weiß, wie lange er dabeibleiben wird, da er die Dörfler dadurch in Aufregung versetzt, daß er auf den Dächern der Auftraggeber steht und lustvoll alte Rohrstücke herabwirft. Yvette sagt, daß er seine Arbeit verliert, bloß weil er mit ihr verheiratet ist. Mme. Martin, die inzwischen einigermaßen sauer auf Georges ist, weil er jedesmal aus dem Haus stürmt, wenn sie sich kritisch über Franzosen äußert, sagt, daß er seine Jobs verliert, weil er *»un peu stupide«* ist. Georges ist auf unreflektierte, fast blinde Weise gutmütig, und wenn die Martins die Franzosen kritisieren, verletzen sie seine Empfindungen. Manche Leute im Dorf mögen ihn. Der Bürgermeister mag ihn, und er verschaffte ihm auch seinen dritten Job als Fahrer bei einem Bauern, als Yvette mit den Zwillingen schwanger war und er Arbeit brauchte. Aber Georges wirft immer die Rohre herunter und rast mit dem Lieferwagen des Installateurs durch die engen Straßen und in die Einfahrten hinein, und die Leute denken, daß er wahrscheinlich ein bißchen spinnt. Warum sonst, sagen sie, sollte jemand, der mit dem unauslöschlichen Makel behaftet ist, daß er nicht aus ihrem Dorf stammt, seine Probleme dadurch noch verschlimmern, daß er in Yvette Martins Familie einheiratet?

In der jüngsten Zeit spricht Georges davon, das Dorf eventuell zu verlassen. Als gelernter Installateur, sagt er, werde er vielleicht nach Australien gehen, wo, wie er gehört hat, jede Menge Badezimmer gebaut werden. Doch Yvette weigert sich, mit ihm über Australien zu sprechen. Sie will, als gute *pied-noir*-Tochter, in der Nähe ihrer Mutter sein, und außerdem fühlt sie sich jetzt, da sie verheiratet ist und Kinder hat, ein wenig heimischer im Ort. Sie liebt es, Samstag abends mit Georges tanzen zu gehen und sonntags durch das Dorf zu promenieren und mit ihm vor all den Bauern anzugeben. Sie putzt ihn immer heraus, wenn sie gemeinsam ausgehen, und achtet jetzt darauf, daß er sich sorgfältig mit Kernseife wäscht. Die Leute im Café beklagen sich manchmal, daß sie Georges' mümmelnd-nuschelnde Aussprache nicht verstehen können, aber dann sieht Yvette sie einfach an und lächelt. Sie weiß, daß es sein Pariser Akzent ist, den sie gehört haben. Sie ist stolz darauf, sich Georges geangelt zu haben. *»Pour moi, il est impeccable«,* sagt sie zu ihrer Mutter, und die findet auch, daß Yvette dem Dorf gezeigt hat, daß sie auf seine jungen Männer nicht angewiesen ist.

Claude, sagt seine Mutter, war immer zart und empfindlich, schon in Algerien. Mit sechs bekam er eine Bronchialinfektion — heute sagt er: von den Algeriern —, die wohl zu Komplikationen führte, denn er lag ein Jahr lang mit Fieber im Bett und konnte sich noch immer nicht auf den Beinen halten, als die Familie flüchtete. Mme. Martin hielt ihn während der zweitägigen Überfahrt in den Armen, und als sie in Marseille vor Angst und Erschöpfung und mit einem Asthmaanfall zusammenbrach, löste Yvette sie ab. Claude neigt noch heute zu fiebrigen Zuständen, aber es ist schwer zu sagen, ob das an seiner Krankheit liegt oder an seinem religiösen Eifer oder an einer Kombination von beidem. Seine Wangen sind gerötet, und seine großen schwarzen Augen sind immer feucht und glänzend, aber Claude ist ein hübscher Bursche, und so sieht er weniger wie ein Invalide aus, eher wie ein übererregter Cherub. »Hübsch, aber zu dünn«, sagt seine Mutter immer, wenn sie über ihn spricht. Sie glaubt, daß er wegen seiner Fasterei so mager ist, und sie nörgelt ständig wegen seiner Diät, die im Moment aus einer halben Tomate und einer Scheibe trockenem Toast pro Tag besteht. Sie schiebt es auf seine Religion, die, wie sie sagt, morbid und überheblich ist, nicht so natürlich wie der Katholizismus der *pieds noirs*. Sie weiß, daß er ein Märtyrer oder wenigstens ein Heiliger werden möchte, aber sie will, daß er die Medizin nimmt, die sie für seine Verdauung kauft, und sie erklärt ihm, daß es ein Geschenk der Jungfrau ist, wenn man Märtyrer oder Heiliger wird, und daß es keinen Sinn hat, derlei zu planen und zu üben und sich den Kopf darüber zu zerbrechen. Claude selbst schwört, daß er nicht fastet — er sagt, daß das Leiden seine Leber ruiniert hat und daß dies das Kreuz ist, das er tragen muß. Yvette, die einen starken, gesunden Appetit hat und keinen Sinn darin sieht, sich etwas zu versagen, behauptet jedoch, daß sie Claude eines Nachts einmal am Kühlschrank überrascht habe, wie er die Reste des Abendessens in sich hineinstopfte. Sie sagt, daß er mit seinem trockenen Toast und seiner Tomate nur angibt und daß er auf sich aufmerksam machen will, weil er Probleme mit seiner *chérie* hat.

Claude arbeitet bei einem Tischler — nicht bei Maurice, dem neuen Dorftischler, der *pieds noirs* nicht leiden kann und sich weigerte, Claude einzustellen, als Mme. Martin ihn fragte, sondern bei einem anderen Tischler, fünf Kilometer entfernt, an der Landstraße —, und das Mädchen, das Yvette als seine *chérie* bezeichnet, lernte er dort bei der Arbeit kennen. Sie ist eine melancholische Italienerin aus dem Tal, die für Claudes Tischlermeister gewissenhaft die Bücher führt. Claude sagt, er habe sich überlegt, daß er und das Mädchen ihre Talente zusammentun und später eine eigene Werkstatt aufmachen könnten. Er verkündete seinen Eltern, daß er eine Verlobte habe — dieses Wort verwendet er lieber als *chérie,* weil es spiritueller klingt —, und fing an, seine Freundin zu den samstäglichen Tanzveranstaltungen mitzunehmen und sogar auf den Friedhof, wo er am Sonntagvormittag steht und mit drei Blechdosen, die die Aufschrift »Für die Blinden«, »Für die Gebrechlichen« und »Für die Alten« tragen, Geld sammelt — für diejenigen also, die der Baronin am meisten am Herzen liegen. Ihrer beider Probleme begannen eines Sonntags auf dem Friedhof, als das Mädchen, in dessen Büchse (»Für die Alten«) achtzehn Francs lagen, ihm vorschlug, daß ihre Werkstatt schöne moderne Möbel herstellen sollte, wie die Möbel im Prisunic. Claude weiß eines von seiner künftigen Werkstatt, und das ist, daß dort »Antiquitäten« produziert werden. Er liebt alte Möbel. Für Claude ist ein altes Möbelstück etwas Heiliges, so wie ein toter Verwandter oder sein Zuhause in Algier. Er hat von Antiquitäten erfahren, als er die Möbelstücke reparierte, die die Pariser im Tal auf ihren Höfen finden. Er hat mit den Möbelstücken im Elternhaus geübt, aber jetzt beschränkt er seine Experimente auf sein eigenes Zimmer, das das größte Zimmer des Hauses ist und das er von seinen Eltern übernahm, als er anfing zu arbeiten und offiziell Familienoberhaupt wurde. Er hat das Zimmer nach seinem eigenen Geschmack eingerichtet, er schrubbt den Fußboden, wachst die Schränke und die Stühle, die er auf verlassenen Höfen überall im Tal findet, und gegenüber vom Bett hat er seine Lieblingsbilder von den Versuchungen der Heiligen auf ästhetische und nonchalante Weise angeordnet. Er sagt, daß diese Umgebung für seine Meditationen wesentlich sei. Er kann Unordnung nicht ertragen, und er hat Angst vor Veränderungen. Seine Mutter sagt, er habe geschrien, als die Soldaten in Algier kamen, um sie zu retten — aber nicht so sehr wegen der Schüsse als aus Sorge, die Familie würde ohne das kleine Messer und die Gabel gehen, die er immer benutzte. Die Mutter steckte sie im letzten Moment in ihre Tasche, und Claude weigert sich noch heute, mit einem anderen Besteck zu essen. Mit seinem Zimmer ist es genauso. Das letztemal, als Mme. Martin dort saubermachte, legte sie ein Bild woanders hin, so daß Claude, der eine Stunde lang nach dem Bild suchte, einen Wutanfall bekam und sich anschließend — es war Melonensaison — für zwei Wochen auf eine Melonendiät setzte. Mme. Martin, die ihn einen *vieux garçon* nannte und es sofort bereute, betritt sein Zimmer nicht mehr. Claude hat der ganzen Familie den Zutritt verboten. »Es gehört alles mir«, sagt er. »Niemand darf dort etwas anfassen. Ohne meine Erlaubnis darf niemand sich auch nur hinsetzen.« Eigentlich will das auch niemand. Das Zimmer ist mit Kreuzigungsdarstellungen ausgeschmückt und mit drei kleinen Marienschreinen ausgestattet, vor denen Claude knien und beten kann. Die Wand über dem Bett ist fast vollständig bedeckt mit Fotografien verstorbener Familienangehöriger, eingerahmt in Büttenpassepartouts und verziert mit Samtbändern, aber in der Mitte ist noch ein Platz, den Claude für die Fotos von seinen Eltern freihält. Er sagt, »sobald Gott sie zu sich gerufen hat«, wird die Fotosammlung in seinem Zimmer vollständig sein. Mme. Martin, die es gern sieht, wenn eine Wand schön vollgehängt ist, muß Claude zustimmen, während der leere, unausgefüllte Platz über dem Bett ihren Mann irritiert, wenn er manchmal in das Zimmer schleicht, um einen Blick in den Schrank zu werfen. Claudes Schrank ist sein Geheimnis. Er ist austapeziert mit Pin-up-Bildern von italienischen Filmsternchen und mit Aktfotos, die er jeden Monat aus Herrenmagazinen ausschneidet.

Claude hat erst ein Jahr nach der Ankunft der Martins im Dorf mit der Schule begonnen. Zuerst war er krank, und später gab es kein Geld für Bücher und Kleider. Er war zehn, als er auf die Schule kam, aber bald haßte er die Dorfschule so sehr, daß seine Mutter ihn vor Ablauf des ersten Halbjahres auf die katholische Ganztagsschule geben mußte, in die auch die Lebensmittelhändlerin ihre Söhne schickte. Er sagt, die neue Schule habe ihm gefallen, weil dort alle fromm waren und die Lehrer den Kindern erklärten, daß Jesus die *pieds noirs* offenbar liebe und daß sie sich daran ein Beispiel nehmen sollten. Nach einem Jahr boxte er einem Lehrer ins Gesicht, der einen seiner Kameraden geschlagen hatte. »Sehen Sie das Kreuz, das Sie tragen?« fragte Claude den Lehrer. »Es wird Ihnen die Sünden von heute vergelten.« Der Lehrer zeigte sich bußfertig. Er segnete Claude für seine »gute Absicht« und versprach, am selben Abend nach der Schule eine Messe für ihn zu lesen. In diesem Moment, sagt Claude, wußte er, daß er »diese Kraft« besaß. Er sagt, er müsse sie von der Urgroßmutter haben, die den Kranken die Hände auflegte und betete und sie gesund werden ließ. Seine Großmutter besaß diese Gabe ebenfalls. Und auch Mme. Martin, obwohl sie sie nie praktiziert hat. Sie bevorzugt die Medizin, die es in der Apotheke zu kaufen gibt —

sie sagt, Arzneien seien für die meisten Dinge genauso gut wie Gebete und Handauflegen und genauso billig, jetzt, wo der Staat die Kosten übernimmt. Aber bevor sie stirbt, wird sie die Gebete und Beschwörungsformeln, die sie von ihrer Mutter gelernt hat, an Claude weitergeben und vielleicht auch an Jean-Jacques, aber nicht an Yvette und Paul, die, laut Claude, zu leichtfertig für diese Fähigkeit sind. Claude übt schon an Hunden und Katzen und verkrüppelten Tauben, aber er sagt, daß Tiere, ebenso wie Babys, unschuldige, heilige Wesen und daher viel leichter zu heilen seien als Erwachsene. Im letzten Sommer probierte er seine Kraft an Yvettes kleinem Nachttisch aus, einem Hochzeitsgeschenk von Georges' Großmutter, in dem so viel von der Feindseligkeit der alten Dame steckte, daß er nachts herumtanzte. Yvette hatte die Situation sehr nüchtern beurteilt. »Wenn es nicht der Tisch wäre, dann wäre es der Schrank«, erklärte sie ihm. »Und wer könnte nachts mit einem tanzenden Schrank im Zimmer schlafen?« Doch Claude war entschlossen, den Kampf mit dem Tisch aufzunehmen; er war sehr zuversichtlich an jenem Tag, nachdem er den Hund des Tischlermeisters von seinen verstopften Tränenkanälen kuriert hatte. Er stellte eine Kirchenkerze auf den Tisch, besprengte ihn mit Weihwasser und wartete eine Stunde, während er die zitternden Hände über das aggressive Möbelstück hielt. Der Tisch hörte tatsächlich auf, herumzutanzen, aber nach vierzehn Tagen ging es wieder los, und Claude mußte einen Geistheiler aus dem Nachbardorf konsultieren, einen alten Mann, der einmal seinen verstauchten Arm kuriert hatte. Der Heiler kam und sah sich alles an, erklärte Claude dann aber, daß Georges' Großmutter ihre bösartige Präsenz im Haus bereits etabliert habe. Er stimme Yvette zu, sagte er. Wenn es nicht der Nachttisch wäre, dann wäre es der Schrank, und niemand könne nachts mit einem tanzenden Schrank im Zimmer schlafen.

Der Heiler ist Claudes Held. Der alte Mann mag die *pieds noirs,* die er als »die wahren Katholiken und Gläubigen« bezeichnet und die seiner Praxis, mit der es vor dem Algerienkrieg bergab gegangen war, zu einem großen Aufschwung verholfen haben. Er hat eine staatliche Lizenz, genau wie ein Arzt, hat Sprechstunden und ein Wartezimmer, in dem die letzten Ausgaben von *Jours de France* und *Paris-Match* ausliegen. Er heilt, indem er mit Öl aus einem alten Tintenfaß das Kreuzeszeichen auf seine Patienten malt und dann ihre Leiden in seine zitternden Hände zieht. Claude begegnete ihm das erstemal in einem Steinbruch im Tal, wo er eine Weile arbeitete, bevor er beim Tischlermeister anfing, und wo der Heiler manchmal schwarz arbeitet, wenn die Geschäfte etwas flau sind. Er sagt, er habe sofort gewußt, daß der alte Mann *»le fluide magnétique«* hatte — so nennt Claude die Kraft. Er lud den Heiler an jenem Abend zu sich nach Hause auf ein Glas Pastis ein und erkundigte sich bei ihm nach den Dorfmagierinnen.

Claude weiß mehr als jeder andere im Dorf über die drei Frauen. Er sieht sie jeden Vormittag auf dem Friedhof den Dreck von den Grabsteinen abkratzen, der ihnen als Ingredienz bei ihren Zauberritualen dient. Eine von ihnen ist eine alte Jungfer namens Berthe, die in einem Schuppen Hühner hält und so geizig ist, daß selbst die Dorfbewohner es nicht mehr für vertretbar halten. Die zweite Zauberin ist die Witwe eines alten Mechanikers, der wegen Kollaboration mit den Deutschen sieben Jahre im Gefängnis saß und kürzlich vor der Haustür der Martins einem Schlaganfall erlag. Die dritte Magierin ist die verrückte Tochter des Metzgers, doch über sie regen sich die Leute im Dorf nicht auf, weil sich ihre Zaubersprüche überwiegend gegen die Pariser richten, die im Supermarkt der Kreisstadt einkaufen. Niemand weiß, ob die Zauberinnen wegen Claudes magnetischer Kräfte eine besondere Wut auf die Martins haben oder weil er ihnen morgens auf dem Friedhof nachspioniert oder weil sie die *pieds noirs* hassen. Berthe jedenfalls haßt die *pieds noirs* ganz offensichtlich. Sie spuckt aus, wenn sie von *les Africains* spricht, und sie hat sogar einmal ein Huhn geopfert, das sie, mit Stecknadeln gespickt, den Martins auf die Türschwelle legte, und zwar an dem Tag, als Yvette Berthes Stelle als Dienstmädchen beim Assistenten des *notaire* übernahm. Der Assistent hatte Berthe entlassen, nachdem er eines Morgens keine weiße Hemden mehr hatte und seine Frau beichtete, Berthe würde nur bei Vollmond waschen. Berthe schob es auf *les Africains.* Sie und Claude hatten eine Auseinandersetzung in der Nähe des Friedhofs, und Claude, der damals noch nicht einmal zehn war, betete laut zu Gott, er möge sie bestrafen. Leider näherte sich in diesem Moment eine Trauerprozession, und die Zauberinnen, die sich als vorbildliche Katholikinnen betrachten, haben Claude diese Schmach nie verziehen. Noch immer streuen sie Friedhofserde auf die Schwelle seines Elternhauses. Eines Tages verschafften sie sich Zutritt ins Haus und brachten einen mit Kräutern umwickelten Kupferdrahtknäuel hinter dem Fernsehapparat an, der daraufhin kaputtging. Im letzten Frühjahr, als Claude unter Ohnmachtsanfällen und Erblindungserscheinungen litt, sagte sein Freund, der Heiler, daß eine der Zauberinnen vermutlich eine Kamera gekauft, Claude fotografiert und sein Foto mit Stecknadeln traktiert habe. Tatsache ist jedenfalls, daß die Magierinnen, ebenso wie der Heiler, seit Claudes Ankunft viel zu tun haben. Claude selbst sagt, sie forderten ihn so sehr heraus, daß ihm kaum Zeit bliebe, sich seiner wahren Berufung zu widmen, nämlich das Gewissen des Dorfes zu sein. Niemand im Dorf glaubt ihm das — Claude ist unbarmherzig in seiner frommen Verfolgung all jener Dorfbewohner, die, wie er glaubt, seiner Familie unfreundlich begegnet sind. So beispielsweise Pierre, der einmal versuchte, Claudes Mutter zu küssen, und dann, als sie ihm eine Ohrfeige verpaßte, ausrief: »Die *pieds noirs* sind Barbaren! Was ich gehört habe, stimmt also doch!« Oder der Lebensmittelhändler mit den belgischen Francs auf dem Ladentisch, der den Martins einmal eine Butagaz-Flasche für ihren Herd mitgab und, nachdem sie beinahe umgekommen waren, sich damit herausredete, daß er nicht gewußt habe, daß die Flasche undicht war. Oder der Bauer, der die Baronin darauf hinwies, daß, wenn sie das Geldsammeln auf dem Friedhof einem *pied noir* überlasse, er das Geld in die eigene Tasche stecke. Und der Doktor natürlich. Und der neue Dorftischler, der Mme. Martin erklärte, daß er Claude nicht als Lehrling einstellen könne, weil Claude viel zu oft in

Ohnmacht falle, als daß er ihn ernsthaft in Betracht ziehen könne. Claude ignoriert den Assistenten des *notaire,* der wahrscheinlich der größte Schurke im Dorf sein dürfte, da er dem geisteskranken Sohn des Installateurs das Schreiben seines Namens beigebracht hatte, um sich seiner als stillen Partners bei einer Reihe von dubiosen, aber sehr profitablen Grundstücksüberschreibungen zu bedienen. Doch dann erklärte sich der Assistent des *notaire* bereit, für die Martins das Haus zu kaufen, nachdem der Besitzer sich geweigert hatte, an *pieds noirs* zu verkaufen. Das Haus, das einem durchreisenden *fonctionnaire* von den Beaux-Arts auffiel, steht inzwischen unter Denkmalschutz und ist das Sieben- oder Achtfache dessen wert, was die Martins einmal dafür bezahlt haben.*

Claude hat ohnehin viel zu tun. Er arbeitet für seinen Lohn — zweihundert Francs — sechs Tage die Woche, von sechs Uhr früh bis acht Uhr abends. Er fährt mit dem Rad in die Tischlerei und zurück, mindestens zweimal täglich, da er, ob er gerade fastet oder nicht, sein Mittagessen nur zu Hause einnimmt. Claude wird im Dorf bleiben, und er wird eines Tages, wenn nicht seine *chérie,* so doch seine eigene Werkstatt haben. Er will unbedingt bleiben. Als Katholik, sagt er, sei er dazu berufen, die Dorfbewohner immer wieder daran zu erinnern, daß sie und Frankreich sich gegenüber den *pieds noirs* versündigt haben. »Es ist besser, einen wahren Feind zu haben als einen falschen Freund«, sagt er zu seiner Mutter, die behauptet, daß er diese Erkenntnis von ihr hat. »Inzwischen kenne ich die Menschen hier, und ich werde für immer bleiben, weil sie so sehr wollen, daß wir weggehen.«

Jean-Jacques ist der helle Kopf in der Familie. Er weiß das, und die anderen wissen das auch — er war das Kind, das auf der Schule bleiben und eines Tages zur Universität gehen würde, um Jura zu studieren. Inzwischen ist fraglich, ob es je dazu kommen wird — es ist nicht genug Geld da, seit Paul nicht

* Das letzte Angebot betrug fast das Fünfzigfache dessen, was die Martins dafür bezahlt haben.

mehr einen Teil seines Lohns nach Hause schickt. Der Staat steuert zwar monatlich etwa sechzig Francs für den Besuch des *lycée* in der Kreisstadt bei, aber Mme. Martin sagt, sie habe im vergangenen Jahr für Jean-Jacques' Bücher und Verpflegung und die Fahrtkosten das Doppelte ausgegeben. Im letzten Frühjahr schrieb sie an den Minister für Erziehung und legte sogar einen frankierten Umschlag bei, doch ihr Brief blieb unbeantwortet, und jetzt sagt sie, daß die Regierung die Studenten genauso behandelt wie die *pieds noirs*. »Jeder kann Kirschen pflücken oder mit der Hacke arbeiten«, schrieb sie in ihrem Brief. »Aber nicht jeder kann studieren. Wenn jemand intelligent ist, wie mein Jean-Jacques, müssen ihm die Türen geöffnet werden.« Der Bürgermeister war offenbar ähnlicher Meinung, denn er bot Jean-Jacques im letzten Sommer an, er könne in einem Bautrupp mithelfen, der die Gräben für das erste Kanalisationssystem im Dorf ziehen sollte. Der Bürgermeister hatte neun Jahre darauf gewartet, daß Paris sein Projekt genehmigen würde, und im Frühjahr diskutierte das ganze Dorf darüber, wie das Projekt auszuführen sei. Der Bezirksverwaltungschef meinte, und dabei dachte er an die Touristen, die im Sommer durch die Gegend kommen, daß die ausgehobene Erde die Straße nicht verschandeln dürfe und daher wegtransportiert werden müsse. Einige der Dorfbewohner, etwa Pierre und Beratti, der Besitzer des zweiten Cafés, stimmten dem Verwaltungschef zu. Doch die meisten schlossen sich der Meinung des Bürgermeisters an, daß das Wegschaffen der Erde zuviel Zeit und Geld koste. Und überhaupt, wenn man die Erde liegen lasse, könne sie später zum Auffüllen der Löcher verwendet werden. Schließlich, nach monatelangem Hin und Her, einigten sich der Bürgermeister und der Verwaltungschef auf den folgenden Kompromiß: Sie verkündeten, daß die ausgehobene Erde exakt zwanzig Zentimeter von der Straße weggeschafft werden sollte. Jean-Jacques, der seit Juni auf die Möglichkeit gewartet hatte, etwas Geld zu verdienen, ging am zwölften August zur Arbeit. An diesem Morgen fiel ihm ein Felsbrocken auf den Fuß und zerquetschte einen Fußnagel, der entfernt werden mußte. Der Doktor besorgte das — für das

Doppelte dessen, was Jean-Jacques' erster Wochenlohn gewesen wäre. Und Mme. Martin, geplagt von Visionen von Unfällen und Rechnungen, ließ Jean-Jacques bis zum Beginn des Schuljahres nicht aus dem Haus.

Jean-Jacques ist hochgewachsen und schmal, und mit seiner runden Nickelbrille und dem Bärtchen, das er sich seit neuestem stehenläßt, sieht er wie ein Student aus. Er liest viel und spricht schon Spanisch, Deutsch, Latein und Italienisch. Er hat zwei Obsessionen — seine Ausbildung und die Franzosen. Jean-Jacques haßt die Franzosen mit einer Intensität, die selbst seine Familie übertrieben findet, obgleich seine Mutter eigentlich stolz darauf ist, und wenn sie sich über die Franzosen beklagt, sagt sie oft: »Aber das ist noch gar nichts. Sie sollten mal Jean-Jacques fragen.« Seine erste Erinnerung an Marseille ist eine verlassene Baracke, ohne Betten und Wasser, in der die Familie für ein paar Tage unterkam. Seine erste Erinnerung an das Dorf ist die, wie seine Mutter weinend an der Bushaltestelle steht, während die Bauern, die gerade ein Fest feiern, im Schulhof tanzen und eine Kapelle aufspielt. Diese Nacht wird er nie vergessen, sagt er. »Meine Erinnerungen sind unangenehm, aber sie sind stärker als ich. Sehen sie sich meinen Vater an. Sieben Jahre Krieg in Frankreich. Dann sieben Jahre Krieg zu Hause. Und jetzt spucken die Franzosen auf ihn. Also trinkt er, und er ist verrückt, aber wen wundert's. Seine schlechten Erfahrungen haben ihn fanatisch gemacht — und ich befürchte, daß mir das gleiche passiert. Um mich zu verstehen, müssen Sie an Aznavours Chanson über *les enfants de la guerre* denken. Ein Kind des Krieges wächst zu schnell heran. Ich bin zu schnell herangewachsen. Ich bin quasi gegen mich aufgewachsen. Und ich bin noch immer gespalten. Manchmal bin ich jetzt ein Erwachsener. Ich kann meinen Haß erkennen und ihn verstehen. Aber dann, ganz plötzlich, werde ich von ihm überwältigt, und meine Gedanken sind die eines kleinen Jungen, der einsam und verbittert ist und Angst hat. Das Kind ist immer da. Man ist verletzt, und plötzlich sagt das Kind in einem: ›Sie tun mir weh, weil sie mich nicht lieben.‹ Und dann wird man *méchant,* wie ein Kind. Man lehnt sich auf und wehrt sich. Man will nicht kämpfen, aber man weiß, wenn man sich nicht auflehnt, ohne Furcht, dann ist man nichts, dann stirbt man. Und so kämpfe ich gegen die Franzosen. Ich bin es gewöhnt, zu schlagen und geschlagen zu werden. Und in meinen Gedanken kämpfe ich immer gegen sie. Das verletzte Kind ist immer in meinen Gedanken. Als ich hier ankam, habe ich es versucht. Ich wollte mich mit ihnen anfreunden. Aber die Kinder sind mir aus dem Weg gegangen. Sie haben mich behandelt wie einen Bazillus, einen gefährlichen Bazillus, den man meidet. Ich habe es gespürt. Ich habe gespürt, daß ich nicht geliebt wurde. Also habe ich gekämpft, und ich habe mich um sie bemüht und wieder gekämpft. So ist es noch heute, obwohl es hier in diesem Dorf vielleicht schlimmer ist. Die Leute hier sind kleinkariert. Meine Lehrerin zum Beispiel — sie hat zu meiner Mutter gesagt, ich sei dumm, bloß weil ich ein *pied noir* bin. Es sei einfach Zeitverschwendung, mich zur Schule zu schicken. Das ist die französische Art. Die Franzosen sagen nicht nein. Sie sagen nie nein zu etwas, aber wenn sie einen nicht leiden können, stellen sie einem alle möglichen Hindernisse in den Weg. Auf dem *lycée* ist es besser, weil die Klugen die Dinge verstehen. Aber im Dorf ändert sich nichts. Sie hassen uns nicht aus politischen Gründen oder aus Stolz — es ist das bäuerliche Denken. Der Bauer sagt, daß man Franzose ist, wenn man aus seinem Dorf kommt. Wenn nicht, *»sauve-toi, tu es mal tombé«*.

Jean-Jacques hat sich zwei Dinge geschworen. Erstens, daß er aus dem Dorf wegziehen wird, und zweitens, daß er niemals für Frankreich kämpfen wird. Er sagt, er sei desillusioniert, was Nationalität und Politik angehe — daß er lieber im Gefängnis sterben würde, als für das Land in den Krieg zu ziehen. Er ist jetzt achtzehn und seiner Sache sehr sicher. Die Franzosen, sagt er, sind nie sicher. »Sie wissen nicht, warum sie hassen. Sie hassen die *pieds noirs,* aber wenn man sie fragt, warum, dann können sie es einem nicht erklären. Und genauso hassen sie die Araber. Sie sagen, sie sind für sie, aber sie fürchten sich vor den Arabern. Und weshalb? Die Araber haben ihnen nichts getan. Ich sage dann: ›Also, ich hasse die Araber auch.

Ich weiß, es ist falsch, aber zumindest weiß ich, warum. Ihr — ihr haßt, ohne überhaupt einen Grund zu haben.‹«

Wenn Jean-Jacques samstags zum Tanz geht, wartet seine Mutter auf ihn und stellt schon mal Verbandsmaterial und eine Flasche Jod auf den Küchentisch. Er trampt, wenn nötig — er sagt, daß niemand aus seinem Dorf einen *pied noir* mitnimmt —, und wenn er Glück hat, bringt ihn ein anderer *pied noir* aus einem anderen Dorf nach Hause. Ansonsten schläft er im Freien und wartet auf den Bus, der am Sonntagmorgen seine Runde durch das Tal macht — und dann weiß seine Mutter, daß es eine Schlägerei gegeben hat. Jean-Jacques gerät bei Festen und Tanzveranstaltungen immer in Schlägereien. Meistens prügeln sich die *pieds noirs* mit den jungen Franzosen, aber manchmal auch mit den Algeriern, die in Fabriken rings um die Kreisstadt arbeiten. Die Franzosen greifen nie ein, wenn *pieds noirs* und Algerier sich gegenseitig verprügeln. Und die Algerier gehen nach Hause, wenn die *pieds noirs* mit den Franzosen raufen. Jean-Jacques sagt, ein *pied noir* habe nur dann eine Chance, bei Tanzveranstaltungen auch tatsächlich zu tanzen, wenn Franzosen und Algerier miteinander kämpfen. Das passiert zwar oft, aber anscheinend nicht oft genug, denn immerhin hat Jean-Jacques im vergangenen Jahr drei Zähne verloren, sich eine Rippe gebrochen und einen Finger verrenkt — diverse Schnittwunden, blaue Augen und Prellungen nicht mitgerechnet. Er sagt, daß die Art und Weise, wie er sich die Rippe brach, aufschlußreich ist, weil es bei einem Fest passierte, das er mit einem französischen Bekannten besuchte. Der Streit wurde dadurch ausgelöst, daß der Pullover dieses Bekannten plötzlich verschwunden war. Jean-Jacques entdeckte ihn an einem Jungen aus einem anderen Dorf der Gegend. Er sagt, er habe den Jungen höflich aufgefordert, den Pullover zurückzugeben, doch bevor er den Satz zu Ende bringen konnte, hatte der Junge schon seine Freunde herbeigerufen. Sie fingen an, Jean-Jacques zusammenzuschlagen, der, da er in der Woche zuvor seinen Zehennagel verloren hatte, in keiner besonders guten Kondition war. Es waren zwar Jungen aus seinem Dorf anwesend, aber sie guckten nur zu, ohne ihm zu helfen. Übrigens half ihm auch der Bekannte nicht, dessen Pullover er gefunden hatte. »Warum hast du mir nicht geholfen? Ich habe es doch wegen deines Pullovers getan«, fragte er seinen Bekannten, als der Kampf vorüber war. Er sagt, sein Bekannter habe sich zuerst geschämt und nicht geantwortet. Später kam er aber auf Jean-Jacques zu und flüsterte, er habe nicht dabei gesehen werden wollen, wie er für einen *pied noir* kämpfte.

Eines Abends im September saß M. Martin am Küchentisch und beendete sein Abendessen, während Mme. Martin am Spülbecken stand und ein paar neue Weingläser ausspülte. Es war eine seltene Gelegenheit für Mme. Martin, denn ihr Mann kommt nur noch selten zum Abendessen nach Hause. Er kommt zum üppigen Mittagessen, aber abends hat er meist schon mit dem Trinken angefangen, und weil er verlegen ist — lüstern, wie Mme. Martin es nennt —, kommt er erst dann, wenn sie eingeschlafen ist. Mme. Martin hatte Plätzchen für ihn gebacken und die Gläser und eine Flasche Asti Spumante gekauft. Ihr Mann hatte die Flasche schon geöffnet. Er saß im Unterhemd am Tisch und hatte sich seit Tagen nicht rasiert, war aber gut gelaunt und in gesprächiger Stimmung. Er sagte, daß ihm die abendlichen Unterhaltungen mit Freunden in Algerien fehlten. Er fand es noch immer merkwürdig, daß *métropolitains* so kalt sein konnten.

»Als einzelnen würde ich immer einen Araber einem Franzosen vorziehen«, sagte er und schlug sich aufs Knie, weil ihn der Gedanke amüsierte. »Ich habe nichts gegen den Araber. Ich umarme den Araber. Ich möchte mein Brot mit ihm teilen, so wie wir es früher getan haben.«

Mme. Martin schauderte. Mehr als 100000 algerische Arbeiter leben in Südfrankreich, und einerseits findet sie es außerordentlich befriedigend, daß Algerien seit der Unabhängigkeit so arm ist, daß alle diese Leute nach Frankreich kommen müssen, um dort ihren Lebensunterhalt zu verdienen, aber andererseits befürchtet sie immer, daß ihr Mann sich eines Abends betrinkt und einen Algerier mit nach Hause bringt.

M. Martin lachte. »Du machst dir zuviel Gedanken. Glaub mir, die Araber sind wie die Deutschen. Für sich genommen sind sie in Ordnung. Nur wenn sie zu mehreren sind, mit einem Anführer, dann verlieren sie den Verstand.«

»Ich sage dir, an dem Tag, an dem ein Araber dieses Haus betritt, werde ich gehen«, erwiderte Mme. Martin.

»Und ich sage, daß du dich wie eine furchtsame, verängstigte Frau anstellst«, sagte ihr Mann und wandte sich dann um. »Meine arme Frau. Sie hat zuviel Angst in ihrem Leben gehabt.«

Mme. Martin stellte die Gläser auf den Tisch. »Ich habe Angst davor, umgebracht zu werden«, sagte sie. »Du erklärst mir, ich soll vor dem Hund, der mich schon einmal gebissen hat, keine Angst haben.«

M. Martin zuckte mit den Schultern. »Sehen Sie, sie hat keine Ahnung von Massenpsychologie — das ist ihr wahres Problem.«

»Das stimmt nicht. Ich erinnere mich an den Araber, der zu uns kam und sagte, wir sollten die Kinder verstecken. Er sagte, daß ihm befohlen wurde, uns zu töten, und wenn er es nicht täte, würden seine Freunde böse werden und statt dessen ihn umbringen.« Mme. Martin dachte eine Weile nach. »Trotzdem, wenn ich heute einen Araber sehe, dann denke ich: Will dieser Mann dich umbringen? Daran denke ich immer zuallererst.«

»Das denkst du, weil du in Algerien immer im Haus warst. Du hattest keinen Kontakt zu den Arabern, so wie ich. Ich sage dir, wenn ein Araber dich heute sehen würde, er würde sich schämen«, sagte M. Martin, und dann: »Fünfmal haben die Araber versucht, mich umzubringen. Zweimal mit einer Pistole, einmal mit einem Messer, einmal mit Militärgewehren und einmal mit einem Brecheisen. Als der Mann mit dem Brecheisen auftauchte, war es mein Assistent, der mich gerettet hat. Ein *Araber* hat mir das Leben gerettet. Der Übeltäter lief weg, und als ich ihn später auf der Straße wiedersah, konnte er mir nicht in die Augen schauen. Er schämte sich.« M. Martin lehnte sich mit seinem Weinglas zurück. Er sagte, er denke daran, wie ein Algerier ihn einmal tatsächlich beinahe umgebracht hätte. Der Mann war ein Harki — so hießen die Algerier, die sich auf die Seite der Franzosen stellten — und diente in Algier als Soldat in der französischen Armee.

»Dieser Mann, dieser Harki, klopfte an unserer Tür und fragte meinen Mann, ob er mit Paul kommen könne, um eine Elektrosäge zu reparieren« sagte Mme. Martin. »Mein Mann war einverstanden. Aber ich wußte, ich spürte, daß da etwas faul war. Ich sagte zu meinem Mann, daß dieser Mann ein Verräter ist, aber mein Mann lachte nur und ging mit dem Jungen weg.«

»Man kann nicht immer auf eine ängstliche Frau hören«, protestierte M. Martin.

»Trotzdem, ich bin zur Armee gegangen, um mich nach diesem Mann zu erkundigen, und gerade als ich ankam, sah ich ihn direkt vor der Kaserne, auf der Straße, wie er ein paar Arabern etwas zuflüsterte. Am Tor stand ein französischer Hauptmann, und ich zeigte auf den Mann und sagte: ›Ich möchte vertraulich mit Ihnen sprechen. Dieser Mann dort drüben ist ein Verräter. Er wird heute nachmittag meinen Mann umbringen.‹ ›Madame, das ist ein schwerer Vorwurf‹, sagte der Hauptmann, aber ich erklärte ihm, daß es besser sei, sich zu irren, als zu riskieren, daß mein Mann und mein Sohn umgebracht würden; daraufhin gingen wir mit ein paar Soldaten zu dem Ort, wohin sie bestellt worden waren.« Mme. Martin schüttelte den Kopf und sah ihren Mann an. »Wir kamen gerade rechtzeitig«, sagte sie. »Die Araber umringten sie schon. Sie hatten die Gewehre schon angelegt. ›Sie sind also umsonst gekommen, stimmt's?‹ sagte ich zum Hauptmann. Und ich hatte recht. Später gestand der Harki, daß ihm befohlen worden war, jede Woche drei Franzosen umzubringen.«

»Letzten Monat habe ich den Mann in der Stadt gesehen«, warf M. Martin ein. »Er arbeitet hier in einer Fabrik. Eigentlich kein schlechter Kerl. Es war einfach Massenpsychologie, wie schon gesagt.« Der Mann, sagte er, habe einige Zeit im Gefängnis gesessen, aber M. Martin erklärte ihm, daß er auf lange Sicht besser dran sei als die richtigen Harkis. Nach dem Krieg, sagte M. Martin, schnappten sich die Algerier die Harkis und zapften ihnen das Blut ab, bis sie starben, um es verwundeten FLN-Kämpfern zu geben. Tausende sind gestorben, und einige der 80000 Harkis, die das Land unter französischem Schutz verlassen konnten, leben noch immer in armseligen kleinen Flüchtlingscamps und -dörfern in den Alpen und im Zentralmassiv, wo die Franzosen sie untergebracht haben. Dort oben in den Bergen ist man nicht mehr mit ihnen konfrontiert, und die meisten Franzosen haben sie inzwischen vergessen.*

»Sieht den Franzosen ähnlich, sich von ihren Kindern loszusagen«, bemerkte Mme. Martin. »Mit den OAS-Generälen war es das gleiche.«

M. Martin nickte. Er verehrt die Generäle — Salan und Jouhaud und die anderen, die die Organisation anführten — und kann noch immer nicht glauben, daß sie irgend etwas mit dem Terror zu tun hatten, den die OAS verbreitete. Er sagt, sie seien gute, loyale Soldaten gewesen, und als sie vor Gericht ihre Geständnisse ablegten, hätten sie für das üble Verhalten ihrer Untergebenen die Verantwortung übernommen und daher in bester militärischer Tradition gehandelt. Keiner der vorgelegten Beweise hat seinen Glauben an die Generäle erschüttert oder ihn dazu veranlaßt, seine Meinung zu ändern. Die Erkenntnis, daß sie, wie alle anderen auch, ihn verraten haben, wäre für M. Martin nicht zu ertragen. Wie alle *pieds noirs* macht er die Kommunisten für die Ablehnung verantwortlich, die den Generälen heutzutage entgegengebracht wird.

»Bei einer Revolution gibt es immer ein paar Extremisten«, sagte Mme. Martin. »Es gibt immer ein paar Leute, die Schlechtes tun.«

»Die Generäle waren gute Soldaten, französische Soldaten«, wiederholte M. Martin mit feuchten Augen. »Was hat de

* Die Situation der Harkis hat sich noch immer nicht verbessert, auch wenn die jungen Leute inzwischen in die Städte ziehen und dort nach Arbeit suchen.

Gaulle denn getan? Er hat sie ins Gefängnis gesteckt. Selbst den Sohn der Baronin hat er ins Gefängnis gesteckt.«

»Es heißt, daß der Sohn der Baronin bei dem geplanten Attentat auf de Gaulle dabei war«, wisperte Mme. Martin, sprang auf und lief ans Fenster. Sie hatte vergessen, die Fensterläden zu schließen.

»Warum sagst du das?« fragte M. Martin. »Das ist doch Kino.«

»*Alles* ist Kino«, sagte sie und füllte sein Glas wieder, weil sie sah, daß er weinte.

»Uns fehlt die Wärme«, sagte M. Martin plötzlich. »Die Wärme. Und nicht nur uns. Auch unter den Leuten im Dorf ist keine Wärme. Sogar untereinander sind sie nicht *gentils*.«

»Und sie bezeichnen sich als Kommunisten — selbst der Bürgermeister bezeichnet sich als Kommunisten«, sagte Mme. Martin.

»Der Bürgermeister? Lachhaft!« M. Martin wischte sich die Augen und grinste. »Der Bürgermeister ist anders. Wenn man die Farbe vom Bürgermeister abkratzt, dann findet man darunter einen wahren Franzosen.«

Mme. Martin lachte und zeigte auf den Plätzchenteller. »Kommunismus! Im Laden verlangen sie zwei Francs zehn für Mehl im Wert von zwei Francs. Das ist ihr Kommunismus!«

M. Martin richtete sich auf. »Die Regierung ist noch schlimmer. Ich sage Ihnen, mir ist keine Logik bekannt, nach der eine zweite Generation enterbt wird.« Er tippte sich ans Bein, dann an die Brust. »Ich bin durchlöchert, hier und hier und hier, von Kugeln für die Franzosen und jetzt kann ich nicht einmal mein Erbe antreten.«

»Es ist ihr Neid.« Mme. Martin nickte traurig. »Letzte Woche bin ich zum Büro der Sozialversicherung in die Stadt gefahren, um mich nach dem Geld meines Mannes zu erkundigen, und ein Beamter dort hielt mich für eine *métropolitaine*. Er hielt mich an der Tür an und zeigte auf eine Gruppe von *pieds-noirs*-Frauen, die dort Schlange standen. ›Sehen Sie sich nur diese Weiber an‹, sagte er. ›Am liebsten würde ich sie rausschmeißen. Sie sind nichts wert. Sie nehmen *französischen* Frauen den Platz weg.‹«

»Es ist wirklich ihr Neid«, sagte M. Martin. »Haben Sie von den Israelis gehört, die aus der Wüste einen Garten gemacht haben? Also, genau dasselbe haben die *pieds noirs* getan. Wir haben eine Wüste in einen Garten verwandelt. Und als wir nach Frankreich kamen, kamen wir mit unseren Fähigkeiten, wir kamen mit der Gewohnheit, in einem wilden Land zu arbeiten. Wir sahen uns in der Provence um und sagten: ›Ha! Hier gibt es etwas zu tun.‹ Und nach einem Jahr konnten wir im Januar Melonen ernten. Und Birnen im November. In Isle de Rhône sogar Mandarinen. Die Franzosen waren neidisch, weil *wir* das geschafft hatten und nicht sie.«

»Sie haben keine Lebensart«, unterbrach ihn Mme. Martin. »Sie sagen zu mir: ›Sie haben ja zwei Toiletten in Ihrem Haus! Nein, so was!‹« Sie kicherte. »Zwei Toiletten, und die erste Waschmaschine im Dorf. Für die Leute hier ist das unvorstellbar.«

»Und den ersten Fernseher«, fügte M. Martin hinzu, und dann sagte er. »Was haben Sie denn erwartet? Die Bauern — das sind auf ihre Art doch Hippies. Sie brauchen die *pieds noirs,* wenn etwas funktionieren soll. Ein *pied noir* kommt als Arbeiter an, und nach zwei Wochen ist er Direktor. Und dann beschweren sich die Bauern, die auf der faulen Haut gelegen haben, daß er einem Franzosen den Job weggenommen hat.«

»Ach, sie sind kleine Kinder«, sagte Mme. Martin. »Sie sind dumm.«

»Aber sie sind *méchants*«, sagte M. Martin. »Die ersten *pieds noirs,* die hier ankamen, diejenigen, die die ersten Reaktionen abbekamen — sie mußten nach Paris weiterziehen.«

»Aber wir haben überlebt«, sagte Mme. Martin und seufzte.

»Weil wir die Stärkeren waren«, sagte ihr Mann. »Die ersten *pieds noirs,* die hier ankamen, waren nicht stark. Wenn sie stark gewesen wären, wären sie bis zum Schluß in Algerien geblieben, wie wir. Wir sind bis zum letzten Blutstropfen geblieben, bis zur letzten Patrone.«

»Die Leute hier im Dorf hatten gehört, daß wir den französischen Soldaten in Algerien ein Glas Wasser für hundert Francs verkauft haben sollen«, sagte Mme. Martin. »Sie lasen *La Marseillaise* und haben es geglaubt.« Sie schüttelte den Kopf. »Und sie haben den Politikern geglaubt. De Gaulle. Defferre. Selbst Defferre, der heute erklärt, daß er ein großer Freund der *pieds noirs* ist — ich sage Ihnen, 1962 hätte er es am liebsten gesehen, wenn wir alle im Meer versenkt worden wären ...«

»Ich habe den Soldaten Wein angeboten, als sie kamen«, fiel M. Martin ein. «Ich habe zu meiner Frau gesagt: ›Wein für die Soldaten!‹ Und dann sind sie nach Hause zurückgekehrt und haben ihren Müttern erzählt, daß wir ihnen Wasser für Geld verkaufen.«

»Na ja, sie werden mit ihrem Gewissen leben müssen«, sagte Mme. Martin und reichte die Plätzchen weiter. »Der Soldat, der hier lebt — derjenige, der uns zu den Arabern schicken wollte. Ich habe ihn gestern gesehen. Ich war bei der Beerdigung seines Großvaters. Ich habe seine Frau umarmt und dann seine Hand genommen und geschüttelt. Er schämte sich und wandte sich ab.«

»Dieser junge Mann — jetzt weiß er, daß die Welt klein ist«, sagte M. Martin und schlug sich wieder aufs Knie. »Wir haben etwas Gutes, wir *pieds noirs.* Wir sind großzügiger als die Leute hier.«

Mme. Martin nickte. »Er hat recht. Und Jean-Jacques hat recht. Die Leute in Frankreich sind kleinlich. Ich erinnere mich, in Marseille — wir waren am Hafen, und jemand hatte ein Feuer gemacht, und ich sagte mir: ›Gut, ich werde für meine zwanzig Francs einen Topf kaufen und etwas Reis und für meine hungrigen Kinder etwas zu essen kochen.‹ Ich ging also in ein Geschäft, aber niemand wollte mir dort einen Topf verkaufen, nachdem sie meine Stimme gehört hatten und wußten, daß ich ein *pied noir* war. Daraufhin ging ich in einen anderen Laden. Mit Marseiller Akzent bat ich um einen Topf. Der Mann dort sah mich mißtrauisch an. ›Sie sind aus Marseille?‹ sagte er. »Wo wohnen Sie?« Ich nannte ihm eine Straße — die eleganteste Straße von ganz Marseille.«

»Sie hat den Topf bekommen«, sagte M. Martin lachend. Und er versuchte, seine Frau zu umarmen. »*Bonne camarade.* Sie ist eine *bonne camarade,* selbst in den schlechtesten Zeiten.«

Mme. Martin achtete nicht auf ihn. »Später habe ich gehört, daß der Mann in dem ersten Laden von einem umstürzenden Baum getötet wurde. Ich habe mir gesagt: ›*Dommage pour l'arbre.*‹«

»*Dommage pour l'arbre!* Das ist gut!« rief M. Martin und fügte leise hinzu: »Sehen Sie, wir sind herzlos hier geworden. Nicht sofort. Doch dann, nach dem ersten Weihnachten ... Die Kinder hatten großes Heimweh in dieser ersten Weihnachtszeit, aber wir hatten gehört, daß es hier Brauch ist, daß sich alle Kinder des Dorfes in einem Haus versammeln und ihr eigenes Fest feiern, und wir haben ihnen davon erzählt, um sie etwas freudiger zu stimmen. Dann kam Weihnachten, und niemand hat meine Kinder eingeladen. Sie kamen von der Kirche nach Hause und hörten die festliche Musik. In diesem Moment habe ich mir gesagt: ›Jetzt ist Schluß! Basta!‹ Ich bin herzlos geworden.«

»Wir sind herzlos, aber wir haben keinen Frieden geschlossen«, sagte Mme. Martin. »Als Yvette heiratete, kam Georges' Großmutter zu uns, um sich nach der Mitgift zu erkundigen. Sie sagte, daß es schon eine größere Mitgift sein müsse, mit vielen Bettlaken und Tischtüchern und Handtüchern, wegen der Schande, daß Georges eine Algerienfranzösin heiratet. Doch dann, als alles geregelt war, sah sie meinen Tisch, der für das Abendessen gedeckt war, und sagte: ›Gut, jetzt werden wir alle essen, *en famille.*‹ Ich dachte bei mir, sie beleidigt die *pieds noirs,* aber jetzt ist sie hungrig und will essen, und sie erklärt, daß es an mir ist, einem *pied noir,* dafür zu zahlen. Danke nein. Ich sagte: ›Nein, wir werden jeder in seinem eigenen Haus zu Abend essen.‹ Ich machte die Tür auf und reichte ihr die Laken und Tischtücher, die sie haben wollte. ›*Le linge, madame*‹, sagte ich zu ihr, ›*le linge, madame, et bonsoir.*‹«

M. Martin erhob sein Weinglas. »*Le linge, madame, et bonsoir.*«

Mme. Gonçalves

Meine Concierge ist Portugiesin. Sie kommt aus Trás-os-Montes, der Provinz im äußersten Nordosten des Landes — einer steinigen, trockenen Region mit kleinen Bauernhöfen und einer solchen Armut, daß die Hälfte der Bevölkerung in den letzten zwanzig, dreißig Jahren auswandern mußte. Mme. Gonçalves (so werde ich sie nennen) ging mit ihrem Mann nach Angola. Sie kauften ein paar Kühe und bauten außerhalb von Luanda eine kleine Milchviehfarm auf, und als einfache, gläubige Menschen, in deren Weltbild sich die Ansichten ihres Gemeindepfarrers und ihre eigene Isolation widerspiegelten, dachten sie nicht groß darüber nach, ob sie schlechte *gros colons* waren, die die Afrikaner unterdrückten. Doch dann brach die Revolution in Angola aus, und die beiden jungen Söhne der Gonçalves mußten zum Militär. Sie leben inzwischen als Fabrikarbeiter in Brasilien. Mme. Gonçalves setzte sie 1973, als die Kämpfe immer schlimmer wurden, in Cabinda auf einen Frachter, bevor sie mit ihrem Mann das Land verließ. Sie gingen nach Zaire, das sich in den Zeitungen von Luanda als »Land der Verheißung« dargestellt hatte, und anschließend heim nach Portugal. Für die *retornados* aus Europas letztem großen afrikanischen Kolonialreich gab es dort keine Arbeit und keine Wohnungen — und auch keinen besonders herzlichen Empfang. Zusammen mit einer Million Portugiesen, die auf der Suche nach Arbeit waren, landeten sie schließlich in Frankreich.

Mme. Gonçalves ist eine kleine, adrette Frau — korrekt und zierlich. Fremde halten sie oft für eine Französin. Sie weiß, daß weibliche Concierges in Paris beliebter sind als Männer — als würde eine anständige Frau, die wachsam hinter den Gardinen der kleinen Portierswohnung im Parterre sitzt, irgendwie den richtigen Ton im Haus angeben. Und so ist offiziell sie die Concierge — die die Post in Empfang nimmt und darüber wacht, welche Besucher ins Haus kommen. Tatsächlich aber hat sie, wie die meisten portugiesischen Concierges im Viertel, das Haus ihrem Mann übergeben. M. Gonçalves schlendert auf seinem Innenhof umher, als wäre es die *praça* eines kleinen Dorfes, das sich in seinem Privatbesitz befindet. Mit seinem langen, melancholischen Trás-os-Montes-Gesicht, den großen Ohren und seinem Lächeln, das plötzlich ganz breit wird, ist er den Nachbarn inzwischen ein so vertrauter Anblick, daß sich die meisten von ihnen nicht mehr darüber beschweren, daß die Eingangstür immer offensteht, so daß er seine Mütze ziehen und *»bom dia«* sagen kann, wenn jemand vorbeikommt. Mme. Gonçalves selbst arbeitet tagsüber als Haushaltshilfe für einen Diplomaten an der Ecke, weil sie dort besser verdient. Nachts und übers Wochenende verdient sie sich mit Näharbeiten etwas Geld. Sie glaubt nicht, daß sie hier eine Heimat gefunden hat. Sie denkt, daß irgendeine Katastrophe — ein Krieg vielleicht oder eine Zeit der Armut, wie sie sie als junges Mädchen in Trás-os-Montes erlebt hat — sie entwurzeln wird, daß sie ihre Sachen abermals packen und wieder wegziehen muß. Doch in Wahrheit ist sie nach ihren acht Jahren hier eine richtige Pariserin geworden. Wie die Pariser im Viertel spricht sie über Immigration, als hätte das mit ausländischen Arbeitern zu tun, die mit Jahresverträgen in den großen Fabriken am Rande von Paris und Lyon und Clermont-Ferrand arbeiten, oder mit indochinesischen Flüchtlingen oder mit den West- und Nordafrikanern, die, auf der Suche nach Arbeit und vielleicht auch nach alten kolonialen Bindungen, in die *métropole* kommen. Sie hat nie gefunden, daß unsere Straße im Herzen von Paris (oder auch ihre Bewohner) irgendwie mit den aggressiven demographischen Verhältnissen zu tun hat, von denen sie manchmal in den Abendnachrichten auf TF1 hört. Unsere Straße ist ehrbar. Es ist eine quicklebendige Straße mit Geschäften und Verkaufsständen und kleinen Betrieben und sogar einem Markt am anderen Ende. Jacques Hillairet (ein fünfundneunzigjähriger Oberst, der mit Fünfzig beschloß, im Ruhestand eine komplette Dokumentation sämtlicher Häuser von Paris zu erstellen) beschreibt sie in seinem *Dictionnaire Historique des Rues de Paris.* Er erwähnt jede einzelne der mit Schnitzereien verzierten hölzernen Flügeltüren, hinter denen tiefe und überraschend eigenwillige Innenhöfe aus dem achtzehnten Jahrhundert liegen. Die meisten dieser berühmten Türen sind inzwischen mit mehreren Schichten Farbe überzogen, und die meisten der alten Häuser sind, wie es scheint, während der Zweiten Republik um zwei zusätzliche Geschosse aufgestockt worden — »das staatliche Wohnungsbauprogramm von 1848« nennt es der Filmemacher Edgar de Bresson, der in diesem Viertel wohnt. Die zusätzliche Höhe verleiht den Häusern (die früher immerhin vornehme, ja imposante Häuser waren) einen irgendwie linkischen Charme — sie erinnern an französische Schuljungen, die den guten grauen Hosen, die sie zur Schule anziehen müssen, längst entwachsen sind. Es bewahrt die Straße vor Seriosität, macht sie fröhlich und liebenswert. Jedenfalls ist es eine Straße, wie die Pariser sie mögen — teils *quartier populaire,* teils *quartier bourgeois,* das heißt, die Restaurants sind gut und meist auch die Klempner. Jeder kennt jeden, überall wird geklatscht. Mme. Gonçalves räumt ein, daß sich während der acht Jahre, die sie hier lebt, einiges verändert hat. Manchmal spricht sie beifällig davon, daß »wichtige Leute« — reiche Leute — hierhergezogen sind. Oder sie denkt sorgenvoll an die Kinder, die auf ihrem Schulweg in Richtung Raspail an dem neuen Buchladen vorbeimüssen, wo zwei ältere Damen von auffälliger Eleganz hinter einem langen Glastisch sitzen und über ein Angebot von illustrierten Erstausgaben sadomasochistischer Literatur wachen. Sie spricht von Veränderungen, findet aber nichts Ungewöhnliches daran, daß fast jeden Abend nach den Acht-Uhr-Nachrichten eine vierundfünfzigjährige Bäuerin aus Trás-os-Montes und Angola auf der Straße zu sehen ist, die mit einem Besenstiel, auf dem in hellroter Tinte die jeweils aktuelle Rocklänge markiert ist, zu ihren Kundinnen zur Anprobe geht. Sie wäre überrascht, wenn sie erführe, wie sehr sich das Leben im Haus und im ganzen Viertel tatsächlich verändert hat. Am späten Nachmittag, sobald sie vom Diplomatenhaushalt zurückkommt, macht sie mit ihrem Mann ihren eigenen *passeio.* Der erste Metzger, an dem sie vorbeikommen, ist aus Paris, und dann gibt es noch den Metzger aus der Auvergne und den Metzger aus Dahomey. Die Lebensmittelgeschäfte gehören je einem Araber, einem Berber und einem Italiener. Die beiden Klempner sind ebenfalls Italiener, und der Mann, der im Haushaltswarengeschäft an der Ecke arbeitet und gleich gegenüber wohnt, ist Portugiese. Die Serviererin im Café nebenan kommt aus Sri Lanka, die Familie, die in dem Restaurant ein paar Schritte weiter *entrecôte aux clous de girofle* offeriert, kommt aus Tunesien, und die Jungen, die für die Drogerie und den Weinhändler die Kunden beliefern, sind vietnamesische *boat people.* Exotisch finden die Gonçalves hauptsächlich diejenigen Pariser, die schon immer hier gelebt haben: die pedantische Alte etwa, die die Wäscherei *à poids* betreibt — das Kilo zwölf Francs beziehungsweise neun Francs, wenn man die Sachen naß abholt —, und das alte Ehepaar von der *poissonnerie,* das noch immer jeden Morgen um vier aufsteht, um auf dem Großmarkt in Rungis Fisch einzukaufen.

(Oktober 1981)

Mme. Gonçalves möchte die Gasgesellschaft boykottieren. Sie hat allen Hausbewohnern mitgeteilt, daß sie es als anständige Katholikin, als Mutter und als pflichtbewußte Hüterin unseres Hauses nicht mit ihrem Gewissen vereinbaren könne, mit einer Regierung zusammenzuarbeiten, die ihr Gas bei den Russen kaufen will. Wir sollten also nicht erwarten, daß sie die Rechnungen von Gaz de France an uns weiterleitet oder die kleinen Erinnerungen, die später kommen, oder gar die letzten Mahnungen, die eine Woche eintreffen, bevor das Gas abgestellt wird. Mme. Gonçalves möchte die Briefe dem Postboten gleich wieder mitgeben, versehen mit dem Vermerk »Empfänger unbekannt« oder »Zurück an Absender« oder »Verstorben« oder irgendeinen anderen, ihr passend erscheinenden Ausdruck ihres französisch-portugiesischen Patois — eine Art von privater *lingua franca* —, in dem sie nach ihrer Ankunft in Paris sofort zu improvisieren begann. Mme. Gonçalves ist eine freundliche Frau, aber sie haßt die Russen. Sie assoziiert die Russen mit den Teufeln und Dämonen, die auf dem Kalender mit den Darstellungen vom Jüngsten Gericht, den sie jedes Jahr zu Weihnachten von ihrer Schwester in Trás-os-Montes geschenkt bekommt, unten links dabei zu sehen sind, wie sie die Sünder eifrig foltern.

Daheim, in dieser entlegenen und ziemlich mittelalterlichen Ecke von Portugal, hatte Mme. Gonçalves von den Russen gehört, noch ehe sie etwas von Protestanten erfuhr. Die ersten Protestanten, die sie leibhaftig sah, waren Baptistenmissionare — und das war in Angola. Eines Sonntags wurde sie in die Mission eingeladen und stellte erstaunt fest, daß diese angeblich christliche Familie das Festmahl mit einem mürrischen Gebet begann, keinen Wein trank und Speisen aß, die, wie sie fand, nach dem städtischen Schwimmbad rochen. Als sie erfuhr, daß die Missionare den Salat und das Gemüse in gechlortem Wasser »gereinigt« hatten, schloß sie daraus, daß Protestanten seltsame Leute sind, möglicherweise etwas zurückgeblieben, aber nicht sehr ernst zu nehmen.

Die Kommunisten dagegen waren von ziemlicher Bedeutung. Als Mme. Gonçalves ein junges Mädchen war, sah ihr Gemeindepfarrer zwei Kommunisten im Gefängnis von Bragança, wo er einem alten Bauern die Letzte Ölung erteilte, der so oft bei der Wilderei erwischt worden war, daß er mit fünfundsiebzig beschlossen hatte, im Gefängnis zu bleiben und sich so den Kummer zu ersparen, abermals verhaftet und verprügelt und verurteilt zu werden. Der Priester erzählte den Kindern Geschichten von roten Teufeln, die nachts kämen und ungezogene Jungen und Mädchen aus den Betten holten und sie in einer heidnischen Festung namens Kreml an einer langen Tafel verspeisen würden. Jahre später, auf ihrem Bauernhof in der Nähe von Luanda, erzählte Mme. Gonçalves diese Geschichten von kommunistischen Teufeln ihren eigenen Jungen, wenn sie sie zu Bett brachte, und sie schauderten, erschrocken und erregt, und wollten noch mehr hören. Jeder in Angola sagte, daß es die russischen Kommunisten seien, von denen Agostinho Neto Waffen und Geld bekam, und die kubanischen Kommunisten, die ihm ihre besten Soldaten schickten, die am Ende den Portugiesen das schöne, reiche Angola stahlen. Mme. Gonçalves gibt den Kommunisten die Schuld dafür, daß sie ihren Bauernhof aufgeben mußte; dafür, daß es im neuen, freien Portugal keine Arbeitsplätze gab, als sie nach der Revolution nach Trás-os-Montes heimkehrte; dafür, daß die portugiesischen Soldaten rote Nelken in die Läufe ihrer Gewehre steckten und die Streiks nicht beendeten und den Versorgungsmangel und die rätselhaften Brände, die in jenem Jahr die Ernte zerstörten in Provinzen, wo in den Bauernstuben noch immer kolorierte Fotos von António Salazar an der Wand hingen; dafür, daß Unruhe in die Provinz gebracht wurde von jungen Studenten, die in ihren Sportwagen aus Lissabon angefahren kamen und verlangten, daß Familien, die sich jahrhundertelang — wenn auch nicht allzu ernsthaft — bekämpft hatten, sich nun zu Kooperativen zusammenschließen und das Land und ihre Traktoren und selbst das wenige Geld, das sie besaßen, zusammenlegen sollten.

Als die Gonçalves schließlich in die Conciergewohnung einzogen, die sich über die ganze Tiefe unseres kopfsteingepflasterten Innenhofes erstreckt — von den Wasserhähnen, wo die Dienstmädchen vor hundert Jahren das Geschirr und die Leintücher wuschen, bis zu den Außentoiletten, wo die Mieter heute Brennholz und Schlauchboote und alle möglichen andere Dinge aufbewahren —, tröstete sie sich mit dem Gedanken, daß sie hier vor den Kommunisten endlich Ruhe finden würde. Zwar gab es Streiks in Frankreich, genau wie zu Hause (und auch dafür wurden die Kommunisten verantwortlich gemacht), doch die Streiks wirkten sich eigentlich nie auf auf das Leben in unserem Viertel mit seinen Geschäften und Märkten aus oder auch auf Mme. Gonçalves' neue Nebentätigkeit — sie macht Röcke und Hosen kürzer oder länger, Schultern breiter oder schmaler, je nachdem, wie es die Mode gerade vorschreibt. Mme. Gonçalves verfügt über doppelt soviel

Geld, seit sie für die Mädchen im Viertel die Bluejeans kürzt, denn nicht einer der Teenager wird in diesem Winter aus der Wohnung gehen ohne ein Paar kleine rote Pumps und Jeans, die so kurz getragen werden, daß sie das vorgeschriebene Quantum Argyle-Söckchen erkennen lassen — synthetische Argyle-Söckchen, die in Amerika für den französischen Markt produziert werden, und zwar in Kombinationen aus Pink und Violett und Türkis, bei denen jeder Schotte erschrecken würde.

Mme. Gonçalves achtet darauf, daß sie bei den Jeans, die ihr zum Kürzen gebracht werden, einen großen Saum stehenläßt. Sie ist selbst Mutter und fühlt mit den Müttern und ihren Ausgaben. Außerdem findet sie, daß die Franzosen hoffnungslos leichtfertig sind. Sie regt sich über die Mieter auf und über den Diplomaten an der Ecke, bei dem sie saubermacht, und über die Nachbarn, die nur an Säume und Absätze denken und mehr Geld für das Essen ausgeben als für die Kirche. Sie hält sie für Kinder — Kinder, die ohne ihren gesunden Menschenverstand und ihre bereitwillig geleisteten Dienste nicht zurechtkämen. Sie ist eine Frau von so reicher Erfahrung — eine portugiesische Bäuerin, die zwanzig Jahre wie eine Schloßherrin lebte, mit Koch und Dienstmädchen und Gärtner und eigenem Boy, und schließlich als Dienstmädchen, Concierge und Näherin in einer quirligen Ecke des Quartier Latin endete, das gerade von wohlhabenden Intellektuellen übernommen wurde, die das »Ursprüngliche« suchten —, daß sie deren Situation und ihre eigene mit Nachsicht betrachtet. Das hat sie davor bewahrt, verbittert zu werden. Aus Erniedrigung wurde eine Art mütterliche Fürsorge, auch wenn es sie nicht davon abhielt, die Telefonrechnungen sämtlicher Mieter im Haus zu verbummeln, nachdem Präsident Mitterrand vier kommunistische Minister in sein Kabinett berufen hatte. Mysteriöserweise fielen im vergangenen Herbst die Telefone im Haus aus, eines nach dem anderen. Und die Mieter sprachen, einer nach dem anderen, mit Mme. Gonçalves über Politik und Telefone: die Studentin aus Nizza, die in einer umgebauten *chambre de bonne* im sechsten Stock wohnt und Gemüse auf dem Markt verkauft, um ihr Japanologie-Studium bis zur Dissertation zu finanzieren; der italienische Klempner im dritten Stock; der pensionierte General vom Seitenflügel; der junge Mann im vierten Stock, der kürzlich sein Appartement in eine Mischung aus Aschram und Notunterkunft für Krishna-Jünger verwandelte und ein funktionierendes Telefon braucht, um Kontakt mit seinem Guru in Key-West zu halten.

Dieses Mal reden die Mieter schon vorher mit ihr, weil sie die Rechnungen, die Gaz de France im nächsten Monat verschicken wird, abfangen wollen, aber so, daß Mme. Gonçalves' Prinzipien nicht kompromittiert werden. In der Tat finden es auch die meisten Hausbewohner irgendwie schändlich, daß Frankreich nur einen Monat nach dem Militärputsch in Polen ein Handelsabkommen mit der Sowjetunion unterzeichnet hat — wohlgemerkt ein Abkommen, das weit bis ins nächste Jahrhundert reicht und mit dem Frankreich sich verpflichtet, fünfundzwanzig Jahre lang immerhin ein Drittel seines Gasbedarfs bei den Russen zu kaufen. Und Mme. Gonçalves steht kopfnickend vor ihrer Tür und erinnert daran, wie anständig sich das Haus zu Weihnachten benahm, als fast alle Mieter Kerzen für das katholische Polen ins Fenster stellten und an Demonstrationen teilnahmen und dafür sorgten, daß ihre Kinder nicht das Plakat beschmierten, das auf der anderen Straßenseite hing — ein weinendes Gesicht in Seitenansicht, so daß es die Form einer Landkarte von Polen annahm. Letzte Woche hat jemand einen Zettel darübergeklebt — eine große *affiche,* angeblich von Gaz de France, die jedermann aufforderte, den Typ und die Gerätenummer des Küchenherds und der Heizungsanlage telefonisch durchzugeben, da diese Geräte kostenlos neu eingestellt oder ausgetauscht werden sollten, so daß man sie mit dem »neuen« Gas aus Rußland betreiben könne. Offenbar fragte sich kaum jemand, warum sibirisches Erdgas einen anderen Herdtyp erforderte als etwa Gas aus Algerien oder der Nordsee oder aus irgendeiner anderen Quelle. Die Leute wählten einfach die genannte Nummer, unter der sich die sowjetische Botschaft meldete, die den Witz nicht so komisch fand wie seine Erfinder. Die Russen stellten ihr Telefon ab.

Frankreich bezieht schon jetzt etwa fünfzehn Prozent seines Erdgasbedarfs von den Russen. Fast jedes westeuropäische Land kauft Gas in Rußland. Deutschland und Italien hatten ihre Verträge über den Bezug von sibirischem Erdgas bereits unterzeichnet, als am 13. Dezember der Militärputsch in Polen stattfand (alle sagten damals, Geschäft sei Geschäft, und gratulierten besonders den Deutschen zu diesem günstigen Deal). Frankreichs Vertrag war das Ergebnis von zehn Jahren energiepolitischer Probleme — er resultierte teils aus nüchterner Überlegung, teils aus eifriger Naivität unter Geschäftsleuten, denen an einer gesicherten Energieversorgung lag, und unter Politikern, die sich damit schmücken wollten, dies ermöglicht zu haben. In erster Linie aber hatte es damit zu tun, daß die Sowjetunion sehr viel sibirisches Erdgas verkaufen mußte, um (mit französischen Krediten für französische Maschinen) den Bau einer fünftausend Kilometer langen Pipeline finanzieren zu können, und daher bereit war, dieses Erdgas ziemlich billig zu verkaufen — zu einem Preis, der Frankreich die Möglichkeit gab, andere große Lieferanten unter Druck zu setzen, wie etwa Algerien, das seine Preise am Ende senken mußte.

Die Leute hier wissen das. Sie diskutieren nicht mehr über die wirtschaftlichen Aspekte des Abkommens. Sie überlegen vielmehr, welche Auswirkung es auf die französische Politik haben könnte. Sie fragen, wie Mitterrand sich gegenüber Afghanistan oder Polen verhalten wird. Sie wollen wissen, wie diese Sache — in einem Land wie Mitterrands Frankreich, wo zivilisatorische Mission und historische Integrität eine so große Rolle spielen — vom moralischen Standpunkt her zu beurteilen ist. Ganz anders Mme. Gonçalves. Sie *weiß* es schon. Sie ist der Solschenizyn des Viertels. Sie hört den Kommentatoren von TF1 nicht mehr zu, die sie allabendlich davon zu überzeugen versuchen, daß Frankreich mit seiner harten westlichen Währung Rußland am Ende kontrollieren wird. Sie ist sicher, daß Leonid Breschnew das Gas abstellen wird, sobald Mitterrand es wagt, ihm unangenehme Fragen zu stellen. In ihrer Vorstellung sitzt Breschnew im verschneiten Urengoy, die Hand auf einem riesigen Gashahn. (Februar 1982)

Mme. Gonçalves hat den Krieg auf den Falklandinseln verfolgt. Englische Gäste in der Wohnung des Diplomaten an der Ecke stellten stündlich einen großen Kurzwellenempfänger an, um die BBC-Nachrichten zu hören, und tranken dabei Vittel-Wasser statt des weißen Burgunders, den sie sonst immer tranken, wenn sie in Paris waren, als sollte die ernste Stimmung durch ein angemessenes Getränk betont werden. Man saß am Mittagstisch, während das Radio eingeschaltet auf der Anrichte stand, neben der Haviland-Schale mit den blaugoldenen Pfauen, die Mme. Gonçalves immer diskret zur Wand dreht, damit man die geklebten Stelle nicht sieht. Und wenn das Radio lief, durfte Mme. Gonçalves weder den Staubsauger benutzen noch die Waschmaschine, die die Diplomatenwohnung mit großem Lärm erfüllt und jeden neuen Arbeitsgang mit einem so lauten Knirschen ankündigt (wie eine ruppig bediente Gangschaltung), daß Loulou (der Briard) und Ivy (der Spaniel) immer laut aufheulen.

Tatsächlich erfuhr Mme. Gonçalves erstmals vom Falklandkrieg, als die Frau des Diplomaten sie bat, morgens neben den anderen Zeitungen und den warmen Brioches und der frischen Milch, mit der sie ihren Frühstückskaffee trinkt, auch die *Libération* mitzubringen. Sie habe erfahren, daß *Libé* ausführlich über »den Krieg« berichte. Mme. Gonçalves wußte von dem kambodschanischen Steuerbeamten, dem der Zeitungskiosk an der Ecke gehört, daß *Libé* ein radikales, respektloses Blatt ist, das Comics von nackten Politikern bringt, die mit Statuen herumhüpfen, und imstande ist, auf der Titelseite, neben dem Foto vom Präsidenten der Republik, ein Foto von J.R. Ewing abzudrucken — also ganz und gar nicht die Zeitung für einen älteren Diplomaten und dessen zarte Frau. Mme. Gonçalves schloß daraus, daß wohl etwas ganz Besonderes in der Welt passiert sein mußte, wenn Leute wie sie anfingen, *Libé* zu lesen. Sie begann selbst, auf dem Weg zur Arbeit in *Libé* zu blättern, obwohl es ihr noch immer schwerfällt, Französisch zu lesen, so wie es ihr schwerfällt, all die Leute in Paris zu verstehen, die nicht gerade, wie sie, auf einem portugiesischen Bauernhof geboren und aufgewachsen sind. Sie drängte auch ihren Mann, endlich den Fernsehapparat aus der Werkstatt in Montparnasse abzuholen, wo sie ihn im März wegen einer kaputten Bildröhre hingeschickt hatte. M. Gonçalves hat nicht viel Energie für solche Erledigungen. Er ist *fatigado,* pflegt Mme. Gonçalves kopfschüttelnd zu sagen, wenn sie am späten Nachmittag von der Arbeit heimkommt, um rasch einen *passeio* im Viertel zu machen, und ihren Mann genauso vorfindet, wie sie ihn morgens verlassen hat — auf dem kopfsteingepflasterten Innenhof unseres Hauses gemächlich auf und ab schreitend, in seiner sanften, abwesenden Art das Kommen und Gehen beobachtend und den Nachbarn, die an der offenen Tür vorbeikommen, zunickend. Er ist *fatigado,* seit die Kämpfe in Angola so brutal geworden sind. Das ist ihre Art, auszudrücken, daß der Verlust ihren Mann durcheinandergebracht hat und daß er jetzt geistesabwesend und freundlich ist wie ein zurückgebliebenes Kind. Diese psychische Müdigkeit — dieser Weltschmerz eines Bauern aus Trás-os-Montes — ist einer der Gründe, warum Mme. Gonçalves sich für Kriege wie den Falklandkrieg interessiert, die mit Siedlern und Bauernhöfen und Vieh zu tun haben. Die Gespräche, die sie in den vergangenen beiden Monaten in der Diplomatenwohnung gehört hat — Gespräche über Schlachtschiffe und Kampfflugzeuge und den Unterschied zwischen Napalmbomben und Splitterbomben —, schienen, wie sie fand, den Kern der Sache zu verfehlen. Für Mme. Gonçalves war der entscheidende Punkt, ob die Schafzüchter von den Falklandinseln getötet würden oder ob sie sich auf den Weg machen müßten, bis sie in irgendeiner Conciergewohnung in einem Pariser Viertel ankämen oder, wie ihre Söhne, in einer brasilianischen Fabrik.

Mme. Gonçalves hat einen Sinn für koloniale Ansprüche und Bindungen und Enttäuschungen. Sie betrachtet die Welt, als wäre sie eines der *feuilletons,* die wochenlang im Fernsehen laufen und dann überraschenderweise nicht in Verträgen enden, sondern in kleinen, üblen Familientragödien. Und sie fand es aufschlußreich, daß so viele ihrer französischen Nachbarn im Viertel — nicht die Diplomaten oder die reichen

Intellektuellen, die sich lieber eine der komischen, alten Wohnungen hier im Viertel ausbauen als in eines der großbürgerlichen Häuser ziehen, etwa in der Avenue Georges Mandel, sondern die kleinen Kaufleute und die Handwerker, deren Werkstätten sich in Innenhöfen wie dem unseren befinden —, daß diese Leute nicht davon wußten, daß Krieg geführt wurde.

Nicht einmal Mme. Lenoir, eine Bekannte von Mme. Gonçalves, schien von dem Krieg auf den Falklandinseln Notiz genommen zu haben. Mme. Lenoir ist Gemeindeschwester. Sie gibt Spritzen und Hustenmedikamente und Rheumamassagen und hält alle auf dem laufenden über ihr Häuschen in Hochsavoyen, an dem seit dreißig oder vierzig Jahren gearbeitet wird, damit es bei ihrer Pensionierung, zwei Tage nach Pfingsten 1986, einzugsbereit ist. Einmal im Monat bekommt Mme. Gonçalves von Mme. Lenoir eine Spritze gegen Magenschmerzen. Sie und die Schwester haben einander im Laufe der Zeit recht gut kennengelernt — zwei Frauen, fern der Heimat und schon etwas in die Jahre gekommen, aber jede auf ihre Art unverzichtbar für eine lebendige Straße im Quartier Latin. Meist unterhalten sie sich über die Arzneien, die sie noch als Bauernkinder kannten — Knoblauch um den Hals, das Kreuz an der Haustür gegen den bösen Blick, der Dorfpriester mit seiner exorzistischen Inbrunst, die Packungen aus Schlamm und Kräutern, die Mme. Gonçalves' empfindlichem Magen bestimmt genauso gut getan hätten wie die Spritze in den Arm. Doch in diesem Moment wollte Mme. Gonçalves über die Falklandinseln sprechen. Sie fragte Mme. Lenoir nach ihrer Meinung über die jüngsten Nachrichten, worauf Mme. Lenoir antwortete, daß Frankreich letzte Woche beim Fußballänderspiel gegen Wales einfach nicht hätte verlieren dürfen.

Als Mme. Gonçalves, nachdem sie ihre Spritze bekommen hatte, auf dem Heimweg Mme. Caillot vom Haushaltswarengeschäft traf, stellte sie ihr die gleiche Frage. Mme. Caillot, die nicht viel Geld hat, aber sehr gern reich wäre, beschwerte sich über die von den Sozialisten erlassenen Vermögenssteuern. Und Véronique Lavali — die Studentin, die die *chambre de bonne* bewohnt — hatte die Nachrichten vom Krieg überhaupt nicht mitbekommen, sondern den Abend in einem Theater verbracht, wo ein Antikriegsstück über zwei Luftwaffenpiloten aufgeführt wurde. Es war ein warmer Abend, und Véronique, ein unbeschwertes heranblühendes Geschöpf, war im Hof stehengeblieben, hatte den Rock hochgezogen, ihre Strümpfe abgestreift und die Füße unter das kalte Wasser gehalten, das aus einem der Hähne kam, an denen Mme. Gonçalves noch immer ihre Laken und Handtücher wäscht. Véronique wollte über das Theaterstück reden. Sie erzählte Mme. Gonçalves von einer Szene, die ihr besonders gefallen hatte: Die Supermächte teilen sich die Welt auf einer großen Landkarte auf, ein Land nach dem anderen, bis am Ende nur noch die Falklandinseln übrig sind. Véronique meinte, das Publikum habe die Szene *très pertinent* gefunden, doch als sie anfing, die Landkarte zu beschreiben, stellten sich die Falklandinseln als Island heraus.

Mme. Gonçalves weiß, daß viele Leute hier die Falklandinseln quasi als französischen Besitz betrachten, da die ersten Siedler dort französische Walfänger waren, die von Saint-Malo mit einer Charta Ludwigs XV. lossegelten, die ihnen diese Inseln samt den dazugehörigen Gewässern zusprach. Der alte General vom Seitenflügel erzählte Mme. Gonçalves, daß erst kürzlich jemand Les Malouines (wie die Inseln hier heißen) in einem Leserbrief an *Le Monde* für Frankreich reklamiert habe. Mme. Gonçalves findet es merkwürdig, daß französische Studenten, gebildete Jungen und Mädchen, die Antikriegsstücke besuchen und sich in Geographie auskennen sollten — besonders in jener Geographie, die früher jedenfalls französische Geographie war —, die Welt auf den Kopf stellen und Les Malouines in den Nordatlantik verlegen. Mme. Gonçalves hat erst als verheiratete Frau in Angola lesen und schreiben gelernt. Sie begann mit den Schulbüchern, die ihre Söhne mit nach Hause brachten, und noch heute behandelt sie Bücher, Zeitungen und Zeitschriften, praktisch alles, was in gedruckter Form daherkommt, mit großer Aufmerksamkeit. Sie liest weniger zu ihrer Information oder zum Vergnügen, sondern eher aus einem Bedürfnis nach Sicherheit, um ihre beunruhigenden

Erlebnisse irgendwie loszuwerden. In der Conciergewohnung steht kein Telefon, und Mme. Gonçalves hat auch nicht vor, sich für Geld einen Anschluß legen zu lassen, doch sie sammelt Telefonbücher. Wenn sie in einem neuen Laden einkauft oder auf der Straße einem neuen Nachbarn begegnet oder am Mittagstisch im Diplomatenhaushalt einem neuen Gast serviert, sucht sie immer dessen Namen in einem ihrer Telefonbücher und ist erleichtert, wenn sie ihn findet — schwarz auf weiß, unwiderruflich, durch eine Million anderer Namen und Adressen vor Anonymität und Ungewißheit geschützt. Für Mme. Gonçalves ist Gedrucktes verläßlicher als die Realität. In dem Atlas, den die Gonçalves als Prämie geschenkt bekamen, als sie Kunden einer Sparkasse in Luanda wurden, ist Angola noch immer in demselben Orange eingezeichnet wie Portugal. Zaire ist noch immer grün wie Belgien, eine europäische Farbe, aber als die Familie aus Angola flüchtete und in Zaire Zwischenstation machte, hatte das Land überhaupt nichts Belgisches an sich, und in dem Moment wußte Mme. Gonçalves, daß sie Afrika verlassen würden. Auch Brasilien ist orangefarben eingezeichnet, wie Portugal, aber Mme. Gonçalves hat zwei brasilianische Schwiegertöchter, die sie noch nie gesehen hat — Mädchen aus Bahia, Großstadtpflanzen — und die, anders als gute portugiesische Schwiegertöchter, die Gonçalves wohl nicht bei sich haben wollen, wenn sie genug Geld gespart haben, um emigrieren und bei ihren Enkeln in Frieden alt werden zu können. Sie befürchtet, daß jetzt auch die Falklandinseln eine andere Farbe annehmen werden. Dieser Prozeß fasziniert sie. Es ist eine Faszination, die sie mit einigen anderen Ausländern im Viertel teilt — dem Metzger aus Dahomey, dem berberischen Gemüsehändler, den beiden Jungen aus Vietnam, die die Kunden des Weinhändlers mit schicken kleinen Einkaufswagen beliefern, die wie Skateboards mit Handgriffen aussehen. In Paris sind die Unterschiede zwischen dem Kolonialherren und dem Kolonisierten weniger bedeutsam als diese gemeinsame koloniale Faszination. Der Falklandkrieg war gewissermaßen ein Laboratorium für ihre eigene Geschichte, so wie er ein Laboratorium für die erstaunlichen neuen Waffen war, die den Diplomaten und seine Gäste in eine solche Erregung versetzten. Er machte eine ganze Reihe von Freunden und Feinden und Gegensätzen deutlich. Mme. Gonçalves beispielsweise haßt die Spanier — alle Portugiesen hassen die Spanier, seit Portugal im siebzehnten Jahrhundert unter spanischer Herrschaft stand —, und Spanien ist für sie hauptsächlich eine lange Transitstrecke, die sie jeden August, unterwegs nach Trás-os-Montes, möglichst rasch zurücklegen will. Insoweit Argentinien ein spanisches Land ist, kann sie nicht begreifen, was an dessen Ansprüchen oder Aktionen gerechtfertigt sein soll. Es bekümmerte sie, als sie von dem italienischen Klempner im dritten Stock hörte, daß er Cousins in Buenos Aires habe, die Argentinier seien und die Falklandinseln als ihren Besitz betrachteten (wenngleich es keinem von ihnen einfallen würde, die Inseln zu besuchen, solange es in Uruguay eine ruhige See und Palmenstrände gibt), denn die Vorstellung von spanischsprechenden italienischen Südamerikanern machte ihre Vorurteile nur noch komplizierter. Das betraf auch ihr Bild von einem katholischen Argentinien, denn sie glaubt, daß jeder Anspruch, den Katholiken gegenüber Protestanten erheben (und seien es spanische Ansprüche), den Interessen der Kirche dient. Andererseits wußte sie, daß der Papst nach England fuhr und gemeinsam mit Protestanten eine Messe zelebrierte. Sie sah die Nachrichten an jenem Tag und schloß daraus, daß dem britischen Anspruch auf die Falklandinseln gewissermaßen eine katholische Legitimation verliehen worden war. Und außerdem rührten sie die Schafzüchter und deren Kinder — sie sah sie jeden Tag in *Libé,* Sandsäcke schleppend und den britischen Soldaten beim Ausheben von Stellungen helfend. Sie wußte aus eigener Erfahrung, daß diese Leute zu Hause auf ihren regnerischen und windgepeitschten Inseln, als Schafzüchter von irgendeiner Handelsfirma wahrscheinlich miserabel bezahlt, glücklicher waren, als sie es in England jemals sein würden, auf der Suche nach Arbeit, auf der Suche nach jenem herzlichen Empfang, den sie in Portugal gesucht und nie gefunden hatte.

Eine Bekannte, die in Argentinien geboren wurde und in England und Frankreich gelebt hat, ist der Ansicht, der wahre Unterschied zwischen dem französischen und dem englischen Kolonialismus bestehe darin, daß die Franzosen an eine Art unsterbliche Nationalität (»Die Franzosen«) glauben, während die Engländer an eine unsterbliche Nation (»Großbritannien«) glauben. Zweifellos haben die Franzosen ihre Kolonien in der Überzeugung kolonisiert, daß das Französischsein das höchste menschliche Gut sei. Sie haben ihre Kolonialvölker zu einer kompletten Identifizierung angehalten. Vor dreißig Jahren saßen die Kinder in Algerien und Mali und Neukaledonien an französischen Pulten in kleinen französischen Schulen und folgten dem gleichen Lehrplan wie die Kinder in Paris oder Lyon, sie lernten den Lauf französischer Flüsse und den Milchertrag französischer Kühe, paukten die Lebensdaten französischer Könige und hielten das alles für ihre eigene Geschichte. Das Französischsein war eine Qualität, eine Errungenschaft, eine Übung in Stil und Streben, wie der französische Katholizismus oder der französische Sozialismus. Es war eine Eigenschaft, die, wie der weiße Burgunder im Keller des Diplomaten, nach Übersee verschifft wurde und sich gut hielt, solange sie nicht geschüttelt wurde oder irgendwelche Schocks erlitt, und tatsächlich erwies sie sich als recht langlebig. Sie inspirierte Widerstand und Revolution, doch am Ende waren die meisten Revolutionäre eindeutig frankophil. Dagegen hatte das Engländersein mit einem Ort und mit einer Sprache zu tun, in der dieser Ort beschrieben wird. Die Kolonisierten wurden nie auf die Schule geschickt, um Engländer zu werden. Um Engländer zu werden, mußten sie nach England reisen und die englische Luft atmen und in englischen Hörsälen und englischen Bibliotheken die englische Geschichte studieren. In ihren Heimatländern waren sie keine Engländer, sondern *wogs,* die englisch sprachen. Die Engländer, die ihrerseits hinausgeschickt wurden, wie die Kelpers der Falklandinseln, konnten natürlich keine unsterbliche Nation mitnehmen. Sie konnten nur eine wunderbare Sprache mitnehmen, die sie an diese Nation erinnerte. Und noch heute hat der

Umstand, daß Schlachtschiffe und Ozandampfer zu Inseln fuhren, die so weit entfernt sind, daß allein schon die Anreise zwei Wochen dauerte, nicht so sehr Fragen über die Anwesenheit englischer Schiffe in fernen Ozeanen provoziert als vielmehr Zitate über diese Schiffe und diese Ozeane. Diese Zitate mochten, in bezug auf den Mut und die Anständigkeit derjenigen, die ja auf der richtigen Seite kämpften, zutreffend sein, aber sie hatten nichts zu tun mit der Realität einer Handelsgesellschaft, die ihre Interessen in Westminster durchsetzte, und einer kleinen Kolonie von Schafzüchtern, siebentausend Meilen entfernt und von jeder Einflußnahme abgeschnitten, einer Bevölkerung, die vor der argentinischen Invasion zumeist ignoriert und in ihren Rechten als britische Staatsangehörige auf subtile Weise eingeschränkt worden war. England zog aus Gründen in den Krieg, die für die Öffentlichkeit weniger mit Margaret Thatcher oder Francis Pym zu tun hatten als mit Shakespeare und Donne und Byron. Der Rest Westeuropas dürfte verbal in den Krieg gezogen sein, weil die Falklandinseln den Europäern die seltene Chance boten, sich unverhohlen kategorisch über ihre Wertvorstellungen und Tugenden zu äußern. Es gehe nicht um »Blut in der Teetasse«, wie einer der englischen Gäste im Haus des Diplomaten es formulierte. Voltaire wurde hier oft zitiert in jenen Wochen. Nachdem die Engländer angefangen hatten, sich mit Hilfe von Hamlet zu erklären, begannen die Franzosen, mit Hilfe von Voltaire Hamlet zu erklären: »... *Une pièce grossière et barbare, qui ne serait pas supportée par la plus vile populace de la France et de l'Italie.*« Aber das beste und vielleicht auch das letzte Wort über das Tollwütige-Hunde-und-Engländer-Syndrom stammte aus den Memoiren eines Diplomaten des fünfzehnten Jahrhunderts. Mme. Gonçalves fand es in *Libé*: »*Naturellement, les Angloys qui ne sont jamais partyz d'Angleterre sont fort collericques.*«

(Juni 1982)

Mme. Gonçalves hatte im letzten Monat eine Wirtschaftskrise. Bislang hatte sie nie gedacht, daß es eine Wirtschaftskrise ist, wenn man nicht genug Geld hat. In ihrer Vorstellung gab es reiche Leute auf der Welt, wie die Franzosen, die heute ihre Nachbarn sind, und arme Leute, wie die portugiesischen Bauern, die früher in Trás-os-Montes ihre Nachbarn waren, sowie die Reisenden des Glücks, die sozusagen zwischen Reichtum und Armut hin und her pendeln. Mme. Gonçalves hatte sich immer zu diesen Reisenden gezählt. Sie hatte, wenn man so will, ihre persönliche Ökonomie. Sie war der Ansicht, daß die äußeren Bedingungen von Reichtum vorgegeben sind, wie die geographischen Verhältnisse. Sie glaubte, daß Menschen wie sie bloß vorübergehend Wohlstand besetzten (als *hôtes de passage,* wie die Franzosen sagen), bis Stärkere oder Klügere kamen und sie verdrängten. Wenn sie von Angola sprach, hörte es sich immer wie eine Okkupation an — als hätten sie wie Besatzer in einem sonnigen und üppigen Land gelebt, wo Kühe, die auf dem kargen Boden Nordportugals verkommen wären, mit Hilfe des fetten Savannengrases prächtig gediehen und gute Milch gaben. Sie sagte, der Krieg, vor dem sie schließlich, unter Zurücklassung all ihres Besitzes, flüchtete, sei deswegen passiert, weil der Wohlstand namens Angola von mehreren Seiten beansprucht wurde, wie ein erstklassiges Weideland oder ein ummauerter *potager,* um den sich die Erben streiten. Sie glaubte an Kriege in Angola und Armut in Portugal, aber nicht an Wirtschaftskrisen in Frankreich, obwohl sie in den Abendnachrichten davon gehört und jeden Morgen die Schlagzeilen — *La Crise Économique!* — am Zeitungskiosk gelesen hatte.

Als Mme. Gonçalves nach Paris kam, bestand ihr Französisch hauptsächlich aus einer Kollektion von kleinen Anpassungsritualen. Sie taxierte ihr Gegenüber (den Metzger etwa oder einen Mieter in unserem Haus) und improvisierte entsprechend ihrer Einschätzung und der Toleranz des Franzosen. Als Großmutter von sechsundfünfzig Jahren glaubt sie inzwischen, den anderen ruhig etwas zumuten zu dürfen. Ihr Französisch ist in letzter Zeit von einer negativen Flüssigkeit. Mme. Gonçalves stürmt mit lebhafter Unverständlichkeit durch jede Unterhaltung, die sie nicht führen will, und läßt die Beamten am Postschalter und die Leute von der Gasgesellschaft, die den Zähler ablesen, hilflos stotternd zurück. Ihr Französisch hat überhaupt nichts mit dem Französisch zu tun, in dem wirtschaftliche Krisen dargestellt und würdevolle Erklärungen aus dem Elysée abgegeben werden.

Mme. Gonçalves hat sich dieses Französisch immer wie einen Hintergrund vorgestellt, ein wenig wie das ständige Dudeln des Fado im portugiesischen Radio. Es paßte zu den schweren Silbergabeln und -platten und den verstaubten Flaschen weißen Burgunders, die ihr Diplomat zum Mittagessen öffnete. Dieses Französisch war dekorativ und entbehrlich wie der Kamelhaarmantel und der dunkelrote Kaschmirschal, den François Mitterrand gern trägt, wenn er auf einer einsamen Straße irgendwo in der Provinz fotografiert wird und zu Journalisten vom »nationalen Erbe« spricht. Was das richtige Französisch angeht, so hätte man Mme. Gonçalves als Schülerin des Schweizer Linguisten Ferdinand de Saussure bezeichnen können. Saussure war der Begründer der modernen Linguistik. Er beschäftigte sich mit Sprache unter formalen, mechanischen Aspekten; das einzelne Wort in seinem Verhältnis zum empirischen Gegenstand interessierte ihn nicht besonders. Das galt auch für Mme. Gonçalves. Für Mme. Gonçalves war das richtige Französisch eine Art reiner und zeitloser Kommentar, der seiner eigenen Logik folgte, unbeeinträchtigt und unbeeinflußt von der Realität. Es konnte so befriedigend sein wie ein Kostüm-*feuilleton,* so kathartisch wie eine Trauerfeier in Trás-os-Montes, aber es hatte keine Macht über Mme. Gonçalves — es hatte nichts mit dem Polieren und Wegpacken des Diplomatensilbers nach dem Essen zu tun oder mit dem täglichen Fegen des Innenhofs oder mit dem Vergleichen der Gemüsepreise auf dem Dienstagsmarkt am Boulevard Raspail. Auf dem Markt, am Dienstag vor Weihnachten, stellte Mme. Gonçalves übrigens fest, daß sie eine Wirtschaftskrise hatte. Der Stockfisch, den sie für Weihnachten benötigte (Portugiesen essen an Heiligabend immer *bacalhau*), kostete inzwischen dreiundfünfzig Francs das Kilo, und der Truthahn, den es am ersten Feiertag geben sollte, war fast ebenso teuer, und Mme. Gonçalves hatte ohnehin kaum Geld, weil nur wenige Frauen im Viertel sich für die Feiertage neue Sachen gekauft hatten und es folglich wenig abzuändern gab. Mme. Gonçalves nahm den Stockfisch und verzichtete auf den Truthahn. An diesem Abend verkündete sie allen Nachbarn, denen sie begegnete, daß sie eine Wirtschaftskrise habe. Sie beschrieb sie wie ein Naturereignis oder wie einen Guerillaüberfall in Angola. Sie wußte nicht, wieso es plötzlich eine Wirtschaftskrise im Leben einer ehrbaren Concierge gab, die eine Nebentätigkeit und jeden Sommer fünf Wochen bezahlten Urlaub hatte sowie zwei erwachsene Söhne, die in Bahia schwer arbeiteten und die im Juni zur Weltmeisterschaft nach Europa geflogen waren, als wäre es bei den Gonçalves schon immer üblich gewesen, anläßlich von Fußballspielen den Atlantik zu überqueren.

Mme. Gonçalves weiß nichts von Pierre Bourdieu. Sie kommt manchmal an seinem Büro im Maison des Sciences de l'Homme vorbei, wenn sie zum Raspail-Markt unterwegs ist, und vermutlich ist sie in all den Jahren schon einmal an Professor Bourdieu vorbeigelaufen, wenn er im Café gegenüber einen Sandwich ißt oder vielleicht selbst auf dem Boulevard Einkäufe erledigt, doch sie weiß nicht, daß ihre Wirtschaftskrise sie sozusagen aus einer Saussurianerin in eine Bourdieuanerin verwandelt hat. Pierre Bourdieu hat den Lehrstuhl für Soziologie am Collège de France inne. Er ist der bedeutendste Soziologe Frankreichs. Sein Thema ist der Einfluß symbolischer Formen. Vor drei Jahren schrieb er ein bemerkenswertes Buch mit dem Titel *La Distinction,* in dem er die spezifisch französische »Kultur« von Klasse und Status und deren Symbole untersuchte, und im letzten Winter veröffentlichte er einen Band mit sprachtheoretischen Essays — *Ce Que Parler Veut Dire* —, die in mancherlei Hinsicht als eine Art Einführung in Mme. Gonçalves' rhetorisches Elend betrachtet werden können. Bourdieu spricht von einer »Ökonomie des sprachlichen Tausches« — von dem Verhältnis zwischen der Grammatik und dem Markt für diese Grammatik. Er sagt, daß die Sprache, die wir verwenden, eine Art Kapital darstelle (wie die Waren eines Gemüsehändlers vom Boulevard Raspail oder das Gold unter der Matratze eines reichen Bauern) und hinsichtlich ihres

Wertes von einem Markt und von der erfolgreichen Antizipation dieses Marktes abhänge. Anders gesagt, sie hängt davon ab, ob das, was wir sagen und wie wir es sagen, einen Käufer findet. Bourdieu würde sagen, daß Menschen wie Mme. Gonçalves, die seit kurzem bankrott ist, jene phantastische und einschüchternde Wirtschaftskrise kaufen müssen, die ihnen im Fernsehen früher bloß als Unterhaltung diente.

Der große Spekulant in der Rhetorik des modernen Frankreich war natürlich Charles de Gaulle. Bordieu sagt, de Gaulle habe über das richtige Kapital verfügt. Er war soldatisch, hochherzig und rührend bekümmert. Sein *espace,* wie die Franzosen sagen, paßte zu seiner Sprache. Es war der Raum des gerechten Triumphs, eines siegreich ausgefochtenen Kampfes gegen das Böse. Bourdieu sagt, de Gaulle habe über die Notwendigkeit, den Artischockenpreis zu erhöhen, so sprechen können, daß es klang, als sollte für Gott und Vaterland ein patriotisches Opfer gebracht werden. Aus seinem Mund hörte sich seine Realpolitik wie großartige symbolische Gesten an, während François Mitterrand, der de Gaulle bewundert und sich angestrengt um einen gaullistischen Stil bemüht, große symbolische Gesten macht und am Ende so klingt, als sei seine Politik krude und zynisch. Bourdieu zieht gern Vergleiche zwischen de Gaulle und Mitterrand. Das tun auch viele meiner Hausnachbarn. Mitterrands Rhetorik hat sie müde und nervös gemacht. Sie finden, daß Rhetorik die Realität lindern und sie nicht beschreiben sollte. Sie vermissen die Art Wirtschaftskrise, die ihnen de Gaulle vor zwanzig Jahren bescherte — eine, die bei allen Leuten patriotische Empfindungen auslöste und die Franzosen in der anmaßenden Xenophobie eines Mauerblümchens beim Ball der Supermächte bestärkte. Mitterrand, der an General de Gaulles Schreibtisch sitzt und die gleiche Würde zur Schau trägt, erinnert sie meistens an Arbeitslosigkeit oder Inflation oder an den Preis von Kabeljau. Für Würde, die nicht überzeugt, gibt es in Frankreich keinen Markt. Montesquieu nannte die Würde *»le bouclier des sots«* — Schutzschild der Narren. Sacha Guitry bezeichnete sie, Montesquieu paraphrasierend, als »die Glückseligkeit der Dummen«.

Tatsächlich kann Ernsthaftigkeit in Frankreich nur dann mit Erfolg praktiziert werden, wenn man sich durch ansteckendes Vertrauen in die furchtbaren Dinge, die man verkündet, gleichsam selbst widerspricht. De Gaulle glaubte, am Ende der Welt werde nur er — und mit ihm Frankreich — die Apokalypse überstehen. Er war ein großartiger Hochstapler, weshalb wahre Demokraten wie Pierre Mendès-France ihn nicht ausstehen konnten. Mitterrand wirkt zu unsicher, als daß er das Spiel durchhalten könnte. Seine Nerven verraten ihn. Auch seine einstudierten Gesten verraten ihn — die raffinierten Cifonelli-Anzüge, die Montaigne-Essays, die er im Präsidentenflugzeug aufgeschlagen auf dem Schoß liegen läßt, damit Carlos Fuentes und Gabriel García Márquez und die anderen Schriftsteller, von denen er sich auf Reisen gern begleiten läßt, ihn als Intellektuellen erkennen. Wenn er nach Burundi oder Ruanda reist und eine Rede über Frankreich und Afrika und die große gemeinsame Sache hält, werden die Herrscher von Burundi oder Ruanda nervös. Sie fragen sich, was der französische Staatspräsident wohl vorhat, mit welchen Verträgen er am nächsten Tag wieder abreisen wird. Wenn er zu Hause von einer großen gemeinsamen Sache spricht, dann schließen die Leute daraus, daß die Lage viel ernster ist, als sie befürchtet hatten. Selbst eine portugiesische Großmutter aus Trás-os-Montes, in deren Augen Sozialisten in Wahrheit getaufte Kommunisten sind, weiß, daß Sozialismus nicht Opfer und Not bedeuten sollte. Mme. Gonçalves hat ihre Wirtschaftskrise an der linguistischen Börse gekauft und beginnt gerade, sich zu erholen. (Januar 1983)

Mme. Gonçalves verfolgt eifrig die bulgarische Connection. Sie glaubt, daß Mehmet Ali Agca von bulgarischer Seite beauftragt wurde, den Papst am 13. Mai 1981 zu erschießen. Die Vorstellung von den Bulgaren hat etwas Tröstliches für Mme. Gonçalves. Sie sagt, wenn die Bulgaren für das Attentat auf dem Petersplatz verantwortlich sind, dann waren sie ja vielleicht auch für die Attacke in Portugal ein Jahr später verantwortlich, als ein verrückter Priester mit einem Bajonett auf den Heiligen Vater losging. Dieser Angriff hat sie besonders bekümmert. Daß es sich bei dem verrückten Priester nicht um einen Portugiesen, sondern um einen Spanier handelte — also um genau den Typ, von dem zu erwarten ist, daß er wegen eines Aspekts der fundamentalistischen Lehre, wie etwa der Wiedereinführung der lateinischen Messe, ausflippt und zum Mörder wird —, diese Tatsache entschuldigte nicht dieses, wie sie fand, schwerwiegende Versäumnis der portugiesischen Gastfreundschaft. Sie schämte sich, daß irgend jemand glaubte, in ihrem Heimatland einen Papst umbringen zu dürfen. Sie verstand nicht, wie ein Volk, das neun Jahre zuvor eine gewaltlose Revolution durchgeführt hatte, seinen Ruf jetzt aufs Spiel setzen konnte, es sei denn, einflußreiche ausländische Verschwörer hatten ihre Hand im Spiel.

Mme. Gonçalves hat ein lebhaftes Interesse an Johannes Paul II. Sie erklärt ihren Nachbarn, daß der Papst während seines Portugalbesuchs die gleiche Pilgerfahrt zu Unserer Lieben Frau von Fatima machte, die sie einmal als Braut gemacht hat, kurz bevor sie ihre Familie und Freunde in Trás-os-Montes verließ, um mit ihrem Ehemann ein neues Leben in Angola zu beginnen. Sie erzählt ihnen, der Papst habe während seines Parisbesuchs die Messe in Notre-Dame ganz schnell hinter sich gebracht, um hier im Viertel in der Kapelle Unserer Lieben Frau von der Wundertätigen Medaille beten zu können, dort, wo eine junge Ordensschwester namens Cathérine Labouré im Jahre 1830 die Jungfrau Maria erblickte und wo auch Mme. Gonçalves oft betet, um von ihren Magenschmerzen befreit zu werden. Mme. Gonçalves hat von der Nonne, die ihr einmal ein Stück von Cathérines Haut verkauft hat, erfahren, daß der Papst in seiner Pariser Studentenzeit oftmals zu dem gläsernen Sarkophag gepilgert sei, in dem Cathérine — heute die heilige Cathérine — aufgebahrt liegt. Sie selbst entdeckte Cathérine eines Tages, als sie (für eine Dinnergesellschaft im Haus des Diplomaten) ein Glas Armagnac-Pflaumen einkaufen wollte und schließlich bei Dupeyron in der Rue du Bac endete, in der Nähe der Kapelle. Mittlerweile sind die Gebete an der Rue de

Bac eine Art spiritueller Ergänzung zu den monatlichen Spritzen, die sie von Mme. Lenoir bekommt. Wie der Papst glaubt Mme. Gonçalves an eine richtige Mischung von Pilgerfahrten und Medizin für ein langes Leben und an eine entschieden antikommunistische Haltung. Sie hat Johannes Paul II. im Fernsehen auf den siebzehn Pilgerreisen ins Ausland begleitet, die er in den viereinhalb Jahren seines Papsttums unternommen hat. Im letzten November hörte sie in den Nachrichten, wie er sich als »Pilgerboten« bezeichnete, »der die Welt bereisen will, um Christi Auftrag zu erfüllen, als er die Apostel ausschickte, allen Menschen und Nationen das Evangelium zu bringen«. In diesem Moment habe sie verstanden, daß Johannes Paul II. die Schreine und die Heiligen und die Süße seiner Pilgerreisen jeder Kathedralenfrömmigkeit vorziehe — daß steinerne Kathedralen nur eine offizielle Ablenkung von seinem wahren Weg zur Marienverehrung seien. Als sie ihn in diesem Monat wieder beobachtete, in El Salvador, bemerkte sie zu Véronique Lavali, die zu den Acht-Uhr-Nachrichten oft bei Mme. Gonçalves hereinschaut, daß der Papst in »katholischen« Ländern immer rosiger und glücklicher aussehe als zu Hause im Vatikan. Sie fand, er habe seit letztem Karfreitag, als er im Kolosseum den Kreuzesweg zelebrierte, gar nicht »wohl« ausgesehen. (März 1983)

Mme. Gonçalves geriet am 24. Mai während einer Studentendemonstration auf der Esplanade des Invalides in eine Tränengaswolke und verlor dabei ihren Besenstiel, als sie an der Rue Saint Dominique die Esplanade überqueren wollte. Sie befand sich auf dem Weg zu einer ehemaligen Nachbarin, die im März ausgezogen war, und weil sie dort einige Sachen kürzen wollte, hatte sie ihren Besenstiel bei sich. Mme. Gonçalves besitzt einen richtigen Maßstock, der sich in einer Kiste im Haus ihrer Schwester in Portugal befindet. Als praktisch veranlagter und sparsamer Frau würde es ihr nie einfallen, Geld für einen anderen Maßstock auszugeben, bloß weil sie gerade in Paris lebt, und von jedem französischen Polizisten hätte sie erwartet, daß er das versteht — daß er versteht, warum eine ältere portugiesische Concierge, inmitten demonstrierender Studenten, die Esplanade des Invalides mit einem alten Besenstiel überquert. Außerdem hatte Mme. Gonçalves die Demonstrationen französischer Studenten drei Wochen zuvor nicht sonderlich ernst genommen. Sie hatte kein Verständnis für die Studenten, die den ganzen Frühling über demonstrierten, in amerikanischen Jeans und bunten Halstüchern durch die Stadt marschierten und *»trop de concours, pas de temps pour l'amour«* skandierten und gelegentlich anhielten, um ein Auto in Brand zu setzen, als hielten sie an, um einen Hot dog oder ein Zimtcrêpe zu essen.

Vor neun Jahren, als die Gonçalves nach Paris kamen, sprachen die Leute noch immer von der »68er Revolution«. Mme. Gonçalves war entsetzt. Sie war gerade vor einer Revolution geflohen, in Angola, und in eine andere Revolution hineingeraten, in Portugal. Mme. Gonçalves erinnerte sich an den Mai 1968 als den Monat, in dem es zu schweren Kämpfen in der Nähe ihrer Farm kam. Die Gonçalves verloren zwei Kühe an die Guerillas und mußten eine Woche bei den protestantischen Missionaren kampieren, die den *vinho verde,* den M. Gonçalves zusammen mit dem Bettzeug mitgenommen hatte, wegwarfen und den Gonçalves-Söhnen befahlen, eifrig zu beten, da der Märtyrertod bevorstehe. Als sie in Paris ankam, erkundigte sie sich bei den Mietern in unserem Haus nach *deren* Mai 1968. Sie wollte wissen, ob einer ihrer Freunde verletzt worden sei und ob es Plündereien im Viertel gegeben habe, und mit Erstaunen registrierte sie, daß sie alle nostalgisch wurden und davon sprachen, was für eine wunderbare Zeit 1968 doch gewesen sei und welche der Kinder aus dem Viertel bei der Besetzung der Sorbonne mitgemacht und welche der Frauen ein Komitee organisiert hätten, um die Studenten mit Lebensmitteln zu versorgen.

Es gab letzten Monat nur einen Protest, der Mme. Gonçalves interessierte: Die *petits patrons,* die kleinen Ladenbesitzer, schlossen am Nachmittag des 5. Mai ihre Geschäfte, um gegen die von ihnen als ruinös empfundene Steuer- und Kreditpolitik und die Preiskontrolle der sozialistischen Regierung zu protestieren. Zwei Läden in unserer Straße hatten schon dichtmachen müssen. Mein Freund Albert, in dessen Second-Hand-Laden die Mädchen des Viertels ihre Kleider kaufen, hat einen Zettel mit der Aufschrift *»bail à ceder«* über das Jean-Harlow-Plakat in seinem Schaufenster geklebt, und sobald er seinen Pachtvertrag losgeworden ist, will er nach Guadeloupe auswandern und dort eine Pianobar eröffnen. Albert streikte an diesem Nachmittag. Desgleichen Ferdinand, der Metzger, der vor fünf Jahren aus der Auvergne nach Paris kam und die *boucherie* ein paar Häuser weiter übernahm und seine Familie in der Zwei-Zimmer-Wohnung hinter dem Kühlraum einquartierte. Ferdinand ist ein begeisterter Anhänger von Jacques Chirac, dem Bürgermeister von Paris, den er mit einem Leben assoziiert, das frei ist von Sozialisten, Kommunisten, Steuern und Pornographie. Es war Ferdinand, der von Laden zu Laden ging, um die anderen Geschäftsleute im Viertel zu organisieren, und mittags, in der Bar des Sports gegenüber, Streikbulletins seiner Gewerkschaft, des Syndicat National de la Petite et Moyenne Industrie, verteilte. Ferdinand ist ein furchtbarer Metzger. Er hackt auf dem Fleisch herum, als sei es für den Suppentopf auf dem großmütterlichen Herd bestimmt, und Mme. Gonçalves sagt, daß sie einmal gesehen habe, wie er ein paar Reste, die für den Hund eines Nachbarn gedacht waren, an einen Fremden verkaufte, der *boeuf bourguignon* verlangt hatte. Doch er arbeitet hart, und das gilt auch für seine dralle blonde Frau, die den ganzen Tag auf einem Hocker hinter dem Ladentisch sitzt und die Kasse verwaltet und die Bücher führt und sich um die Kunden kümmert, wenn er zwischendurch auf ein Glas Wein in die Bar des Sports gegenüber verschwindet. Als dickfellige Provinzler wollen sie nicht wahrhaben, daß das Leben in Paris, das ihnen früher so angenehm und vielversprechend erschienen war, inzwischen so hart geworden ist wie ihr Leben zu Hause. Mme. Gonçalves sagt, sie seien die ersten im Viertel gewesen, die am 5. Mai zumachten. Um ein Uhr hatten alle *petits patrons* geschlossen, nur der berberische Gemüsehändler nicht, der für ein Haus in Tafraout spart und später sagte, daß er nicht einen Nachmittag verlieren wollte, bloß um einem Metzger einen Gefallen zu tun, der sein Gemüse bei einem Italiener kaufte. In dieser Nacht statteten zwei »Streikkoordinatoren« dem berberischen Händler einen Besuch ab, warfen seinen Obststand um, trampelten auf seinen Tomaten und Orangen herum und kippten sein Olivenöl über den Boden.

Mme. Gonçalves wußte, daß am 24. Mai Studentendemonstrationen stattfinden würden. Véronique Lavali hatte vor, mitzudemonstrieren, obwohl sich die Demonstrationen gegen ein neues Bildungsgesetz richteten — für Studenten im zweiten Jahr sollten Examen und Curriculumquoten eingeführt werden —, ein Gesetz also, das Véronique, die im fünften Jahr und kurz vor ihrer Abschlußprüfung stand, in keiner Weise betraf. Véronique betrachtet sich als Trotzkistin — nicht als Parteitrotzkistin, wie die zornig aussehenden Gestalten, die ihr bei einem Besuch in der Zentrale des Parti Communiste Internationale, drüben in der Rue du Faubourg Saint-Denis, durch verschlossene Tore hinterherstarrten, sondern eher als Frühtrotzkistin, wie die Figuren in Alain Resnais' Film über Stavisky, den sie schon vier Mal in der Cinémathèque gesehen hat. Sie findet, daß die Trotzkisten hier *»pas du tout gai«* sind, beschloß aber doch, am 24. Mai in deren Block mitzumarschieren, weil sie sich guten Gewissens nicht den bürgerlichen Studenten anschließen konnte, die sich auf der Esplanade versammelten und die, wie sie wußte, von rechten Politikern organisiert worden waren, die sich darauf verließen, daß sie politisch viel zu naiv waren, um irgend etwas zu bemerken.

Mme. Gonçalves wollte die Esplanade eigentlich vermeiden — statt dessen zur Avenue de Tourville hinaufgehen und um die Église du Dôme, wo sie und M. Gonçalves einmal den Sarkophag Napoleons gesehen hatten —, doch sie entschied sich anders, als sie sah, daß es auf der Esplanade ruhig war. Überall standen Polizisten. Einige von ihnen in einer Reihe, wie eine Barrikade, an der Ecke, wo die Rue Saint-Dominique auf die Esplanade stößt, aber sie traten höflich beiseite und ließen Mme. Gonçalves passieren. Das Problem war, daß auch auf der anderen Seite der Esplanade Polizisten aufmarschiert waren und die Rue Saint-Dominique absperrten, und diese Polizisten nun wollten Mme. Gonçalves nicht wieder durchlassen. Sie fragte die Polizisten, warum sie sie in die Demonstration hineingelassen hätten, wenn sie sie nicht wieder hinauslassen wollten. Sie erklärte ihnen, es sei lächerlich, daß die Polizei die Leute auf einen großen offenen Platz wie die Esplanade des Invalides lasse, wenn deren Anwesenheit sie mit so viel Besorgnis erfüllte, daß sie alle Helme trugen und Schilde und Tränengaspatronen dabei hatten. Sie sprach noch immer zu ihnen, als es auf dem Pont Alexandre III. zu Auseinandersetzungen kam. Steine und Stöcke flogen durch die Luft. Mme. Gonçalves hörte ein Plopp und dann noch ein Plopp — die Tränengaspatronen wurden abgefeuert —, und dann liefen die Studenten zu Hunderten die Esplanade entlang, husteten und weinten und hielten sich Tücher vor das Gesicht. Mme. Gonçalves wäre in dem Tumult fast hingefallen. Sie wollte ebenfalls laufen, aber die Studenten in ihren Tennisschuhen und Jeans liefen zu schnell, und andauernd wurde sie angerempelt. Das Tränengas brannte ihr in den Augen, sie hatte Atembeschwerden und mußte ihren Besenstiel wie einen Blindenstock benutzen, um zum Bürgersteig zurückzufinden. Heute sagt sie, daß sie überhaupt nicht vorhatte, den Polizisten, die die Rue Saint-Dominique versperrten, mit geschwungenem Besenstiel entgegenzutreten. Sie wollte nur nach Hause, bevor die Schießerei beginnen würde. Sie konnte sich nicht vorstellen, daß der Nachmittag ohne Schießerei enden würde, ebensowenig wie sie sich vorstellen konnte, daß er begonnen hatte, weil ein paar Studenten keine Prüfung ablegen wollten. Aber ihre Kehle brannte, und sie hatte kein Tuch, mit dem sie sich schützen konnte. Sie begann, sich durch die Polizeiabsperrung zu drängen. Zwei Polizisten traten ihr mit erhobenem Schild entgegen. Mme. Gonçalves schimpfte und fuchtelte mit dem Besenstiel, wie sie es immer bei dem alten Trunkenbold macht, der spätabends in unseren Hof wandert und dort singt. Einer der Polizisten griff nach dem Besenstiel und starrte durch sein Visier auf die merkwürdigen roten Markierungen. In dem Moment lief Mme. Gonçalves los. Sie stand schon im Hof und spülte sich die Augen mit kaltem Wasser, als Véronique niedergeschlagen nach Hause kam. Die Studentendemonstrationen waren vorbei. Die Prüfungszeit stand bevor, und vor Herbst würde es wohl keine Demonstrationen mehr geben.

(Juni 1983)

Dr. Verdiglione

Die Mailänder gelten als kultivierte, weltläufige Menschen, während sie sich selbst gern als einfache provinzielle Gemüter sehen, die temperamentvollen Süditalienern wie Armando Verdiglione hilflos ausgeliefert sind. Verdiglione stammt aus Kalabrien. Er kam nach Mailand, stellte fest, welche Weltanschauung gerade in Mode war, und präsentierte sich mit der richtigen Mischung aus aggressiver Verkaufstaktik und Vernebelung. Mit Dreißig hatte er sich als fashionabler Psychoanalytiker etabliert. Mit Vierzig hatte er derart viele Mailänder davon überzeugt, in ihn zu investieren und sich auf diesem Wege Gesundheit und Glück wie vielversprechende Aktien zu kaufen (er nannte es »den eigenen Werdegang«), daß er ein Filetstück der Stadt sein eigen nennen konnte, zu dem eine Ecke der Piazza del Duomo gehörte (mit der Aussicht auf den Dom) und das sich in Richtung Senago bis zur barocken Sommervilla des Kardinals Federico Borromeo erstreckte. Als er letztes Jahr wegen Betrug, Erpressung und Körperverletzung festgenommen wurde, war er eine lokale Berühmtheit, so wie Giorgio Armani und Fiorucci — oder Michele Sidona vielleicht. Er besaß eine Garderobe mit lauter grell gestreiften Anzügen und dreifarbigen Lackschuhen, und in seinem Gesicht, das so weich und ausdruckslos und verdrießlich war wie das eines jugendlichen Gurus, steckte immer eine dicke, fünfzehn Zentimeter lange Zigarre. Man konnte Armando Verdiglione kaum verfehlen, wenn man jung war und trendy sein wollte und auf der Via Montenapoleone herumhing, wo man sich Kleider anschaute und im Caffè Cova seinen Espresso trank. Armando Verdiglione war der Impresario seines eigenen

Ruhms. Er wohnte in dieser eleganten Straße mit ihren Edelboutiquen, in einer überdimensionalen ausgetäfelten Wohnung, eingerichtet mit der aufdringlichen Würde jener Leute, welche die alteingesessenen wohlhabenden Mailänder als *emergenti* bezeichnen — ein paar Konferenztische, eine Couch mit aggressiven Zickzackmustern und eine Bibliothek mit den zahllosen Büchern psychoanalytischer »Theorie«, die er so schnell und in einer so unverständlichen Sprache schrieb, daß es schien, als habe sich Armando Verdiglione von einer Alphabettafel und nicht von Freud inspirieren lassen und ganz gewiß nicht von »Dante, Ariost, Peano, Vico und Pirandello« — diese Namen nannte er, wenn er jemanden davon überzeugen wollte, daß die Psychoanalyse keine Therapie, sondern »Kultur« sei, und daß folglich seine Patienten im Grunde gar keine Patienten waren, wenn sie ihm prächtige Villen kauften, sondern bloß zahlende Teilnehmer an Gesprächen über Kultur.

Armando Verdiglione war ein vielbeschäftigter Mann. Jeden Vormittag um halb zehn ging er ins Cova, um dort seinen Kaffee zu trinken und eine Brioche zu essen. Anschließend hatte er jede Menge Termine wahrzunehmen. Er mußte seine Entourage von »Verdiglione-Psychoanalytikern« sprechen und seine Freunde in den Banken und Werbeagenturen und Versicherungsgesellschaften und Modehäusern, die anderen *emergenti* der Stadt, die offenbar glaubten, wie seine Patienten, eine Investition in Verdiglione würde sie vor einer kommunistisch-katholischen Verschwörung bewahren, die sie sowohl um ihr Geld als auch um ihren empfindlichen Status bringen würde. Er war mit seinen Freunden von der Sozialistischen Partei verabredet, die auf der Suche nach »irgend etwas Kulturellem« waren, dem sie sich anschließen konnten, und Armando Verdiglione, in der Annahme, daß er »irgend etwas Kulturelles« war, eine politische Heimat in dieser durch und durch von der Politik geprägten Stadt angeboten hatten. Er mußte mit den Redakteuren bei *Spirali* sprechen, seinem Verlag, der eine Monatszeitschrift herausbrachte, die hauptsächlich den Theorien und Triumphen Armando Verdigliones gewidmet war, sowie eine Sammlung von Büchern, zu denen Armando Verdigliones gesammelte Werke gehörten und die bedeutendsten Beiträge seiner »Internationalen Kulturkongresse«. Zum Lunch im Savini war er mit den hübschen jungen Frauen verabredet, die ihr Geld in seinen Verlag steckten und in die Holding- und Kommanditgesellschaften, die er gegründet hatte, damit jedermann seinem eigenen Werdegang folgen konnte, und die dafür bei ihm »studiert« hatten und nun selber *psicanaliste* waren, mit eigenen Patienten in unterschiedlichen Phasen von Depressivität und Solvenz. Einige dieser Patienten — in den Gesellschaften der Internationalen Kulturstiftung Armando Verdiglione gab es vier- bis fünfhundert Kleinaktionäre — hatten zweieinhalb Millionen Dollar aufgebracht, um für Verdiglione die Aussicht auf die filigrane Domfassade zu kaufen. Die Piazza del Duomo war die Zentrale der Internationalen Kulturstiftung Armando Verdiglione. Im Prospekt hieß es dazu: »Hier werden die kulturellen Fragen diskutiert, die seit 1978 den Wendepunkt in Europa markieren — weg von einem eingeengten, ideologischen und bisweilen patriotischen, aber auch provinziellen Universalismus und hin zu einem schöpferischen, das heißt künstlerischen und kulturellen Internationalismus, unter besonderer Berücksichtigung des wissenschaftlichen Diskurses, den der Internationalismus impliziert.«

An der Piazza del Duomo begann jedermann seinen eigenen Werdegang — dort, wo die hübschen jungen Frauen Sprechzimmer hatten und Kurse zum Thema »Verdiglione lesen« anboten und wo Verdiglione höchstpersönlich an Montagabenden ein wöchentliches »Psychoanalyse-Seminar« veranstaltete. Hinter Mikrofonen auf einem Podium sitzend, das einem Ehrenmal von 1935 ähnelte, sprach er über »Das mütterliche Phantasma« und »Die Sprache der Struktur des Symptoms« und dergleichen Dinge. Am Ende führte dieser Weg aber zur Villa Borromeo, von Verdiglione für vier Millionen Dollar gekauft, die ihm seine Bewunderer in Form von Kapitalinvestitionen und Schuldscheinen zugunsten einer Holdinggesellschaft überlassen hatten, die er bescheiden »Kolonos« nannte, nach Sophokles' Geburtsort und Ödipus' letztem Aufenthaltsort. Verdiglione bezeichnete die Villa Borromeo als die erste »wahre psychoanalytische Klinik« der Welt. Die Dimensionen des Gebäudes erschienen ihm angemessen — die Marmorbrunnen und die Birkenparks und die imposante, mit Pilastern geschmückte Fassade, die ockerfarbenen Simse, die einundzwanzig Salons, die er, nach den Städten seiner bedeutendsten Kongresse, Sala New York, Sala Tokio, Sala Jerusalem, Sala Paris nannte. Für Gespräche über Kultur gab es viel Platz in der Villa Borromeo. Patienten konnten ein Schlafzimmer mieten und Analytiker ein Arbeitszimmer, und gelegentlich kamen sie alle zusammen, um sich mit französischen Medien-Philosophen wie Bernard-Henri Lévy und Philippe Sollers zu treffen, die bei dem auftauchten, was Verdiglione seine »Manifestationen der Zweiten Renaissance« nannte, entweder weil sie die Reise bezahlt bekamen oder wegen der Publicity oder vielleicht auch in der Annahme, sie würden etwas Schickes oder *sérieux* versäumen, wenn sie zu Hause blieben (französische Intellektuelle neigen zu dieser Art von Unsicherheit). Manchmal gesellten sich echte Berühmtheiten zu den Patienten in der Villa. Ältere Schriftsteller wie Jorge Luis Borges und Eugène Ionesco kamen nach Senago, um dort ein paar Wochen Urlaub zu machen, und fanden sich bei einer Konferenz über »Finanzwirtschaft und Wissenschaft« wieder, auf der sie jeden Nachmittag eine Stunde lang vor Verdiglionianischen Analytikern, Mailänder Analysanden und verdutzten Geschäftsleuten sprechen mußten, die viel Geld bezahlt hatten, um sie zu hören. Giorgio Bocca, Kolumnist der *Repubblica* sagt, das Interessanteste, was bei der Affäre Verdiglione herausgekommen sei, sei die Erkenntnis, daß man für sieben Tage, ein hübsches Zimmer und Spesen jeden Nobelpreisträger auf der Welt dazu bringen könne, in ein Flugzeug zu steigen und herzukommen.

Was Armando Verdiglione verkaufte, richtete sich nach der Saison, dem Markt und den schnellebigen Vorlieben der Mailänder, die seine wahre Klientel waren. Zu ihrer Verteidigung bringen die Mailänder vor, daß es ihnen schon immer schwergefallen sei, Gurus und Scharlatane auseinanderzuhalten. Sie nehmen an Fernsehdiskussionen teil und schreiben Leserbriefe, in denen sie sich darüber beklagen, daß sämtliche italienische Institutionen, von der Familie über die Kirche bis hin zur Mafia, sie dazu anhalten, ihr Geld und ihr Vertrauen Menschen zu schenken, die zu verstehen sie enorme Schwierigkeiten haben. Sie weisen darauf hin, daß Tausende von Italienern *arancioni* sind und safrangelbe Sachen tragen und einen verrufenen Inder namens Baghwan Shree Rajneesh anbeten. Einer dieser orangefarbenen gekleideten Jünger sitzt im Sekretariat der *Radicali,* der Italienischen Radikalen Partei. Er hat die anderen Bhagwan-Jünger aufgefordert, in die Radikale Partei einzutreten und sich dafür einzusetzen, daß ihr Guru in ein hohes Amt gewählt wird, in das Amt des Ministerpräsidenten etwa, und die Mailänder sagen, wenn man die Zweite Renaissance mit einer derartigen Aktion vergleiche, dann sei Verdiglione kaum etwas vorzuwerfen. Verdiglione aber war etwas Besonderes. Er verkaufte nicht Gott oder Karma oder falsche Aktien oder Sumpfland in Florida oder irgendein anderes der klassischen Objekte eines Scharlatans. Er war ein Cagliostro, der eine neue Form von Protektion verkaufte. Manchmal nannte er dies »Psychoanalyse«, manchmal »Kultur«, manchmal »das Wort«, und nachdem er nach seiner Verhaftung erkannt hatte, daß der Staat das Wort besetzt hatte (er sprach von der »Dämonisierung des Wortes«), nannte er es »die Ziffer«. Das Besondere an ihm war, daß niemand, weder die Analytiker noch deren Patienten oder die Staatsanwälte und die Richter oder die französischen Philosophen, die sich in Briefen an den italienischen Staatspräsidenten für ihn einsetzten und einen Appell an den Europäischen Gerichtshof für Menschenrechte richteten — daß niemand, vielleicht nicht einmal Armando Verdiglione selbst, ganz genau wußte, wovon er redete.

Armando Verdiglione wurde gegen Ende des Zweiten Weltkriegs in dem kleinen Ort Caulonia geboren. Sein Vater war Schmied, und sein berühmtester Verwandter war ein älterer Bruder namens Guido, der 1945 seine eigene Armee aufstellte, das Dorf übernahm und die Rote Republik von Caulonia ausrief. Armando fährt nur noch selten nach Kalabrien. Vielleicht war ihm dieser Teil seines eigenen Werdegangs — daß er der jüngere Bruder eines Revolutionärs war — nicht ganz recht, denn als Knabe schrieb er schwermütige Gedichte und hatte innere Krisen und unternahm eine Pilgerreise zur Madonna di Serra San Bruno. Er sprach sogar davon, Missionar in einem fernen Land wie Japan zu werden. Seine Mutter schickte ihn, zwecks anständiger geistlicher Unterweisung, zu den Jesuiten nach Sizilien, doch nach Angaben eines Reporters, der in Palermo Verdigliones Lehrer aufspürte, fanden ihn die Jesuiten »zu katholisch für einen guten Gläubigen und zu jesuitisch, um ein solcher zu werden«. 1964 kam er mit einem Brief seines Bischofs nach Mailand und ließ offenbar durchblicken, daß er Sprößling einer »vornehmen Familie« sei. Vier Jahre später schloß er sein Studium der Neueren Literatur an der Katholischen Universität ab. Er war intelligent, und das Schreiben fiel ihm leicht. Er wohnte im Augustinianum, einem kirchlichen Studentenheim, und Leute, die mit ihm zu tun hatten, sagen, er habe sich mit dem Anfertigen von Diplomarbeiten für seine Kommilitonen und mit dem Verkauf von Vorlesungsnotizen seinen Lebensunterhalt verdient. Im letzten Sommer, als er im Gefängnis saß und sich mit der Geschichte verfolgter Genies beschäftigte (Sokrates, Cicero, Galileo, Verdiglione), schrieb er Abhandlungen über den Rassismus und über die Verachtung, die Süditalienern wie ihm von Mailändern entgegengebracht werde. (Das erste Traktat hieß *Angeklagt ist das Wort,* dann kam *Was habe ich verbrochen?* und schließlich *Das Mißgeschick eines Psychoanalytikers*). Er konnte die Namen all derjenigen nennen, die ihn als dunkelhäutigen oder schmierigen oder gar dreckigen Südländer bezeichnet oder über die dunkle Seele in einem dunklen Körper gewitzelt oder die runden Revers seiner gestreiften Anzüge als »Designer-Kalabresisch« bezeichnet hatten. Tatsache aber war, daß Verdiglione seine süditalienische Art kultiviert hatte — mit Ironie oder aus Verachtung für Konventionen oder als Ausdruck einer Kulturkritik, aber vermutlich entsprach es einfach seinem Geschmack.

Die Schulkameraden in Palermo hatten ihn *Pomatina* gerufen, weil er seine Haare angeklatscht trug, und seine Kommilitonen in Mailand fanden seine Zigarren ekelhaft. Er war nicht besonders beliebt auf der Universität. 1968 beteiligte er sich nicht an Streiks und Demonstrationen und Institutsbesetzungen und anderweitigen Vorbereitungen für die Revolution, doch von den Leuten, die das taten, scheint er immerhin etwas gelernt zu haben. Die Kongresse, die er später organisierte (er nannte seine Treffen »Kongresse«), ähnelten nämlich stark den Sit-ins der sechziger Jahre. Man konnte in einen Verdiglione-Kongreß hineinspazieren — ganz egal, ob ein Meeting über Semiotik oder Psychoanalyse oder Versicherungswesen angekündigt war — und ein Lied singen oder eine Rede halten oder Schmalfilme über das eigene Sexleben vorführen oder die Ankunft von UFOs verkünden oder sich lautstark über die Repression beschweren. Der Unterschied war, daß die 68er Studenten das als direkte Demokratie bezeichneten, während Verdiglione dafür Geld nahm und es die »Zweite Renaissance« nannte.

1968 bekam Verdiglione eine Stelle als Italienischlehrer an einem Mailänder Gymnasium. Er erzählte seinen Schülern von Strukturalismus und Linguistik und vielen anderen glanzvollen französischen Dingen, von denen sie noch nie gehört hatten (einer seiner ehemaligen Schüler sagt, Verdiglione habe sich damals völlig *dans l'air du temps parisien* bewegt), und führte sich in Mailänder Zirkeln als Linguist ein. Die meisten Leute glaubten ihm. Franco Fornari, der damalige Direktor des Freud-Instituts in Mailand, lud ihn ein, eine Reihe von Vorträgen zum Thema »Psychoanalyse und Linguistik« vor seinen Lehranalytikern zu halten. Anschließend begann Verdiglione, sich auch als Psychoanalytiker, manchmal sogar als Lehranalytiker vorzustellen. (In Italien darf sich jedermann als Psychoanalytiker bezeichnen.) Die Mailänder Psychoanalytiker — orthodoxe Freudianer und ohnehin nicht besonders extravertiert — schäumten vor Wut. Dr. Fornari forderte Verdiglione auf, nicht mit dem Namen des Instituts Klienten zu werben, und als Verdiglione darauf nicht einging, nannte er ihn einen *magliaro* (also: Gauner) und appellierte an den Analytiker Cesare Musatti, den Doyen der Mailänder Freudianer (Musatti ist heute neunzig und praktiziert noch immer), etwas zu unternehmen. Dr. Musatti bat Verdiglione zu sich, um mit ihm über das Thema Ehre zu reden. Bald darauf setzte sich Verdiglione nach Paris ab.

Niemand weiß genau, was er in Paris tat oder wie lange er sich dort tatsächlich aufhielt. Manchmal sagt er, er habe als Stipendiat an der École des Hautes Études en Sciences Sociales Semiotik studiert. Manchmal sagt er, er habe bei Maurice Merleau-Ponty studiert (der schon 1961 gestorben war) oder bei Georges Bataille (der 1962 gestorben war) oder bei Claude Lévi-Strauss oder Jacques Derrida. »Bei jemandem studieren« kann in Paris natürlich alles mögliche heißen — eine Doktorarbeit bei einem bestimmten Professor schreiben, zusammen mit fünfhundert neugierigen Parisern seine Vorlesungen hören oder schlicht und einfach seine Bücher lesen. Lévi-Strauss unterrichtete, bis er vierundsiebzig war. Er schätzt, daß insgesamt etwa hunderttausend Zuhörer seine Vorlesungen besucht haben. Verdiglione trug sich zwischen 1970 und 1976 jedes Jahr als Doktorand an der École des Hautes Études ein und gab den Semiotiker Julien Greimas als Doktorvater an, doch Greimas sagt, Verdiglione sei nur zwei Jahre anwesend gewesen und habe keine Dissertation vorgelegt und sei auch nie promoviert worden. Niemand an der École des Hautes Études erinnert sich, ihm damals begegnet zu sein. Diejenigen, die sich tatsächlich an Verdiglione in Paris erinnern, sind ihm 1972 in Jacques Lacans berühmtem Wartezimmer in der Rue de Lille begegnet, als er zwischen Mailand und Paris pendelte, um an Lacans monatlichen Analysesitzungen teilzunehmen.

Jacques Lacan war ein Psychoanalytiker, der sich auf die Linguistik bezog. Er veränderte die Freudrezeption in Frankreich — die meisten Leute würden sagen, er habe die Franzosen überhaupt erst mit Freud bekanntgemacht, da die französischen Freudianer eine winzige Gruppe waren und niemand sonst irgend etwas über Freud wußte oder wissen wollte, bis Lacan zu schreiben, zu unterrichten und zu praktizieren begann. Er stand den Strukturalisten und Semiotikern des Nachkriegsfrankreich näher als seinen eigenen Kollegen. Seine Theorie — entwickelt auf Tausenden von Seiten in seinen *Séminaires* und *Écrits* — besagte, daß die Wörter selbst der eigentliche Gegenstand der Psychoanalyse seien. Er war der Ansicht, daß die Sprache das Begehren, das sie bereits unterminiert habe, und die Dramen und Verletzungen dessen verberge, was er die »Freudsche Erzählung« nannte. Lacan sprach und schrieb eine gewundene, dunkle und bisweilen erhellende Prosa, die die Sprache in Frage zu stellen schien. Er war ein Zauberkünstler, der unablässig seine Tricks vorführte. Er ließ sich gern in einem Porsche zu seinen Seminaren im Hôpital Sainte-Anne in Paris fahren und versteckte sich in einem Café, bis alle unruhig und nervös wurden — und dann kam er atemlos hereingelaufen und sprach über Dinge wie einen Sonnenaufgang in Baltimore oder die Säulen des Pantheon. Er erzeugte eine Art semantisches Schwindelgefühl in seinen Zuhörern, doch es muß ihnen gefallen haben, denn halb Paris erschien zu diesen Seminaren, die dann in einen großen Saal der École Normale Supérieure verlegt werden mußten und später in die Faculté de Droit, und selbst dann — inzwischen zählte auch Brigitte Bardot zu seinen regelmäßigen Hörern — mußte man schon um sieben Uhr morgens anstehen, um einen Platz zu bekommen.

Lacans Patienten, die ihm eifrig hinterherliefen, glaubten, daß *le style Lacanien,* wie *le discours Lacanien,* eine Methode sei, sie schockartig aus ihren Erwartungen und Vorstellungen herauszureißen. (Orthodoxe Freudianer, die Lacan kannten, wiesen darauf hin, daß er reizbar und ungeduldig war und es vermutlich vorzog, seine Patienten sprachlos zu machen, statt sich von ihren ausführlichen Darstellungen langweilen zu lassen.) Einige Lacansche Analysen wurden über große Distanzen hinweg geführt, wie etwa im Fall Verdiglione. Eine Sitzung bei Lacan konnte zwischen mehreren Stunden und ein paar Minuten dauern — aus therapeutischen Erwägungen, die nur der Arzt ahnte, aber seine Patienten fühlten sich in dieser ephemeren Beziehung so wunderbar aufgehoben, daß eine Gruppe von Lacans Rivalen nach seinem Tod im Jahre 1981 sich überlegte, in die *Libération* eine Anzeige des Inhalts zu setzen, daß

Dr. Lacan weiterhin praktiziere — nur eben aus größerer Entfernung. Es gab Tage, an denen Lacan bloß an seinem Tisch im Behandlungszimmer saß, Zeitung las oder seine Fliege richtete oder Tee aus einer Wedgwood-Kanne einschenkte — und gelegentlich die Tür aufmachte und irgendein unsichtbares »Anderes« hinter den Leuten anstarrte, die sich im Laufe des Tages in seinen Wartezimmern versammelt hatten (er bezeichnete das Unbewußte als den »Diskurs des Anderen«). Am Ende lernten diese Patienten einander mindestens ebenso gut kennen wie den Doktor. Jacques-Alain Miller, der Lacans Tochter heiratete und heute die École de la Cause Freudienne leitet — eine wiederaufgelegte Version von Lacans Psychoanalytischer Gesellschaft —, erinnert sich an Verdiglione von seiner Zeit im Wartezimmer. Vielleicht zehn Personen, sagt er, seien regelmäßig aus Italien in die Rue de Lille angereist, um sich analysieren zu lassen oder an einer Supervision teilzunehmen oder um einfach »empfangen« zu werden, und keiner von ihnen habe sich mit Verdiglione verstanden, obwohl er in Paris »nicht so unbeliebt« war wie in Mailand. Lacan sah Verdiglione etwa zwei Jahre lang. Laut Miller versuchte er, Verdiglione zu »disziplinieren« — wahrscheinlich durch die Bindung an ihn und ein »Lacansches Netzwerk«. Cesare Musatti sagt: »Lacan war clever, aber ein wenig verrückt. Er verhielt sich sehr lässig gegenüber seinen Studenten. Es war ihm ziemlich egal, wenn man nach zwei Monaten sagte: ›Ich bin jetzt Lacanianer.‹«

Cesare Musatti hat eine Theorie zu Verdiglione. Er sagt, daß man sich in psychoanalytischen Kreisen sehr leicht als »Dissident« ausgeben könne, und deswegen eigne sich die Sprache der Psychoanalyse — vor allem eine kryptische Dissidentensprache wie diejenige Lacans — für alle möglichen Manipulationen und Täuschungsmanöver, inklusive Selbsttäuschung. Verdiglione behauptet heute, er sei nie Lacanianer gewesen. »Ich bin über Freud hinausgegangen, und ich bin über Lacan hinausgegangen«, sagt er. Aber er glaubte wenn nicht an Lacan, so doch an seine eigene Fähigkeit, einen »italienischen Lacan« darzustellen, und Dr. Musatti vermutet, daß dies ihm eine gewisse Macht als Heiler verlieh. Verdiglione erreichte, daß sich die Leute zumindest für eine Weile besser fühlten, einfach weil er ihnen das einredete. Er betrieb in Mailand eine »Lacansche« Praxis, bevor seine eigenen Sitzungen bei Lacan überhaupt angefangen hatten, und seine Patienten — damals, als das Geschäft noch klein war und er sie noch als seine Patienten bezeichnete — hielten ihn für einen guten Kliniker. (Andererseits wußten vor fünfzehn Jahren noch nicht viele Leute in Mailand, was ein Kliniker war, ja noch nicht einmal, was Psychoanalyse war, außer, daß es etwas war, wo man sich hinlegte und für jede Stunde bezahlte). Sie hatten ohnehin keine große Auswahl. Wer im Mailand der frühen siebziger Jahre das Gütesiegel einer Lacanschen Analyse haben wollte, ging entweder zu Armando Verdiglione oder zu Lacans italienischem Übersetzer, Giacomo Contri, der gewiß klug war, aber in einer sehr konservativen katholischen Gruppe namens »Kommunion und Befreiung« aktiv war — und diese Verbindung schreckte viele Analysanden ab. In Paris wußte man, welche italienischen Lacanianer des Meisters Gunst genossen, denn Lacan hatte Contri und Muriel Drazien, eine in Rom praktizierende Amerikanerin, an seine École Freudienne geholt, Verdigliones Bewerbungen jedoch stets abgelehnt. In Mailand stand das nicht so klar fest. Lacan wollte ein Institut in Mailand haben und *seinen* Freund in Italien etablieren. Er war ein eitler Mann, und er wußte, was immer er von Verdiglione halten mochte, daß Verdiglione dort eine Anhängerschaft von »Lacanianern« hatte — vielleicht die größte Lacanianer-Gruppe überhaupt. Als die Zeit kam, dieses italienische Institut aufzubauen, teilte er Contri und Drazien mit, daß Verdiglione als Direktor zu ihnen stoßen würde.

Contri sagt heute, er habe *autocritica* geübt. Er habe begriffen, daß Verdigliones wahres Problem nicht irgendein Verbrechen gewesen sei, sondern die Ablehnung, die er ständig erfuhr und die ihn in Hochstimmung versetzte. Wie ein Psychotiker oder Junkie brauchte er nun, um Befriedigung zu finden, immer stärkere Dosen der Ablehnung — etwa verhaftet und in Handschellen ins Gefängnis eingeliefert zu werden.

Damals wußte Contri aber nur, daß er Armando Verdiglione ablehnen wollte. Muriel Drazien, eine ernste junge Frau aus New York, hielt weder von Verdiglione *noch* von Contri besonders viel. Sie sagt, sie drei seien wie die italienischen Staaten vor dem Risorgimento gewesen — ehrgeizig, verschieden, gespalten. Sie trafen sich ein paarmal und unterzeichneten schließlich einige Dokumente zur Gründung einer Schule, die den Namen »La Cosa Freudiana« tragen sollte. Sie schafften es sogar, eine Versammlung mit dreißig Anwesenden auf die Beine zu stellen, doch dann begannen sie, sich öffentlich zu streiten, und La Cosa Freudiana löste sich auf. Etwa um diese Zeit hielt Verdiglione den ersten seiner Kongresse ab — »Psychoanalyse und Politik«.

Armando Verdiglione ist weder charismatisch noch attraktiv, noch sonderlich charmant. Man kann sich ihn kaum als Menschen vorstellen, der auf der Sonnenseite des Lebens steht. Er ist klein und hat einen gelblichen Teint, und bevor er ins Gefängnis wanderte, war er immer rundlich — nicht dick oder untersetzt, sondern rundlich und glatt wie eine glänzende kleine Buddhafigur aus Holz. Er hat einen Blick, dem man manchmal in Krankenhäusern begegnet — einen Blick, den Psychiater mit Gefühlsarmut assoziieren. Es ist ein Ausdruck von intensiver und aggressiver Gleichgültigkeit. Bei Verdiglione ging das zunächst als Selbstbewußtsein durch, später als Erfolg, denn nichts konnte Verdiglione in Verlegenheit bringen, und niemand konnte ihn einschüchtern. Er gründete das sogenannte Kollektiv Psychoanalyse und Semiotik. Er hielt Seminare, bei denen man eine Eintrittsgebühr von fünf oder zehn Dollar zu entrichten hatte. Er legte Wert darauf, daß seine Patienten ihre Freunde mitbrachten, und seine alten Mitschüler vom *liceo* brachten ihre Freunde, und sie saßen alle still, während *il professore* aussprach, was ihm gerade in den Kopf kam, und das Ganze »Diskurs« nannte.

Leute, die Verdiglione reden hörten, sagen, seine Worte seien wie ziellos abgegebene Schüsse gewesen — manchmal trafen sie die Realität und manchmal nicht—, aber alle glaubten, daß er brillante Dinge sagte, da er sich immer in Gesellschaft von Intellektuellen bewegte, deren Namen sie kannten und die ihm offenbar zuhörten. Verdiglione hatte schon früh festgestellt, daß Intellektuelle sich gern zu Reisen einladen lassen, ihre Namen, wie Politiker und Rockstars, gern auf Plakaten gedruckt sehen. Zu jener Zeit sammelte er Namen, Namen wie Sokrates und die heilige Katharina und Gödel und Semiramis, um sie zwischen seinen Betrachtungen über »Signifikanten« und »Signifikate« und das »Transfinite« beiläufig einzustreuen — auch die Namen von prominenten Leuten wie Gilles Deleuze und Octave Mannoni und Marcelin Pleynet, die aus Paris kamen und seinen Vorträgen zuhörten. Er stellte eine Namensliste von klugen Leuten auf, so wie ein Versandhaus eine Kundenliste aufstellt oder ein Kandidat eine Wählerliste. Anscheinend wußte er, daß nur wenige dieser klugen Leute sich beschweren und noch weniger auf die Idee kommen würden, ihre Anwälte einzuschalten, wenn sie sähen, daß sie als Verdigliones »Autoren« oder »Sponsoren« oder (vorzugsweise) »Partner« bezeichnet würden. Er wußte, daß die meisten einverstanden wären, weil es ihnen gefiel, in so illustrer Gesellschaft zitiert zu werden.

Verdigliones Kollektion war am faszinierendsten in den frühen achtziger Jahren, als er seine PR-Arbeit nach der simplen Überlegung betrieb, daß jeder, der seine Einladungen nicht ausdrücklich ablehnte, als Teilnehmer bezeichnet werden konnte. Auf der Liste des Internationalen Beirats standen vierhundert Namen, die er in seiner Zeitschrift *Spirali* veröffentlichte (noch vor den Telefoninterviews und den Konferenzprotokollen und den aus anderen Quellen abgeschriebenen Beiträgen und den Artikeln über Verdiglione und sogar noch vor Verdigliones eigenen Beiträgen). Es waren alle dabei — von den falschen Leuten (Bob Guccione) über die Dissidenten (Wladimir Bukowskij) bis hin zu prominenten Persönlichkeiten aus der dritten Welt (Léopold Senghor), deren Gemeinsamkeit zumeist nur darin bestand, daß sie noch nie von Armando Verdiglione gehört hatten. Mittlerweile verzeichneten die Ankündigungen für Verdigliones Kongresse — wie der

Kongreß »Sexualität und Sprache«, der 1981 im New Yorker Plaza veranstaltet wurde — unter »Teilnehmer« jeden, der eingeladen worden war, und unter »Eingeladen« (vermutlich) jeden, der abgelehnt hatte. Inzwischen war aber klar, daß viele Leute liebend gern einen Zehn-Minuten-Vortrag über »Das Unauflösliche« oder »Die Syntax des Begehrens« oder »Sprache und Phallus« oder »Pornographie und das Kino des Scheinbaren« gehalten hätten — als Gegenleistung für eine Woche im Plaza auf Kosten von Banken und Konzernen, ja sogar Regierungen, die überzeugt waren, daß Armando Verdiglione Italiens Antwort auf das Masterpiece Theatre war. Einige dieser Leute waren sogar bereit, Geld zu bezahlen, um ihren Namen auf der Rednerliste zu sehen, neben Michelangelo Antonioni, Luciano Berio, Milan Kundera und William Burroughs (ganz egal, ob sie auch kamen), und einen simultan gedolmetschten Vortrag halten zu können.

Piero Bassetti, der Direktor der Mailänder Industrie- und Handelskammer, sagt, Verdigliones Genie habe darin bestanden, diejenigen »*emergenti* ausfindig zu machen, deren wahre Aktivität das Geldausgeben war«. Verdiglione sorgte dafür, daß diese Leute sich wie Intellektuelle, ja wie Aristokraten fühlten, indem er ihnen eine Welt verkaufte, die so geheimnisvoll, so »Lacanianisch« war, daß niemand verstand, was sie sagten. Italiener haben sehr viel Respekt vor dunklen Formulierungen, vor langen und komplizierten Wendungen und den *dottori,* die sich ihrer bedienen, und wenn Verdiglione sich Lacanianisch ausdrückte — von der »Unterwerfung unter die Garantie des Unsagbaren« sprach oder vom »Ohr als Metapher für die Vorstellung des ›Hörens‹« —, dann unterschied er sich letztlich kaum von den Richtern und Ärzten, die einst Lateinisch sprachen, um einen priesterhaften Eindruck zu erzeugen und die Leute einzuschüchtern. In Italien kann, wer sich unverständlich ausdrückt, als gebildet durchgehen, und je unverständlicher er klingt, desto gebildeter wirkt er. Das erklärt vielleicht, warum die Mailänder auf Armando Verdiglione flogen, als wäre er ein Pelz von Fendi oder eine pinkfarbene Plastiklampe aus den Ateliers von Ettore Sottsass.

1976 hatte sich Verdiglione etabliert. Er war Dr. Verdiglione oder Professor Verdiglione oder wie immer er sich gerade zu bezeichnen beliebte. Sein »Kollektiv« hatte er umbenannt: es hieß jetzt Vereinigung Italienischer Psychoanalytiker. Er ließ seine Kongresse bei Feltrinelli veröffentlichen. Er lernte jene Rechtsanwälte und Wirtschaftsprüfer kennen, die später seinen Immobilienbesitz in eine Stiftung umwandeln sollten. Er bildete eine Gruppe von begeisterten, wenn auch oft labilen jungen Patienten zu Psychoanalytikern aus. Diese Patienten begannen ihrerseits, eigene Patienten zu behandeln, und sie steckten sowohl ihr Geld als auch das ihrer Patienten in den Verband. Armando Verdiglione wurde in Mailand so bekannt, daß, als er seinen ersten internationalen Psychoanalytikerkongreß in Mailand ankündigte, zweitausend Mailänder Eintrittskarten kauften, um Verdiglione über Geisteskrankheit sprechen zu hören.

Der Mailänder Psychoanalytiker Elvio Fachinelli sagt, das Problem mit Verdigliones eigenem Werdegang habe darin bestanden, daß er zuviel unterwegs gewesen sei. Verdiglione ging erstmals 1977 mit seiner Show außer Landes, und nach ein paar Jahren wußte er nicht mehr, wohin er noch gehen sollte. Er war zwanghaft extravagant (seine Bewunderer sagten »barock« und »theatralisch« und »in der Tradition der Gegenreformation«). Als er das erstemal in New York war, nahm er eine seiner amerikanischen Listen und lud jeden, der darauf stand, zu Champagner und Hummer ins Waldorf ein. Ein paar Monate später war er mit sechzig französischen und italienischen Journalisten wieder da, und dann ließ er seine »internationalen Intellektuellen« einfliegen und quartierte sie im Plaza ein. Die Rechnung des Plaza belief sich auf eine Viertelmillion Dollar, und niemand hat je herausgefunden, wer sie bezahlt hat — wenngleich Alitalia einräumte, die Flugtickets für italienische Gäste, und die Air France, die für die Franzosen zur Verfügung gestellt zu haben. Außerdem wurde bekannt, daß der Banco di Roma und das, was Verdiglione »die Industrie« nennt, eine große Party im Metropolitan Museum mitfinanziert hatten. (Der französische Außenminister wollte da natürlich nicht zurückstehen und wies seinen Kulturattaché in New York an, eine noch größere, noch schönere Party zu schmeißen, zu der Verdiglione mit drei-, vierhundert Gästen erschien.)

Fragen zum Thema Geld beantwortet Verdiglione nicht gern. Erkundigt man sich nach den Frauen, die ihn gefördert haben sollen — seine erste »Verlobte« war eine Schülerin namens Giovanna Sancristoforo, seine jetzige Verlobte ist eine Textilfabrikerbin namens Cristina Frua De Angeli, die erklärt, daß sich bei ihrem »eigenen Werdegang« ganz selbstverständlich »Psychoanalyse und Geschäft« verbänden, da sie ja aus einer Industriellenfamilie komme —, dann wechselt er entweder das Thema oder spricht über Freud und Marie Bonaparte und wie jedermann in Wien neidisch war. Er soll seine Rechnungen in New York mit dollargefüllten Geldsäcken des Banco di Roma bezahlt haben, aber der einzige Sack, über den er spricht, kommt in seiner Parallele zwischen dem Unbewußtem und einem Verhütungsmittel vor. Manchmal sagt er, daß das Sprechen über Geld eine Methode sei, nicht über »Sex« oder »die Stimme« oder »Vatermord« oder irgendeinen anderen gerade aktuellen Begriff zu sprechen. Ein andermal sagt er, daß Geld das große Tabu im »europäischen Diskurs« gewesen sei und daß er dagegen verstoßen habe.

Vor ein paar Jahren erzählte man sich in Mailand, daß Verdigliones Geldsäcke mit Geld gefüllt waren, das er für die Mafia wusch. Das glaubten die Leute auch, bis jemand darauf hinwies, daß die Mafia effektivere Methoden der Geldwäsche habe. Die einzige Mafia, die Verdiglione angezapft hat, war die »sozialistische Mafia«, deren Drahtzieher hauptsächlich Mailänder *emergenti* sind — namentlich der ehemalige Ministerpräsident Bettino Craxi, der Bürgermeister von Mailand, Paolo Pillitteri, der ein Schwager von Craxi ist, und der junge stellvertretende Sekretär der Sozialistischen Partei, Claudio Martelli, der Craxis Protégé ist. Die Italienische Sozialistische Partei hat sehr wenig mit europäischem Sozialismus oder auch mit dem alten italienischen Sozialismus zu tun. Sie erholte sich nach Kriegsende nur allmählich, und schließlich war sie eine ganz neue Partei — mit der gleichen Klientel, die von Verdiglione hofiert wurde. Sie gilt als eine (selbst nach italienischen Maßstäben) außerordentlich korrupte Partei, weil sich die Sozialisten in das politische Futterkrippensystem sehr viel später einkauften als die beiden anderen großen Parteien — die Christdemokraten und die Kommunisten —, so daß Italien da zum größten Teil schon vergeben war. Die Sozialisten gingen in *la cultura* und *lo sport* und *la moda,* als wären es Molkereimonopole oder staatliche Elektrizitätsbetriebe, und verschacherten Einfluß an Leute wie Verdiglione, den die alte Politikerklasse niemals in Betracht gezogen hätte. Kaum einer von ihnen wird die »Dialoge« gelesen haben, in denen Verdiglione, unter Verwendung der Dialogpartner »Codierer« und »Codierter«, über Adam und Eva sprach, über William von Malmesbury, Sylvester II., Albertus Magnus, Thomas von Aquin, Alexander Pope, Abraham ibn Ezra, Giordano Bruno, Lord Byron, Kant, Leibniz, Paracelsus, Jacques Offenbach und die Göttin der Morgenröte. Aber sie kümmerten sich darum, daß die mit ihnen bekannten Bankiers Verdiglione Kredite gaben und daß ihre Freunde bei der staatlichen Eisenbahngesellschaft und den Versicherungsfirmen die Cosa Freudiana förderten und daß Werbeagenturen, die für die Partei arbeiteten, in *Spirali* inserierten und kostspielige Kongresse sponserten, etwa zum Thema »Sexualität und Sprache« oder den Kongreß in Tokio zum Thema »Sexualität: Woher kommt der Osten, wohin geht der Westen?«

Piero Forno ist ein vierzigjähriger Staatsanwalt, der mehr Erfahrung im Verhören von Terroristen hat als im Verhören von Psychoanalytikern und weder die Zeit, noch das Geld, noch den erforderlichen Chic hatte, eine Prominenteneinladung zur Zweiten Renaissance zu bekommen. Tatsächlich hatte Staatsanwalt Forno von Armando Verdiglione erst im Frühjahr 1985 gehört, als er beauftragt wurde, in einer Sache zu ermitteln, bei der es um einen Lehranalytiker aus Verdigliones Gruppe ging und um einen Patienten dieses Analytikers, der, als Gegenleistung für Anteile an drei von Verdigliones Immobiliengesellschaften, Bankkredite und Schuldscheine über mehr als 170000 Dollar aufgenommen hatte. Der Analytiker war der Arzt Fabrizio Scarso aus Padua, der nach Mailand gezogen war, um dort zu praktizieren, nachdem er einige Jahre bei Verdiglione auf der Couch gelegen hatte. Der Patient war der Zahnarzt Michele Calderoni aus Apulien, der nach Mailand gezogen war, um zu studieren, und — ob vorher schon krank oder nicht — nach ein paar Jahren auf Scarsos Couch jedenfalls in einer Nervenheilanstalt gelandet war. Als Polizisten auf der Suche nach Scarso die Villa Borromeo durchsuchten, fanden sie in Verdigliones Papierkorb zerrissene Schecks — und in einem abgedunkelten Zimmer, versteckt hinter einem Sessel, Verdiglione höchstpersönlich.

Forno war etwa ein Jahr mit diesem Fall beschäftigt. Er sprach mit Dutzenden von Patienten (den »Opfern«), und schließlich ließ er Verdiglione, Scarso und vier andere Analytiker aus Verdigliones Gefolgschaft verhaften. Die Anklage reichte von Erpressung und Betrug bis hin zu *circonvenzione di incapace, abbandono di incapace* und *violenza privata*. Während der Verhandlung beantragte Forno, den Prozeß auf sechsundzwanzig Geschäftspartner von Armando Verdigliones Internationaler Kulturstiftung wegen Verabredung zur Verübung einer Straftat auszudehnen.

Der Fall Calderoni war beispielhaft für das, was ein Reporter »Verdigliones Masche« genannt hat. Die Analyse des Zahnarztes verlief im ersten Jahr offenbar ereignislos, obgleich sein Anwalt behauptete, Calderoni habe wegen seiner »Verpflichtungen an der Zahnklinik« Schwierigkeiten gehabt. (Verdiglione, der sich zu luziden Formulierungen hinreißen lassen kann, wenn er über diesen Fall redet, erklärt, Calderoni habe »Frauenprobleme« gehabt). Nachdem Calderoni etwa ein Jahr lang in Analyse gewesen war, sprach Scarso mit ihm über die Möglichkeit, selber Analytiker zu werden. Scarso schickte ihn zu Verdiglione, und das war, so der Staatsanwalt, der Moment, in dem Verdiglione um Geld bat. Zu dieser Zeit hatte Calderoni sechstausend Dollar auf seinem Bankkonto.

Verdiglione nahm diese Summe. Ein paar Wochen später arrangierte er, daß der Zahnarzt Kredite über insgesamt vierzigtausend Dollar bei sechs Banken aufnahm — wobei Scarso und einige andere Analytiker der Stiftung als Bürgen auftraten. Schließlich lieferte Calderoni weitere 125 000 Dollar ab. Einen Teil borgte er sich zu (zwanzig Prozent Zinsen), wobei er seine Zahnarztpraxis als Sicherheit anbot, und der Rest bestand aus Schuldscheinen, ausgestellt auf die Holdinggesellschaften Kolonos und Spirali und eine weitere Gesellschaft namens Klinein (griechisch für »beugen«), die Verdiglione gegründet hatte, um Räume zu vermieten und »Dienstleistungen« (wie Verpflegung und Dolmetscher und Bettwäsche) an Firmen zu verkaufen, die sein Hauptquartier für eigene Konferenzen benutzen wollten. Calderoni erwarb so viele Schuldscheine — Italiener kaufen diese notariell beglaubigten Papiere, sogenannte *cambiali,* im Tabakladen —, daß er seinem Tabakhändler fast eintausendsiebenhundert Dollar schuldete. Sein Anwalt behauptet, es sei der Streß gewesen, diesen Forderungen nachzukommen, der Calderoni verrückt gemacht habe. Er sagt, Scarso habe, als Calderoni sich beschwerte, ihm gedroht, mit seiner Analyse aufzuhören, falls er nicht weiter »investiere«. Scarso bestreitet das, aber Tatsache ist, daß Calderoni Anfang 1985 in einer furchtbaren Verfassung war und niemand sich um ihn kümmerte. Er hatte Halluzinationen, saß allein in seinem Zimmer und lachte vor sich hin.

Calderonis Schwester, deren Anzeige die Sache überhaupt erst ins Rollen gebracht hatte, sagt, daß in jenem Winter eines Tages ein Lastwagen vor seiner Wohnung vorgefahren sei. Am Steuer saß ein Faktotum der Stiftung namens Mario Latino. Latino scheint eine Mischung aus Chauffeur, Elektriker, Analytiker und Begleiter in der Villa Borromeo gewesen zu sein. (Er war einmal angeklagt gewesen, eine Patientin vergewaltigt zu haben, wurde aber freigesprochen.) Er brachte den Zahnarzt, seine Kleider, seine Bücher und seine Möbel nach Senago — offenbar sollte Calderoni seinen eigenen Werdegang in einer kulturell etwas inspirierenderen Umgebung fortsetzen können —, aber Calderoni hielt es dort nur einen Monat aus.

Seine Familie glaubt, daß die Leute in der Villa erschraken, als sie sahen, wie krank er war, und ihn gehen ließen. Bei seiner Rückkehr war er dermaßen verwirrt, daß seine Schwester einen Arzt rief, der ihn überredete, ein Krankenhaus aufzusuchen. Tags darauf begannen die Banken, sich bei ihr zu melden.

Merkwürdig erschien den ermittelnden Beamten und Staatsanwälten an der Sache vor allem, daß weder Scarso noch Verdiglione, der Scarso ja angeblich kontrollierte, einen anderen Arzt wegen Calderoni konsultiert noch dessen Familienangehörigen Bescheid gesagt hatten, wie krank er war. Offenbar hatten sie etwas zu verbergen, etwas Wichtigeres für sie als einen Zahnarzt mit einem Frauenproblem. Je länger die Staatsanwälte über diesen Fall nachdachten — und über Verdiglione und seine Analytiker und seine Stiftung für Internationale Kultur und seine Holdinggesellschaften mit griechischen Namen und »Anteilen«, die offenbar weder verkauft noch zurückgefordert werden konnten —, desto bekannter kam er ihnen vor. Die Sache erinnerte sie an den Fall des Philosophieprofessors Toni Negri von der Universität Padua, der im Jahre 1979 unter dem Verdacht, der führende Kopf bei terroristischen Aktionen zu sein, verhaftet worden war. Negri hatte verlangt, als »politischer Gefangener« behandelt zu werden und nicht als gewöhnlicher Verbrecher, und jetzt kam Verdiglione mit der Forderung, er wolle als »Gefangener des Wortes« behandelt werden. Die Staatsanwälte glaubten, es abermals mit einer Verschwörung zu tun zu haben, wie sehr Verdiglione sich auch darüber beschweren mochte, daß die Psychoanalyse angeklagt sei oder die Kultur oder die Übertragung (Oberstaatsanwalt Giovanni Caizzi sprach jedesmal, wenn dieses Wort fiel, von »schlechter Übertragung«), und wie oft er Reportern auch erzählte, daß es Psychoanalytikern unter Stalin und in Hitlerdeutschland viel besser gegangen sei als im demokratischen Italien mit seiner allgegenwärtigen »Gedankenpolizei«.

In gewisser Weise hatte Verdiglione recht, wenn er sagte, daß die Psychoanalyse auf der Anklagebank saß. Es war ganz klar: die *magistratura* — Forno und eine Kollegin namens Francesca Manca, die die Ermittlungen geführt hatte; Caizzi, der im Gerichtssaal die Anklage vertrat, und die drei Richter, die Verdiglione im Juli 1986 für schuldig befanden und verurteilten —, die *magistratura* betrachtete die Psychoanalyse als dubiose, ja sinistre Angelegenheit. Eine Welt, in der man die intimsten Details seines Lebens einem Menschen preisgab, bloß weil der sich als Analytiker bezeichnete — einem Menschen, der diese intimen Details dann mit seinem Analytiker besprach oder, schlimmer noch, mit einer ganzen Gruppe von Analytikern, die behaupteten, sie formulierten eine »Theorie der Klinik« —, eine solche Welt erschien ihnen irgendwie nicht gesund. Schlimm genug, fanden einige, daß die Italiener noch immer glaubten, in dunken Beichtstühlen darüber sprechen zu müssen, ob sie masturbiert oder die Ehe gebrochen hatten oder ob sie ihre Mütter achteten. Die *magistratura* ist eine öffentliche Institution: ob Staatsanwalt oder Richter, alle sind Staatsbedienstete. Die italienischen Gerichte sind willkürlich, manchmal korrupt und fast immer politisch, insofern Kommunisten und Katholiken ihren Anteil an den Planstellen und an den Urteilen fordern, aber in Städten wie Mailand ist eine Generation von jungen Staatsanwälten und Richtern herangewachsen, die, wie viele andere Italiener, engagiert den Terrorismus bekämpfen und von vielen ihrer Landsleute für ihre Entschlossenheit und ihren Mut bewundert werden. Sie scheinen nicht von dieser Welt zu sein. Sie sehen nur Verkommenheit, wo andere Leute Marx oder die Mafia sehen, und sie glauben, in Italien saubermachen zu können, als wäre das Land ein Küchenfußboden — durch kräftiges Scheuern und Schrubben. Die Psychoanalyse wird ihnen vermutlich immer als konspirative Vereinigung erscheinen, ob nun Verdiglione oder Freud auf der Anklagebank sitzt.

Die Staatsanwaltschaft kam auf eine Idee, als zwei von Verdigliones Analytikern in der Haft »Buße taten« (im katholischen Italien heißen Leute, die sich als Kronzeugen zur Verfügung stellen, *pentiti*) und an die vierzig Seiten Beschuldigungen gegenüber Verdiglione diktierten. Verdiglione, so die These der Staatsanwaltschaft, habe Freud — das heißt die Vertrauenssituation zwischen Analytiker und Analysand und die Regeln der Lehranalyse — für kriminelle Zwecke »benutzt«. Jemand suchte sich einen Analytiker. Vielleicht war es ein Analytiker, den man von einem von Verdigliones Kongressen her kannte, jemand, der auf dem Podium direkt neben Borges oder Elie Wiesel gesessen hatte — jemand, der nicht allzu klug, vielleicht sogar ein wenig gestört war, der in dieser Umgebung aber zu einer brillanten Persönlichkeit geworden war. Dieser Analytiker war sanft und, so vermutete man, korrekt, bis er eines Tages kam und einem erklärte: »Giovanni« (bzw. Giovanna), »Sie werden Ihre Probleme nie lösen, wenn Sie hier auf der Couch liegen. Sie müssen Ihre Analyse in eine kulturelle Aktivität einbringen, in etwas, das Ihrem Leben Inhalt und Sinn gibt. Sie müssen in die Internationale Kulturstiftung Armando Verdiglione eintreten.« Einmal angenommen (so die These der Staatsanwaltschaft), man fragte seinen Analytiker, wie denn diese »kulturelle Aktivität« aussehen könne, da doch neunzig Prozent der Stiftung offenbar Verdiglione gehörten und der Rest für die Prominenz reserviert wurde, die in der Villa Borromeo Ferien machte. Der Analytiker war darauf vorbereitet. Er »kannte« ja die Geheimnisse seines Patienten. Er würde einem dann erklären: »Giovanni, Sie träumen von der Malerei. Sie glauben, Sie sind Fußpfleger« (oder Buchhalter oder Kindergärtnerin), »aber Ihr wahres Ich ist Künstler, und zufällig sucht Armando Verdiglione gerade einen Künstler, der Bilder von der Zweiten Renaissance malen soll. Das ist Ihr *spazio,* Ihre wahre kulturelle Aufgabe.« Nun ja, inzwischen freute man sich. Armando Verdiglione war die Antwort auf die eigenen Probleme. Er würde aus einem Fußpfleger einen Maler machen, und man brauchte dafür nur in seine Stiftung einzutreten, deren Ideologie (oder, wenn man es vorzog, deren Theologie) die Psychoanalyse war. In diesem Moment verliebte man sich in seinen Analytiker. Es war der Anfang dessen, was Caizzi »schlechte Übertragung« nannte. Man war verliebt in die Stiftung und in die Psychoanalyse und in Armando Verdiglione und in sich selbst. Man gab die Fußpflege auf, um die Zweite Renaissance zu malen. Man hatte Verdigliones Reden dahingehend verstanden, daß »Kultur« alles war. Kultur war Kunst, Theater, Fabriken, Versicherungsgesellschaften — aber sicher nicht Fußpflege —, und Kultur zu organisieren kostete viel Geld.

Allmählich mußte man nun ans Bezahlen gehen, denn Verdiglione hatte Projekte, die, vom Standpunkt des eigenen Werdegangs gesehen, auch die eigenen Projekte waren. Er besaß ein Dutzend Holdinggesellschaften, eine ganze Kette davon — eine Gesellschaft, die zwecks Beteiligung an einer anderen Gesellschaft gegründet worden war, die zwecks Beteiligung an einer dritten Gesellschaft gegründet worden war, die teure Immobilien besaß. Diese Gesellschaften klangen gut, weil sie nicht »Senago-Immobilien« oder »Duomo-Grundbesitz« hießen, sondern Delfi und Kolonos und Freud und Pirandello. Sie klangen nach genau jenen Gesellschaften, denen man auf seinem Werdegang begegnen würde. Einmal angenommen, man besaß fünftausend Dollar. Der Analytiker würde einem sagen, daß fünftausend Dollar nicht viel Geld sei, aber er würde es trotzdem nehmen, und ein paar Tage später würde er einen wieder bitten — und wieder würde man fünftausend Dollar auftreiben.

Schließlich, wenn nichts mehr übrig war, würde er einen zu Armando Verdiglione schicken. Er schickte einen in das elegante Appartement an der Via Montenapoleone, über das man in *Oggi* und *Panorama* schon gelesen hatte, das Appartement, wo Lina Wertmüller nachmittags hereinschaute und wie es hieß, Verwandte des Ministerpräsidenten — wenn nicht gar der Ministerpräsident persönlich — sich zu diskreten sonntagnachmittäglichen Sitzungen einfanden. Nervös und unsicher trat man ein. Mit Erstaunen stellte man fest, daß Armando Verdiglione genauso viel über einen wußte wie der eigene Analytiker. Tatsächlich war er ein bißchen verärgert. Er glaubte, man habe begriffen, daß man in die Zweite Renaissance nicht fünftausend Dollar, sondern, sagen wir, fünfzigtausend Dollar investieren müsse. Er sagte: »Giovanni, was sind schon schlappe fünfzigtausend Dollar, wo es hier um dein Leben als Maler geht?« Er berichtete einem von seinem neuen »Kunstbüro« an der Piazza del Duomo, das einen berühmt machen würde, und wies darauf hin, daß man ja bald bei seinen internationalen Kongressen sprechen und mit weltberühmten Intellektuellen zu Mittag essen und die eigenen Bilder in Zeitschriften in Tokio und New York veröffentlicht sehen würde. Und bei näherer Überlegung leuchtete einem das auch alles ein. Man sagte: »*Professore,* Sie haben recht. Was sind fünfzigtausend Dollar, wenn ich bald reich und berühmt bin?« Und dann schmiedete man gemeinsam mit Verdiglione Pläne. Man sprach davon, Kredite aufzunehmen, denn Verdiglione kannte Bankiers über seine einflußreichen politischen Freunde, ganz zu schweigen von seinen Kongressen über »Banken, Kunst und Kultur« und seinen Vorträgen über »Das Finanzgeschäft und das Unbewußte«. Am Ende ging man zu diesen Bankiers und bekam die Kredite — nie ein einziger großer Kredit von einer Bank, sondern mehrere kleine Kredite von mehreren Banken. Als Bürge stellte sich der eigene Analytiker zur Verfügung. Auch er kannte die Bankiers, weil er selber bei ihnen in der Kreide stand. Er hatte zweihundert-, vielleicht sogar dreihunderttausend Dollar in die Zweite Renaissance investiert. Tatsächlich unterschied man sich — aus Sicht der Staatsanwaltschaft — von seinem Analytiker nur dadurch, daß dieser als erster auf die Masche hereingefallen war.

Diese Masche war natürlich eine Rekonstruktion — zurechtgelegt wie ein Rätselspiel im zweiten Stockwerk des Mailänder Gerichtsgebäudes. Die realen Patienten hatten viel üblere Geschichten erlebt. Eine Frau berichtete, sie sei, nachdem sie sich geweigert hatte, einen Onkel um Geld zu bitten, von Verdiglione in einem seiner »psychoanalytischen Seminare« dadurch gedemütigt worden, daß er jedem erzählte, sie und ihr Onkel hätten ein inzestuöses Verhältnis. Verdiglione habe auch ihre Mutter mit dem Hinweis bedroht, daß sie ihre Tochter nie wiedersehen werde, wenn sie nicht zahle. Eine andere Frau behauptete, Verdiglione habe sie geschlagen. Einige Patienten sagten, er habe ihnen damit gedroht, daß sie verrückt würden. In Italien gab es früher ein Delikt namens *plagio* (wörtlich übersetzt: man eignet sich den Willen einer anderen Person an, um sie »zu totaler Unterwerfung zu zwingen«), ein Begriff, der benutzt wurde (liberale Italiener würden sagen: mißbräuchlich benutzt wurde), um eine Art von psychischem Zwang zu beschreiben. *Plagio* wurde im Jahre 1981 aus dem Strafgesetzbuch gestrichen, aber offenbar dachte die Staatsanwaltschaft genau an diesen Tatbestand, als Verdiglione und seinen Analytikern letztes Jahr der Prozeß gemacht wurde. Die Staatsanwaltschaft wußte, daß die Patienten, die Forno befragt hatte — darunter fünf, die er überredet hatte, als Nebenkläger neben Calderoni aufzutreten —, als Zeugen vielleicht weniger glaubwürdig sein könnten als ihre Analytiker und erst recht weniger glaubwürdig als Armando Verdiglione. Für sie sprach nur die Möglichkeit, daß sie durch die psychoanalytische Behandlung so geworden waren.

Verdiglione schrieb viel über seinen Prozeß. Es erschienen seine drei Abhandlungen und dann eine Reihe von Sonderausgaben von *Spirali* — die jetzt *Spirali del Secondo Rinascimento* heißt. Das Titelblatt dieser Hefte war wie eine Traueranzeige mit einem grauen Rand eingerahmt, und dazu gehörte auch ein Heft, dem Verdiglione den Titel »Musatti und das Monster von Florenz« gegeben hatte, eine Attacke auf den alten Analytiker, der ihn zwanzig Jahre zuvor als Betrüger bezeichnet hatte. Manchmal schien es, als wollte Verdiglione Musatti für seinen Prozeß verantwortlich machen. Manchmal machte er die »Mailänder Geschäftswelt« verantwortlich (die Mailänder hätten nicht begriffen, daß für alle großen italienischen Unternehmungen privates Kapital nötig gewesen sei, von Christoph Kolumbus bis zu seinen eigenen Entdeckungsreisen) und manchmal den »Mailänder Kalvinismus« (die Mailänder seien »Kritiker des Wahrscheinlichen«). Schuldig waren aus seiner Sicht aber vor allem die Mailänder Kommunisten — ein merkwürdiges Argument, wenn man bedenkt, daß Mailand seit achtzehn Jahren von den Sozialisten regiert wird. Er sagte, in Wirklichkeit hätten die Kommunisten hier die Macht.

Er erklärte, daß Piero Forno Kommunist sei und daß die Richter Kommunisten seien und Giorgio Bocca und all die anderen Kolumnisten und Reporter, die über seinen Prozeß berichteten, Kommunisten seien und daß die Prozeßgutachter — zwei Psychiater und ein Anthropologe — Kommunisten seien. (Elie Wiesel hielt Verdiglione entgegen, daß es eine »Ehre« sei, von der Kommunistischen Partei angegriffen zu werden.) Schließlich war selbst einer seiner eigenen Anwälte verzweifelt. Der Anwalt sagt heute, daß einer der drei Experten tatsächlich Kommunist sei, aber in Italien ist nun mal jeder dritte ein Kommunist.

Verdiglione bekam viereinhalb Jahre. Er saß bis Ende Juli im Gefängnis von San Vittore und wurde dann in seine Wohnung entlassen, um die übrige Zeit in Hausarrest zu verbringen. Er betrachtete es als »ein Symbol der Verkommenheit unserer Zivilisation«, als Giovanni Pescarzoli, der vorsitzende Richter, ihm nicht erlaubte, mit Ionesco am Telefon über Druckfahnen zu diskutieren. (Der Richter meinte, es würde die »erzieherische Funktion« der Strafe unterminieren, wenn er mit Ionesco telefonieren dürfe.) Im Februar bestätigte das Berufungsgericht im wesentlichen seine Strafe, und dann, in einer Geste, die wohl nur in Mailand verstanden wurde, dehnte es Verdigliones Hausarrest auf ganz Italien aus — was auf eine Art inoffizielle Freiheit hinauslief. Vielleicht hatten die Mailänder im Februar einfach keine Lust mehr, sich weiterhin mit Armando Verdiglione zu beschäftigen. Niemand kümmerte sich mehr darum, wohin er ging oder mit wen er telefonierte, und bald konnte man über die Affäre Verdiglione, außer in *Spirali,* nur noch in den französischen Zeitungen lesen. Einige der französischen Autoren, die er publiziert hatte, setzten eine ganzseitige Anzeige in *Le Monde,* um dem italienischen Staatspräsidenten mitzuteilen, daß sie »Pour Armando Verdiglione« seien. (Der Appell ging zurück auf Bernard-Henri Lévy, der die »Verfolgung« von Armando Verdiglione als Schlacht im Krieg zwischen den »Kosmopoliten« und den »Totalitären« bezeichnet hatte.) Sie wiesen darauf hin, daß jeder, der so viel Verstand besaß, *sie* zu veröffentlichen, zweifellos ein Freund der Freiheit und ein

Herausgeber von großem Talent sei, ganz abgesehen davon, daß er auch zu *»la qualité du dialogue Franco-Italien«* beitrage. Sie sprachen von »moralischer Lynchjustiz« und daß Verdigliones einziges Verbrechen darin bestehe, unabhängig zu sein von den »Maschinen, die das politisch-ideologische Leben Italiens kontrollieren und beeinflussen«. Sechs Wochen nach diesem Appell erschien Verdiglione auf einem Parteitag der Radikalen Partei in Rom. Er hatte beschlossen, in diese Partei einzutreten, wie Toni Negri, der die *Radicali* während seiner vierjährigen Untersuchungshaft kennengelernt hatte. Negri wurde als Abgeordneter der Radikalen gewählt und, versehen mit parlamentarischer Immunität, aus der Haft entlassen — und stieg in ein Flugzeug, das ihn nach Paris brachte. Verdiglione sprach nicht über Negri. Er sprach über seinen Freund Enzo Tortora, einen Talkshow-Moderator, der ebenfalls von der Justiz »verfolgt« worden war — wegen Drogen- und Waffenhandels für die Mafia. Tortora war zu zehn Jahren verurteilt worden, kam knapp ein Jahr später aber wieder frei, und er hatte ebenfalls die Radikalen entdeckt, die ihm und dem Bhagwan-Jünger und einem *pentito* aus der Terroristenszene einen Job in ihrem Sekretariat verschafften. Die Radikalen entsandten Tortora in das Europäische Parlament. Er genießt diplomatische Immunität — was sich wohl auch Verdiglione erhofft, bevor die Staatsanwaltschaft Anklage wegen Verabredung zur Verübung einer Straftat erhebt oder die Vollstrekkungsbeamten erscheinen.

Verdiglione hat riesige Schulden. Er hat seine Wohnung verkauft. Seine sozialistischen Freunde sind verschwunden, desgleichen seine Freunde von den Banken und den Versicherungen und aus der Industrie, und nicht viele berühmte Leute haben ihn in der letzten Zeit besucht und ihm Zuspruch gegeben. Er ist dünner geworden. Niemand sieht ihn mehr im Savini oder auf rauschenden Partys. Cristina Frua De Angeli kümmert sich zu Hause um ihn. Sie hat seine Vorträge und seine Korrespondenz und seine PR-Aktionen in die Hand genommen und befehligt einen Trupp von Hausangestellten, deren persönliche Bestimmung es zu sein scheint, darauf zu warten, daß Armando Verdiglione wieder zum Leben erwacht. Eine Zeitlang teilte er sich die Büros an der Piazza del Duomo mit einer PR-Agentur, und einmal übernahm ein Single-Club namens Together die Villa Borromeo, um dort einen »Discoball« zu veranstalten, aber inzwischen sind beide Immobilien vom Gericht beschlagnahmt worden, und früher oder später wird Verdiglione sie verkaufen müssen. Im letzten Sommer machte er Schulden, um eine Dreiviertelmillion Dollar Schadenersatz an »Opfer« zahlen zu können, die ihn andernfalls verklagt hätten. Offiziell kaufte er deren Anteile an Delfi und Kolonos oder an den kleinen Investmentfonds namens Freud, Galileo, Pirandello und Vico zurück. Die verhafteten Analytiker wollen ebenfalls Geld sehen, und ihre Anteile summieren sich auf mehr als anderthalb Millionen Dollar. Sie sind inzwischen aus der Haft entlassen, und alle benötigen das Geld — und wenn sie tatsächlich wegen Verschwörung angeklagt werden, könnten auch sie Verdiglione auf Schadenersatz verklagen. Selbst Verdiglione will Schadenersatzforderungen stellen. Er denkt an die Produzenten einer Fernsehshow namens *Drive In* — einer samstagabendlichen Unterhaltungsshow. Der Hit von *Drive In* ist zur Zeit ein Psychoanalytiker, der knallige Anzüge trägt und Zigarren raucht und sich Pomade ins Haar schmiert und seinen Patienten, sobald sie auf der Couch liegen und die Augen schließen, die Uhr stiehlt. Er versucht ständig, seinen Patienten Grundbesitz zu verkaufen. Auf seinem Türschild steht »PsychoanaLEASING«, und sein Name ist Dr. Vermilione.

Krach in Kreuzberg

Eines Abends im letzten Jahr erschien ein Punk, dessen Revier die Oranienstraße war, am Hinterausgang des Restaurants Maxwell mit einer Information. Der Punk klapperte die Oranienstraße, die Hauptstraße in Kreuzberg, nach Essen ab, und da im Maxwell immer gute Sachen übrig waren, hatte sich, wenn auch keine Beziehung, so doch eine Art Arrangement zwischen dem Punk und den Besitzern des Restaurants, Hartmut und Brigitte Bitomsky, entwickelt. In Kreuzberg treffen die Leute ihre eigenen Arrangements. Sie bezeichnen ihr Viertel als das eigentliche Berlin. Sie bewohnen das freizügigste und anarchischste Viertel einer Stadt, die ohnehin nicht für Konformität bekannt ist, und viele betrachten sich als Außenseiter. »Mir gefiel die Atmosphäre dort, ich mochte die Leute, die nicht so ›angepaßt‹ waren, die etwas außerhalb der Gesellschaft standen«, sagt Brigitte Bitomsky heute.

Wolfgang Krüger, der Bürgermeister von Kreuzberg, macht darauf aufmerksam, daß die unangepaßten Leute nicht die »normalen« Kreuzberger sind. Der Bürgermeister hält sich selbst für einen normalen Kreuzberger. Er sagt, daß es Tausende von normalen Kreuzbergern wie ihn gebe — womit er Tausende von älteren Bürgern aus soliden, konservativen Berliner Arbeiterfamilien meint, die CDU wählen (oder schlimmstenfalls SPD) und noch nie ein leerstehendes Haus besetzt oder sich den Kopf rasiert oder einen Joint geraucht haben, die nie Sicherheitsnadeln im Ohr getragen oder ein Punk-Rock-Video gemacht haben oder während einer Erster-Mai-Demonstration mit Tränengas auseinandergetrieben wurden. Sie sind nicht das, woran die meisten Deutschen bei dem Wort »Kreuzberg«

denken. Die meisten Deutschen denken an die Jugendbanden und an die sogenannten Autonomen. Sie denken an eine exotische Mischung aus Alt-Achtundsechziger-Linken, Hausbesetzern, türkischen Arbeitern, Künstlern und verschiedenen anderen Aposteln dessen, was in Berlin »alternative Kultur« heißt — Punks, Zuhälter, Skinheads, Drogenabhängige, Architekten, Intellektuelle und von daheim weggelaufene Kids, die die öde Sicherheit eines Berufslebens in der Bundesrepublik gegen die ausgefallenen Möglichkeiten der »Szene« im Schatten der Berliner Mauer eingetauscht haben. Das sind die Kreuzberger, die sich für Kreuzberg entschieden haben. Sich für Kreuzberg zu entscheiden ist für sie eine Ehrensache, obwohl Kreuzberger wie Bürgermeister Krüger sie fast als Ausländer betrachten — selbst wenn sie bloß aus Schöneberg oder Charlottenburg oder einem anderen Westberliner Bezirk kommen. Gewöhnliche Kreuzberger sind der Ansicht, daß die einzigen *guten* Ausländer die türkischen Arbeiter sind. Die Türken kamen nach der Errichtung der Mauer nach Kreuzberg — billige Arbeitskräfte, die in den Westberliner Fabriken die Polen und die Ostdeutschen ersetzten. Sie kamen zu einer Zeit, als Kreuzberg eher muffig als ausgeflippt war, und die Furcht, wieder zurückgeschickt zu werden, hat vorbildliche Bürger aus ihnen gemacht.

Vor zwanzig Jahren waren diese Kreuzberger Türken noch Schafhirten in Anatolien. Vor zwanzig Jahren schwänzte der Punk von der Oranienstraße in irgendeinem westdeutschen Kaff die Grundschule. Und vor zwanzig Jahren besetzten Hartmut Bitomsky und siebzehn befreundete Studenten die neue Berliner Film- und Fernsehakademie und benannten sie zu Ehren eines alten sowjetischen Dokumentarfilmers in Dziga-Vertov-Akademie um — und wurden relegiert. Hartmut wurde dann selbst einer der besten deutschen Dokumentarfilmer, obwohl er nie so viel Geld gemacht hat wie seine alten Studienkollegen, die in die Bundesrepublik »rübergingen« und gefällige Filme für das westdeutsche Fernsehen drehten. Hartmut war bekannt für seinen kompromißlosen Purismus. Er war Mitherausgeber der Zeitschrift *Filmkritik,* die in den sechziger und siebziger Jahren für junge deutsche Filmemacher genauso wichtig war wie die *Cahiers du Cinéma* für junge französische Filmemacher. Er schrieb ein Buch *(Die Röte des Rots von Technicolor)*, eine »marxistische Ästhetik« über Film und Politik. Er ließ sich in Berlin nieder und begann, langsam und gründlich an seinen Filmen zu arbeiten. Ihn beschäftigten, was er »Deutschlandbilder« nennt — Bilder deutscher Identität, von Wäldern und blonden Zöpfen und Autobahnen, Bilder, die die Nazis sich angeeignet oder erfunden hatten und die das Nachkriegsdeutschland von neuem erfinden mußte, befreit von ihren Assoziationen, und die Deutschen waren noch immer dabei, sie zu erfinden. Er betrachtete sich als Bildexperten. Wenn er über Kreuzberg spricht, sagt er manchmal, wie sehr ihm die Bilder gefielen, die Kreuzberg präsentierte — Bilder von Toleranz und Eigenwilligkeit und Gemeinsamkeit. Er glaubte, diese Bilder zu verstehen, und natürlich glaubte er zu verstehen, welches Bild *er* in Kreuzberg präsentierte, als er in der Oranienstraße ein kleines Restaurant eröffnete, damit Brigitte, die leidenschaftlich gern kochte, ihre »raffinierte bürgerliche Küche« — pürierten Borschtsch und Kaninchen mit Estragon und Saucen ohne Mehl — den Kreuzbergern vorstellen konnte. Er fühlte sich zu Hause in Kreuzberg. Er war nicht vorbereitet auf die Information, die der Punk an jenem Abend für ein paar alte Baguettes und einen Teller von Brigittes Suppe eintauschte — die Information nämlich, daß Hartmut und Brigitte Bitomsky auf einer schwarzen Liste standen.

Die Liste hing ein paar Häuser weiter, in der Autonomenkneipe SO 36 (so genannt nach dem ehemaligen postalischen Zustellbezirk), und der Punk hatte sie dort in der sonntäglichen Kiezküche gesehen. Fünfzig Namen standen auf der Liste und etwa fünfzig Fotos, die all das repräsentierten, was die Autonomen vom SO 36 als *kiezfremd* bezeichneten — die »Feinde«, die Kreuzberg bedrohten. Es gab ein Foto vom Maxwell. Es gab ein Foto von einem Laden mit Zehn-Gang-Fahrrädern, einem Laden mit handgefertigter Seidenunterwäsche, einem Laden, der sich auf italienische Bücher spezialisierte, und von einer Bar, die die Autonomen als Schicki-Micki-Treffpunkt betrachteten — als »Schicki-Micki« bezeichnen Kreuzberger all das, was sie beleidigt, alles Affektierte oder Prätentiöse oder Teure oder einfach alles Deplazierte, wie ein Restaurant mit *nouvelle cuisine* und englischem Namen in einer Straße, die von Freaks und Punks und Trebegängern und Aussteigern beansprucht wird. Deren eigene Affektiertheit wiederum besteht darin, daß sie so tun, als hätten sie mehr mit einem türkischen Schafhirten gemein, der in irgendeiner Fabrik im Akkord arbeitet, als mit Nachbarn wie Brigitte und Hartmut Bitomsky. Die Autonomen hatten beschlossen, daß die Bitomskys zu jener feindlichen Kultur gehörten, die sich anschickte, Kreuzberg zu erobern — einer Kultur, die die Preise hochtrieb, die die Reichen, Schicken aus Charlottenburg und anderen teuren Berliner Stadtteilen nach Kreuzberg lockte und eine Szene zerstörte, die Kreuzberg zum Traum von Teenagern in West- und Ostdeutschland und von Rucksacktouristen, die Europa bereisten, gemacht hatte, einer Kultur, die »das Volk« vertrieb. Die Botschaft besagte, daß Brigitte und Hartmut Bitomsky zu verschwinden hatten.

Fast zwei Millionen Menschen leben in West-Berlin, umgeben von der Mauer, und für manche ist die Stadt ein Gefängnis und für manche ein Laufstall. Für manche ist sie ein Ort, wo sie als Rentner alt werden und sterben, und für manche ein Ort, wo man der Wehrpflicht entgeht, und für andere einfach eine Durchgangsstation auf ihrem Weg in ein nüchternes Erwachsenenleben in einem der reichen Länder der Bundesrepublik, einige hundert Kilometer entfernt. Manche Westdeutsche sind seit der obligatorischen Klassenfahrt, die sie als Schüler unternommen haben, nicht mehr in Berlin gewesen. Diese Reisen sollen geschichtliches Wissen vermitteln, doch die meisten dieser Deutschen können sich nicht mehr daran erinnern, ob ihre Berlin-Lektion mit der Geschichte der Stadt als der tatsächlichen Hauptstadt eines in der Katastrophe vereinten Deutschland zu tun hatte oder mit der symbolischen Hauptstadt eines friedlich geteilten Deutschland — ob es eine Lektion über Scham war oder über Stolz oder über die Widersprüche einer befleckten Nationalität. Sie wissen nicht, wie ihre Erinnerung an Berlin aussehen sollte oder welche Art von patriotischen Gefühlen die Stadt in ihnen erwecken soll. Viele Leute finden, daß Berlin die einzige richtige Großstadt in Deutschland ist — daß ihr zerrissener, provisorischer Charakter sehr viel authentischer »deutsch« ist als jener der gepflegten, wohlhabenden Städte der Bundesrepublik, wo Bluff und Politik und Geld die Vergangenheit geschönt haben, wie Silbertönung auf dem dichten grauen Haar eines Düsseldorfer Industriellen.

Berlin läßt sich nicht verschönern, sieht beim besten Willen einfach nicht wie eine normale Stadt aus. Das hat nicht bloß mit der Mauer zu tun — obwohl man immer wieder auf die Existenz der Mauer hingewiesen wird, am Ende einer jeden Straße. Es ist nicht einmal eine Frage der trostlosen Restaurierungen des Dritten Reichs, die verschiedene Nachkriegsregierungen der Stadt aufgezwungen haben. Es hat mit der Tatsache zu tun, daß Berlin sich nie erholt hat, wie Westdeutschland sich erholt zu haben behauptet. Abgesehen von den wunderschönen Parks mit ihren Bäumen und Seen — ein Drittel von West-Berlin besteht aus Parks und Wäldern — ist Berlin eine von tiefen Narben gezeichnete Stadt. Sie wirkt noch in ihren belebtesten, am dichtesten bebauten Vierteln wie zerstört, als streue einem die Vergangenheit Schutt und Trümmer wie magischen Staub in die Augen. Architekten aus aller Welt kommen hierher und bauen Bibliotheken und Museen und moderne und phantasievolle Wohnhäuser, doch anstatt Berlin ein neues Gesicht zu geben, betonen sie seine Häßlichkeit. Diese Häßlichkeit ist Berlins Kennzeichen. Berlin ist ganz unverkennbar eine geschundene Stadt, und *ihre* Bilder haben nichts Leichtes oder Angenehmes. Sie trägt ihre Vergangenheit wie ein Bühnenbild — was vielleicht erklärt, warum Filmemacher diese Stadt so faszinierend finden. Die Filmregisseurin Margarethe von Trotta, die so alt wie Bitomsky ist, hat einmal gesagt, Berlin sei die einzige Stadt in Deutschland, die so aussehe, wie Deutschland aussehen *sollte* — wie Deutschland, nicht einmal fünfzig Jahre nach Hitler, auszusehen verdient hätte.

Berlin provoziert. Allein schon durch seine Existenz fordert Berlin zu Fragen heraus, die der Stadt ihre Lebendigkeit und ihren enervierenden Freiraum geben. Manche Menschen, wie etwa von Trotta, sagen, daß sie als Deutsche Berlin *brauchen*, daß sie hin und wieder nach Berlin fahren, weil ihnen das die Chance bietet, sich mit der Realität auseinanderzusetzen — aber die »Realität« Berlins ist genau der Grund, warum andere Deutsche diese Stadt nicht ausstehen können und nie besuchen und dort unter keinen Umständen leben wollen. Diese Deutschen verstehen unter »Realität« etwas ganz anderes. Sie meinen die Verhältnisse im bundesrepublikanischen Nachkriegsdeutschland, und für sie ist Berlin in jeder Hinsicht von diesem Leben abgeschnitten — 296 Quadratkilometer, umgeben von 160 Kilometern Stacheldraht und weißem Beton und fast ausschließlich durch Subventionen finanziert (elfeinhalb Milliarden DM direkt aus Bonn und weitere acht Milliarden an Steuerpräferenzen und Investitionskrediten und Gehaltszulagen und Erschwernisprämien, die Bonn als »indirekte Subventionen« und Berlin lieber als »Förderung« bezeichnet). Sie können Berlin nicht ausstehen, weil Berlin nicht rechenschaftspflichtig ist, weil von Berlin, außer der eigenen Beteiligung am Überleben, nichts verlangt wird. Die Stadt ist an sich eine juristische Fiktion. Offiziell ist Berlin noch immer besetzt. Offiziell erhält der Bürgermeister von West-Berlin jeden Morgen von der Alliierten Kommandantur die Erlaubnis zum Regieren. Offiziell steht Berlin unter Besatzungsstatut, und Bonns Jurisdiktion über die eine Hälfte der Stadt ist von den Alliierten »bis auf weiteres suspendiert«, aber offiziell ist Berlin eben noch immer ein in vier Sektoren geteiltes, militärisch besetztes Gebiet (und offiziell soll das auch so bleiben, bis zur Wiedervereinigung Deutschlands). Bonn weiß natürlich nicht, was es mit Berlin anfangen soll, klar ist nur, daß es unterstützt werden muß. Seine Berlin-Politik besteht bestenfalls darin, Menschen in die Stadt zu holen und ihr Geld zu geben, damit sie genügend Kultur und genügend Kongreßteilnehmer importieren kann, die diese Menschen auf Trab halten, während das wirkliche Deutschland die Zähne zusammenbeißt und sich zu Berlin »bekennt« wie zu einer Bürgerpflicht, so wie man den Militärdienst leistet — und die Stadt am Ende haßt.

Das Problem ist, daß West-Berlin keine Verantwortung trägt, nicht einmal sich selbst gegenüber. Es ist eine Frontstadt, ein vorgeschobenes Stück Westen im Osten, ein Ort für Immobilienspekulanten und schnelles Geld und Willkürjustiz wie die schwarzen Listen in Kiezküchen, aber auch ein Ort, an dem man, unbeobachtet vom strafenden Blick der unbeirrt zupackenden Wirtschaftswunderdeutschen, experimentieren und sogar scheitern kann. Berlin steht unter einer anderen Art von Beobachtung. Diejenigen Leute, die gern in Berlin sind und die Stadt beschreiben wollen, verwenden Ausdrücke wie »Bühne« und »Experimentierfeld« und »gesellschaftliches Theater«. Ausländer betrachten die Stadt manchmal als Bühne, auf der der gute Westen und der böse Osten seit siebenundzwanzig Jahren ihren Showdown aufführen. Aber für Deutsche ist es eine andere Bühne — eine Werkstattbühne, auf der Ideen und Haltungen, die später ihren Weg nach Westdeutschland finden, schon mal ausprobiert werden. Die westdeutsche Studentenrevolte 1968 ging von West-Berlin aus. Ebenso der deutsche Revisionismus und die Ostpolitik und die Bewegung der Grünen (die Westberliner Grünen, die sich hier Alternative Liste nennen, kommen in Bezirken wie Kreuzberg auf fünfundzwanzig Prozent der Wählerstimmen). Politiker aller Parteien proben in Berlin ihre Auftritte. Willy Brandt war Regierender Bürgermeister, als die Mauer errichtet wurde (und als John F. Kennedy ausrief: »Ich bin ein Berliner«). Richard von Weizsäcker war zwanzig Jahre später Regierender Bürgermeister — heute ist er Bundespräsident.

Es besteht ein großer Unterschied zwischen Berliner Politikern und den Politikern, die auf ihrem Weg zur Macht in der Bundesrepublik hier Station machen. Die Berliner, ganz gleich, woher sie kommen, gehören einer Art Lokalmafia an. Sie schätzen die simpleren, materiellen Einflußmöglichkeiten in einer Stadt, in der der Begriff »Interessenkonflikt« noch zu entwickeln ist — wo Korruption mit dem Wort »Filz« beschrieben wird, weil in Berlin die Fäden von Macht, Politik und Profit so eng miteinander verwoben sind, daß niemand sie auseinanderdröseln kann. Jeder, der irgend etwas mit Berlin zu tun hat, ist Teil des Filzes. Der Kölner Zahnarzt, der in ein Berliner Bauprojekt investiert — der Bausektor ist die florierendste Branche in Berlin, auch wenn viele alte Gebäude, von Westdeutschen zu Spekulationszwecken erworben, leerstehen —, kommt in den Genuß so vieler Abschreibungsmöglichkeiten und Zuschüsse, daß er für seine Immobilie praktisch keinen Pfennig zu bezahlen braucht. Die Firma, die in Berlin eine Zweigniederlassung einrichtet, bekommt so viele Kredite und Subventionen, daß sie ihre Ausgaben minimieren und Profite, die sie anderswo macht, hier abschreiben kann. Offiziell ist West-Berlin die größte Industriestadt Westdeutschlands, aber das heißt nur, daß es in Berlin mehr Arbeiter gibt als beispielsweise in Hamburg oder in Düsseldorf. Ein Hemd, das an der Ruhr zugeschnitten wird, mag nach Berlin transportiert werden, um dort von einer Maschine eines Tochterunternehmens die Knöpfe angenäht zu bekommen, aber die letzten Stiche werden ihm wieder an der Ruhr verpaßt.

Berlins wahres Geschäft ist Berlin. Fast ein Viertel der Menschen, die hier arbeiten, arbeiten für die Stadt — was konkret heißt, daß sie von Westdeutschland bezahlt werden —, und wahrscheinlich noch mehr arbeiten in subventionierten oder »garantierten« Jobs. Viele dieser Tätigkeiten haben mit dem Import von Kultur zu tun. (Kreuzberger sagen: »offizielle Kultur«.) Das Westberliner Kulturbudget beläuft sich auf knapp fünfhundert Millionen DM — mehr als die Hälfte der Bundesausgaben für die Künste in den USA. Alljährlich kommen Künstler und Schriftsteller als Gäste der Stadt nach Berlin, desgleichen Hunderte von Wissenschaftlern und Gelehrten, denn Berlin hat 185 Denkfabriken und wissenschaftliche Institute, die sie einladen. Die Gäste beziehen kostenfreie Wohnungen und erhalten ihre Stipendiengelder und bekommen ihren Tisch in der Paris-Bar und werden ihrer kreativen Talente wegen umsorgt wie ausländische Staatsoberhäupter — und sie produzieren die »Berliner Kultur« für die Westdeutschen, die als Touristen im Kempinski oder Schweizerhof absteigen, Eintrittskarten erwerben, die Stadt besichtigen und wieder nach Hause fahren. Unter anderem besichtigen sie Kreuzberg. Deshalb kümmert sich Berlin auch um die westdeutschen Kids, wenn sie, ohne Arbeit und Geld, in Kreuzberg ankommen. Und deshalb schreibt der Regierende Bürgermeister auch das Vorwort zu einem Kreuzberg-Führer, und mit seinem offiziellen Segen wird die Oranienstraße dadurch zu einem kulturellen Happening, zu einer dieser erstaunlichen Touristenattraktionen Berlins, wie der restaurierte Reichstag oder Herbert von Karajan oder die Mauer.

Als Hartmut Bitomsky in West-Berlin eintraf, um zu studieren, schrieb man das Jahr 1962, die Mauer war gerade gebaut worden, und die Stadt richtete sich auf eine Belagerung ein, die zehn Jahre dauerte, bis das Abkommen, das die Beziehungen zwischen den beiden Berlins wiederherstellte, unterzeichnet und die Situation in West-Berlin offiziell als »normalisiert« bezeichnet wurde. Im Jahre 1962 war das Leben in West-Berlin aufregend, aufreibend und alles andere als normal — und Studenten wie Hartmut, Sohn eines Bremer Architekten, unruhig, wie er sagt, und mit dem Kopf voller Ideen zu Kunst und Politik, wollten unbedingt dorthin. Hartmut immatrikulierte sich an der Freien Universität, studierte Philologie und Theaterwissenschaften, aber sobald die Filmhochschule gegründet worden war, schrieb er sich dort ein. 1968 gab es nur zwei Filmhochschulen in Westdeutschland — in Berlin und in München —, aber für junge Linke wie Hartmut war die Film- und Fernsehakademie Berlin die seriösere, weil man dort über Marx und Mao diskutierte und darüber, warum der Sozialismus funktionierte und der Kapitalismus nicht, weil man dort komplizierte, provozierende Filme machte für Freunde, die schon das richtige politische Bewußtsein hatten, und dort wurde auch der Mai 1968 für den Rest Deutschlands erfunden. Hartmut war mit sechsundzwanzig berühmt, weil er die Filmakademie besetzt hatte und relegiert worden war — viel berühmter, sagt er, als wenn der Direktor ihn hätte weiterstudieren lassen, sobald die Sit-ins und die Demonstrationen und Institutsbesetzungen vorüber waren.

Hartmut hat nie daran gedacht, nach Bremen zurückzugehen. Ihm gefiel die Berliner Atmosphäre. Dem Ausspruch, daß Berlin, innerhalb der Mauer, die freieste Stadt der Welt sei, konnte er nur zustimmen. Ihm gefiel, daß die Berliner *per definitionem* als etwas verrückt galten. Das machte sie tolerant und ließ eine Art Familiensolidarität entstehen, und, was noch wichtiger war, es befreite sie von den Zwängen des Wirtschaftswunders — von den Kleidern und Autos und den ostentativen Anstandsregeln der erfolgreichen Westdeutschen. Einer der Redakteure, der mit Hartmut die *Filmkritik* herausgab (die Zeitschrift war ein Kollektiv mit neun oder zehn Herausgebern, jeder mit seiner eigenen politischen Einstellung und seinen eigenen Theorien und seinen eigenen Vorstellungen vom Filmemachen), sagt, Hartmut sei ein geborener Berliner gewesen. Er war von Natur aus ein Außenseiter. Er gehörte keiner der Gruppen oder Schulen an, die den »Neuen deutschen Film« propagierten. Er interessierte sich nicht sonderlich für Ruhm oder Geld. Er war nicht elegant. Er lebte einfach und trug einfache Sachen, Lederjacke, Stiefel, Jeans und alte karierte Hemden — und das in einer Stadt, wo die einen Kaschmir tragen und die anderen in Phantasieaufmachung herumlaufen. Er bevorzugte Orte, die von Leuten frequentiert werden, die die Autonomen als »das Volk« bezeichneten. Brigitte, Tochter eines Stuttgarter Polizisten, lernte Hartmut in einer Kneipe beim Flippern kennen.

Brigitte Bitomsky war ebenfalls eine geborene Berlinerin — ein dunkelhaariges, zerbrechliches hübsches Mädchen, das im Alter von einundzwanzig Jahren »in Schwarz und mit Sonnenbrille« ankam, sich an der Pädagogischen Hochschule einschrieb und dort nur einmal war, nämlich an ihrem ersten Tag. Ihre Freunde, sagt sie, waren Außenseiter und Hippies oder haben »herumgegammelt« — diesen Ausdruck verwendet sie auch für sich selbst. Sie waren immer bankrott und oft bekifft, einige von ihnen starben, und alle legten Wert darauf, sich den Konventionen eines bürgerlichen Lebens zu verweigern. Brigitte sagt, sie habe sich schon damals nicht vorstellen können, in irgendeiner anderen deutschen Stadt zu leben. Die längste Zeit, die sie dann außerhalb der Stadt verbrachte, waren die sechs Monate, die sie 1971 auf Ibiza war. Die längste Zeit, die Hartmut außerhalb von Berlin verbrachte, waren sechs Monate im Jahr 1980, als er Amerika auf dem Highway 40 West durchquerte, um einen dreistündigen Dokumentarfilm zu drehen, der in Deutschland als Hartmut Bitomskys *road movie* bezeichnet wird. Danach zogen die Bitomskys nach Kreuzberg.

Brigitte fühlte sich in Kreuzberg genauso wohl wie Helmut. »Mir hat alles gefallen — alles, was sich dann gegen uns richtete«, sagt sie heute. Es war anders als Schöneberg, wo sie und Helmut vorher gewohnt hatten, und anders als die anderen Stadtteile, die sie kannten, in denen man entweder schlief oder arbeitete und in denen es nicht diese Kreuzberger Mischung aus Türken und Arbeitern und Künstlern und Studenten und Szenefreaks von der Oranienstraße gab. In einem alten und ziemlich heruntergekommenen Gebäude in der Ritterstraße, südlich der Oranienstraße, fanden sie eine Wohnung, aber im Erdgeschoß gab es dafür einen leeren Raum, wo Hartmut seine Filme lagern und schneiden konnte — eine Adresse für Big Sky Film, den Namen, den er aus Amerika für seine Produktionsfirma mitgebracht hatte. »Es erschien uns wie ein Paradies«, sagt er. »Wir wußten, daß es Druck gab, daß ›Geld‹ hereindrängte, aber wir hatten kein Geld. Wir waren keine schicken Charlottenburger. Wir wußten nicht, daß wir möglicherweise zu dieser Invasion gehörten — jedenfalls wurde uns vorgeworfen, daß wir Teil dieser Invasion seien. Für uns war das alles wie ein Traum. Es war, als lebten wir eine Idee von Urbanität — eine Idee, die wir von Schriftstellern des neunzehnten Jahrhunderts übernommen hatten. Für uns war Kreuzberg auf der Straße gelebtes Leben. Die kleinen Kaufleute, miteinander kommunizierende Menschen, spielende Kinder.«

In dem Jahr, als die Bitomskys nach Kreuzberg zogen, erhielt die Westberliner Kinemathek vom Archiv des Kopenhagener Filmmuseums etwa zwanzig Rollen mit alten Nazipropagandafilmen. Hartmut ging daran, diese Filme durchzusehen und dann noch Hunderte von anderen, die er im Bundesarchiv in Koblenz ausgegraben hatte. Er sagt, in Koblenz habe es buchstäblich ganze Zimmer voll mit unkatalogisierten NS-Propagandafilmen gegeben. Es war kein militärisches oder politisches Propagandamaterial (Hartmut vermutet, daß es deshalb unbeachtet blieb), sondern die Sorte Propaganda, die ihn interessierte. Hier war etwas produziert worden, was man nationalsozialistische Asphaltlyrik nennen könnte — eine Poesie der Autobahnen und Autos und Maschinen, die die Deutschen mit dem Nationalsozialismus und mit dem Triumph des Nationalsozialismus identifizieren würden. In diesen Filmen ging es um die Vorstellung eines kollektiven deutschen Willens, der sich in der Industriekultur ausdrückte — in einer Kultur im Dienste des Straßenbaus, der wiederum im Dienste des Dritten Reichs stand. Es war ein Schatz, sagt Hartmut, wenn man das Wort »Schatz« im Zusammenhang mit den Nazis verwenden konnte. Er staunte, wieviel Energie und Intelligenz und Geld in diese Filme gesteckt worden waren, die auf den ersten Blick wie gewöhnliche, mitunter auch langweilige Dokumentarfilme beispielsweise über den Bau einer Straße zwischen zwei deutschen Städten aussahen. Hartmut hatte, seit er nach Kreuzberg gezogen war, viel über Städte nachgedacht. Er las Roland Barthes und die französischen Semiologen und natürlich auch Baudelaire, der zu seiner Zeit und auf seine Weise eine Asphaltlyrik von Paris geschrieben hatte — von einem Dichterleben auf den neuen Boulevards des Barons Haussmann. Hartmut sagt, ihm sei, während er am Schneidetisch der Kinemathek saß und diese Filmrollen anschaute, klargeworden, daß das nicht sehr viel anders war als das, was die Nazi-Künstler mit dem Bild von Hitlers Reichsautobahn für Deutschland erreichen wollten, nämlich eine Art »Reichsautobahngenre« zu schaffen. Es gab Reichsautobahnmaler und Reichsautobahndichter und Reichsautobahngrafiker, die Reichsautobahnbriefmarken und Reichsautobahnplakate schufen, und vor allem gab es Reichsautobahnfilme — Filme, die davon handelten, daß der Mann, der sich für die Autobahn entschied, das schönste Mädchen bekam, ein Mädchen, das wußte, was es wollte, und das Männer liebte, die zupackten und schnell fuhren und ihr Ziel vor den anderen erreichten.

Hartmut wollte aus dem Filmmaterial etwas Eigenes machen. Er wollte eine zwischen Dokumentarfilm und Essay angesiedelte Form finden, die die Ausstrahlung jener Nazi-Bilder wieder erlebbar machen würde. Er wollte den Deutschen einen Eindruck davon vermitteln, wie diese Bilder damals auf den Zuschauer gewirkt hatten und vielleicht schon wieder wirkten. Er sagt, er habe die Bilder nicht »inszenieren« — das heißt, sie nicht erklären oder arrangieren wollen. Es lag ihm nichts daran, banale Kommentare zum Thema Manipulation zu liefern oder auf den Doppelcharakter hinzuweisen (die Reichsautobahn diente ja dem Transport von Panzern und Truppen und war eine Schnellstraße für die Eroberung Europas und nicht bloß für gutaussehende Männer und hübsche Mädchen in Kabrios) oder seinen Schatz aus der Perspektive eines Achtundsechziger Linken, der auf die Vierzig zuging, zu zensieren. Er wollte, daß die Leute, die seine Filme sahen — geplant war eine Trilogie über das Propagandamaterial —, sich einen Begriff davon machten, welche Macht die Bilder in der Hand von Experten wie jenen NS-Filmregisseuren bekamen. Ihnen sollte klarwerden, wie beeinflußbar sie sind. Er wollte, daß sie genau hinsahen. Seine Kritiker sagten später, seine Filme seien sehr spröde und anspruchsvoll, aber Hartmut erklärt, daß er einfach nach seinen eigenen Vorstellungen gearbeitet habe und daß es ihm, konfrontiert mit so bedrückendem Material, geholfen habe, in einer so lebendigen, menschlichen, toleranten Atmospäre wie der von Kreuzberg zu leben. Ihm schien, als sei Kreuzberg der einzige Ort in Deutschland, der zu »meiner Politik und Semiotik« paßte. Die nächsten sieben Jahre saß Hartmut zu Hause in seinem Zimmer und arbeitete. Er schätzt, daß ihn, nach sieben Jahren, das ganze Viertel kannte.

Hartmut ist kaum zu übersehen, sogar (oder gerade) in einer Gegend wie Kreuzberg. Er ist groß, ernst, bewegt sich langsam und schwerfällig. Er hat sanfte blaue Augen und hellbraune Haare und einen braunen Schnurrbart — das einzige an ihm, worin sich ein Anflug von Eitelkeit auszudrücken scheint — und kleidet sich noch immer wie ein Holzfäller — Lederjacke, Jeans, kariertes Hemd. Hartmut strahlt etwas Angestrengtes aus, wie seine Filme — eine Schüchternheit, eine Ungelenkheit, als sei er in Gedanken oder beobachte etwas oder fasse einen Entschluß oder als wolle er einfach nicht aufdringlich sein. Leute, die für das Maxwell waren, hielten das für Bescheidenheit oder Sensibilität, und Leute, die gegen das Maxwell waren, fanden Hartmut spröde und eigensinnig. Aber alle finden sie, daß er ein freundlicher Mensch ist. Er wollte, daß Brigitte ihr Restaurant bekam. Sie hatte sich anhand eines Buchs von Escoffier selber das Kochen beigebracht, und obgleich sie nervös und schüchtern ist, so war sie doch immer selbstbewußt, was ihr Kochen anging. Sie sagt, daß nach Escoffier alle Kochbücher der Welt nur Bilderbücher sind. Sie beschloß, in einem großen Restaurant eine Lehre zu machen, und zwar in den Tessinerstuben in der Nähe des Kurfürstendamms und der großen Kaufhäuser, und besuchte sogar einige Pflichtstunden in Betriebswirtschaft und Hygiene und Ernährungswissenschaft in einer kommerziellen Kochschule. Sie wollte wissen, wie die Profis arbeiten, aber die Profis in einer großen Berliner Küche arbeiten wie an einem kulinarischen Fließband, wie Akkordarbeiter in einer Fabrik, und die in der Tessinerstube erschienen ihr allesamt »genervt und gestreßt« von einer Arbeit, die zu vermeiden man nach Kreuzberg geht. Also beschloß Brigitte, »richtiges Essen« in Kreuzberg zu servieren. Damit meinte sie knackiges Gemüse und frischen Fisch und edle Gewürze und Fleisch, das weder paniert noch fritiert wurde, noch in Sauce ertrank. Sie meinte einwandfreie, wohlschmeckende Gerichte — und für Kreuzberg war das etwas Exotisches. Hier hieß alles, was einem nicht wie ein Stein im Magen lag, *nouvelle cuisine* und war eindeutig Schicki-Micki, doch die Leute aus der Szene aßen eben *junk food,* die Türken aßen fetttriefendes Kebab, und die Arbeiter aßen Currywurst mit Ketchup, die sie mit reichlich Bier hinunterspülten.

Helmut formuliert es so: »Schauen Sie, es war unser Viertel, und das Maxwell wollten wir ja auch deswegen machen, weil wir den Eindruck hatten, daß hier alles in Richtung *junk food* ging. Alles war voller Chemie, und wir dachten, vielleicht allzu missionarisch, daß ein gutes Restaurant ungewöhnlich und zugleich sinnvoll wäre. Wir wollten kein Restaurant für Großverdiener machen. Für uns hatte das Maxwell in erster Linie mit ästhetischen Vorstellungen zu tun, wie meine Filme oder meine Wohnung — allen liegt ein gemeinsames ästhetisches Prinzip zugrunde. Verstehen Sie, man sieht einen Raum, man hat seine eigene ästhetische *Vorstellung* von diesem Raum, und unsere Vorstellung vom Maxwell ging in Richtung Minimal Art. Nur wenige Gegenstände, dafür solide, authentische Dinge, kein Plastik, kein Glitzerkram, nichts Protziges oder Synthetisches. Wir hatten ohnehin nicht das Geld, um uns schick einzurichten. Vieles habe ich selbst gemacht. Ich hatte ein bißchen Übung vom Film her, weil man da improvisieren muß — man stellt fest, daß man die Stromleitungen selbst legen kann, man kann selbst Kacheln verlegen, man kann alles mögliche bauen. Von daher konnte ich das Maxwell so bauen, wie wir es haben wollten. Wir hatten einen Raum. Wir hatten einen Holztresen und sieben Holztische und dreißig Holzstühle, und wir hatten weiße Leinentischtücher und weiße Leinenservietten. Später hieß es, daß wir eigens angefertigtes Geschirr verwendet hätten, aber wir hatten nur einfaches weißes Geschirr, und unser ›Silber‹ waren einfache rostfreie Spaten-Bestecke, die ich in Paris , als ich dort einmal filmte, in einem Fachgeschäft für Gastronomiebedarf gekauft hatte. Aber alles war sorgfältig und mit einer bestimmten Vorstellung ausgesucht — nichts sollte gewöhnlich aussehen. Selbst die Speisekarte — na ja, die Küche war nicht gerade simpel. Es war eine moderne französische Küche, ziemlich raffiniert, aber wir haben uns bemüht, die Speisekarte einfach zu halten, mit Understatement, und keine hochgestochenen französischen Bezeichnungen zu verwenden. Mit dem Namen war es das gleiche. Maxwell. Wir wollten einen Namen, der mit ›M‹ anfing, weil ›mm‹ für ›gut‹ steht und weil, wenn man ›M‹

ausspricht, das fast so ist, als würde man etwas Gutes essen — man macht den Mund auf, und muß ihn sofort wieder zumachen. Also haben wir alle M im Westberliner Telefonbuch nachgesehen und sind auf Maxwell gestoßen. Es gab einen Maxwell in West-Berlin. Es klang gut, irgendwie anders. Sie wissen ja, man hat so seine Illusionen. Heute gefällt einem was, und sechs Monate später weiß man, wie dumm man gewesen ist.«

Niemand in Kreuzberg hielt Hartmut Bitomsky oder seine Frau für dumm. Die Autonomen, die sie hinauswerfen wollten, beschimpften sie als »Imperialisten« und beschuldigten sie, schicke reiche Filmemacher zu sein, wie die Filmleute in München; und die Autonomen, die bereit waren, sie »ihr Ding machen« zu lassen, fanden sie einfach naiv und meinten, daß man sie ignorieren sollte. Brigitte sagt, daß sie zweifellos naiv war. Sie sei, wie die meisten der Kreuzberger Kids, die sich gegen das Maxwell wendeten, aus einer Kleinstadt gekommen und gar nicht besonders elegant gewesen, obwohl sie mit ihrem zarten, feingeschnittenen Gesicht und ihrem glatten schwarzen Pony und ihren einfachen schwarzen Sachen und der großen schwarzen Sonnenbrille durchaus elegant aussieht. Sie glaubte an das Maxwell. Sie betrachtete es als ihre Aufgabe, *beurre blanc à l'estragon* nach Kreuzberg zu bringen, und sie fand, daß die weißgetünchten Wände und das einfache weiße Geschirr und die schlichten Weingläser — die der türkische Arbeiter und der Punk mit orangefarbenem Haar, die auf der Straße vorübergingen, durch die Schaufensterscheibe sehen konnten — etwas Solides und Authentisches hatten. Sie glaubte, daß sie Leuten Anschauungsunterricht in Sachen Einfachheit erteilte, die sich unter wahrer »Einfachheit« Resopaltische vorstellten, für die Getränke umfunktionierte Senfgläser, einen vollgepackten Ausguß und Mülleimer, die von den Gästen nur durch einen Bambusvorhang getrennt waren. Sie glaubte, daß die Leute im Viertel angetan wären und respektieren würden, was sie für Kreuzberg tat, denn sie liebte und respektierte die Leute im Viertel. Sie glaubte an die Kreuzberger Szene und an die berühmte Kreuzberger Freiheit — sie glaubte, daß Berlin

SO 36 tatsächlich der freieste Winkel der freiesten Stadt auf der Welt sei.

Manche Leute hier, alte Bekannte der Bitomskys, sagen, daß Hartmut seine Frau hätte warnen sollen, daß er — ein Mann, der sich in seinem Beruf als Filmer so viele Gedanken darüber gemacht hatte, wie kulturelle Bilder produziert und manipuliert und verbreitet werden, ein Mann, der Barthes las und von »Politik und Semiologie« redete — hätte wissen müssen, daß ein Ort wie das Maxwell in der Oranienstraße gerade *wegen* seiner Einfachheit auffallen mußte — daß das Maxwell auch nicht mehr Aufsehen erregt hätte, wenn es golden ausgemalt gewesen wäre und ein livrierter Türsteher vor dem Eingang gestanden hätte. Sich zu kostümieren (und sei es als livrierter Türsteher) — das entspricht Kreuzberger Stil. Es ist das *Understatement,* das provoziert. Doch Hartmut glaubte an seine Prinzipien, so wie Brigitte an die Nachbarn glaubte. Er sah sich in Kreuzberg um. In der Oranienstraße 170 fand er etwas, was ihm geeignet erschien, und daß man dort, zwischen Heinrichplatz und Moritzplatz, im Herzen der Kreuzberger Szene war, beunruhigte ihn nicht im geringsten. Das breite Erdgeschoß war seinerzeit in zwei Trödelläden aufgeteilt — das heißt, der Spekulant, dem das Haus gehörte, bekam zweimal Miete. Sobald die Verträge gekündigt waren, übernahm Hartmut die Läden. Sein Mietvertrag war günstig — anfangs fünfhundert Mark monatlich, nach fünf Jahren das Doppelte —, denn unabhängig davon, welche Vorstellungen Hartmut mit dem Maxwell verband, für den Hausbesitzer gehörte das Maxwell zur »Yuppisierung« Kreuzbergs; das Lokal war für das Viertel gut, es würde die richtigen Leute anziehen und den Wert des Kreuzberger Immobilienmarktes insgesamt steigern. Hartmut schätzt, daß der Umbau und die Einrichtung des Ladens ihn 250000 Mark kostete, einschließlich der Zeit und der Arbeit, die er selber hineinsteckte. Die Deutsche Bank lieh ihm fünfzigtausend, und ein paar Freunde investierten neunzigtausend Mark. Der Rest waren Hartmuts und Brigittes Ersparnisse. Es war alles, was die Bitomskys an Geld besaßen.

Das Maxwell wurde zu Weihnachten 1985 eröffnet. Die Freunde der Bitomskys kamen, und die Freunde brachten wiederum ihre Freunde mit, und allmählich kamen die Restaurantkritiker. Im Stadtmagazin *Zitty* schrieb jemand, daß das Maxwell toll sei, wenn auch vielleicht »ein bißchen zu fein für Kreuzberg«, und sogar die *New York Times* schickte einen Reporter — woraufhin die Künstler und die Intellektuellen, die sich als Gäste des Senats in Berlin aufhielten, nach Kreuzberg fuhren, um Brigittes gute Weißweine zu probieren und ihre fünf Vorspeisen und ihre vier Hauptgänge und den jeweiligen Käse und ihre drei Desserts. Das Maxwell war selten voll (und kaum gewinnbringend), aber es war berühmt. Es war ein heller (manche sagten: aggressiv heller) Lichtfleck in einer dunklen (manche sagten: aggressiv dunklen) Straße, wo meist hinter verhängten Fenstern oder in Hinterzimmern gegessen und getrunken wurde, damit es keine Probleme gab, wenn das Hasch und das Koks hervorgeholt wurden. Brigitte kochte gern, und Hartmut half bereitwillig, und nach einem anstrengenden Abend setzten sie sich an den Küchentisch, und Brigitte kochte für sie ein leichtes Hausmannsgericht — Spinat mit Eiern zum Beispiel. Hartmut sagt, er habe anfangs gar nicht begriffen, welche »Signale« das Maxwell in Kreuzberg aussandte, gar nicht einschätzen können, welcher Glamour von diesem Ort ausging — immerhin arbeitete Brigitte fünfzehn Stunden täglich, sechs Tage die Woche, es gab nur zwei Leute, die bedienten, und zwei, die in der Küche halfen. Wie schick das Maxwell war, wurde ihm eigentlich erst klar, als eine Gruppe von Amerikanern dort einen Tisch bestellte und einer der Gäste sein Notizbuch liegenließ — es war Robert Wilson.

Hardt-Waltherr Hämer ist ein alter Berliner Architekt, der seit zehn Jahren in Kreuzberg arbeitet (er sagt »in Kreuzberg für Kreuzberg«). Für die meisten Leute in der Szene ist er wahrscheinlich der wichtigste Mann in SO 36, weil er, als Chef eines Teams aus Architekten, Soziologen, Stadtplanern und Wirtschaftswissenschaftlern, die gewaltige und frustrierende Aufgabe übernommen hat, das Viertel entsprechend den

Bedürfnissen seiner Bewohner zu sanieren. Er selbst wohnt nicht in Kreuzberg. Er sagt, wenn er nach Kreuzberg umziehe, würde er jemand anders verdrängen. Die Bewohner eines Quartiers an den Entscheidungen über ihre Wohngegend zu beteiligen, ihnen einen Bezug zum Viertel zu ermöglichen — das versteht Hämer unter Architektur, und das versucht er in Kreuzberg auch umzusetzen. Hämer war einer von drei Direktoren der Internationalen Bauaustellung (IBA) in Berlin, die zur 750-Jahr-Feier der Stadt achtzig neue Wohnblocks präsentierte. Die IBA wurde vom Berliner Senat finanziert, und zumindest am Anfang stellte man sich einen Wettbewerb vor, zu dem berühmte Architekten aus aller Welt eingeladen werden sollten. »Der Gedanke, Kultur und Kreativität zu importieren, war typisch Berlin«, sagt Hämer. Er selbst hatte nicht viel übrig für die »importierte Ästhetik im Dienste deutscher Immobilienspekulanten«. Er interessierte sich für Kreuzberg und überlegte, was aus den armen Leuten in Kreuzberg werden würde — den Immigranten und den Kids und den Rentnern —, die durch die Sanierungsmaßnahmen aus dem Viertel vertrieben wurden, weil sie sich die neuen Mieten nicht mehr leisten konnten. Hämer ist ein alter Radikaler, und als die wichtigsten Daten in seiner beruflichen Laufbahn bezeichnet er die Momente, als er wegen seiner stadtplanerischen Auffassungen aus diversen Berliner Bauprojekten flog. Aus der IBA wurde er zwar nicht hinausgeworfen, aber er nahm von Anfang an eine kämpferische Haltung ein und rief eine Art alternative IBA ins Leben, die als »Altbau-IBA« bekannt wurde, weil sie es als ihre vorrangige Aufgabe betrachtete, alte Häuser zu sanieren und nicht neue Häuser zu bauen. Hämers Job bestand darin, sechstausend Wohnungen für fünfzehntausend Einwohner in Hartmut Bitomskys Viertel zu sanieren.

Die Kreuzberger Häuser sind typische mitteleuropäische Arbeiterhäuser, düstere Monumente der industriellen Revolution und der Rolle, die Berlin in dieser Revolution spielte. Hämer sagt, daß »Deutschland« in Kreuzberg und mit diesen Häusern begann — vor einhundertsechzig Jahren, als Berlin anfing, Fabrikarbeiter auf dem Land anzuwerben, und diese

Leute dann in die Stadt zogen. Das dörfliche Kreuzberg, südöstlich vom Alexanderplatz gelegen, jenseits der Spree, war das erste Proletarierviertel in einer Reihe von Ansiedlungen, die sich im Lauf der Zeit ringförmig um die Stadt legten und in denen etwa neunzig Prozent der Bevölkerung lebten. Laut Hämer muß es ein Bauherrenparadies gewesen sein. Die Immobilienspekulanten der fünfziger Jahre des letzten Jahrhunderts kauften in Kreuzberg das Land auf und begannen, Quartiere für die neuen Arbeiter zu errichten, die sogenannten Mietskasernen. Tatsächlich war eine Mietskaserne weniger ein Haus als ein Gebäudekomplex (fünf Stockwerke hoch, oft mit zwei Hinterhäusern plus Seitenflügel, jeweils getrennt durch dunkle, übelriechende Innenhöfe — je weiter hinten, desto dunkler und übelriechender). Die Mietskaserne war teils Scheune (da die Leute ihre Tiere vom Land mitbrachten), teils Werkstatt (da die Bäuerinnen sich Heimarbeit suchten), teils Produktionsstätte (da die Arbeitgeber feststellten, daß Gewerberäume in Kreuzberg weitaus billiger waren als im alten Teil der Stadt) und natürlich Kaserne. Die Bewohner der Kreuzberger Mietskasernen benutzten Küchen und Außentoiletten und Wasserstellen gemeinsam, wenn sie überhaupt das Glück hatten, über einen Wasserhahn zu verfügen — und sie wohnten so, wie Tausende von Arbeitsimmigranten heute in deutschen Gastarbeiterunterkünften wohnen.

Die meisten Gebäude in SO 36 waren früher Mietskasernen. Nicht nur die Wohnung der Bitomskys lag in einer alten Mietskaserne, sondern auch das Maxwell und die türkischen Läden und die Autonomenkneipen in der Oranienstraße; und Hardt-Waltherr Hämers riesiges Architekturbüro befindet sich in einem Gebäude an der Spree, in dem früher eine Kleiderfabrik und eine Maschinenwerkstatt untergebracht waren. Hämer bezeichnet es als eine der vielen Ironien dieses Viertels, daß die Mietskasernen den Krieg überstanden, während das »gute« Berlin von den Bomben zerstört wurde. SO 36 dürfte der am wenigsten zerstörte Stadtteil gewesen sein. In den fünfziger Jahren war er dicht besiedelt, und er wäre das wohl auch geblieben, wenn die Mauer durch einen anderen Teil Berlins gezogen worden wäre. Kreuzberg stand buchstäblich mit dem Rücken zur Mauer. Und unmittelbar nach dem Bau der Mauer wanderten die Menschen ab. In Kreuzberg wollte niemand mehr wohnen. Doch dann kamen die Türken. Zuerst war es schrecklich, in Kreuzberg zu wohnen. Später war es langweilig. Jahrelang gab es in Kreuzberg nichts zu tun, und man saß dort fest wie in einer Sackgasse. Kreuzberg hatte sich immer nach Osten orientiert. Sein natürlicher Bezugspunkt, sein *point de repère,* war immer die alte Industriestadt gewesen und nicht die neue City im Westen, die eine große Rolle in Hitlers Asphaltlyrik gespielt hatte — und die die Amerikaner sofort wieder als Stadtzentrum aufzubauen begonnen hatten.

Der Schauspieler und Kritiker Hanns Zischler, wie Hartmut einer der Herausgeber der Zeitschrift *Filmkritik,* hat einmal gesagt, daß West-Berlin, von seinem Umland abgeschnitten, an einer Art Amputationsneurose leide — daß es die fehlenden Glieder spüre und überkompensiere, indem es sich, gewissermaßen implodierend, gegen sich selbst wende. Er sagt, Westberliner hätten Berührungsängste vor ihren Randbezirken wie Kreuzberg oder Neukölln (südlich von Kreuzberg gelegen und noch ärmer). Mit der Mauer wurde Kreuzberg der östlichste Zipfel der Stadt, auf beinahe surreale Weise der Außenposten des Außenpostens, das Berlin von Berlin. Einige Türken erinnern sich noch daran, wie sie 1962 eintrafen und alle Häuser in ihrer Straße verlassen und verbarrikadiert vorfanden. Diese Häuser — hauptsächlich in SO 36, teilweise aber auch im benachbarten SO 61, dem »besseren« Kreuzberg, am Paul-Lincke-Ufer gelegen, also näher zur Innenstadt hin — befanden sich im Besitz der Stadt oder von Spekulanten, die in Kreuzberg Grundstücke gekauft hatten in der Annahme, daß der Senat alte Verkehrsführungspläne verwirklichen würde, wonach am Oranienplatz, in der Mitte der Oranienstraße, zwei große Stadtautobahntangenten aufeinandertreffen würden. Diese Hausbesitzer freuten sich, an Türken vermieten zu können, bis die Stadtautobahn kommen und sie reich machen würde, und die Türken freuten sich ebenfalls — denn in anderen Vierteln wollte man türkische Arbeiter nicht haben. 1970 lebten bereits hundertzwanzigtausend Türken in West-Berlin, davon mehr als dreißigtausend in den Kreuzberger Mietskasernen, die mit ihren Innenhöfen und Außentoiletten und der gemeinsamen Wasserstelle eine geschlossene Welt waren, eine dörfliche Welt, die sich von der Welt, die sie in Anatolien aufgegeben hatten, nicht sonderlich unterschied. Wenn Berlin implodierte, so praktizierte Kreuzberg dies als Lebensstil. Das kam den Türken gelegen, die ihre Frauen und Töchter fernhalten konnten von den Familienberatern und Sozialarbeitern und dem schlechten Beispiel der Berlinerinnen in engen schwarzen Ledersachen und Spitzenstrümpfen. Es gab ihnen die Möglichkeit, sich von einer Stadt abzuwenden, die die Türken, anders als heute, nicht als Musterbürger betrachtete, von einer Stadt, die sich darüber beklagte, daß sie mit den Türken, statt Jugoslawen, Spaniern oder Italienern, die unterste Kategorie der Gastarbeiter abbekam.

Und Kreuzberg kam den Hausbesetzern gelegen, die als nächste in SO 36 eintrafen. Sie kamen in den siebziger Jahren und zogen einfach in jene Mietskasernen ein, die noch leerstanden. Sie kamen in Wellen (in der Szene heißt das: »Generationen«). Da waren die westdeutschen Kids, die ihre Berlin-Erfahrung machen wollten und feststellten, daß sie keine Bleibe hatten und ohnehin kein Geld für eine eigene Wohnung. Da waren die Künstler, die die Vorstellung hatten, daß sie in Kreuzberg ihren Alltag in Straßentheater verwandeln würden. Da waren die reichen Linken, wie jene Krankenschwester, die eine Million Mark erbte und von diesem Geld an der Mauer ein Zelt errichtete und einen Zirkus gründete, und da waren die linken Studenten, die in der Hausbesetzerbewegung eine Reaktion auf die herrschende Korruption erblickten, auf ein System, das Spekulanten noch dafür belohnte, daß sie Häuser leerstehen ließen (oder die Mieter auf die Straße setzten), während Tausende kein Dach über dem Kopf hatten. Die Linken sagten, wenn Berlin seine Häuser an Spekulanten verschenke, dann sei es nur naheliegend, wenn sie selbst die Häuser in Besitz nähmen. Jedermann wurde aufgefordert, Häuser zu besetzen. Es sei nachgerade obszön, wenn es in einer Stadt, in der mehr als achthundert Häuser mit Brettern verrammelt seien, auch nur einen einzigen Wohnungssuchenden gebe. Sie nannten sich »Instandbesetzer«. Ihre Rhetorik verlieh dem sogenannten Häuserkampf eine politische Ausrichtung (die alle Hausbesetzer als gemeinsame Währung akzeptierten) und ließ in ganz Westdeutschland eine Bewegung entstehen. Anfang 1981 gab es in West-Berlin 169 besetzte Häuser. Jeder kannte irgendwen, der in der Kreuzberger Hausbesetzerszene aktiv war oder dessen Kinder Häuser besetzten, und die Polizei konnte nichts tun, denn der Sohn des Polizeipräsidenten war selbst Hausbesetzer. Eine Zeitlang versuchte der Senat, Frieden mit den Hausbesetzern zu schließen. Die Sozialdemokraten, die Berlin damals regierten, boten den verschiedenen Hausbesetzergruppen günstige Mietverträge an und Renovierungszuschüsse, vorzugsweise solchen Gruppen, die etwas Sinnvolles taten, etwa Trebegänger aufnahmen oder eigene Werkstätten oder Ateliers gegründet hatten. Doch dann kamen die Christdemokraten an die Macht, und dem Bürgermeister — es war Richard von Weizsäcker, der seinen obligatorischen Berlin-Dienst ableistete — wurde nahegelegt, mit den Hausbesetzern aufzuräumen. Zweitausend Bereitschaftspolizisten wurden von dem neuen Innensenator (einem rechten Lokalpolitiker namens Heinrich Lummer) nach Kreuzberg abkommandiert, um die besetzten Häuser zu räumen. Es gab ein paar schlimme Wochen mit Straßenschlachten und Demonstrationen in der ganzen Stadt. Während einer Demonstration überfuhr ein Busfahrer einen Fünfzehnjährigen — woraufhin die Hausbesetzer zu einer Protestaktion aufriefen, der sich Tausende von Berlinern anschlossen. Es war die größte politische Kundgebung in Berlin seit den Studentenunruhen von 1968.

Den Hausbesetzern verdankt Kreuzberg sein radikales Image. Kreuzberg war schon immer dunkel und schmuddelig gewesen, doch jetzt war es dunkel und schmuddelig und hatte Flair, wie die Journalistin Renée Zucker, die in Kreuzberg wohnt, es ausdrückt. Renée Zucker schreibt für die *Tageszeitung*. Das ist die »alternative« Zeitung der Stadt, die über die Kreuzberger Szene berichtet, und daß sich Kreuzberg überhaupt als Szene etablierte, ging zu einem nicht geringen Teil auf das Konto der *taz*. Sie lockte die Künstler hierher, die Grafiker und Buchbinder und die ernsthaften jungen Männer, die Derrida auf Handpressen drucken, und dann kauften ein paar junge Maler von den Neuen Wilden, die der Senat förderte, Ateliers in der Gegend um den Moritzplatz, und die wiederum zogen die Galeristen an und die jungen dynamischen Anwälte und Börsenmakler und Geschäftsleute, die ihre Kunden waren. Kreuzberg bot den Kindern des Wirtschaftswunders die Möglichkeit, sich in die Boheme einzukaufen, neben einer Kneipe zu wohnen, in der das Bier doppelt soviel kostete wie gewöhnlich — und auf einem Anschlag verkündet wurde: »Unser Bier ist teuer, damit du es nicht trinkst und dadurch den Imperialisten Macht über dich gibst.« Diese Kinder waren instinktsichere Investoren. Sie nutzten die Dienstleistungen und die Zuschüsse der Altbau-IBA, um ihre Häuser zu sanieren, und mit ihnen veränderten sich die Straßen, und im Viertel explodierten die Mieten. Hämer sagt, daß man, als die Sanierungsarbeiten in Kreuzberg anfingen, in den Mietskasernen für zwei Mark, höchstens drei Mark pro Quadratmeter wohnen konnte. Heute muß man sechs oder sieben bezahlen — mehr als *seine* jungen Kreuzberger sich leisten können.

Hämers junge Kreuzberger sind die Kids, die mit den Geschichten vom Hausbesetzerparadies in SO 36 großgeworden sind. Sie sind ganz durcheinander, wenn sie hier ankommen. Sie beginnen, die Enge und die Armut in Kreuzberg mit ihrer eigenen Freiheit gleichzusetzen. All das, was die alteingesessenen Kreuzberger abwandern läßt, wenn sie Kinder haben — es gibt nur wenige Parks, nur wenige Kindergärten und nicht einmal genügend Schulen —, gerade das gefällt Hämers Kreuzbergern. Sie reden von »authentischer Infrastruktur«. Sie verwenden den Begriff »Infrastruktur« sehr oft. Sie sehen in Grünflächen und Kindergärten und Zentralheizung und sogar in einem Mann wie Hardt-Waltherr Hämer, der ja eigentlich auf ihrer Seite steht, was sie in den neuen Kreuzberger Reichen sehen und was sie im Maxwell sahen — eine Provokation, einen Angriff auf sich und die Szene und die Infrastruktur der Szene.

Unter Infrastruktur verstehen sie alles, was dazu beiträgt, daß man hier weiterhin billig wohnen kann.

Hämer sagt, daß er manchmal recht zwiespältige Gefühle hat, was Kreuzberg und seine Arbeit in Kreuzberg angeht — trotz der zehn Jahre, die er Kreuzberg gegenüber dem Berliner Senat verteidigt hat, trotz der fünftausend Wohnungen, die er Kreuzberg hat zurückgeben können, ohne eine einzige Familie wegschicken zu müssen, trotz der langen Nächte, die er sich mit »dem Volk« um die Ohren geschlagen hat, während sich das Volk über Vor- und Nachteile von Innentoiletten stritt oder zum zehntenmal seine Meinung zum Thema Zentralheizung änderte. Seine Haltung ist deswegen zwiespältig, weil jedesmal, wenn er Kreuzberg etwas lebenswerter, etwas schöner macht, die Lebenshaltungskosten im Viertel steigen. »Die Leute, die *jungen* Leute, sehen mich und dieses Büro, und sie sehen den Kopf einer bürgerlichen Institution. Und sie wissen nur, daß sie gegen bürgerliche Institutionen sind. Vor allem gegen bürgerliche Institutionen, die ihnen nahestehen. Ich bin nicht gern der Gegner, aber ich begrüße den Konflikt. Ich möchte wissen, was sie denken — möchte wissen, was in Kreuzberg los ist. Tatsache ist, daß diese Autonomen sich verändern, wenn man mit ihnen zusammen arbeitet. Das sind ja sehr unreife Menschen. Sie sind nicht so politisch wie die Hausbesetzer damals. Den Hausbesetzern konnte man leicht helfen, weil sie eine Politik hatten, aber die jungen Autonomen haben kein politisches Konzept, nur einen Haufen Wörter, die sie geerbt haben. Entweder sie sind hier in den Slums aufgewachsen, ohne eine Chance, ihren eigenen Weg zu finden, oder sie sind im schönen, sauberen Westdeutschland aufgewachsen, ebenfalls ohne eine Chance, ihren eigenen Weg zu finden. Ihre einzige Identität besteht darin, gegen etwas zu sein — und wie kann ein Mensch Selbstvertrauen entwickeln, wenn er die ganze Zeit gegen etwas ist und nie für etwas? Es ist eine chaotische Situation für sie. Zunächst einmal werden sie ständig provoziert. Die Politiker provozieren sie. Der Innensenator macht die U-Bahn hier dicht und sagt, er studiert das Demonstrationspotential oder er untersucht das Gewaltpotential. Und der Regierende Bürgermeister — also, ich gehe zum Regierenden Bürgermeister und frage ihn, ob man für ein Bauvorhaben nicht eine andere Straße finden könnte oder ob man nicht mit den Betroffenen diskutieren könnte, um herauszufinden, was sie wollen, und er sagt etwas ähnlich Dummes. Er sagt: ›Nein, unmöglich. Diskutieren kommt nicht in Frage. Diskutieren hieße, die Mauer zu akzeptieren!‹ Also beschließen die Autonomen, ebenfalls zu provozieren. Sie suchen sich etwas, was sie kritisieren können. Sie sagen, die Schicki-Mickis kommen. Sie sagen, wenn Kreuzberg sich zu schnell verändert, daß dann die Schicki-Mickis alles bestimmen — und in gewisser Weise gebe ich ihnen recht. Aber die Autonomen werden ja nicht von den Schicki-Mickis bestimmt. Ihre eigene Angst bestimmt ihr Leben. Sie verfügen über keine Mittel, wissen nichts, und, wie gesagt, sie haben keine wirkliche Politik. Sie reagieren militant. Sie nennen sich Kommandos oder Redskins oder Stadtindianer. Sie sprechen von ›Aktionen‹. Ihre Politik besteht darin, Leute zusammenzuschlagen. Sie bedrohen mich. Sie bedrohen meine Mitarbeiter. Sie verprügeln meine Mitarbeiter. Sie schlagen ihnen die Zähne aus. Folglich haben alle Angst, und das Positive hier, das spezifische Miteinander und die große Toleranz und Freiheit — all das verschwindet in dem Moment, wo es zu Gewalt kommt.«

Angst hatte Hartmut Bitomsky zum erstenmal nach dem Ersten Mai letzten Jahres. In Kreuzberg finden in jedem Jahr Demonstrationen zum Ersten Mai statt. Die Autonomen treffen sich im SO 36 und im Pinox, einer Kneipe in der Oranienstraße 45, um ihre Aktionen zu planen. Dort beratschlagen sie, wie sie Berlin von den Imperialisten und den Schicki-Micki-Professoren befreien können, und dann teilen sie der Szene auf Flugblättern und Plakaten mit, wie die Losungen und Parolen der Demonstration lauten. (»Die Revolution ist großartig, alles andere ist Quark«, lautet die diesjährige Parole. Sie stammte von Rosa Luxemburg.) Doch hauptsächlich gehen die Kreuzberger mit ihren Kindern am Ersten Mai zum Lausitzer Platz, gegenüber der evangelischen Kirche, und kaufen Eis und Popcorn und Döner und trinken Bier und hören den Rednern zu und feiern. Das Erste-Mai-Fest auf dem Lausitzer Platz ist eine alte Tradition unter Kreuzberger Arbeitern, und daran hat sich nicht viel geändert, seit die Arbeiter Türken sind und jedes zweite Kind mit grüngefärbten Haaren herumläuft.

Niemand weiß eigentlich genau, was im letzten Jahr am Ersten Mai dort auf dem Platz passiert ist. Fest steht nur, daß am frühen Nachmittag ein paar Polizisten, die angeblich als Volkszähler unterwegs waren (tatsächlich wollten sie die Anwesenden in Autonomen-Kneipen zählen), ihren Streifenwagen in der Nähe des Lausitzer Platzes parkten und losgingen, um sich ein Eis zu kaufen, und daß in dieser Zeit irgendwelche Autonomen das Auto zertrümmerten — wobei später einhellig erklärt wurde, daß dies in Kreuzberg bei einem leeren, abgestellten Streifenwagen nicht anders zu erwarten war. Kurz darauf trafen zweihundert Polizisten mit Wasserwerfern und Tränengas am Lausitzer Platz ein und trieben die Teilnehmer des Festes auseinander. Das Tränengas traf Frauen und Kleinkinder und Kreuzberger Rentner, die sich hauptsächlich deswegen im Freien aufhielten, weil so schönes Wetter war, und alles geriet in Panik — wegen des Tränengases und weil Kinder weinten und Mädchen in Ohnmacht fielen und die Autonomen begannen, Barrikaden zu errichten —, und dann zog sich die Polizei plötzlich zurück. Hartmut sagt, eine Weile sei es ruhig im Viertel gewesen. Er und Brigitte öffneten das Maxwell, Gäste kamen, und in den nächsten Stunden war nur gelegentlich ein Martinshorn auf der Oranienstraße zu hören. Dann fiel die Polizei in Kreuzberg ein. Um elf Uhr in jener Nacht rückten achthundert Mann in gepanzerten Fahrzeugen an, und jetzt gingen die Kämpfe erst richtig los.

Brigitte sagt, die Nacht sei wie ein furchtbarer Traum gewesen — die Oranienstraße schien wie ein berstender Damm zu explodieren, und Tausende kamen die Straße heruntergelaufen. Sie war so überrascht, sagt sie, daß sie erst nach ein paar Minuten begriff, daß die Menschen um ihr Leben liefen. Im Maxwell saßen noch etwa zwölf Gäste, und sie blieben die Nacht über. Draußen wurden die Leute von der Menschenmenge eingekeilt, von den Polizisten verprügelt, von Steinen getroffen. Verletzte klopften an der Tür, und Brigitte ließ sie herein, und sie, Hartmut und die Gäste kümmerten sich um sie. Einer hatte sich das Bein gebrochen. Er war aus der Szene und wollte aus Angst, verhaftet zu werden, nicht in ein Krankenhaus gehen. Also schlug Hartmut sich mutig durch die Kampflinien, um einen Arzt aufzutreiben, der bereit war, mit ins Maxwell zu kommen und den Mann zu versorgen, ohne Fragen zu stellen. Hartmut sagt, es sei die schlimmste Nacht in Kreuzberg seit dem Beginn der Häuserkämpfe gewesen. Er sagt, die Polizisten hätten brutal drauflosgeschlagen, und das Viertel sei außer Rand und Band geraten. Offenbar geriet *jeder* außer Rand und Band. Es war nicht nur so, daß die Polizei jeden angriff, sagt Hartmut, sondern jeder schlug zurück, jeder reagierte. Die Leute stiegen auf die Dächer und bewarfen die Mannschaftswagen mit Pflastersteinen. Sie begannen, Autos anzuzünden. Sie setzten die Polizeiabsperrungen in Brand. Mitten in der Nacht raubten alte Kreuzbergerinnen Trödelläden aus, und türkische Senioren plünderten gemeinsam mit Punks von der Oranienstraße Tabakwarengeschäfte. Am nächsten Morgen war der größte Supermarkt in Kreuzberg ausgebrannt.

Hartmut sagt, daß Kreuzberg in diesem Frühjahr und Sommer nicht zur Ruhe kam. Im Mai fanden wieder Krawalle statt. Im Juni kam es zu wüsten Straßenschlachten, als Ronald Reagan zu Besuch in Berlin war und ein neuer CDU-Innensenator beschloß, den Präsidenten vor Kreuzberg zu schützen, indem er den U-Bahnverkehr von und nach Kreuzberg einstellen ließ und das ganze Viertel buchstäblich abriegelte. Der neue Senator ist ein Kölner Juraprofessor namens Wilhelm Kewenig — ein gewandter Konservativer, der wie William Buckley aussieht und spricht. Er kam 1981 als Kandidat der CDU nach Berlin und wurde in das Amt offenbar berufen, damit der Rest des Landes begreift, daß es eine »Neue Rechte« in der deutschen Politik gibt, daß an die Stelle der rauhbeinigen Karikaturen deutscher Rechter wie Franz-Josef Strauß (der letzten Monat starb) und Friedrich Zimmermann und Alfred Dregger inzwischen kultivierte, gutaussehende Männer treten, die über Kunst und Bücher zu sprechen vermögen, während sie Polizeieinheiten mit Wasserwerfern in Marsch setzen, um eine Maifeier aufzulösen oder ein Stadtviertel abzuriegeln, damit niemand herauskommt, um gegen einen amerikanischen Präsidenten zu demonstrieren. Kewenig behauptet, daß im Juni des letzten Jahres zwanzig- oder dreißigtausend »auswärtige Chaoten« in West-Berlin eingetroffen seien, mit der eindeutigen Absicht, die Stadt während Reagans Besuch in Brand zu setzen, und daß ein verantwortungsbewußter Innensenator nichts anderes habe tun können, als sie in Kreuzberg, wo sie Unterschlupf gefunden hatten, sozusagen gefangenzuhalten. Am liebsten würde er Kreuzberg für immer absperren, wenn er die Möglichkeit dazu hätte. Er weist gern darauf hin, daß Sicherheit eine sehr komplizierte Angelegenheit ist und daß Sicherheitsentscheidungen sehr komplizierte Entscheidungen sind — und nicht zu der Sorte Entscheidung gehören, die üblicherweise in Berlin getroffen wird —, also etwa, ob Herbert von Karajan ein Konzert dirigieren soll oder nicht. Er, Kewenig, hält nichts davon, solange zu warten, bis das Schlimmste eingetreten ist. Als der Internationale Währungsfond und die Weltbank in diesem Herbst ihre Jahrestagung in Berlin abhielten, borgte er sich aus Westdeutschland zweitausendsiebenhundert Bereitschaftspolizisten zur Verstärkung der sechstausend Mann, die schon in der Stadt waren. Er sagte, er habe die Delegierten schützen wollen. Er schützte sie so gut, daß, als ein paar hundert vermummte Autonome (der sogenannte »Schwarze Block«) sich einem Protestzug gegen den IWF anschlossen, neben jedem Autonomen ein Bereitschaftspolizist marschierte.

Wilhelm Kewenig ist nicht übermäßig beliebt in Kreuzberg. Die einzigen Kreuzberger, die ihn wohl tatsächlich bewundern, sind Wolfgang Krüger, der Bezirksbürgermeister, der für ihn schwärmt, und die türkischen Senioren, um deren Beifall er buhlt, indem er ihnen erklärt, was für tüchtige und strebsame

Leute die Türken seien — »wie die Iren in New York«. Das, was Kewenig seine Kreuzberg-Politik nennt, ist ziemlich grob geschnitzt. Bei den Unruhen ging es um drei oder höchstens vier Straßen, und aus Kewenigs Sicht war es ganz einfach »Pech« für Hartmut und Brigitte Bitomsky, daß sie in einer dieser Straßen wohnten und nicht in einer kleinen, ruhigen Seitenstraße. Diese Ansicht teilt Kewenig übrigens mit Leuten aus der Kreuzberger Szene — daß die schlimmen Sachen nicht passiert wären, wenn das Maxwell nur ein paar Straßenzüge weiter gelegen hätte und nicht in der Oranienstraße.

Hartmut vermutet, daß er und Brigitte irgendwann während der Unruhen jenes Sommers zum »Feind« wurden — daß irgend etwas, was in Kreuzberg passierte, sie zu Außenseitern machte. Leute, die Randale machten oder von irgendwelchen Krawallen kamen, liefen am Maxwell vorbei, spuckten auf die Fenster oder schauten zur Tür herein und brüllten so etwas wie »Ihr seid als nächste dran« oder »Wir kriegen euch noch«. Oder die Leute hielten Hartmut auf der Straße an und fragten ihn über die »Infrastruktur« im Maxwell aus oder über die Arbeitsbedingungen dort oder das Verhältnis zwischen den Löhnen und seinem Profit. Dann kam die Ausstellung im SO 36 über die »Feindkultur«. Danach, sagt Brigitte, fingen die »Besuche« an. Eines Abends kamen vier oder fünf Männer, eher junge Bürschchen, in schwarzen Lederklamotten und setzten sich an einen leeren Tisch. Sie bestellten die teuersten Gerichte und saßen ein paar Stunden herum, starrten die Gäste an und machten alle nervös, und am Ende verschwanden sie, ohne zu bezahlen. So ging es ein paar Wochen. Eines Tages dann — es war der 19. Juli, einen Monat nachdem die Polizei Kreuzberg abgeriegelt hatte — erschien der Punk, der immer Informationen gebracht hatte, mit einer Warnung. Er empfahl den Bitomskys, in dieser Nacht gut abzuschließen, denn die Besucher würden wieder auftauchen. Sie wollten das Maxwell auseinandernehmen.

»Es war schon spät«, erzählte Brigitte in diesem Sommer. Sie und Hartmut saßen zu Hause und berichteten, was im Maxwell damals passiert war. Hartmut ist das Reden gewöhnt — er hat seit den ersten Besuchern die Funktion eines Familiensprechers übernommen —, während es Brigitte noch immer schwerfällt, über das Maxwell zu reden. Es dauerte ein Jahr, bis sie zu dem Thema überhaupt etwas sagen konnte. Selbst jetzt spricht sie langsam, berichtet Detail auf Detail, Datum auf Datum, stokkend, sich wiederholend, grübelnd, als suche sie nach etwas — nach einer verborgenen Bedeutung oder einer übersehenen Tatsache, die ihr diese Erfahrung verständlich machen würde. »Es war gegen halb eins, und im Restaurant saßen noch vier Leute. Plötzlich kamen zwanzig Leute hereingestürmt — ich habe neunzehn Männer und eine Frau gezählt. Ich weiß noch, ich dachte, daß es Skinheads sein müßten, weil sie wie englische Skinheads gekleidet waren, Jeans und Bomberjacken und Fallschirmspringerstiefel. Ich wurde hysterisch. Ich sagte: ›Wir haben zu, verschwindet!‹ Aber sie tranken ihr Bier und brüllten und machten keine Anstalten, zu gehen. Einige warfen Bierdosen auf die Lampen, und die anderen warfen mit Einrichtungsgegenständen. Sie warfen mit allem — Tischen, Stühlen, Lampen, Gläsern, sogar mit Mayonnaisetöpfen. Und dann sind sie gegangen, einfach so. Sie nahmen ein paar Kognakflaschen und gingen, und draußen standen die Leute und sahen zu. Das war das Schlimmste. Die Zuschauer. Gegenüber war eine Galerie — die Galerie Endart —, dort war noch offen, und sogar die Leute von der Galerie, Leute, die wir kannten, sahen zu und unternahmen nichts. Hartmut ging rüber zu ihnen. Er sagte: ›Ihr müßt diese Leute, die uns angegriffen haben, doch kennen. Bitte, bringt uns mit ihnen zusammen.‹ Doch sie behaupteten, daß sie niemanden kannten. Sie schämten sich ein bißchen und rückten nicht raus mit der Sprache, und ich weiß, daß sie ein schlechtes Gewissen hatten. Geholfen haben sie uns aber nicht. Tags darauf ist Hartmut dann ins SO 36 gegangen, zu den Leuten von der Kiezküche. Auch sie haben uns keine Namen genannt, sagten aber, daß etwa fünfzig Leute damit zu tun hätten, sehr militante, sehr radikale Redskins, und daß wir ihnen vielleicht Geld geben müßten, daß sie uns vielleicht in Ruhe lassen würden, wenn wir ihnen Geld für die Knastkasse gäben — also für die Leute, die während der Maiunruhen verhaftet worden waren. Hartmut ist daraufhin die genze Woche herumgerannt, um Kontakte herzustellen, Nachrichten zu hinterlassen. Er sagte, wir seien bereit, über alles zu reden, selbst über Geld. Es sei unser Viertel, und wir seien mit den Gefangenen solidarisch. Aber er wollte sichergehen, daß das Geld wirklich für die Gefangenen war und nicht für Bier, denn in Kreuzberg sind Schutzgelder ja keine Seltenheit. Es gibt viel Erpressung. Die Leute werden bedroht, und hinterher sagen sie, sie zahlen den Autonomen ihre ›Miete‹.

Also, am Sonntag kamen sie wieder, als Hartmut zu Hause war, um an seinem Film zu arbeiten. Es waren lauter Westdeutsche. Kein einziger Berliner war unter den Jungs. Sie kamen rein und setzten sich hin und erklärten, daß sie mir jetzt den Prozeß machen würden. Sie seien ein Volksgericht, sagten sie. Na, Sie können sich vorstellen! Ich ganz alleine mit fünfzehn Gästen — sie waren wie versteinert, meine Gäste —, dann noch der Koch und zwei Mädchen, die bedienten. Diesmal hatte ich die Polizei gerufen. Als ich die Jungs kommen sah, bin ich nach nebenan gerannt und habe telefoniert, aber es dauerte zwanzig Minuten, bis die Polizei kam, und in diesen zwanzig Minuten hielten sie ihren Prozeß. Ein Typ führte das große Wort. Er sagte lauter dummes Zeug. Zum Beispiel ›Was willst du hier in Kreuzberg? Du machst die Infrastruktur von Kreuzberg kaputt‹. Und ein anderer forderte Schutzgeld. Dann traf die Polizei ein, aber die nahmen die Sache gar nicht ernst. Drei Polizisten kamen herein, und einer von ihnen rief: ›Na, was ist denn hier los?‹, und ein anderer sagte: ›Junge Frau, das müssen Sie nicht so ernst nehmen.‹ Es war eine verrückte Szene, die Polizisten grinsten und behandelten mich gönnerhaft, während die Jungs abzogen und dabei ›Haha, bis zum nächstenmal!‹ riefen, und draußen auf der Straße, vor aller Augen, standen die Mannschaftswagen und Dutzende von Bereitschaftspolizisten warteten.

Wissen Sie, wir sind keine Freunde der Polizei. Das hat die Sache ja so schwierig gemacht. Das und die Tatsache, daß wir versucht haben, mit den Leuten zu reden, die uns überfallen haben. Einmal sah ich einige von ihnen im Exil essen. Das Exil gehörte früher den Leuten von der Paris-Bar, es ist eine Institution. Das Exil hätten sie nie überfallen. Aber uns haben sie überfallen. Warum gerade uns? Wir haben die Nachbarn immer wieder gefragt: Warum wir? Und die Nachbarn waren schadenfroh. Viele in Kreuzberg waren schadenfroh, und irgendwann hat man genug, verstehen Sie, man will nicht jeden Tag damit konfrontiert sein. Wir fuhren nach Sylt. Wir wollten versuchen, alles zu vergessen, Urlaub zu machen, aber wir waren zu unruhig. Er funktionierte nicht — unser ›Urlaub‹. Wir blieben eine Woche und kamen zurück und machten das Maxwell wieder auf.

Das war an einem Dienstag. Wir warteten auf unseren ersten Sonntag. Wir rechneten damit, daß es am Sonntag Ärger geben würde. Es war ein heißer Augusttag, und wir hatten nur vier Gäste — plus Hartmut, der an der Tür saß und Ausschau hielt. Die ganze Straße sah natürlich zu. Sie erwischten uns aber völlig unvorbereitet. Wir haben ja nach zwanzig Redskins Ausschau gehalten, verstehen Sie, nach Motorrädern und Stiefeln und Bomberjacken. Doch diesmal kam alles ganz anders. Zunächst einmal waren es nur drei Typen. Drei Männer mit Sonnenbrillen und Wollmützen, tief in die Stirn gezogen — und sie trugen Eimer. Drei Männer trugen drei Kübel voller Scheiße und kippten die Scheiße in meinem Restaurant aus und verschwanden dann. In dem Moment war alles gelaufen. Wir machten sauber und schlossen das Restaurant endgültig. Wer hätte im Maxwell je wieder essen wollen?«

Es gibt höchstens ein paar hundert organisierte, aktive Autonome in Kreuzberg, und höchstens ein paar tausend Sympathisanten. Kreuzberg wird nicht von den Autonomen beherrscht. Nicht einmal von den Alternativen. Wolfgang Krüger ist ein jovialer CDU-Politiker, und seine Vorstellung vom richtigen Kreuzberger Zeitgeist offenbart sich am deutlichsten in seiner Sammlung von Stoffteddys in seinem Dienstzimmer. Aber die

Autonomen dominieren die Stimmung in Kreuzberg. Sie halten an seinem düsteren, schmuddeligen Flair und an seinem aggressiven Ton fest, und sie bestimmen, welche Regeln — genauer gesagt, welche Tabus — das Viertel zu beachten hat. Es ist verboten, zu arbeiten, Geld zu verdienen, mit Institutionen zusammenzuarbeiten und, was auch passieren mag, die Polizei zu rufen.

In der Szene heißt es, daß es wahrscheinlich zehn aktive Autonomengruppen gibt, aber niemand weiß das genau, denn so wie Leute nach Kreuzberg kommen und wieder gehen, so verändern sich auch die Gangs, und eines der Kreuzberger Tabus besagt schließlich, daß man keiner Organisation angehören darf — weshalb die Autonomen nachdrücklich bestreiten, daß sie zu den Autonomen gehören. Die meisten Autonomen bezeichnen sich lieber als Revolutionäre. Sie beziehen ihre Parolen aus den Buchhandlungen in der Oranienstraße, die mit ihren verstaubten Beständen seit den siebziger Jahren dort ansässig sind — Buchhandlungen mit Stapeln von Broschüren über albanische Leninisten und armenische Maoisten —, und sprechen pausenlos über Kapitalisten und Imperialisten, aber wenn sie einmal aggressiv werden, dann greifen sie auf das zurück, was Hartmut Bitomsky als faschistische Bilder bezeichnen würde. Sie praktizieren Überredung. Sie erzwingen eine Art »Kiezsolidarität«, die man andernorts als »Terrorismus« bezeichnen würde. Sie sind (falls politische Kategorien hier überhaupt zutreffen) die Schutztruppe einer linken moralisierenden Mehrheit. Sie bestrafen ihre Nachbarn, um ein Exempel zu statuieren.

Um die Aktion gegen das Maxwell, die sogenannte Kübelaktion, gab es heftige Diskussionen in der Szene, und einige Gruppen bezeichneten sich als Täter. Hartmut kann nicht beweisen, wer tatsächlich hinter der Aktion stand. Er kann die ersten »Besucher« identifizieren — die Kids, die auf ihren Motorrädern ankamen und Bierdosen auf die Lampen warfen und seine Frau vor ein Volksgericht stellten. Für die Szene stand fest, daß es Redskins waren, und Hartmut denkt, daß es tatsächlich welche waren. Doch die drei Männer mit den

Eimern sahen nicht wie Redskins aus. Deren Kübelaktion war nicht das, was Hartmut als Redskin-Aktion bezeichnen würde, so wie Brigittes Prozeß eine Redskin-Aktion war oder das Geldsammeln für »politische Gefangene« zu den Redskins paßte. Hartmut versuchte das den Polizisten zu erklären, die im Maxwell erschienen. Er hatte die Polizei nicht gerufen und auch nicht vorgehabt, sie zu rufen. Die Polizei hatte in der *taz* von der Kübelaktion gelesen. Jemand im Präsidium hatte ein Fotodossier von »bekannten Redskins« zusammengestellt und war mit den Fotos bei Hartmut aufgetaucht, aber — was Hartmut schon ahnte — keines der Fotos paßte zu den drei Leuten, die das Maxwell am 23. August besucht hatten. Hartmut sagt, ihm sei damals der Gedanke gekommen, daß die Redskins möglicherweise irgendwelche Leute für die Kübelaktion angeheuert hatten. Er wußte, daß einige der militantesten Kreuzberger Autonomen — die Polizei spricht von fünfzig Autonomen — strenggenommen keiner Gruppe angehörten, sondern sich, wie bezahlte Schläger im Kino, für Aktionen zur Verfügung stellten und, im Viertel als Kiezpolizei bekannt, die schmutzige Arbeit erledigten, die den anderen Autonomen unangenehm war.

Andererseits wurde Hartmut von einigen Leuten versichert, daß es nicht die Kiezpolizei gewesen sei, sondern die Gruppe Hönkel. Die Hönkels waren die selbsternannten Clowns der Autonomen-Bewegung. Sie geisterten etwa ein Jahr lang in Kreuzberg herum (und verschwanden dann praktisch in der Versenkung), sie sprengten die Veranstaltungen zur 750-Jahr-Feier, tranken dort den ganzen Champagner, da sie wußten, daß niemand sie vor den Augen der ausländischen Prominenz hinauswerfen würde, oder sie schrieben offene Briefe auf dem offiziellen Schreibpapier des Regierenden Bürgermeisters, das ein Freund im Rathaus für sie stahl. Sie waren so etwas wie eine Poltergeistbande. Man »sah« sie überall ihre »witzige Revolution« praktizieren. Hartmut findet es nicht besonders witzig oder revolutionär, im Restaurant seiner Frau drei Eimer mit Exkrementen auszukippen, aber er konzediert, daß die Hönkels das möglicherweise für witzig und politisch hielten.

Die Schwierigkeit, Kreuzberger Aktionen bestimmten Gruppen zuzuschreiben, besteht darin, daß jedesmal, wenn etwas Übles passiert, die verschiedensten Leute Bekennerbriefe schreiben. So beispielsweise im Fall der Aktion gegen das Eiszeitkino. Das Eiszeit ist ein kleines Kino in der Zeughofstraße, das sich auf Untergrundfilme spezialisiert hat. Im letzten Frühling lief dort der Film *Fingered* von Lydia Lynch, den einige Kreuzberger für pornographisch hielten, einige für sexistisch und wieder andere für gewaltverherrlichend — aber offenbar war er nicht allzu pornographisch oder sexistisch oder gewaltverherrlichend, denn einige Tage zuvor war er schon in einem Boulevardkino gezeigt worden. Zwölf maskierte Männer und Frauen überfielen also das Eiszeit, während *Fingered* dort lief, zerstörten den Projektor und den Film im Projektor (wie sich herausstellte, war es ein anderer Film) und verschwanden mitsamt der Kasse. Die Aktion lief unter der Bezeichnung PorNo und war, gemäß den Erklärungen, die in der Szene zirkulierten, gegen die pornographische Industrie gerichtet. Das gestohlene Geld sei inzwischen in den Händen eines »internationalen Frauenprojekts«, hieß es, aber niemand wußte genau, wer hinter der Aktion PorNo stand, weil so viele Kreuzberger sich als Urheber bezeichneten. Zuerst eine radikale Lesbengruppe, dann ein paar anti-imperialistische Gruppen, und bald schien es, als sei die Hälfte der Kreuzberger Autonomen-Szene beteiligt gewesen.

Man ging natürlich davon aus, daß die Autonomen hinter der Aktion standen. Wenn in Kreuzberg etwas passiert, was nicht offensichtlich das Werk der italienischen Mafia oder der türkischen Mafia oder der Baumafia oder der Lokalpolitikermafia ist, werden automatisch die Autonomen dafür verantwortlich gemacht. Vor anderthalb Jahren brannte hier ein neuer und zweifellos häßlicher Kindergarten ab, und alle, einschließlich der Autonomen, sprachen von einem »Autonomenfeuer«. (Der Kindergarten lag in einer Sackgasse, wo einige Autonome einen Kinderbauernhof betrieben, der aus einem kleinen Holzschuppen und ein paar Ziegen und Puten bestand; die Stadt hatte den Kindergarten dort gebaut, trotz beträchtlichen Protests seitens der Autonomen, und die Autonomen hatten ihrerseits damit gedroht, den Kindergarten abzufackeln, und sogar Einladungen zu einer öffentlichen Verbrennung verschickt.) Tatsache ist, daß es in Kreuzberg ständig irgendwo brennt und daß einige dieser Brände von Autonomen gelegt worden waren. Letztes Jahr hatten Autonome den Keller eines Hauses in Brand gesetzt, in dem der Kreuzberger Abgeordnete Volker Härtig, ein Jeans-und-Lederhosen-Alternativer, gemeinsam mit dem *taz*-Reporter Gerd Nowakowski wohnt. Die Autonomen hatten bereits Nowakowskis Auto demoliert, weil ihnen seine Artikel nicht paßten, und Härtig hatten sie verprügelt, weil ihnen seine Politik nicht paßte — Härtig wurde von den Autonomen als Befürworter des Kindergartens angesehen und als Feind der Hausbesetzer, und wie allen Alternativen wurde ihm vorgeworfen, mit dem Senat gemeinsame Sache zu machen. Die Aktionen gegen Härtig und dessen Reaktion lösten heftige Diskussionen aus. Man vermutete, daß er und Nowakowski die Polizei gebeten hatten, in der Sache zu ermitteln (was sie auch tatsächlich getan hatten), und Härtig gab selbst zu, daß er in den nächsten sechs Monaten »eine Waffe zur Selbstverteidigung« tragen werde (gemeint war eine Gaspistole). Das wurde ihm sehr verübelt.

In Kreuzberg gibt es so etwas wie eine Etikette der Vergeltungsaktionen. Wiglaf Droste, der Kunstkritiker der *taz,* sagt wenn man Besuch bekomme, so wie Volker Härtig Besuch von den Autonomen bekam, dann führe man ein paar Telefongespräche, trommele seine Freunde zusammen und statte einen Gegenbesuch ab. In Kreuzberg heißt das: eine Diskussion führen. Droste hat selbst Erfahrungen mit dem Besuchtwerden. Eines Tages kam er nach Hause und stellte fest, daß seine Tür mit Blut beschmiert war (die Inschrift lautete »666« und »Heil Satan«). Zehn Kilo tote Fische und verfaultes Fleisch lagen auf der Fußmatte. Die Täter gaben sich in der Szene als Autonome aus, aber Droste wußte, daß sie bloß frustrierte Rockmusiker waren, denen seine Artikel nicht gefallen hatten, und deshalb stattete er ihnen auch keinen »Gegenbesuch« ab. Droste ist einer der maßvollsten und scharfsinnigsten Kritiker der Kreuzberger Szene (wenngleich Fremde Schwierigkeiten haben, ihn von dieser Szene zu unterscheiden — in der ausgebeulten, gestreiften Zirkushose, der schwarzen Smokingjacke, mit dem löchrigen T-Shirt, der roten Schnur anstelle eines Gürtels und den alten Turnschuhen mit offenen Schnürsenkeln). Er kam, nachdem er mit einer Rockgruppe in Westdeutschland herumgezogen war, vor fünf Jahren als Einundzwanzigjähriger nach Kreuzberg, auf der Suche nach der »Stadt der großen Träume«.

»In Kreuzberg existiert ein ungeschriebenes Gesetz«, sagt Droste. »Wir regeln unsere Angelegenheiten selbst. Wenn es irgendwo Probleme gibt, wird nicht nach dem Staat gerufen. Wir brauchen keinen Senat, keine Polizei. Wir sind Künstler und Türken und normale Leute und Leute von der Straße, und zehn oder fünfzehn Jahre lang hat das Verhältnis zwischen uns funktioniert. Es ist etwas ganz Besonderes. So etwas gibt es in Hamburg nicht. Zum Beispiel, ich interessiere mich — ein blödes Wort: ›sich interessieren‹ —, aber ich interessiere mich für Avantgardemusik. Also, die Musik hier in Berlin ist ziemlich enttäuschend. Sie klingt wie die feuchten Keller, in denen die Gruppen üben. Aber darum geht es gar nicht. Jahr für Jahr kommen so viele Musiker nach Kreuzberg, sie bringen ihre ganze Phantasie mit, und so entsteht eine besondere Atmosphäre der Kreativität. Viele von ihnen scheitern, aber für mich ist nicht entscheidend, was aus Kreuzberg herauskommt, entscheidend ist die kreative Atmosphäre, diese Werkstattatmosphäre. Ich denke, das hat etwas mit den Vorfällen um das Maxwell zu tun. Die Oranienstraße ist einigen Leuten hier heilig. Mir war die Oranienstraße immer egal, aber ihnen nicht. Sie sagen, sie muß schmutzig sein, so wie wir. Wenn sie sagen, Kreuzberg muß sauber bleiben, keine Schicki-Mickis, keine Reichen, dann heißt das im Grunde: Kreuzberg soll dreckig bleiben, so wie wir. Die Verhältnisse im Kiez sollen sich nicht verändern. Die Kids, die aus der westdeutschen Provinz hierherkommen, um die Maidemonstration zu ›schützen‹ oder die Oranienstraße zu schützen oder das, was sie ›Infrastruktur‹ nennen — sie sind alle mit dem Mythos dieses heiligen Territoriums groß geworden. Es ist ihre Identität. Fragt man sie: ›Wer seid ihr? Was macht ihr?‹, dann sagen sie: ›Wir kommen aus Kreuzberg. Es ist schmutzig, wie wir.‹ Also knöpfen sie sich das Maxwell vor. Sie glauben, sie kämpfen gegen den Kapitalismus, gegen den Imperialismus, gegen ich weiß nicht was, aber — und das vermute ich bloß — es ist kein Kampf gegen den Kapitalismus, sondern ein Kampf gegen Symbole. Es ist eben einfacher, Symbole zu bekämpfen als die Dinge dahinter.

Für die Kids war das Maxwell so eine Art Schaukasten, wo man ihnen Lebensart beibringen wollte. Man durfte ja nicht einfach dasitzen und ein paar Gläser trinken, sondern mußte richtig essen — und das gilt in Kreuzberg als sehr affig. So was macht man zu Hause, bei den Eltern in *Westdeutschland.* Für die Kids war Hartmut Bitomsky daher wie ein westdeutscher Tourist, auch wenn er in Kreuzberg lebte. Für sie war er wie der Typ vom *Wiener,* der beim Palaver im Pinox aufkreuzte — im Pinox wurde oft über Bitomsky diskutiert —, und weil er vor den Punks Angst hatte, borgte er sich eine Lederjacke, um ja nicht aufzufallen. Vergessen Sie nicht, diese Kids sind ziemlich dumm. Es war dumm, es war völlig idiotisch, ein Restaurant kaputtzumachen, in dem Hartmut Bitomsky arbeitete. Aber ich glaube nicht, daß die Jungs, die das taten, wußten, wer Hartmut Bitomsky war — daß er der Mann war, der *Highway 40 West* gemacht hatte. Sie wußten nur, daß Bitomsky mit einem Restaurant in der Oranienstraße, in dem Lebensart und gute Manieren und Benehmen gepflegt wurden, ein Kreuzberger Tabu verletzte.

Es gab viel Hysterie nach der Kübelaktion, auf beiden Seiten. Die Leute auf der Liste, denen die Geschäfte und die Restaurants gehörten — manche von ihnen hatten große Angst. Nach der Aktion kamen die Journalisten an und fragten: »Habt ihr keine Angst?«, und sie sagten »Doch, wir haben Angst« — und dann haben sie wirklich Angst gekriegt, auch wenn sie vorher gar keine Angst hatten. Und diejenigen, die die Liste aufstellten, hatten nicht zwangsläufig die Unterstützung der übrigen Szene. Man ging ins Pinox — Pinox ist ein Kollektiv, dort trifft sich die politische Szene, jeden Tag diskutieren dieselben Leute über immer das gleiche. Im Pinox war man gegen die Maxwell-Aktion, und man brachte ein entsprechendes Flugblatt heraus. Jedenfalls, man ging ins Pinox, und die Debatte drehte sich immer wieder um die Frage: Sollen wir sie rauswerfen, sollen wir sie nicht rauswerfen. Aber niemand wußte, wer *sie* eigentlich waren. Ein paar Autonome sagten: ›Also, sie müssen zahlen, wenn sie hierbleiben wollen, denn wir brauchen Geld für die politischen Gefangenen.‹ Es sind ja tatsächlich noch Leute vom Ersten Mai im Gefängnis« — Droste wurde selber festgenommen, als er über die Maiunruhen berichtete, und saß zehn Tage im Gefängnis —, »und ich kenne zwei Jungs, einen in Dortmund und einen hier in Berlin, die zweiundzwanzig Monate bekommen haben. Also haben einige Leute aus der Szene gesagt, die Aktion gegen das Maxwell sei wegen der Gefangenen ein ›legitimer Überfall‹. Alle fanden, daß *diese* Leute blöd waren. Man liest, daß ein paar hundert Leute in Kreuzberg potentielle Gewalttäter sind. ›Potentielle Gewalttäter‹ — das ist so ein Lieblingsausdruck der Politiker. Na ja, es kommt darauf an. Vielleicht gibt es welche, die gegenüber der Polizei Gewalt anwenden, aber nicht gegenüber einem Kino oder einem Restaurant. Ich weiß, daß die Militanten ihre Mitglieder zu kontrollieren versuchen, und in der letzten Zeit hat es diese Entwicklung gegeben — ich meine, daß mehr und mehr Leute sich weigern, sich von irgendeiner Gruppe kontrollieren zu lassen, und niemand kennt diese Leute eigentlich. Nicht einmal die potentiell militanten Gruppen kennen sie.«

Manche Leute sind der Ansicht, daß West-Berlin dabei ist, sich in zwei Städte aufzuteilen — »Kreuzberg und der Rest«, nennt es Hartmuts Freund Hanns Zischler —, so wie Berlin und Deutschland als Ganzes geteilt sind. Sie denken sich Deutschland als eine Art Hologramm, als eine sich unablässig verändernde Bilderformation, wobei Kreuzberg das Fragment ist, das in ein paar Straßen, die nirgends hinführen, sämtliche Informationen enthält. Kreuzberg mit seinen Feindsymbolen und seinen Vergeltungsmechanismen halten sie deswegen für interessant, weil sich dort die historische Klaustrophobie Deutschlands zu wiederholen scheint. Möglicherweise ist jede Nischenkultur ein Symptom von Klaustrophobie — Zischler ist dieser Ansicht —, aber Deutschlands spezielles Symptom ist Kreuzberg, weil es von der Mauer umgeben ist und weil die Mühelosigkeit, mit der man dort von Klaustrophobie zu Panik überwechselt, etwas sehr Bekanntes hat, auch die Schnelligkeit, mit der sich die Sprache verändert und zu einer Sprache wird, in der von Feinden die Rede ist, einer Sprache des Mobs, undifferenziert und aggressiv.

Karl Schlögel, der Sozialhistoriker und Osteuropaexperte, lebt in Kreuzberg. Er hat angefangen, über das Viertel zu schreiben — er sagt, er habe einfach schreiben *müssen* —, und zwar aus der Sicht desjenigen, der sich von Berufswegen mit der Geschichte der urbanen Kultur beschäftigt. Er ist zu dem Schluß gekommen, daß Kreuzberg mit urbaner Kultur nichts mehr zu tun hat. Schlögel wohnte hier fünf Jahre als Student, ging dann nach Westdeutschland und träumte davon, nach Kreuzberg zurückzukehren und hier zu leben, weil der Stadtteil eine symbolische Bedeutung für ihn hatte — wegen der Nähe zur alten Stadtmitte und weil es eigentlich das einzige war, was im Westteil der Stadt vom mitteleuropäischen Berlin übriggeblieben war. Er sagt, wenn er von seinem Wohnzimmerfenster auf die Köpenicker Straße hinunterschaute bis zur Mauer, dann habe er eine »Nachkriegsatmosphäre« spüren können, die er in den Städten der Bundesrepublik vermißte. Das Problem ist nur, daß er dieselbe Atmosphäre spürt, wenn er in den Hinterhof schaut, denn der sieht so aus, als sei dort seit den Luftangriffen nicht mehr aufgeräumt worden. Überall Trümmer, das Hinterhaus seiner Mietskaserne nur noch ein Gerippe — es gibt weder Scheiben in den Fenstern noch Simse, noch Türen und nicht einmal Treppen. Die Besitzer ließen alles herausreißen, als sie das Haus zu Spekulationszwecken abreißen wollten, doch dann zogen ein paar Autonome ein und reklamierten den Hinterhof für sich, um dort Rockvideos zu machen, und sie stahlen alles, was noch übriggeblieben war.

Das Haus, in dem Schlögel wohnt, soll saniert werden — als Projekt der Altbau-IBA steht es jetzt unter dem Schutz von Hardt-Waltherr Hämers Team —, und Schlögel ist entschlossen, dort zu bleiben, auch wenn er nicht weiß, wie sich die Mieter auf irgend etwas einigen können, wenn das, was er »die Regeln des geschlossenen städtischen Raumes« nennt, nur von ihm selbst und seiner aus Moskau stammenden Frau und der türkischen Familie im dritten Stock respektiert wird. Die übrigen Mieter sind herumschweifende Autonome, die auf ihre Nachbarn keine Rücksicht nehmen. Sie spielen um zwei Uhr nachts Fußball im Hinterhof. Um drei Uhr schweißen sie ihre *objets trouvés* zusammen, und um vier Uhr drehen sie die Verstärker auf und bekiffen sich und amüsieren sich. Schlögel sagt, er habe anfangs noch versucht, mit ihnen zu sprechen. Er habe ihnen von seiner vierjährigen Tochter erzählt, die wegen des Krachs nicht schlafen kann, und von den dünnen Nerven seiner Frau und von seinem eigenen Problem, daß er ein Buch über die Geschichte der russischen Intellektuellen fertigstellen müsse, nachts aber nur zwei, drei Stunden schlafen könne; doch seine Nachbarn fanden, er sei ein verrückter Professor, der sich in Dahlem eine Villa suchen solle, dort gebe es viel Platz. Und danach — um ihn zu »disziplinieren« — versammelten sie sich mit Töpfen und Tiegeln und Blechdosen und Mülleimern und Radios und Plattenspielern im Hof und setzten die Schlögels einem »Lärmkonzert« aus. In der Szene wurde das unter der Bezeichnung »Professoraktion« bekannt. Schlögel sagt, es sei »schrecklich, aber interessant« gewesen. Es war eine Aufkündigung aller Arrangements und Abkommen, die das Großstadtleben erst möglich machen, und es lief auf etwas sehr Simples hinaus. Diese Leute nahmen für sich selbst mehr Rechte in Anspruch, als sie anderen zuzugestehen bereit waren.

Schlögel sagt, als ehemaliges Mitglied einer maoistischen Partei habe er das, was seine Nachbarn als ihre Ideologie bezeichneten (Kreuzberg sollte für »das neue Proletariat« reklamiert werden), nicht sonderlich aufregend gefunden. Ihn beschäftigte vielmehr, daß in seinem Kreuzberger Mietshaus die üblichen nachbarschaftlichen Kommunikationsformen offensichtlich nicht mehr funktionierten und daß Leute beziehungslos nebeneinander herlebten. Nach Dahlem, sagt er, hätten eigentlich die Nachbarn gehört. Sie verhielten sich so, als wohnten sie ganz allein in einer großen Vorortvilla — wo sich niemand an der Lautstärke ihrer Yamahas oder der Resonanz der Bässe störte, die das ganze Haus erzittern ließen. »Viele junge Leute kommen hierher, so wie ich in den sechziger Jahren hierhergekommen bin«, sagt Schlögel. »Sie kommen in die Metropole. Sie haben eine spezifische, wenngleich naive Vorstellung — nämlich, daß man in der Großstadt die Einschränkungen des alten Provinzlebens endlich abschütteln kann. In diesem Fall irren sie sich aber. Eine der — freilich negativen — Errungenschaften von Kreuzberg ist die Deurbanisierung des Lebens. Kreuzberg ist zum Dorf geworden, und diese Auferstehung des Dorfes Kreuzberg bedeutet, daß die städtische Kultur zerstört wird. Hier sieht es eher nach Türkei als nach Deutschland aus — außer daß dafür die Deutschen und nicht die Türken verantwortlich sind. Es sind die Deutschen, die aus diesem Kult des Provinzialismus eine ideologische Demonstration machen. Man erkennt das an der Art und Weise, wie die westdeutschen Kids ihren Heimatdialekt sprechen. Schwäbisch oder Bayerisch. Früher hieß es: ›Sprich Schwäbisch, du brauchst dich deiner Herkunft nicht zu schämen‹, heute heißt es: ›Sprich Schwäbisch, du brauchst nicht zu kommunizieren.‹«

Schlögel sagt, daß die meisten Intellektuellen, die er kennt, aus Kreuzberg wegziehen, daß die Freunde, die genauso enthusiastisch hierhergekommen waren wie er — die Freunde, die sich ein Zimmer am Schlesischen Tor nahmen, an der letzten U-Bahnstation vor der Mauer, und »Soireen« über Lwow und Vilnius und Budapest veranstalteten —, daß diese Freunde jetzt nach Schöneberg oder Charlottenburg ziehen. Sie ziehen in die »wirkliche« Welt von West-Berlin, so wie andere Berliner in die Bundesrepublik ziehen — um beruflich und privat weiterzukommen, um in Häusern mit Bad und Toilette und Zentralheizung zu wohnen und gute Kindergärten und Parks für ihre Kinder zu haben und all die anderen Dinge, die die Kreuzberger Szene ablehnt. Schulen sind ein sehr ernstes Problem in Kreuzberg. Die Autonomen wollen ihre eigenen Schulen haben, aber die Bildungsideale der Autonomen sind nicht sonderlich attraktiv für Leute wie Dr. Schlögel, den promovierten Soziologen, der vier Sprachen spricht und gerade ein neues Buch mit dem Titel *Jenseits des Großen Oktober* veröffentlicht hat — oder für seine Frau, Sonja Margolina Schlögel, eine Biologin, die in ihrer Freizeit über den Dichter Ossip Mandelstam schreibt. Früher hat es ihr in Kreuzberg gefallen. Sie war schockiert von der Armut, aber hier fühlte sie sich zu Hause. Das, wie sie meinte, spärliche Warenangebot, die Schäbigkeit und das Kaleidoskop von Leuten unterschiedlichster Herkunft — irgendwie erinnerte sie das an Moskau. Doch inzwischen macht sie sich Gedanken um Kindergärten. Sie findet, daß ein Kinderbauernhof mit ein paar Ziegen und Puten nicht die Schule ersetzt, auf der ihre Tochter lesen und schreiben lernen, geschweige denn, sich auf das Gymnasium oder die Universität vorbereiten kann.

Intellektuelle haben natürlich das Privileg, daß sie aus Kreuzberg wegziehen können. Das gilt auch für die aufgestiegenen Kinder aus alten Kreuzberger Arbeiterfamilien, die selber in besseren Vierteln leben wollen — ohne Punks und Ausländer in der Nachbarschaft. Nach Angaben des Bürgermeisters verändert sich alle drei bis vier Jahre ein Drittel der Kreuzberger Bevölkerung, und diese Zahl ist noch untertrieben. Gustav Roth, der hier als evangelischer Dekan tätig war, sagt, daß alle drei Jahre ein Drittel seiner alten Gemeinde wegziehe. Er sagt, sie amüsierten sich in der »Freien Republik Kreuzberg« und kehrten dann in die Bundesrepublik zurück. »Die Starken wandern ab«, so Roth. Die »Jungen, Einflußreichen, Interessanten« gehen weg und tauchen ein paar Jahre später woanders wieder auf, in einflußreichen, interessanten Tätigkeiten, und die Jungs aus der Szene, die »nicht so stark« sind, bleiben da — das heißt, daß inzwischen eine Generation von Kreuzbergern herangewachsen ist, die noch nie in ihrem Leben gearbeitet und keine Aussicht auf einen Job haben und allmählich resignieren. Sie sind isoliert — durch die Politiker, durch ihre Armut und durch die Mauer. Sie leben zwar in der Nähe der Mauer, aber die meisten von ihnen sind noch nie in Ost-Berlin gewesen oder haben nicht einmal daran gedacht, sich dort umzusehen. Sie haben die fünfundzwanzig Mark nicht, die der Grenzübertritt kostet. Sie wissen vom Prenzlauer Berg, der als das Kreuzberg von Ost-Berlin gilt, die Szene auf der anderen Seite der Mauer, aber nicht aus eigener Anschauung. Sie bekommen ihre Informationen von den Kids, die auf der Durchreise sind, denjenigen, die wissen, wann es Zeit ist, aus Kreuzberg zu verschwinden, wie der Student, der in der Nähe des Maxwell wohnte und zu den Pinox-Diskussionen ging und sagte: »Also, wenn ich mich wirklich ernsthaft mit einer Sache beschäftigen würde, dann wäre klar, daß ich aus Kreuzberg weggehen müßte. Hier gibt es eine bestimmte Avantgarde, aber sie zieht immer wieder weg. Man hat hier sein Vergnügen, aber man kommt nicht weiter.« Am Ende haben sie nur noch ihre Türken, die sie angeblich verteidigen, wenn sie im Namen der Infrastruktur Kindergärten und Parks und Sanierung ablehnen. Aber die Türken wollen Kindergärten und Parks und Sanierung, genau wie die Kreuzberger Professoren. Auf der Warteliste des Kindergartens, der niedergebrannt wurde, standen die Namen von eintausendfünfhundert türkischen Kindern.

Im letzten Dezember verkauften die Bitomskys das Maxwell (einschließlich Inventar), und im Juli dieses Jahres zogen sie nach Schöneberg. Brigitte machte ein neues Maxwell auf, und Hartmut begann mit der Arbeit am letzten Teil seiner Filmtrilogie über faschistische Bilder. Der Film mit dem Titel *VW-Komplex* erzählt, wie Hitler eine Fabrik einweihte, die den Volkswagen für seine grandiosen deutschen Autobahnen produzieren sollte, und wie die Autos, zusammen mit den Autobahnen, Eingang in die NS-Ideologie fanden und heute Bestandteil der Ideologie des demokratischen Westdeutschland geworden sind. Hartmut denkt schon an seinen nächsten Film. Er sagt, manche Leute erwarten, daß er einen Film über Kreuzberg machen werde, aber er findet, daß es für Kreuzberg vielleicht zu früh ist, daß Kreuzberg für ihn vielleicht zu gefährlich wäre — und außerdem will er die Gedanken an Kreuzberg loswerden. Nach über einem Jahr kann er das Verhalten seiner Nachbarn noch immer nicht verstehen. Seine Nachbarn sagten, es tue ihnen leid, aber mit seinen Problemen wollten sie einfach nichts zu tun haben. Am Ende sprachen sie mit allen anderen Leuten über das Maxwell, nur nicht mit ihm. Sie erschienen maskiert im Fernsehen, als seien sie RAF-Sympathisanten, die sich durch öffentliche Erklärungen in Gefahr brachten. »Sie saßen da mit ihren Masken und taten so, als hätte es bei uns Austern und Kaviar gegeben, während die Leute draußen auf der Straße verhungerten«, sagt Hartmut. »Sie sagten, wir hätten es besser wissen müssen beziehungsweise gar nicht erst kommen dürfen oder das Lokal irgendwo anders eröffnen sollen oder den Leuten schlechteres Essen vorsetzen sollen. Sie sagten, wir seien ›zu fein‹ gewesen — und das sagten die Leute, von denen wir annahmen, daß sie so dächten wie wir. Offenbar fanden sie, daß *wir* uns im Viertel entschuldigen sollten. Verstehen Sie, niemand war eigentlich empört, und die Autonomen bekamen, was sie wollten.«

Am Ende war es eine Frage der Moral. Alle fanden die Bitomskys ein bißchen schwierig. Sogar die *taz* (die selbst Objekt von Attacken der Autonomen gewesen war und bei einer solchen Aktion fast ihre Druckmaschinen eingebüßt hätte) erklärte indirekt, daß das Maxwell von Anfang an nicht nach Kreuzberg gepaßt habe; und wenn das Maxwell für ungefähr ein Jahr geschlossen bleibe, so schien man anzudeuten, dann würde alles vergeben und vergessen werden; wenn Hartmut Bitomsky aber stur bleibe und den Laden wiedereröffnen wolle, dann setze er die berühmte Kreuzberger Kiezsolidarität aufs Spiel, das sei unsensibel, dann provoziere er nachgerade den Konflikt. Das schien auch der Bürgermeister zu denken. Wolfgang Krüger war sehr nervös nach der Kübelaktion. Er hatte den Ersten Mai überstanden und den Besuch von Ronald

Reagan, und jetzt lenkte Hartmut Bitomskys Restaurant die Aufmerksamkeit wieder auf Kreuzberg und sorgte dafür, daß der Bürgermeister schlecht (oder schwach oder dumm) aussah. Fernsehteams bauten ihre Kameras in seinem getäfelten Dienstzimmer auf, und der Bürgermeister saß dann, jovial und ein bißchen kränklich wirkend, vor seinen Berliner Bären und erklärte, daß die ganze Aufregung doch völlig unbegründet sei — daß das Maxwell überhaupt nicht den Kreuzberger Geist widerspiegele, daß das Maxwell eines von diesen schicken liberalen Restaurants sei, in denen man, wie er gehört habe, sechzig Mark für ein Gericht bezahlen müsse —, und dann entschuldigte er sich bei den Bitomskys, und eine Woche später trat er wieder im Fernsehen auf und sagte die gleichen Dinge.

Die Bitomskys hatten von Krüger nie viel erwartet, eher schon von den Kreuzberger Alternativen. Sie dachten, daß ein so prominenter Alternativer wie Volker Härtig etwas für sie tun könne. Hartmut rief Härtig an, und der stimmte ihm zu, daß die Kübelaktion schlimm gewesen sei. Er verkündete öffentlich, daß die Kübelaktion eindeutig gegen die liberale Atmosphäre gerichtet sei, die Kreuzberg und den Kreuzbergern so teuer sei. Dies erklärte er den Zeitungen und Zeitschriften und jedem, der es wissen wollte. Aber er *half* den Bitomskys nicht. Er appellierte nicht an die Kreuzberger Grünen, sich hinter die Bitomskys zu stellen (und bestätigte damit ein Wort von Daniel Cohn-Bendit, wonach die Deutschen sich eher für Bäume als für Menschen engagieren). Er könne verstehen, sagte er, wenn Hartmut Bitomsky nicht gut auf Kreuzberg zu sprechen sei — ihm selbst sei es ähnlich ergangen, weshalb er jetzt mit einer Gaspistole in der Tasche herumlaufe —, aber die Kübelaktion könne man nicht als politisches Symbol betrachten. Kreuzberg sei gegen Gewalt, und jeder wisse das.

Hartmut sagt, daß jemand, der seinen dritten Film über faschistische Bilder macht, nicht anders kann als hellhörig zu reagieren, wenn er es mit solchen Nachbarn zu tun hat. Am Ende, sagt er, habe es unter den Autonomen wahrscheinlich ebenso große Besorgnis über den Vorfall im Maxwell gegeben, wie unter ehrbaren Kreuzbergern. Viele Autonome erklärten ihm, daß sie die Kübelaktion ekelhaft fänden. Sie widere die Sprache an, mit der die Aktion gerechtfertigt werde. »Werft die Liberalen raus, werft die Künstler raus, werft die IBA und die Architekten raus«, stand auf den Flugblättern und: »Wir haben das Maxwell gewarnt, wir haben sie aufgefordert, zu zahlen, aber sie haben sich geweigert.« Ihnen gefiel nicht, daß Leute in der Oranienstraße unterwegs waren, die in Galerien und Geschäften und Kneipen aufkreuzten und im Namen der Szene Geld forderten: »Hier ist unsere Sammelbüchse. Wenn ihr kein Geld habt, dann müßt ihr eure Preise erhöhen.« Zu den Regeln der Szene hat schon immer das Diskutieren gehört. Man plant seine Aktionen. Man bringt die Szene zusammen und bespricht alles und findet heraus, was die Szene von dem Geplanten hält. Doch über die Kübelaktion ist nie diskutiert worden, und als sie vorbei war, kamen einige Autonome zusammen und verurteilten öffentlich die Gewalt, wobei sie argumentierten, daß es »unpolitisch« gewesen sei, das Maxwell mit Kot vollzuschmieren—daß diejenigen, die das getan hatten, nicht über die politischen Implikationen ihres Handelns für den Stadtteil nachgedacht hätten. Diese Autonomen produzierten ihre eigene Propaganda. Einige, darunter auch das Pinox-Kollektiv, bezeichneten die Kübelaktion als faschistisch und sagten, die Kreuzberger Szene sollte vielleicht weniger militant und dafür »konstruktiver« sein. Sie sagten, die Szene solle sich mehr auf gewaltfreie Aktionen gegen ihre wirklichen Feinde verlegen. Sie fragten, was man davon habe, sich Hartmut Bitomsky vorzuknöpfen, wo sich Kreuzberg eher um den Internationalen Währungsfond und ähnliche Dinge kümmern sollte.

Auf den ersten Blick scheint sich das Haus Oranienstraße 170 nicht sehr verändert zu haben. Von der Straße aus präsentiert sich die gleiche »minimalistische Ästhetik«. Die vier großen Schaufenster wirken noch immer so schmucklos wie zu Bitomskys Zeiten (vielleicht sogar noch schmuckloser, da Brigittes dunkelgrüne Wollvorhänge, die in halber Höhe an dicken

Messingstangen hingen, verschwunden sind). Es dauert eine Weile bis man die Veränderungen registriert hat, bis man im Fenster beispielsweise das Plakat zum diesjährigen Ersten Mai sieht (das von der großartigen Revolution, und daß alles andere Quark sei) oder die Plakate für eine türkische Kabarett-Vorstellung mit dem Titel »Putsch in Bonn« oder einen Abend mit den Drei Tornados in einer Fabriketage der Autonomen. Es dauert eine Weile, bis einem auffällt, daß der Name des Restaurants, diskret in die untere Ecke eines der Fenster gemalt, nicht mehr Maxwell, sondern Anton lautet.

Anton ist zehn. Seine Mutter ist Gabi Loher, und ihr Freund ist Karl-Heinz Kraus, der in der Szene als Strumpf bekannt ist. Gabi und Strumpf haben Brigitte und Hartmut das Maxwell abgekauft. Gelegentlich kommt Anton in das Restaurant. Er sitzt mit einem Comicheft am Tisch, und manchmal setzt sich ein alter abgerissener Säufer zu ihm, der den Vormittag dort bei einer Tasse Kaffee verbringt, Zeitung liest und sich ganz allgemein aufwärmt, und manchmal kommt ein Rottweiler aus Strumpfs Haus herein, der sich einsam fühlt oder hungrig ist. Strumpf wohnt in einem alten besetzten Haus am Leuschnerdamm, unweit der Mauer, das zu Zeiten des SPD-Senats den Besetzern übertragen wurde. In diesem Haus gelten die Regeln der Szene, und die gelten jetzt auch im Restaurant. Es ist für die Passanten noch immer gut einsehbar (das war einer der Vorwürfe gegen das Maxwell), aber jetzt sind die Leute vor und hinter der Schaufensterscheibe so ziemlich die gleichen Leute. Sie kommen und gehen, wenn sie gerade hungrig oder durstig sind oder ein bekanntes Gesicht entdeckt haben und ein Schwätzchen halten wollen. Man kann morgens schon auf einen »Muntermacher« vorbeikommen (zwei Aspirintabletten und eine Tasse Kaffee) oder, wenn man eine Gitane rauchen will, einen »Existenzialisten« bestellen. Für hartgesottene Kreuzberger Trinker gibt es das Bier-und-Wodka-Frühstück für sechs Mark, und für die Bodybuilder und Ledertypen gibt es Saft, Obst, Hüttenkäse, Toast und Ovomaltine für acht Mark. Das ist nicht gerade ein »Volksfrühstück«, und ob Brigitte Bitomsky dafür mehr genommen hätte, ist fraglich.

Aber Brigitte hatte vormittags noch nicht auf. Ins Maxwell kam man zum Abendessen und nicht, um herumzuhocken und eine Hausbesetzung zu planen oder über eine Aktion zu diskutieren oder stundenlang bei einer Tasse dünnem Kaffee Reggae und amerikanischen Rock zu hören, der inzwischen aus den Stereolautsprechern dröhnt, die Strumpf und Gabi installiert haben, um das Restaurant etwas »freundlicher« zu machen.

Nach allgemeinem Urteil der Szene sieht das Restaurant »unverändert und doch anders aus, denn jetzt sind dort die Freaks«. Es paßt jetzt, sagen die Leute, besser zu den anderen Läden im Viertel — dem Trödelladen, der sich auf Coca-Cola-Schilder und Fast-Food-Speisekarten spezialisiert, dem türkischen Händler mit den Brautkleidern aus Tüll und den Straußenfedern, dem T-Shirt-Laden im Souterrain, der alten Kneipe, die das ganze Jahr über mit staubigem Weihnachtsschmuck dekoriert ist, und zu den Freaks, die hier aus und ein gehen. Die Freaks geben sich androgyn — kurzes Stoppelhaar, vorn hellgelb gebleicht, Lederjeans, Lederjacken, schwarze T-Shirts, weiße Socken. Und gefahren wird auf Motorrädern. (Die Mercedesse, die überall in der Oranienstraße stehen, gehören türkischen Händlern und nicht etwa Feinschmeckern aus Charlottenburg.) Im Anton hängt ein schreckliches Bild an der Wand — eine einzige Beleidigung für die Kunst und für diejenigen, die sich mit Kunst beschäftigen —, und statt der weißen Leinentischtücher liegen jetzt Papierservietten auf braun laminierten Tischen. »Warum nicht braun?« ist Strumpfs Meinung dazu. Die Sitzbänke im Anton sind alle mit Kunstleder bezogen. Das hölzerne Büfett, das Hartmut an die hintere Wand gebaut hatte, ist mit einem Chromaufsatz versehen, und daneben gibt es noch eine große Vitrine aus Glas und Chrom — so wie man sie von amerikanischen Schnellimbissen her kennt. Sie dient quasi als Speisekarte. Da dort die Gerichte des Tages ausgestellt sind, wird einem sofort klar, daß im Anton nichts Ausgefallenes gekocht wird. Hier gibt es nur einfache Sachen zu essen, wie etwa kalte Lauchtorte und Wurstsalat mit Mayonnaise. Viele Gäste essen überhaupt nicht, was vielleicht auch ganz gut so ist, denn das Essen liegt einem wie Blei im Magen. Sie kommen hierher, weil Strumpfs Anton im Kreuzberg des Jahres 1988 etwas ist, was Hartmuts Dziga-Vertov-Filmhochschule des Jahres 1968 vielleicht war — ein authentischer Ausdruck des Zeitgeistes, ein Ort, der die Atmosphäre des Viertels widerspiegelt und pflegt. Strumpf benutzt das Wort »authentisch« nicht, und seine Freunde im Heilehaus, dem »sozialmedizinischen Naturheilzentrum« in der Waldemarstraße, verwenden das Wort »organisch«, wenn sie vom Anton sprechen. Strumpf zieht es vor, »die Dinge geschehen zu lassen« oder »o.k. zu sagen«. Was Gabi sagt, ist nicht so ganz klar, denn trotz Rosa Luxemburg und der Frauengruppen und der radikalen Lesben scheint im Kreuzberg der Autonomen die Regel zu sein, daß die Frauen arbeiten und die Männer reden. Dies ist eine Funktion jener Dorfethik, auf die Karl Schlögel mitten in seiner kosmopolitischen mitteleuropäischen Großstadt stieß, und wenn Strumpf mit seinen Freunden in seinem heimatlichen Freiburger Dialekt spricht, gehorcht er derselben Ethik.

Strumpfs eigentliches Heimatdorf heißt Ulm und liegt einhundertfünfzig Kilometer nördlich von Freiburg. Strumpf ist nicht mehr oft dortgewesen, seit er vor sechs Jahren nach Kreuzberg zog — so lange ist er immerhin schon hier, daß er inzwischen die obligatorische Lederkluft trägt und die Igelfrisur und den Dreitagebart und im linken Ohr einen kleinen silbernen Ring, und so lange auch, daß er zur Sprache seiner Eltern wieder zurückgefunden hat. Sein Vater ist Lastwagenfahrer in Freiburg. Seine Mutter arbeitet in einer Druckerei. Sie waren genau wie die anderen Eltern in einem westdeutschen Arbeiterhaushalt, sagt Strumpf. Sie wollten, daß er ein Handwerk lernte und einen Arbeitsplatz bekam. Sie schickten ihn nach Freiburg, wo er eine Lehre als Automechaniker anfing. Aber nach drei Jahren beschloß er eines Tages, »sich eine andere Stadt zu suchen«, was in Kreuzberg soviel heißt wie: seinen Lebensstil zu ändern. Er war zwanzig, als er fortging. Er setzte sich in sein Auto und fuhr, wie eine Brieftaube, quer durch Westdeutschland und Ostdeutschland bis nach West-

Berlin vor die Tür eines besetzten Hauses. Er fragte, ob er dort unterkommen könnte. Er hatte kein Geld und keine Arbeit und auch nicht die Absicht, nach Hause zurückzukehren und sich eine Arbeit zu suchen — und vor allem hatte er keine Lust, sich bei seinem Wehrkreiskommando zu melden und seinen Militärdienst zu leisten. Strumpf ist ein außergewöhnlich friedfertiger Mensch. Er sagt, daß manche Leute alles zerstören und manche wollen, daß alles friedlich bleibt, und daß er zu denjenigen gehört, die für den Frieden sind. Er glaubt nicht an Armeen, aber »wenn Sie daran glauben, dann ist das auch o k.« Er glaubt auch nicht an Jobs — jedenfalls nicht an die Sorte Job, die seine Eltern sich für ihn ausgedacht hatten. Seine Eltern gaben ihm drei Wochen in Kreuzberg. Sie dachten, er würde sich in Kreuzberg umschauen, wie die Kinder anderer Eltern auch — aber er kam nicht mehr zurück. Er machte ein Hausbesetzer-Café auf, dann betrieb er dort eine Zeitlang eine Autowerkstatt, und nachdem er zu der Erkenntnis gelangt war, daß das Reparieren von Autos zu kalt und zu schmutzig sei, beschloß er, einen Segeltörn rund um die Welt zu machen. Er und ein Freund fuhren nach Bremen und begannen, einen Siebzehn-Meter-Schoner zu bauen. Als die beiden »auseinandergingen«, wie Strumpf es formuliert, baute er weiter. Vor zwei Jahren lernte er Gabi kennen. Sie haben ein Kreuzberger Arrangement. Sie wohnt mit Anton in einem besetzten Haus, während Strumpf in einem anderen besetzten Haus mit dem Hund und zwei Zimmergenossen wohnt — seinem Partner von der Hausbesetzerwerkstatt und einem Bekannten namens Andi vom sozialmedizinischen Naturheilzentrum —, und wo er am Ende eines Tages gerade ist, dort schläft er. »Das ist o.k.«, sagt er. »Das ist o.k.«, so lautet die Kurzfassung seiner Lebensphilosophie.

Strumpf hat das, was oft als »süddeutsche Mentalität« bezeichnet wird. Das heißt, er bedenkt alles sehr langsam und entscheidet sich sehr langsam. Hat er seine Entscheidungen einmal getroffen, ist er sehr sicher, sehr überzeugt, frei von jeglichem Zweifel. Strumpf sagt, er habe über das Anton nachgedacht. Seine Überlegungen bezogen sich auf den Stadtteil und die Autonomen und darauf, wie das Verhältnis zwischen dem Anton und dem Viertel und den Autonomen aussehen sollte. Strumpf versteht sich als Ex-Autonomer. Früher war er »organisiert«. Früher wohnte er in einem von Autonomen besetzten Haus, und seine Freunde im Naturheilzentrum sind das, was die meisten anderen Berliner als »gute« Autonome bezeichnen würden, aber Strumpf weiß nicht, ob man eine Gruppe von Freunden als Gruppe bezeichnen kann oder ob man *ihn* überhaupt als Teil dieser Gruppe bezeichnen kann, wo er doch der Besitzer eines florierenden Restaurants ist, dessen Angestellte nach einem täglichen Schichtplan arbeiten, und den Tag damit verbringt, Käse im Supermarkt einzukaufen und Brot in der Bäckerei und beim Großhändler Bestellungen aufzugeben und Rechnungen zu bezahlen und, alles in allem, ein erfolgreicher Geschäftsmann zu sein. Diese Frage stimmt ihn nachdenklich.

»Beim Maxwell habe ich meine Freunde gefragt, was *sie* denn wollten«, sagt er, wenn er zu erklären versucht, wie aus dem Maxwell das Anton wurde — warum er beispielsweise das schlichte weiße Bitomskysche Geschirr behielt, die Leinenservietten jedoch abschaffte. »Es war wichtig für mich, daß meine Freunde offen zu mir waren. Ich mußte wissen, was mit den Tischen passieren sollte, was die richtige Farbe für das Viertel war. Und ich mußte wissen: Wie verhält man sich als Chef eines Kreuzberger Restaurants? Ich hatte keine Ahnung, wie man Chef ist. Ich wußte nicht, wie man anderen sagt, was sie tun sollen, ohne zu brüllen. Ich mußte mir darüber erst klarwerden. Ich mußte akzeptieren, daß ich durch die Arbeit kein richtiger Autonomer mehr war, sondern eher ein Liberaler — daß sich etwas in meinem Denken verändert hat, seit ich hier in Kreuzberg bin. Zuerst dachte ich, daß Arbeiten nicht so wichtig ist. Dann dachte ich, daß Arbeiten o.k. ist, aber nur in einem Kollektiv. Jetzt finde ich das nicht mehr so wichtig — das mit dem Kollektiv. Es ist wichtiger, die Arbeit unter dem Aspekt zu sehen, was in der ganzen Gesellschaft um einen herum passiert. Politische Diskussionen interessieren mich nicht mehr so sehr, dieses Gerede über die Revolution.

Zum Beispiel, die Leute, die hier arbeiten, sind meine Freunde. Sie sind wie ich, sie wollen nicht viel Geld haben oder Autos oder Urlaub. Aber nachdem ich nun mal hier bin, akzeptiere ich, daß ich den Boss spielen und die Leute kontrollieren muß. Inzwischen weiß ich nämlich, daß sie ohne Kontrolle nicht arbeiten. Zuerst hatte ich einen Typ in der Küche — er war Kellner in Charlottenburg, ließ sich für einen Monat beurlauben und kam hierher, um die Mädchen auszubilden und die Küche in Gang zu bekommen. Aber kaum war er wieder weg, gab es keinen Chef in der Küche, die Mädchen haben nicht gearbeitet, und schließlich mußte ich sagen: ›Also, ihr müßt euch zusammensetzen und eine wählen, die die Anweisungen erteilt.‹ So haben sie es dann auch gemacht. Tja, jetzt bin ich also Boss in Kreuzberg. Und wenn ich deswegen meine Meinung ändere — wenn ich sage: ›Verschieben wir die Revolution auf morgen‹ —, dann muß ich das eben sagen. Aber ich weiß auch, wenn ich zu einer Versammlung gehe und die Leute zu mir sagen: ›Was machst du denn hier, du als Boss? Du mußt aus dem Anton eine Kooperative machen‹ — na ja, dann ist das auch o.k. Wichtig ist dies: Was ich denke, muß mit dem übereinstimmen, was ich tue. Das ist das einzige, worauf es ankommt.«

Strumpf hat eine große Ähnlichkeit mit Hartmut Bitomsky, auch wenn er aus Süddeutschland kommt und sechsundzwanzig ist und Ledersachen trägt, Hartmut dagegen aus Norddeutschland stammt und sechsundvierzig ist und Jeans trägt. Strumpf ist klein und blond, Hartmut hochgewachsen und dunkel, aber beide strahlen eine bewußte, fast mit Händen zu greifende Gelassenheit, eine nahezu gewollte Sanftheit aus. Sie stammen aus unterschiedlichen Welten — die Werkstatt und die Universität hatten die Berliner schon lange vor der Mauer geteilt —, und die Revolutionen, von denen sie sprechen, unterscheiden sich gewiß voneinander, aber die wenigen Male, die sie miteinander zu tun hatten, kamen sie gut miteinander aus. Strumpf suchte nach einer Kneipe, als er auf das Maxwell stieß. Er dachte an einen Ort, wo gegessen und Jazz gespielt wurde, aber dann entdeckte er das verrammelte Maxwell, und ein paar Tage später begann er sich im Viertel zu erkundigen. Er hörte von den Diskussionen in der Szene — daß die einen erklärten, das Maxwell sei o.k., die andern, es sei nicht o.k., wegen der Schicki-Mickis, die hinter dem Fenster saßen und die Szene betrachteten, als hockten sie in Afrika in einem gläsernen Ausguck auf einem Baum und beobachteten die wilden Tiere. Strumpf hatte, da er zu den »friedlichen« Leuten gehörte, vorher nicht viel von diesen Diskussionen mitbekommen. Wenn es in Kreuzberg zu Krawallen kommt, wenn die Szene gewalttätig wird, dann geht Strumpf nach Hause und kocht sich eine Tasse Kaffee. »Das stimmt für mich«, sagt er. »Was die andern machen, weiß ich nicht.« Im Gegensatz zu Bitomsky macht er sein Restaurant am Ersten Mai aber nicht auf. Er läßt die Rolläden runter und geht nach Hause. Er ist kein Skeptiker, sondern eher Realist — jedenfalls ist er realistischer als Hartmut —, und das dürfte der entscheidende Unterschied zwischen den Kreuzberger Generationen sein. Strumpf interessiert sich nicht einmal besonders für Restaurants. Er sagt, das Anton kann er ein paar Jahre lang machen. Wenn er keine Lust mehr hat, wird er sich etwas anderes ausdenken.

Strumpf hat ein feines Gespür für das »Denkverbot« in Kreuzberg, aber er sagt, daß nach der Kübelaktion — nach all den Diskussionen und all den Plakaten in den Schaufenstern von Autonomenkneipen, auf denen zu lesen stand, daß die Kübelaktion gut beziehungsweise schlecht gewesen sei — die Täter selbstkritisch auf die Diskussionen reagieren mußten. Aus Strumpfs Sicht ist das eine Form von Demokratie. Höchstwahrscheinlich weiß er, wer die Kübelaktion geplant hat. Leute in der Szene wissen so etwas, sie wissen das instinktiv. Sie kennen die Signale und die Zeichen, sie haben eine Antenne für Zeichen, über die Hartmut, trotz all seiner Semiotik, nicht verfügt. Das Wort Semiotik kommt in Strumpfs Vokabular nicht vor, aber er wäre wohl amüsiert, wenn er erführe, daß Leute Bücher über die Kreuzberger Semiotik schreiben, und erst recht, wenn er wüßte, daß Hartmut Bitomsky sich als Semiotiker betrachtet. Strumpf selbst denkt über Codes nach. »Wir sind ein paar hundert Leute, ohne bestimmte Politik, aber mit einem Code«, so charakterisiert er seine Welt.

Strumpf sagt, er habe das Maxwell »studiert«. Er las über die Kübelaktion in der Autonomenbuchhandlung M99 und sagte sich, daß es beim Maxwell eigentlich um Code-Probleme gegangen sei — ob man beispielsweise einem Bettler die Essensreste in der Küche aushändigte oder ihm in Speisesaal verpflegte, wie jeden anderen Gast auch. Strumpf findet, Hartmut Bitomsky habe gegen den Kreuzberger Code verstoßen, aber als erster habe wohl Hardt-Waltherr Hämer dagegen verstoßen, als er versuchte, das Viertel sauber und attraktiv zu machen. Strumpf sagt, daß »sauber« und »attraktiv« die falschen Begriffe seien, wenn man es mit Obdachlosen oder Hausbesetzern zu tun habe. Offiziell gibt es zwar keine Hausbesetzungen mehr, aber es ist eine Tatsache, daß alle paar Monate irgendwelche Leute in Kreuzberg ein Haus besetzen und »Hausbesetzerspione« aus der Szene die Aktion melden, worauf Wilhelm Kewenig diese Leute verhaften läßt. Strumpf findet, daß Leute, die kein Dach über dem Kopf haben, Häuser besetzen sollten. Zwei seiner Kreuzberger Freunde, kurdische Flüchtlinge, wohnen zur Zeit in einem besetzten Haus.

Man kann sich kaum vorstellen, daß Strumpf über minimalistische Ästhetik spricht. Ästhetik kommt in seiner Vorstellung von einem gelungenen Leben nicht vor, und ohnehin findet er, daß nur bürgerliche Leute über Ästhetik reden. Er bewundert Hartmut, aber nicht für seinen Geschmack oder seine Filme. Hartmuts Filme kennt er nicht. Er bewundert Hartmut dafür, daß er in der Lage war, aus zwei heruntergekommenen Trödelläden einen großen Raum zu machen. Wenn er über Hartmuts gute Arbeit spricht, dann meint er das Verputzen und das Verlegen der elektrischen Leitungen und die Tatsache, daß Hartmuts Küche sehr praktisch konstruiert war. Wenn er von Hartmuts Stil spricht, dann meint er, daß Hartmut bei ihren Verhandlungen freundlich und direkt war und nie gereizt. Er sagt, die Leute hinter der Kübelaktion seien »kleinkariert« gewesen, und: »Die Scheiße, die sie im Maxwell ausgekippt haben, haben sie allen ihren Nachbarn ins

Gesicht gekippt.« Er sagt, sie hätten zu Hartmut gehen und ihn in die Diskussion einbeziehen sollen, denn »das Maxwell war ein kleiner Teil einer größeren Geschichte, die sich in Kreuzberg abgespielt hat«. Seine Version der Geschichte ist einfach. »Bitomsky war nett«, sagt Strumpf, »aber er hat nicht für einen anderen Stil im Maxwell gesorgt. Deshalb mußte er verschwinden.«

Burgunder Lagen

Armande steigt nur noch selten in ihren Keller hinunter, denn sie ist inzwischen dreiundachtzig und hat eine Titannadel in der Hüfte und braucht zum Gehen einen Stock. Sie hat sich ohnehin nie besonders wohl gefühlt in dem Gewölbe mit den tückischen Steinstufen und den herabhängenden Spinnwebfäden und dem Schimmel auf dem 1906er Volnay, den ihr Vater von ihrem Geburtsjahrgang aufgehoben hatte, um ihn vielleicht zu Armandes Hochzeit oder bei der Geburt ihres ersten Kindes aufzumachen. Sie sagt, in der feuchten, hefigen Luft des Weinkellers, gut drei Meter unter der Erde, habe sie immer niesen müssen und beim Verkosten einen Schluckauf bekommen. Und außerdem sei ihr das Probierritual unangenehm — die Männer in Anzug und Krawatte, die fröstelnd im Kreis stehen, den herben jungen Wein wie Mundwasser im Gaumen rollen und dann in eine dunkle Ecke zwischen den Fässern ausspucken. Sie findet, daß eine Dame nicht zusehen sollen müßte, wie Männer den Wein in irgendwelche Ecken spucken. *»Ca ne m'apporte rien«,* sagt sie. »Das bringt mir nichts.« Wenn heute Kunden ins Dorf kommen, die ihren Volnay oder Pommard oder ihren speziellen Meursault-Santenot probieren wollen — oder auch nur mit Armande sprechen wollen, die eine renommierte Weinerzeugerin und in Burgund einfach als Mademoiselle bekannt ist —, begrüßt sie sie in ihrem Salon, auf einem Gummischlauch sitzend, den Gehstock in Reichweite, und bietet ihnen sogar Käsegebäck und ein Glas von dem Ratafia an, den sie nebenbei aus Trester und Most herstellt. In den Keller geht sie mit ihnen aber nur, wenn sie sie gut kennt und sympathisch findet. Sobald die Zeit für die Verkostung gekommen ist, beauftragt sie Francis, ihren Traktorfahrer und neuen *caviste,* die Gäste hinunterzubegleiten, die Gläser zu spülen und den Wein aus den Fässern zu ziehen und die Bestellungen entgegenzunehmen und manchmal auch einen Eimer Wasser zu nehmen und ihn zum Schluß über den bespritzten Boden beim Probiertisch zu kippen.

Armande hat Schwierigkeiten beim Gehen. Sie hat ein krankes linkes Bein, und vor anderthalb Jahren brach sie sich bei einem Sturz die rechte Hüfte und mußte operiert werden — weshalb sie, wie sie sagt, soviel Titan eingesetzt bekam, daß sie direkt in den Himmel fliegen könnte. Sie hat viele Geschichten über ihre gebrochene Hüfte parat. Sie erzählt gern, daß es beim Tanzen mit einem gutaussehenden Afrikaner passiert sei, den sie im Senegal während jener Seniorenreise traf, die sie mit der Witwe eines Winzers aus Auxey-Duresses unternahm, einem Ort an der Nationalstraße 973, Richtung La Rochepot. Oder sie sagt, der Unfall sei passiert, als sie sich gerade vorbeugte, um von »Les Enfants du Rock« auf Antenne 2 zu dem Pornofilm auf La Cinq umzuschalten. Bei ihren Geschichten fühlen sich ihre Gäste immer unbehaglich — aber vielleicht erzählt sie sie genau deswegen. Sie hat nichts übrig für den diskreten, vorsichtigen Gesprächston, den die Leute bei alten Damen für angebracht halten und besonders, wie sie sagt, bei einer so reizlosen alten Jungfer, wie sie es ist. Armande ist klug. Sie weiß, daß jeder im Dorf — und überhaupt jeder, der sich in Burgund für Weine und Weinbau interessiert — in Erfahrung bringen will, was Mademoiselle mit ihrem Besitz vorhat. Ihr gehören sechs Hektar Rebstöcke — sechs Hektar Volnay, Pommard und Meursault sowie Monthelie, ihre eigene *appellation village* —, das heißt, Armande besitzt sechs der begehrtesten Hektare der Welt. Kinder oder Enkel, die sie beerben könnten, gibt es nicht. In Südfrankreich lebt eine Schwester mit einer zurückgebliebenen Tochter, und obwohl in Armandes Dorf gewöhnlich zehn oder fünfzehn Winzerfamilien unter dem Namen Monthelie abfüllen, hat sie dort keine Cousins oder Cousinen. Sie hat überhaupt keine Verwandten. Wenn Armande als Mädchen nicht umworben wurde, so wird sie jetzt hofiert — zuviel, wie sie sagt, für eine alte Jungfer von dreiundachtzig Jahren, die nie, wie sie es ausdrückt, *»gracieuse«* war. Sie bekommt Weihnachtsgrüße von japanischen Geschäftsleuten und Familiennachrichten von kalifornischen Ranchern. Deutsche Millionäre schicken ihr teure Lackgürtel (Armande hat eine Schwäche für gutes, schwarzes Lackleder), und belgische Ärzte schicken ihr kastenweise ihr Lieblingsbier, und an manchen Sonntagnachmittagen fahren die ranghöchsten Priester von Beaune nach Monthelie hinaus, um ihr den Himmel zu versprechen, wenn sie ihre Weinberge dem Hospiz in Beaune vermacht. Ihr Alter, die Ungewißheit ihrer Entscheidung und ihre körperliche Gebrechlichkeit haben Armande zu einer wichtigen Persönlichkeit in Burgund gemacht. Die Leute in ihrer Umgebung passen inzwischen auf. Sie schmeicheln sich ein. Sie sind gnadenlos ehrerbietig und unterlassen es, Armande zu amüsieren. Selbst die Nachbarn geben acht. Sie fluchen nicht mehr soviel und erzählen keine üblen Witze mehr, die Armande so liebt, und keine schmutzigen Geschichten, so daß Armande sich mit ihren eigenen Geschichten unterhalten muß. Ihre Geschichten geben ihr Mut. Es sind kleine Akte des Widerstands, wie ein Pfeifen im Dunkel ihrer Einsamkeit, als wollte sie sagen: »Aufgepaßt! Mademoiselle Douhairet hat ihr Leben und ihren Keller und ihre Weinberge noch immer voll im Griff.«

Jeder Weinfreund liebt Burgund oder behauptet, Burgund zu lieben, oder weiß jedenfalls, daß es ein Zeichen des Connoisseurs ist, für Burgund zu schwärmen. Die Burgunder glauben, daß sich die Kelten im heutigen Autun ansiedelten, um in der Nähe der dortigen Weinberge zu sein, und daß die Römer aus dem gleichen Grund dort Station machten und eine große Stadt bauten. Armande hat in der Schule alles über die Römer in Burgund gelesen. Die Römer waren ihr viel sympathischer als die Merowinger und die Karolinger, die später über Burgund herrschten. Sie vermutet — Germanen sind und bleiben schließlich Germanen — eine große Ähnlichkeit zwischen diesen fränkischen Stämmen und ihren deutschen Kunden aus Stuttgart und Köln, die zu jeder Tages- und Nachtzeit ankommen und ihren Wein probieren wollen und, nachdem sie sich auf Armandes Kosten betrunken haben, wieder abfahren, ohne etwas gekauft zu haben. Sie vermutet, daß die Franken grob und habgierig waren und sich mehr für Raubzüge interessierten als für die alten burgundischen Künste des Weinbaus und des Kelterns. Armande wird oft gefragt, wie man sich als Hüter einer so geschichtsträchtigen Landschaft fühlt. Sie wollen wissen, was es für sie bedeutet, daß Römer und Merowinger auf ihrem Boden gelebt haben oder daß es vielleicht ihre Rebstöcke waren, die Petrarca im Sinn hatte, als er den Papst anflehte, aus Avignon heimzukehren, und schrieb, wie schrecklich es sei, daß Rom wegen einer unchristlichen Liebe zu Burgund auf seine Kirche verzichten müsse. Petrarca hatte nichts übrig für Leute wie Urban V., der ohne Burgund nicht leben konnte — *»qui beatam sine Beuna vitam agi posse diffidunt«* —, und Armande stimmt Petrarca zu. Sie sagt, daß sie mit ihrem belgischen Bier, ein paar Flaschen Elsässer Tafelwein und gelegentlich einer Flasche Bordeaux ganz gut leben kann. Und was den Burgunder betrifft, so zieht sie einen guten Échézeaux ihrem eigenen Pommard vor, den die meisten wunderbar finden, der für ihre Begriffe aber zu wuchtig ist, etwas für Belgier und Deutsche. Möglicherweise ist es so, daß sie, die keine Erben hat, keine Nachkommen, keinen Menschen, dem sie etwas weitergeben kann, die Geschichte abtut und damit auch den Umstand, daß es ihr nicht gelungen ist, ihre Existenz mit einer weiteren Generation von Winzern zu rechtfertigen. Sie liebt ihren Boden leidenschaftlich, aber die Tatsache, daß er vermutlich seit zweitausend Jahren Wein produziert, schüchtert sie nicht ein. Sie ist viel weniger respektvoll als die Weinhändler und die Weinjournalisten, die sich in ihren *caves* versammeln, um gurgelnd und schnuppernd ihren 83er Volnay mit dem 85er Volnay zu vergleichen oder die Eigenschaften ihrer beiden jungen Monthelie Premier Crus — ihres Monthelie-Duresses und ihres Monthelie-Le Meix Bataille —, und dabei die ganze Zeit hoffen, in der kleinen *cave,* wo sie sich einen kleinen privaten Bestand hält, einen ihrer 1949er degustieren zu dürfen.

Armande trinkt gern. Sie schätzt, daß sie etwa eine Flasche Wein pro Tag trinkt, aber sie steigt nicht etwa in den Keller hinunter und holt sich einen 59er Volnay oder einen 78er Monthelie aus ihrem Privatbestand. Gegen sechs Uhr öffnet sie das Fenster und ruft Francis zu, die von der *dégustation* des Tages übriggebliebenen Flaschen heraufzubringen, die sie in einen Küchenkrug leert. Dann verrührt sie das Ganze und schenkt sich ein Glas ein. Sie nennt es ihren *petit cocktail.*

Monthelie gehörte einst zur Benediktinerabtei in Cluny. Die Dorfkirche, in der Armande sonntags die Messe besucht, wurde im zwölften Jahrhundert von einem Cluniazenserabt erbaut. Sie hat einen viereckigen Glockenturm und, wie viele andere im Stil der sogenannten cluniazensischen Romantik gebaute Kirchen, ein mit glasierten Ziegeln buntgemustertes Dach. Die Dorfbewohner behaupten, daß Armandes Rebstöcke sechs Jahrhunderte lang von Mönchen und deren Vasallen kultiviert wurden sowie von den Bischöfen der Gegend und den Monsigneurs, die die *seigneurs en partie* waren und, genau wie der Abt, mit dem Verkauf ihrer Weine viel Geld verdienten. Armandes Vorfahren mütterlicherseits ließen sich im sechzehnten Jahrhundert in Monthelie nieder. Armande weiß nicht, wo sie vorher gelebt oder wie sie ihr Geld verdient und das Land erworben haben. Sie weiß nur, daß sie kamen, als Monthelie nicht mehr den Mönchen gehörte, und daß sie den Namen des Dorfes annahmen (der, je nachdem, wen man fragt, entweder keltischen Ursprungs ist und »die Anhöhe am Weg« bedeutet oder griechisch ist und »der Berg des Sonnengottes« bedeutet) und daß sie ihr Haus bauten und das Land kauften und mit dem Weinanbau lange vor der Französischen Revolution begonnen hatten — jenem Zeitpunkt, zu dem die meisten anderen burgundischen Weinberge aufgeteilt und verkauft wurden. Armande interessiert sich nicht groß für Ahnenforschung. Aus ihrer Sicht sind nur diejenigen Monthelies interessant, die sie noch kannte, und die Dorfbewohner, die sie noch kennt. Der Nachbar Henri Meyer etwa, der neunundsechzig ist und die wunderbarsten Weinfässer von ganz Burgund baute. Germaine de Suremain, die im *château* wohnt und fünfundachtzig ist und mit Armande eine Kreuzfahrt zu den Fjorden gemacht hat — eine ihrer schönsten Urlaubsreisen. Oder die beiden Schwestern, die regelmäßig am Nachmittag vorbeikommen und Armande vier Stück Zitronenseife verkaufen und das Geld einem Pflegeheim für kranke Hunde spenden.

Monthelie hat zweihundert Einwohner. Jeder, der in den Gemeinderat will, kann sich bei den Wahlen auf der *mairie* in eine Kandidatenliste eintragen, und diejenigen mit den meisten Stimmen regieren den Ort, bis sie der Sitzungen müde sind und ihre Nachbarn überreden können, an ihre Stelle zu treten. Politik interessiert die meisten Leute im Dorf nur insoweit, als sie den Weinbau betrifft, obschon Armande eine Schwäche für Margaret Thatcher hat. Sie glaubt, daß Frauen die Dinge besser im Griff haben als Männer — sie selbst hält sich für eine hervorragende Geschäftsfrau, sehr fähig und sehr geschickt. Sie hat ja auch gehört, daß Mrs. Thatcher nicht an »1992« glaubt und die europäische Einheit und all die anderen gigantischen Projekte des Gemeinsamen Markts und des Europäischen Parlaments. Armande sagt, daß ein Land, in dem die Winzer aus Beaune nicht mit den Winzern aus Nuits-Saint-Georges sprechen, kaum instande sein wird, sich mit den Deutschen auf eine gemeinsame Währung zu einigen oder einer englischen Quarantäne für seine Hunde zuzustimmen oder seine Altersversorgung so umzustellen, daß die Italiener zufrieden sind. Die Burgunder sind eigenwillig. Besonders eigenwillig sind die Bewohner der Côte d'Or, jenes roterdigen, hügeligen Landstrichs, der sich von Marsannay etwa fünfundvierzig Kilometer bis nach Santenay erstreckt und, laut *appellation* und allgemeiner Einschätzung, die großen Burgunderweine hervorbringt. Die zweiunddreißig Gemeinden der Côte d'Or sind die einzigen in Frankreich, die sich weigern, ihre Auseinandersetzungen über Weinbergverkäufe und Bodenpreise vor die staatliche Agrarförderungskommission S.A.F.E.R. (Société d'Aménagement Foncier et d'Établissement Rural) zu bringen. Und Auseinandersetzungen gibt es immer. Gestritten wird sogar darüber, ob der Wein von den nördlichen Hängen, der Côte de Nuits, besser ist oder der von den südlichen Hängen, der Côte de Beaune. Louis Douhairet, Armandes Vater, heiratete in die Winzerfamilie Monthelie und damit in die Côte de Beaune ein. Er kam aus Joncy, einem Ort im Charollais, wo man sich um die Qualität des Viehs streitet, doch er machte sich die Sache der Côte de Beaune zu eigen, und Armande erinnert sich, daß ihm ein Côte de Nuits nicht ins Haus kam, geschweige denn in seinen Keller. Seiner Ansicht nach war eine Ehe zwischen einem jungen Mann aus Beaune und einem Mädchen aus Nuits-Saint-Georges wie eine Ehe zwischen Ausländern, und etwas von dieser dickköpfigen Loyalität hat Armande noch heute, trotz ihrer Reisen in den Senegal und obwohl sie eine gute Flasche Échézeaux zu schätzen weiß und trotz ihrer lückenhaften Geschichtskenntnisse — Armande gehört zu dem, was die Leute hier *la France profonde* nennen — das Herz Frankreichs. Sie hat sich für ihr Stückchen Erde entschieden und ist tief darin verwurzelt. Sie sagt, als sie achtzehn oder neunzehn und romantisch war, habe sie in einen Nonnenorden eintreten und gestärkte mittelalterliche Tracht anlegen wollen, wie die *bonnes soeurs* vom Hospiz, und sich dem Herrgott weihen und den Armen helfen wollen, doch ihr Vater habe erklärt, daß sie für ein Klosterleben zu eigenwillig sei, zu wählerisch, *trop personnelle,* und danach, sagt sie, habe das Land sie in Beschlag genommen.

Es ist kein schönes Land — Stendhal unternahm 1837 eine Reise durch Burgund und führte Tagebuch, und als er in Armandes Gegend kam, schrieb er: »Ohne seine wunderbaren Weine würde ich sagen, daß es keinen häßlicheren Ort auf der Welt gibt als die berühmte Côte d'Or.« Das Land ist karg, ohne nennenswerten Baumbestand und ohne richtige Farbe — was vielleicht erklärt, weshalb die Miniaturisten das mittelalterliche Burgund lieber im Winter malten, wenn sich der Schnee wie ein zarter Schleier über die Landschaft legte und ihr Kontraste verlieh. Der Boden ist trocken. In Monthelie ist er so trocken, daß dort die Redensart geprägt wurde, ein Huhn aus Monthelie sei das einzige Huhn auf der ganzen Welt, das während der Ernte verhungere. Was das Land für den Weinanbau so geeignet macht — der harte, kalkhaltige Untergrund und die fossile Basis und die östliche Hanglage der Côte d'Or, von den Hautes Côtes hinunter in das Alluvialtal von Dijon —, genau das macht die Landschaft so unwirtlich und reizlos. Stendhal schrieb, er habe sie in Gedanken mit den unsterblichen Namen der Weinberge assoziiert — Chambertin und Romanée und Clos de Vougeot — und ihr dadurch Glanz verliehen. In gewisser Weise ähnelt das Land den Menschen, die es bewirtschaften, und dem Wein, den sie erzeugen. Sie prägen es, und es nimmt ihren Charakter an. Eigenwillig, wählerisch, persönlich. Wie Armande.

Armande wurde in Joncy im Haus der Douhairets geboren. Joncy war nur fünfzig Kilometer von Monthelie entfernt, aber man brauchte fast einen ganzen Tag dorthin, wenn man in einem Wagen fuhr, der von zwei kräftigen Ackergäulen gezogen wurde, und in Armandes Vorstellung war Monthelie ein Ausflugsort auf dem Lande, ein Ort zum Spielen, wo man die Wochenenden und den Sommer verbrachte. Joncy war anders. Joncy war eine ernste, in der Ebene gelegene Stadt mit breiten, geraden Alleen und einer kastaniengesäumten *place,* und das Haus der Douhairets in Joncy war ein ernstes Haus. Es stand an der *place,* umgeben von einem viereckig angelegten Garten, und war zweifellos das bedeutendste Haus im Ort — der Doktor wohnte dort oder der Dentist oder der *notaire,* und er hatte ein Arbeitszimmer mit Louis-XVI.-Schreibtisch und dunklen, schweren Samtvorhängen. Louis Douhairet war Arzt. Er hatte eine große Praxis und besaß zweihundertfünfzig Hektar Acker- und Weideland und eines der ersten Automobile in Joncy, wenn nicht im ganzen Charollais. Dr. Douhairet war ein Familienoberhaupt der altmodisch- provinziellen Art. Die Zeremonien des Kleinstadtlebens waren sein Elixier. Wann immer eine Rede gehalten oder ein offizielles Geschenk überreicht oder ein Kriegerdenkmal eingeweiht oder ein prominenter Besucher in Joncy begrüßt werden mußte, trat Dr. Douhairet in Erscheinung. Der Arztberuf gefiel ihm schon deswegen, weil damit so viele Zeremonien verbunden waren. Geburten, Todesfälle, Masern, Keuchhusten und die Grippe von 1918 — aus allem machte er kleine feierliche Anlässe, bei denen er seinen Zylinder und seinen schwarzen Gehrock und seine brokatene Weste trug, Pomade in den gezwirbelten burgundischen Schnurrbart schmierte und sich beim Barbier den Spitzbart stutzen ließ, den er trug, bis die Barthaare weiß wurden und er ihn wachsen ließ, so daß er sich teilte und biblische Dimensionen annahm. Armande sagt, ihr Vater sei eine *grosse bête*, eine *personnage* gewesen. Er glaubte an sein Leben und an seine Wichtigkeit. Jedes Jahr ließ er den besten Fotografen von Beaune kommen und ein Porträt der gesamten Familie anfertigen. Man pflegte sich am Automobil zu versammeln — das erste war ein imposanter, offener De Dion-Bouton — und, während der Fotograf bis drei zählte, bewundernd auf eines der prächtigen Ausstattungsmerkmale zu zeigen, die Ledersitze etwa oder die Speichenräder oder das elegant geschwungene Trittbrett aus Walnußholz. Und so wurde das Jahr festgehalten und zu den anderen Jahren gelegt, die in der obersten Schublade eines aus Zitronenholz angefertigten Charles-X.-Sekretärs in Dr. Douhairets Arbeitszimmer aufbewahrt wurden.

Alix Douhairet steckte sich als junge Ehefrau das Haar zu einem festen braunen Knoten hoch und trug eng taillierte, hochgeschlossene Sommerkleider mit Keulenärmeln — wunderschöne weiße Kleider mit Spitzeneinsatz und Stickereien. Fünfundzwanzig Jahre später, nachdem sie zwei Töchter geboren hatte, war sie eine füllige, aufgedonnerte, korsettverschnürte Matrone geworden — eine Tonne in dickem, blassem Crêpe, mit Perlenketten und Riemchenschuhen, die in geschwollene Füße einschnitten. Armande und ihre Schwester hatten das, was Armande ein Monthelie-Gesicht nennt — ein kleines, waches, helläugiges burgundisches Gesicht —, und eine Douhairet-Figur, das heißt, die gedrungene, kräftige Figur der Bewohner des Charollais. Sie hatten hohe, breite

Schultern und eine hohe kräftige Taille und stramme Waden und schauten in ihren Glockenhüten und den kurzen Volantkleidern recht verlegen drein, als würden die schönen, kessen neuen Sachen, die sie auf den Fotografien immer trugen, ungünstigerweise ihre linkische, burschikose Art noch betonen. Armande hatte, wie sie fand, immerhin eine Qualität. Sie war *rousse*. Sie hatte schönes rotes Haar, das unter der Nonnenhaube ihrer Jungmädchenträume nicht zur Geltung gekommen wäre und wegen der Bubikopffrisur und der Hütchen, die sie während ihrer kurzen, bescheidenen Blüte trug, auch tatsächlich nicht zur Geltung kam. Ihre Mutter versuchte, mit ihr zu renommieren. Sie hielt Ausschau nach geeigneten Männern. Im Sommer fuhr sie mit den Mädchen ans Meer und kaufte ihnen Badeanzüge — dunkelblaue, ärmellose Trikots mit eleganten angeschnittenen Beinen — und mietete Umkleidekabinen und Sonnenschrime, doch ihre Bemühungen blieben erfolglos. Dann versuchte sie es mit Paris. Sie schickte die siebzehnjährige Armande für ein Jahr zu ihrem Bruder Louis Monthelie, der ein bekannter Arzt in Paris war und im Hause Nummer 87, Rue de Passy, eine Wohnung hatte, in der viele berühmte Leute aus und ein gingen. Louis Monthelie hatte sich auf Magenkrankheiten spezialisiert — Leber und Darm, sagt Armande — und war ein bekannter Wissenschaftler. In seiner Wohnung in Passy diskutierte er mit anderen Wissenschaftlern und studierte Zellen unter seinem Messingmikroskop, und alle Douhairets in Joncy und alle Monthelies in Monthelie waren fest davon überzeugt, daß ein Jahr in der Gesellschaft dieses gelehrten Mannes Armande gewisse Vorteile gegenüber den anderen heiratsfähigen Mädchen zu Hause verschaffen würde.

Am Ende war es ihre Schwester, die heiratete. Armande kehrte heim und dachte an die *bonnes soeurs* im Hospiz und dann an Monthelie — sie begann, die Jahre nach *millésimes* zu zählen und die Jahreszeiten nach den immer wiederkehrenden Winzerritualen des Zurückschneidens und Umgrabens und Stutzens und Lesens. Über ihr Jahr in Paris hat sie nie geredet. Heute sagt sie, daß ihr Paris eigentlich nicht gefallen hat. Sie kann von dem Tag im Jahre 1929 erzählen, als die Rebstöcke blühten, aber sie kann sich nicht mehr daran erinnern, was sie in Paris gemacht, wen sie getroffen oder was sie gesehen hat. Sie hat Paris aus ihrem Gedächtnis geschüttelt, so wie man Staub von einem Lappen schüttelt — in einer Art geistigen Reinemachaktion. Sie schüttelt unablässig ihr Gedächtnis aus, will es ordentlich und akzeptabel haben, so daß sie damit leben kann. Einmal war sie verliebt. Manche Nachbarn sprechen von einem jungen Mann, einem Verehrer vielleicht, der zwischen den Kriegen bei Armande auftauchte und dann bei einem Unfall starb, aber niemand, außer Germaine de Suremain, ist alt genug, um sich an Armande in der Zwischenkriegszeit zu erinnern, und Mme. de Suremain hat etwas gegen Klatsch. Die Nachbarn stellen Armande keine Fragen. Armandes Verdrängungen sind absolut. Sie panzert sich mit einer gewissen chaotischen Senilität und verstößt gegen die Regeln ihres Alters, indem sie sich der Gegenwart deutlich und detailliert erinnert, ihre Kindheit und Jugend aber, ja überhaupt die ersten dreißig, vierzig Jahre fast vollständig aus der Erinnerung streicht.

Armande war vierunddreißig, als Monthelie von den Deutschen besetzt wurde. Die Grenze zwischen Vichy-Frankreich und dem besetzten Frankreich verlief bei Givry quer durch Burgund und trennte Monthelie von Joncy und die Monthelies von den Douhairets. Die meisten männlichen Dorfbewohner waren entweder in Kriegsgefangenschaft geraten oder zur Arbeit auf den Weizenfeldern der Ebene oder in deutschen Fabriken zwangsverpflichtet worden. Jeden zweiten Samstag reisten Armande und ihre Mutter (ihr Vater war 1933 gestorben) von Joncy nach Monthelie, um den Mann zu besuchen, der das Gut verwaltete, und wenn sich gerade keine Deutschen dort einquartiert hatten, blieben sie übers Wochenende. Meist waren aber Deutsche anwesend. Im Dorf lag eine Kavalleriekompanie, bestehend aus einhundertzwanzig Mann und fünfzig Pferden. Im Laufe der Besatzungsjahre quartierten sich fünf Kommandanten im Haus ein und kontrollierten die Gegend vom Winzerbüro aus — »*Il y avait de la boue*«, sagt Armande.

Es war dreckig in Monthelie. Die Deutschen ließen alles mitgehen, was ihnen gefiel, und in Monthelie waren das die 1923er und 1929er in Armandes Keller. Armande erzählt gern, wie die deutschen Offiziere in ihren Reitstiefeln die steinerne Treppe hinunterstiegen, um ihren Wein zu stehlen. Jedesmal stießen sie sich den Kopf am zweiten Bogen — die Treppe hat eine ungewöhnliche, doppelt gewölbte Decke —, und Armande beschloß sofort, sie nicht zu warnen. Das war ihre Art des Widerstands. Wenn sie einen Kunden zur Weinprobe in den Keller schickt, sagt sie *»Attention la tête!«* und weist auf den zweiten Gewölbebogen hin und erzählt von ihrem Widerstand und lacht und erinnert sich an all die Deutschen, die sich den Kopf anstießen, und in ihrer Phantasie sieht Armande sie in einem großen Haufen bewußtlos am Fuß der hinterhältigen Treppe liegen.

Während des Krieges beschloß Armande, den Winzerbetrieb der Familie zu führen. Sie sagt, sie sei die erste Monthelie seit hundert Jahren gewesen. Bei den Männern sei es Familientradition gewesen, nach Beaune zu gehen und dort als Anwalt zu arbeiten, wie ihr Großvater, oder als Arzt nach Paris zu gehen, wie ihr Onkel, und einen Winzer mit der Führung des Betriebs zu beauftragen. Ein *caviste* wohnte dann im Wirtschaftsgebäude — ein verheirateter wohlgemerkt, dessen Frau die Wäsche wechselte und für die Küchenvorräte sorgte und das Haus für einen Besuch der Familie in Ordnung hielt. Die männlichen Monthelies kamen zur Weinlese nach Hause, und das Keltern machte ihnen immer viel Freude, doch es war eine Ehrensache für sie, einen zweiten Beruf zu haben. In Burgund hatte man Weinberge für seine *»côté paysan«,* sagt Armande, und einen ehrbaren Beruf für seine *»côté gentilhomme«*. Niemand hatte aber daran gedacht, Armande eine solche Berufsausbildung zuteil werden zu lassen. Sie erlernte die Winzerei — *faute de mieux,* weil das Dasein einer alten Jungfer sie langweilte, weil Krieg war und weil ihr Onkel Louis eines Tages beschlossen hatte, die Weinberge der Familie nach »wissenschaftlichen Erkenntnissen« zu bewirtschaften. In seinem Schlafzimmer in Monthelie richtete er sich ein kleines Laboratorium ein, mit einem Mikroskop wie das in Paris und einem Bunsenbrenner und einem Stapel Teströhrchen, und begann, den Boden zu analysieren und Trauben zu untersuchen und Nährstoffe zu mischen und die perfekte Temperatur für das Fermentieren eines Pinot Noir zu ermitteln, damit ein vollkommenes Buket und eine vollkommene *robe* entsteht — also eine perfekte Farbe. Armande konnte Ravel auf dem Klavier spielen und ganze Passagen von Saint-Simon zitieren, aber sie konnte nichts anderes, und außer dem Sommer am Strand und ihrem Jahr in Paris und dem täglichen Stress von deutschen Soldaten, die die Kellertreppe hinunterfielen, hatte sie von der Welt nicht viel gesehen. Sie sagt heute, daß sie wie Victor Hugo sein wollte. Sie wollte die Welt in großen, langen, durstigen Zügen in sich aufnehmen, wie ein Glas Échézeaux oder einen 34er Richebourg. Wenn die Leute die junge Armande fragten, was sie vorhatte, pflegte sie mit Hugo zu antworten: *»Il est, je crois, temps que je désemplisse le monde.«* Niemand dachte damals daran, sie darauf hinzuweisen, daß es mehrere Arten gibt, die Welt zu leeren — nicht nur als Nonne, die im Hospiz zwischen den Betten daherschwebt, was für Armande noch immer die einzige Möglichkeit war, die sie sich vorstellen konnte.

Sie begann in dem Jahr, als der Krieg zu Ende ging — in dem Jahr, als ihr Onkel starb und ihre Arbeiter zusammen mit den anderen *résistants,* die die Besatzungszeit überlebt hatten, aus ihren Verstecken kamen. Armandes Vorstellung war, die Weinberge ihrem Winzer zu überlassen und für ihre Mutter die Buchführung und die Kundenbetreuung und den Verkauf zu übernehmen. Als Löwe (sie ist am 14. August geboren) hat sie nie daran gezweifelt, daß sie es schaffen würde. Ihre Schwester, die ein Skorpion war, interessierte sich nicht für den Weinbau. Sie lebte damals mit ihrer Familie in der Nähe von Beaune, kam aber nur ein-, zweimal im Jahr nach Monthelie, um nach den Büchern zu sehen — um nach ihrem Erbe zu sehen, sagt Armande —, und ganz allmählich übernahm Armande das Kommando. Als 1958 ihre Mutter starb, verkaufte sie das Haus in Joncy. Sie packte die Familienporträts zusammen und die drei grünen Nevers-Terrinen mit den Handgriffen in Form von Engeln und die Spitzenkragen und Halstücher, die noch aus der Aussteuer ihrer Mutter stammten, und lud alle Nachbarn ein, um sich von ihnen zu verabschieden. Es gibt noch immer Leute in Joncy, deren Zeitrechnung jener Tag zugrunde liegt, als Armande in ihrem Auto dem Umzugswagen nach Monthelie hinunterfuhr. »Das war, bevor Mademoiselle nach Monthelie zog«, sagt der Metzger etwa, wenn er sich an frühere Zeiten erinnert, oder »Das war zwei Ostern, nachdem Mademoiselle weggezogen ist.«

Armande war die letzte Douhairet in Joncy. Der erste war ein Ritter, der fünf Jahrhunderte zuvor mit seinem Herrn dort angekommen war und Landwirtschaft betrieb, und die Dorfbewohner sagen, daß es immer Douhairets in Joncy gab, solange bis Armande weggzog. Armande ist kein sentimentaler Mensch. Wenn sie etwas bedauert, dann aus praktischen Erwägungen. Sie bedauert die fünfhundert Flaschen 1947er Volnay-Champans, deren Korken platzten, und die zweihundert Flaschen 1986er Meursault-Santenots, die zu Boden fielen und zerbrachen, und die 1987er Pommards, bei denen es irgendwie nicht zur malolaktischen Gärung kam. Sie denkt mit Bedauern an das Land, das sie hätte kaufen können, und an die Kunden, die sie verscheuchte, weil sie zur Mittagszeit kamen, während sie gerade Pommes frites machte und sich nicht stören lassen wollte, solange das Öl heiß war. Doch ohne Bedauern denkt sie an das Leben, das sie aufgab, als sie dem Familiennamen einen Bindestrich anfügte und ihren Weinberg als Domaine Monthelie-Douhairet registrieren ließ und ihr schmales Bett aus Zitronenholz in das große Schlafzimmer des Hauses Monthelie stellte und es sittsam mit einem Baldachin versah — wie eine Nonne das getan hätte, nur daß er aus lila Satin war.

Das Haus steht am Dorfausgang, am Rand des Volnay-Massivs, und blickt über ein Tal, das unter Geologen als die Auxey-Duresses-Verwerfung bekannt ist und unter Weinkennern als kalkreicher Boden, auf dem hauptsächlich Pinot-Noir-Trauben angebaut werden und einige ganz ordentliche *village*-Rotweine wachsen — keine erstklassigen, sondern eher schwere Weine, sagt Armande. Monthelie mit seiner Kirche und dem kleinen *château* und den terrassenförmig angelegten alten Steinhäusern mit ihren dicken Kaminen und roten Ziegeldächern ist ein Dorf wie aus dem Bilderbuch. Die Weinhänge fangen fast unmittelbar hinter den Häusern an. Man sieht ein paar Obstbäume, für *crème de pêche* und die anderen burgundischen Liköre, und dann die Rebstöcke, die, Reihe auf Reihe, bis in die Ebene hinunterreichen und sich in der Ferne verlieren. Winzerdörfer sehen so aus. Malerisch, praktisch, unverschnörkelt. *»Pas d'histoires«,* pflegt Armande zu sagen. Keine Mätzchen. Der Boden ist viel zu wertvoll, als daß jemand auf die Idee käme, die Rebstöcke herauszureißen und ein Geschäft oder ein neues Haus hinzustellen — was vielleicht erklärt, warum das Dorf immer noch so malerisch und ein wenig fremd aussieht, als wäre die Zeit hier stehengeblieben. Seit dreihundert Jahren hat sich hier nicht viel verändert. Das Dach von Armandes Haus ist noch immer mit den alten roten Ziegeln gedeckt. Die Außenmauern folgen der Biegung der alten Landstraße nach Auxey und bilden mit der Scheune einen Hof, den man noch immer durch ein knarrendes Holztor betritt, das breit genug für einen ochsengezogenen Winzerkarren ist. Heute steht ein hellblauer 1988er Renault in der Scheune (Armande liebt große Limousinen, und besonders liebt sie es, neue zu kaufen). Francis wird mit seiner Freundin in die angrenzenden Räume einziehen, die früher vermutlich eine *femme de la basse-cour* beherbergt haben, als es noch Hühner und Gänse und Schweine in den Ställen und Verschlägen gab, die Francis jetzt für das Abfüllen und Etikettieren der Flaschen und die Bearbeitung von Bestellungen nutzt. Inzwischen gibt es auch einen Lastenaufzug. Armande hat ihn für ihren alten *caviste* einbauen lassen, als er knapp sechzig war und, wie sie fand, alt wurde. Sie rief eine Spezialfirma in der Stadt an, und ein paar Tage später erschienen Männer mit Schutzhelmen und bohrten, daß das ganze Dorf wackelte, eine Verbindung vom Etikettierraum, vorbei an ihrer privaten *cave,* bis hinunter in das kühle, tiefe Gewölbe, wo die Fässer mit dem jungen Wein stehen.

Armande selbst verschmäht den Aufzug. Sie unterhält eine hierarchische Beziehung zum Kellereibetrieb unten im Hof. Sie kommuniziert mit dem Hof durch ein geöffnetes Fenster, und der Hof kommuniziert mit Armande über eine steile Außentreppe, die direkt zur Haustür hinaufführt. Die Treppe unterstreicht die Rangordnung dieser kleinen, geschlossenen Welt. Zu bestimmten Zeiten treffen sich alle Angehörigen eines Winzerbetriebs auf gleicher Ebene — bei der Lese etwa oder beim Erntefest, das traditionellerweise ein Weinfest mit üppigen burgundischen Gerichten wie *oeufs en meurette* und *coq au vin* für die Erntehelfer ist. Als Armande noch feste Erntehelfer hatte, richtete sie immer ein großes Fest aus, doch seitdem sie Tagelöhner beschäftigt, wird kein großes Essen mehr aufgetischt. Zuerst nahm sie Zigeuner, die im Zuge der Erntearbeiten nordwärts zogen. Jetzt ruft sie einen Vermittler in Dijon an, und der schickt ihr eine Busladung Wanderarbeiter und Studenten, die sich vor Semesterbeginn noch etwas Geld dazuverdienen wollen. Sie gibt ihnen von dem *grand vin ordinaire* zu trinken und fährt zweimal täglich nach Beaune und holt in einer Art Großküche das Essen ab — reichliche Mahlzeiten, beginnend mit einer Aufschnittplatte, dann Fleisch und grüne Bohnen und abschließend Käse und Dessert —, und nach der Ernte schickt sie sie nach Hause. Sie romantisiert die Leute nicht, die auf ihrem Boden arbeiten, wenngleich ihr Studenten als Erntehelfer besonders sympathisch sind. In diesem Jahr half ihr eine Gruppe von Studenten, die ihre Freundinnen mitbrachten. Armande ließ sie im Haus kampieren, und am letzten Tag rief sie ihren Metzger in Meursault an und ließ für sie Platten mit ihrem Lieblingsaufschnitt bringen — Sülze und Rillettes und Schinken in Aspik und Würste. Sie sagt, daß sie den scharfen Verstand eines Studenten dem starken Arm eines Bauern vorzieht, und der Anblick von Winzern, die »sich im Weinberg abrackern«, bringt sie, anders als Dichter oder Schriftsteller, nicht ins Schwärmen.

Bei der alljährlichen Paulée de Meursault — einem großen Winzerbankett, bei dem man ißt und plaudert und singt und reichlich von den besten Weinen anderer Leute trinkt — bekommt ein Schriftsteller eine Plakette nebst hundert Flaschen als Anerkennung für seinen Beitrag zu dem, was man den französischen bäuerlichen Roman nennen könnte. Armande kauft diese Romane und liest sie und zieht daraus ihre emotionale Befriedigung. Sie hat Jacques Chapus gelesen und Jean Raspail und den burgundischen Schriftsteller Henri Vincenot, dessen Bauern fromm und edel und erdverbunden und weise und so angestrengt gut sind, daß sie wie Argot sprechende Tolstoi-Figuren erscheinen. Armande hat eine Schwäche für bäuerliche Genreszenen — allerdings nicht bei ihr zu Hause, denn der Teppich im Salon soll nicht von dreckigen Stiefeln verunstaltet werden, sondern in Form von Büchern und Baskenmützen und gelegentlich einer kleinen Plauderei beim Metzger über das Wetter. Wie die meisten Franzosen glaubt sie im Grunde ihres Herzens eher an Etikette als an hemdsärmelige Gemeinsamkeit. Armande ist beim Metzger und beim Böttcher und bei den alten Schwestern, die ihr Seife verkaufen, durchaus zu Hause, aber die Bauern, die in ihren Weinbergen arbeiten, setzen sich nicht, wenn sie »oben« in Armandes Haus etwas zu erledigen haben. Sie bleiben stehen und bringen, die Baskenmütze in der Hand, ihre Angelegenheit vor, und sobald sie fertig sind, gehen sie wieder hinunter.

Armande verwaltet die Domaine Monthelie-Douhairet vom Eßzimmertisch aus. Das ist zwar nicht ihr Lieblingstisch — er gehört zu einer Reihe von dunklen Eßzimmermöbeln aus Eiche, die ihr Großvater einmal erworben hatte und die auszutauschen niemandem notwendig erschien —, aber in den Beschreibungen der Leute sitzt Armande meist an diesem Tisch, aufrecht auf einem hohen, geschnitzten Stuhl, das Geschäftsbuch aufgeschlagen vor sich, die Papiere und Dokumente ausgebreitet und einen *petit cocktail* zu ihrer Rechten. Das Büro hat sie nie benutzt. Sie sagt, daß die Deutschen das Zimmer für sie wohl verdorben haben. Einer der deutschen Kommandanten hatte sein Bett dort aufgestellt, und ein anderer benutzte es für Verhöre, und danach ist es niemandem von der Familie gelungen, das Zimmer dem Haus gewissermaßen wieder zurückzugeben. Armande hat es nach dem Tod ihrer

Mutter einmal probiert. Sie nahm ein altes Foto ihres Vaters (auf dem er gerade ein Denkmal einweiht und, wie sie fand, sehr unternehmungslustig aussieht), ließ es vergrößern und hängte es an die Wand. Dann wartete sie darauf, daß die Geister der fünf Kommandanten verschwänden, aber nichts passierte, und außerdem hatte sie sich an das Zimmer, in dem sie arbeitete, inzwischen schon gewöhnt.

Armande brachte nicht viel von ihren eigenen Sachen nach Monthelie — keine Aussteuer, keine Kinderzimmermöbel, nichts von den Dingen, die Haus und Besitz lebendig machen, wenn eine junge Frau eine Familie gründet und sich anschickt, die Tyrannei anderer, älterer Frauen mit neuem Tafelgeschirr und neuen Vorhängen und einem neuen Mann und neuen Tapeten zu beenden. Zu Armandes Zeiten war es üblich, daß unverheiratete Frauen sich als Haushälterinnen betätigten. Armande schmückte ihr Dasein nicht. Sie tauschte nichts aus, warf nichts weg, reparierte nichts, verkaufte auch nicht den ganzen alten Plunder, um in völlig leeren Räumen zu beginnen. Es wäre als unschicklich und aufdringlich, ja sogar etwas zweideutig angesehen worden, wenn eine Mademoiselle wie Armande sich wie eine Braut präsentiert hätte. Für ihre Reizlosigkeit bezahlte sie dadurch, daß sie den Haushalt einer anderen Frau besorgte, bis eine richtige Braut — eine Nichte, oder die Frau eines Neffen — in Erscheinung treten würde, und das hat Armande im Grunde auch getan. Mit zweiundfünfzig legte sie sich einen geheimen Garten an — sie richtete ihr Schlafzimmer mit purpurrotem Satin und altem Zitronenholz und kristallenen Parfumflaschen ein —, schloß die Tür ab und steckte den Schlüssel in ihre Tasche. Den Rest des Hauses überantwortete sie dann den Konventionen des Altjungferndaseins, jener Mischung aus Nippes und Schicklichkeit, Samt und Troddeln und säuberlich arrangierten Stühlen und harmlosen Kitschsouvenirs, die für die Wohnungen alter, alleinstehender Frauen so charakteristisch ist. Die Gegenstände, die Armande heutzutage kauft, haben meist mit ihrer Krankheit, ihrem hohen Alter und ihrer Einsamkeit zu tun. Die neue, erhöhte Toilette. Der Farbfernseher mit Fernbedienung. Der verstellbare orthopädische Sessel auf dem chinesischen Teppich zwischen dem (von der Großmutter geerbten) Kinderpaar auf Marmorsockel und der mit Intarsienarbeiten geschmückten Kommode mit der Empire-Uhr und den Kandelabern. Die Teetische mit der pflegeleichten Kunststoffplatte, auf denen sie ihren Kunden den Ratafia serviert. Die Nippeskeramiken — die Krüge und Kolosseen und Minarette von ihren Urlaubsreisen, die die Kinderzeichnungen ersetzt haben und die Muscheln und Steine und all die Ferienandenken, die zu intimen und exklusiven Totems werden.

Armande ist eigenwillig, was ihre Keramiksachen angeht. Sie möchte, daß sie an einem speziellen Platz stehen, der ihrer Bedeutung gerecht wird. Besonders lieb sind ihr die Aschenbecher, die mit kleinen zweideutigen burgundischen Aussprüchen bedeckt sind und ihre Kunden zum Lachen bringen. Armande bewahrt sie in der Bibliothek auf, zusammen mit den Familienschätzen — dem signierten Paisleyschal und dem grünseidenen persischen Gebetsteppich und den Spitzenhandschuhen aus Teneriffa und dem Jesuskind unter einer Glasglocke und dem Familienexemplar der *Encyclopédie*. Die *Encyclopédie* ist von unschätzbarem Wert. Es war das dritte Exemplar, das aus der Druckerei kam — es wurde bestellt, während Diderot noch Subskriptionen verkaufte, um das Projekt zu finanzieren, und im Laufe der Jahre wurde das Werk, Band auf Band, nach Monthelie geliefert, insgesamt achtundzwanzig Bände — und das damalige Familienoberhaupt der Monthelies freute sich so sehr über seine Anschaffung, daß er, sozusagen zur Reserve, eine zweite Lieferung bestellte, die Armande in einem tiefen Buchregal aufbewahrt, versteckt hinter der ersten. Armande sagt, die männlichen Familienmitglieder seien Vertreter der Aufklärung gewesen. Sie erhoben die Vernunft zur Religion. Sie glaubten an die Vernunft des Menschen und an den vervollkommungsfähigen Verstand und an ihre eigene Fähigkeit, mittels des Denkens die Wahrheit zu erkennen, ihre Unwissenheit zu überwinden — so wie die weiblichen Monthelies an die wunderwirkende Kraft eines wächsernen Jesuskinds glaubten, das, bestreut mit Staubperlen und Seidenblumen, unter einer Glasglocke saß —, und sie stellten eine Bibliothek zusammen, in der alle »Wissenschaften« vertreten waren, von der Philosophie über die Trigonometrie bis zur Jurisprudenz. Die Deutschen, die vier Jahre lang auf ihrem Weg ins Büro täglich an der Bibliothek vorbeikamen, konzentrierten ihre Suche zu sehr auf Geheimkeller und versteckte Weinvorräte, als daß sie auf Diderot geachtet hätten oder auf die Geschichte des Salzes oder auf die vollständige Chronologie des Universums in einem Band. Soweit Armande sich erinnert, nahmen sie nur ein Buch mit, und das waren La Fontaines Fabeln, und selbst da übersahen sie den wichtigen La Fontaine, nämlich die Ausgabe mit den vierzig Radierungen. Sie sagt, daß sich die Bibliothek, abgesehen von dem La Fontaine, in zweihundert Jahren nicht verändert hat, und der äußere Anschein gibt ihr recht. Sie selbst würde nie daran denken, etwas hinzuzufügen. Sie mag ihre Aschenbecher in die Bibliothek stellen und die Röntgenaufnahmen von ihrer Hüfte in einem braunen Umschlag auf dem Regal gleich neben der *Encyclopédie* aufbewahren, aber die Bücher, die sie heutzutage liest — die Kriminalromane und die mit dem Prix da la Paulée ausgezeichneten Romane und das Buch über Ludwig XIV. als einem Mormonen mit zweiundsiebzig Kindern —, diese Bücher stapeln sich auf dem Büfett im Salon, wo es für ihre Begriffe *»plus amical«* ist.

Armande findet, daß die Bibliothek zuviel von einem Familienheiligtum hat. Sie besucht sie mit Freunden und führt sie auch gern ihren Kunden vor, aber wohl fühlt sie sich dort nicht. Sie sagt, sie habe nichts mit dem Rest des Hauses zu tun. Es ist perfekt dort. Die Bibliothek ist ein ruhiger, kleiner, wohlproportionierter Raum mit Parkettfußboden und heller Kirschholztäfelung — wie geschaffen für das achtzehnte Jahrhundert und jemanden, der bei einem Glas jenes Volnays, den Thomas Jefferson so gern trank, Diderot lesen will. Armandes Urgroßonkel Charles Clément hat sie restauriert. Er war ein Bücherfreund, Gelehrter und Wissenschaftler und arbeitete in einem berühmten Chemielabor in Autun. Armande sagt, er habe die Bibliothek eine Zeitlang in Autun gehabt, sie am

Ende aber »heimgeführt«, und dann ließen die weiblichen Monthelies »die Jesuiten herein«. Die Jesuiten hereinlassen bedeutete, die Kirche hereinlassen. Die Männer in Armandes Familie erklärten, wenn man den Jesuiten die Tür vor der Nase zuschlage, dann öffneten die Frauen das Fenster, und so kämen sie dann doch ins Haus. Armande kommt gern auf diesen Ausspruch zurück. Sie denkt oft an die männlichen Monthelies, wie sie von ihrem Sitz der Vernunft herunterblicken (sie nimmt an, daß sie dort sind), wenn die Priester sonntagnachmittags in Monthelie eintreffen, um ein Gläschen Ratafia zu trinken und Karten zu spielen und sich vorsichtig zu erkundigen, ob in bezug auf Armandes Rebstöcke schon eine endgültige Entscheidung gefallen ist.

Bis zur Revolution waren die großen Weinerzeuger in Burgund Ordensleute wie die Mönche von Cluny und Cîteaux, und die bedeutendste Weinproduktion fand in Zisterzienser-Weinbergen wie Clos de Vougeot statt, denn die Mönche hatten die Zeit und die Kenntnisse, um zu experimentieren. Der Kirchenbesitz in Burgund war riesig. Gegen Ende des vierzehnten Jahrhunderts hatten die burgundischen Mönche mehr Land mit Rebstöcken bepflanzt als die Herzöge von Burgund und all deren Ritter und Gefolgsleute, und am Ausgang des fünfzehnten Jahrhunderts — nachdem König Ludwig XI. einen Krieg gegen Burgund finanziert und dessen »Provinzen« Artois, Flandern, Nevers und Rethel erobert hatte und natürlich auch das Herzogtum selbst und mit ihm all die herzöglichen Weinberge — waren die Mönche die einzigen Weinerzeuger von Bedeutung. Ihre Weinberge wurden während der Revolution natürlich enteignet. Das Land fiel an die Bauern — gekauft oder zurückgefordert oder besetzt oder, während der Verteilung von Kirchenbesitz, auch einfach gestohlen — oder war eine Investitionsmöglichkeit für die neue städtische Bourgeoisie, die, ebenso wie die Aristokratie, die ins Ausland geflohen war, von der Grundrente leben wollte. Die Parzellen waren von Anfang an klein (so klein manchmal, daß ihre Fläche nicht in Hektar, sondern in Ar oder Vierzigstel-Ar angegeben wurde), und aufgrund der veränderten Besitzverhältnisse wurden sie zuweilen noch kleiner. Burgund war nie mit Bordeaux zu vergleichen. In Bordeaux hat es nie solche Weinberge wie etwa La Romanée (mit 0,84 Hektar) oder Clos de Vougeot gegeben, dessen 1,5 Hektar sich in kleinen und kleinsten Parzellen auf insgesamt achtzig verschiedene Besitzer verteilen. Das Anbaugebiet von Bordeaux erstreckt sich, in einer Breite von etwa achtzig Kilometern, über die ganze Gironde, von Sainte-Foy bis an die Atlantikküste, und die einzelnen Domänen sind riesig. Die Weinanbaufläche von Bordeaux ist noch immer achtmal so groß wie die von ganz Burgund — und fünfzehnmal größer als die Côte d'Or. In einem guten Jahr produziert die Côte d'Or sechzehn Millionen Flaschen — das heißt: nur ein Glas Wein für jeden Franzosen.

Der Weinbau in Bordeaux geht nicht auf eine kirchliche, sondern eine aristokratische Tradition zurück. Die meisten der großen Bordeaux-Weinberge hatten ihr eigenes *château* und einen Adligen, der darin wohnte, und nach der Revolution wurden diese Domänen nicht aufgeteilt. Sie gingen einfach in die Hände von reichen Kaufleuten über beziehungsweise, nachdem Napoleon mit dem Verkauf von Adelstiteln begonnen hatte, in die Hände einer reichen, neuen Aristokratie. Heute gehört das Bordelais, aus Sicht der Burgunder, ausschließlich ausländischen Konsortien und Whisky-Imperien und Investmentfirmen — und gelegentlich auch einem Rothschild. Außer Rothschild können sich nur wenige so etwas leisten. Aus burgundischer Sicht befindet sich Bordeaux in den Händen des Agrobusiness. Die Weinerzeugung dort ist eine anonyme und kommerzielle Angelegenheit und hat nichts zu tun mit der burgundischen Weinherstellung, die, der eigenen Legende zufolge, eine Art Kleingewerbe ist, wie die Heimstrickerei in Italien. Jeder Wein ist so schlicht oder auch so raffiniert wie die Familie, die ihn produziert. Wenn die burgundischen Winzer von Bordeaux sprechen, dann denken sie an Kalifornien, wo alle Leute es eilig haben und zu schnell gegoren und zu früh verkauft wird und dann alle nach Hause gehen und Geld zählen. Sie finden, daß sie eher den Oregon-Winzern ähneln. Sie haben eine Beziehung zu Oregon. Sie lagern Oregon-Weine in ihren *caves,* haben Oregon-Kalender an den Wänden, schicken ihre Jungen und Mädchen nach Oregon in die Lehre, und einmal im Jahr fliegen sie zu einem großen Pinot-Noir-Festival nach McMinnville, Oregon, und trinken in den Bars, wie Cowboys, und erzählen einander Weingeschichten und saugen das auf, was sie *le dynamisme américain* nennen. Sie glauben, daß sich niemand in Oregon einen Code Napoléon gefallen lassen würde, wenn es um die Weinberge geht. Napoleon hat 1804 in Frankreich das Erstgeburtsrecht abgeschafft. Durch Artikel siebenhundertfünfundvierzig des Dritten Buchs des Code Napoléon wurde der traditionelle Anspruch des ältesten Sohnes auf den Familienbesitz gestrichen, und an der Côte d'Or gibt es noch immer Leute, in deren Haus der Name Napoléon nicht erwähnt werden darf und die empört sind, wenn das Hospiz eine gewisse Prinzessin Napoléon einlädt, bei der Weinauktion im November eine Ansprache zu halten, oder wenn der Französischlehrer am Lycée Viticole mit seiner Klasse *Die Kartause von Parma* liest. Sie wissen, daß es in Oregon kein Erstgeburtsrecht gibt, aber sie wissen auch, daß man sich in Oregon seine Kinder anschauen und demjenigen den Winzerbetrieb vererben kann, das sich für den Weinbau interessiert. In Frankreich fällt der elterliche Besitz zu gleichen Teilen allen Kindern zu. Man kann sich kaum vorstellen, daß sich irgend jemand darüber beklagt, höchstens vielleicht die Erstgeborenen, doch die französischen Bauern klagen tatsächlich, und vor allem die Weinbauern, weil in Gegenden wie Burgund der Boden so knapp und so teuer ist, daß ein Kind, das den Winzerberuf ergreift, seine Geschwister nicht ausbezahlen kann. Das führt dazu, daß der Familienbesitz immer neu aufgeteilt und schließlich an Fremde verkauft wird und die Kinder nicht mehr miteinander reden.

Hervé Gaboreau, der Geschäftsführer des Crédit Agricole in Nuits-Saint-Georges, sagt, daß die Côte d'Or die einzige Gegend sei, aus der niemand, aber auch wirklich niemand wegziehen will. Im Poitou, wo er geboren wurde, gibt es einen gewissen Schwund, aber in Burgund folgt stets eine neue

Winzergeneration der vorangegangenen, und Gaboreau erinnert das an eine höfische Gesellschaft, in der über einen Thronfolger noch nicht entschieden wurde. Er schätzt, daß fünfundneunzig Prozent der jungen Winzer an der Côte d'Or vom Land der Eltern leben oder vom Land der Schwiegereltern oder von einem zweiten Beruf; die übrigen fünf Prozent haben eine völlig ungesicherte Zukunft. Die Erbschaftssteuer in Frankreich ist progressiv. Sie steigt rasch an, so daß ein junger Mann, nachdem er den entsprechenden Betrag entrichtet hat, kaum noch das nötige Geld haben dürfte, um Land von den anderen Familienangehörigen anzukaufen. Wahrscheinlicher ist, daß er sein eigenes Land oder seinen Anteil daran verkauft, um diese Steuer überhaupt bezahlen zu können. In Burgund kaufen die Jungen nichts mehr — Banken, selbst Agrarkassen wie der Crédit Agricole, geben jungen Leuten genauso gern Kredite wie armen Leuten —, und das ist ein Grund dafür, warum sich alle so sehr für die Zukunft der Domaine Monthelie-Douhairet interessieren. Früher waren gute Weinberge heiß begehrt, aber sie wurden nur ganz selten komplett verkauft. Große Weinberge wurden fast nie verkauft. Vor drei Jahren wurde eine winzige Parzelle von Richebourg und Échézeaux auf dem Markt angeboten und von einem Winzer namens Jean Grivot aus Vosne-Romanée gekauft. Die Zeitungen meldeten, es sei der erste Verkauf eines Teils von Richebourg seit dreiundfünfzig Jahren gewesen.

Heute kaufen die Burgunder außerhalb von Burgund — in Oregon und in Australien. Sie sagen, daß sie mit ihren überseeischen Weinbergen ihre burgundische »Methode« unterstützen. Sie lieben die australischen Känguruhs und *le dynamisme américain,* aber richtig wohl und glücklich fühlen sie sich nur zu Hause. Sie wollen ihre Dörfer mit einem Dutzend anderer Winzer teilen, deren Rebstöcke ein anderes Alter haben als die eigenen, deren *caves* eine andere Hefe und deren Fässer ein anderes Aroma haben und in deren Winzerbüchern andere Familiengeheimnisse stehen. Die Formeln, die sie in jüngster Zeit interessieren, haben weniger mit Enzymen und malolaktischer Gärung zu tun als mit Zahlungszielen und Kreditquellen und Investitionsgeldern, mit denen noch die allerwinzigste Parzelle ihrer fünfzig Kilometer Kalk und Mergel ausgequetscht werden soll. Sie können einen guten Grand Cru für dreißig Francs pro Flasche produzieren und ihn sofort für hundertfünfzig verkaufen (ihre Bankiers sagen, daß die meisten das auch machen und daß diejenigen Winzer, deren Boden keinerlei Eigentumsbeschränkung unterliegt, ein Vermögen verdienen). Wenn dieser Wein aber das hat, was man »eine schwierige Jugend« nennt — wenn er die ersten sechs oder sieben Monate blaß in der Flasche verbringt — und Käufer und Weinjournalisten ihn während dieser Zeit verkosten und davon berichten, dann kann der Preis fallen, einfach so, und Burgund bekommt es zu spüren.

Armande sagt, das Schwierige, aber auch das Schöne an Burgund sei die Tatsache, daß alles davon abhängt, was mit ein paar Weintrauben an einem kleinen exponierten Hang passiert, auf dessen trockenem Boden das Wasser rasch abläuft. Manche Leute wären mit diesem Burgund nicht einverstanden. Es gibt noch immer Leute, in deren Vorstellung Burgund sich wie ein Halbkreis um Frankreich legt — in östlicher Richtung bis zur Schweiz, in nördlicher Richtung bis nach Belgien und Holland, wie zu Zeiten der Herzöge und des Kanzlers Rolin. Manche Leute sagen, daß man in Chablis beginnen muß und in südlicher Richtung bis ins Beaujolais geht, und alles dazwischen ist Burgund, was aus der Sicht des Weins stimmt. Aber das Herz von Burgund ist tatsächlich dieser kleine Hang namens Côte d'Or. Jeder Winzer möchte dort eine Parzelle haben, doch es gibt nicht einmal genug für die Familien, die dort schon ansässig sind.

Einmal haben Armande und ihre Schwester nicht mehr miteinander gesprochen. Das war 1980. Armande bewirtschaftete das Land, das sie geerbt hatte, zusammen mit dem Land, das ihre Schwester geerbt hatte, als einen Betrieb und gab ihrer Schwester die Hälfte des Ertrags. Die beiden hatten sich gerade darauf verständigt, den Betrieb aus Gründen der Steuerersparnis in eine *société d'exploitation* umzuwandeln — das heißt,

Armande sollte den Winzerbetrieb als Angestellte ihrer Gesellschaft führen. Sie war bereit, die Papiere zu unterzeichnen — tatsächlich war sie schon unterwegs zum Notar in Beaune —, als ihre Schwester es sich anders überlegte. Sie bot Armande das Land für zehn Millionen Francs an und ließ ihr eine Frist von vierundzwanzig Stunden. Armande sagt, sie habe ein Stück Papier genommen und Berechnungen angestellt, und am Ende sei ihr klargeworden, daß sie — wenn Bankkredite um die acht Prozent kosten und eine Côte d'Or-Parzelle im Wert von zwei Millionen Dollar höchstens vier Prozent Ertrag abwirft — zwanzig Jahre brauchen würde, bis sie imstande wäre, die Zinsen zu tilgen. Sie lehnte ab. Ihre Schwester verkaufte den größten Teil des Landes an einen Spekulanten aus Meursault (der es ein paar Monate später mit großem Gewinn weiterverkaufte), und eine Zeitlang redeten Armande und ihre Schwester nicht mehr miteinander. Noch nie hatte man sich in ihrer Familie um den Besitz gestritten, allerdings hatte, wie Armande sagt, die Familie Glück. Niemand hatte zuvor vom Land leben müssen. Nur Armande lebte von den Weinbergen.

Heute ist Armande reich. Allein ihre Pommard-Parzellen sind fünfundachtzigtausend Francs je *ouvrée* wert — eine *ouvrée* ist der Weinertrag pro Mann und Arbeitstag, und in Burgund verwendet man dieses alte Flächenmaß, wenn von Bodenpreisen die Rede ist, ungeachtet der Tatsache, daß der Ertrag in jedem Weinberg je nach Jahr und Alter der Rebstöcke und je nach eingesetzter Technik anders ausfällt. Das heißt, wenn sie heute dazukaufen würde, müßte sie dafür mehr als zweiundfünfzigtausend Dollar pro Hektar bezahlen. Armande verdient sehr viel Geld. Die meisten Leute in Burgund, die Familiengrundstücke besitzen, machen eine Menge Geld, auch wenn sie das gewöhnlich leugnen. Sie verdienen aber nicht annähernd genug, um bei den heutigen Preisen noch Land hinzuzukaufen. (Eine *ouvrée* Grand Cru an der Côte de Nuits kostet fünfundsechzigtausend Dollar, das heißt, der Hektar kostet mehr als zweihunderttausend Dollar, und Weinerzeuger sagen, daß man als Käufer nur dann kostendeckend arbeiten kann, wenn man Kunden findet, die so dumm sind, daß sie einem das Fünf- oder

Sechsfache dessen bezahlen, was der Nachbar für den gleichen Wein verlangt.) Wenn Armande heute über ihre Schwester spricht, zuckt sie mit den Schultern und sagt: »Meine Schwester liebt das Land nicht.« Ihre Schwester war eine Enttäuschung, die man eben hinnehmen mußte wie jede andere Enttäuschung. Es war die Überraschung, die sie verletzt hat. Nachdem sich die Überraschung gelegt hatte, konnte Armande sich wieder erholen. Manchmal bedauert sie aber, daß sie nicht versucht hat, die Volnay-Frémiet-Parzelle ihrer Schwester auch noch zu kaufen, weil sie Volnays liebt, aber sie ist nicht verbittert. Sie weiß, daß Burgunder käuflich sind, und irgendwie findet sie das auch gut, und andererseits ist sie stolz auf ihre Entschlußkraft, darauf, daß sie eine Entscheidung über Land im Wert von zwei Millionen Dollar in — wie sie selbst schätzt — sechs oder sieben Minuten getroffen hat.

Da Armande schon so lange allein lebt, ist sie es gewöhnt, schwierige Entscheidungen allein zu treffen. Sie war es, die als erste in Monthelie Weißwein produziert hat. Keiner ihrer Nachbarn hat das vor ihr versucht. Sie hielten das für töricht. Armande hatte aber in *Le Bien Public* (der in Dijon erscheinenden Zeitung) gelesen, daß Weißweine in Mode kämen, und ihr fiel auf, daß ihre besten Kunden — diejenigen, die sie immer auf ein Glas Ratafia in den Salon einlud — zu fragen begannen, ob sie nicht zufällig eine offene Flasche Weißwein habe. Also sagte sie sich, daß sie mit einem weißen Monthelie gut fahren würde, und sie hat sich nicht geirrt. Jedes Jahr geht sie jetzt zur *mairie* in Monthelie und meldet die fünfunddreißig Faß Weißwein und fünfundachtzig Faß Rotwein an, die sie nach den Vorschriften der *appellation*-Behörde erzeugen darf, und stellt noch ein paar Faß für »persönlichen Bedarf« beiseite. Den Weißwein, sagt sie, wird sie sofort los. Ihr neuer Weißwein zählt zu den wichtigsten Entscheidungen, die sie getroffen hat, vergleichbar mit dem neuen Renault und ihrem Lastenaufzug und der Klimaanlage, die sie vor vier Jahren in ihren *caves* installieren ließ, und der hellgrauen Bluse mit den dunkelgrauen Applikationen, die sie für viel zuviel Geld in der Louis-Féraud-Boutique in Beaune gekauft und bei der Paulée von

1988 getragen hat. Entscheidungen zu treffen, ist ihr noch nie schwergefallen, doch jetzt hat sie Schwierigkeiten. Voller Sorge denkt sie an das aufgeteilte Land ihrer Schwester, das irgendwelchen Fremden gehört. Was aus dem Haus der Monthelies wird, ist ihr nicht so wichtig. Die Bibliothek ist bereits testamentarisch vermacht, und die hölzerne Presse — eine große, alte Spindelkelter — geht an das Hospiz. Aber wichtig ist ihr, was aus der Domaine Monthelie-Douhairet wird. Sie möchte nicht, daß mit ihr auch ihr Weinberg stirbt.

Die Leute, die für Armande arbeiten, sind in der Gegend als »die Mannschaft von Mademoiselle« bekannt. Es ist ein seltsamer Haufen, der da allmählich zusammengekommen ist und hauptsächlich deswegen zusammenhält, weil alle Armande lieben und entschlossen sind, sie vor den jeweils anderen zu schützen. Armande hat mit jedem von ihnen eine Sonderabmachung getroffen. Sie sagt, das habe mit alten Bindungen und Verantwortung zu tun, und außerdem will sie den Staat aus ihren Angelegenheiten heraushalten, aber es ist klar, daß sie sorgfältig über dieses Arrangement wacht. Ihr gefällt die Heimlichtuerei dabei. Jeder in ihrem Winzerbetrieb hat ein Geheimnis oder glaubt, ein Geheimnis zu haben, und jeder erfreut sich ihres Vertrauens oder bildet es sich jedenfalls ein. Armande glaubt, daß ihre Angestellten sich so noch stärker für ihren Betrieb engagieren.

Ihr alter *caviste* hieß Fernand. Er war seit 1956 auf dem Hof, bis er, einen Monat nach dem diesjährigen Keltern, nach Bresse zog. Er und seine Frau Denise haben in den Räumen neben der Garage sechs Kinder und mehrere Spaniel-Würfe großgezogen, doch vor zweiundzwanzig Jahren hatte Fernand einen Herzanfall und ging offiziell in Rente, und zweiundzwanzig Jahre tat jeder in Monthelie, als wohnten Fernand und Denise bloß im Hof und warteten darauf, daß ihr Haus in Bresse fertig renoviert wäre. Fernand kam aus Bresse. Früher war er Hühnerzüchter gewesen, der seine *poulets de Bresse* mit Milch und Mais fütterte. Es brach ihm das Herz, als die Leute in Paris und Lyon dazu übergingen, billige Hühner aus Massentierhaltung zu kaufen statt schöne, fette Bauernhühner wie die seinen; daraufhin verkaufte er seine Ställe und zog nach Burgund, versehen mit einem Brief seines Dorfpfarrers an einen Priester in Volnay, dem bekannt war, daß Armande einen Kellermeister suchte. Armande sagt, Fernand sei ein attraktiver junger Mann gewesen. Er kelterte die Trauben selbst. Er zog sich aus, stieg in einen stinkenden Bottich und trat stundenlang auf einer Masse von zerquetschten gärenden Trauben herum, bis er erschöpft war und die an der Oberfläche schwimmenden Traubenschalen nach unten gestampft waren. Armande pflegte in die Scheune zu kommen, um ihm bei der Arbeit zuzusehen, da ihr der Anblick eines kräftigen, *interessanten* Männerkörpers durchaus gefiel. Fernand hat vor fünf Jahren mit dem Pressen aufgehört — er bestellte ein modernes Gärfaß für die *pigeage* und einen automatischen *pigeur*, der die Kerne zerdrückt, und Elektropumpen, die den Most hochpumpen. Er sagt, er habe wegen seines kranken Herzens aufhören müssen, doch Armande sagt, er sei älter und ein wenig schlaff geworden und habe nackt nicht mehr so gut ausgesehen. Sie habe das Interesse verloren und ihn durch eine Maschine ersetzt.

Fernand bevorzugte die alten Methoden der Weinherstellung. Er sagte, daß zwei Füße besser seien als jede Pumpe — daß Füße besser pressen und mischen könnten und für einen Beigeschmack sorgten, den kein Önologe künstlich produzieren könne — und daß zwei Hände besser Etiketten sortieren und auf Flaschen kleben könnten als eine Maschine. In seinen Latschen und dem blauen Overall und dem Schlapphut, den er für die Jagd gekauft hatte, strich er immer auf dem Hof herum, als suche er etwas, was er mit seinen Händen tun konnte. Bis zuletzt »schönte« er die Weine, indem er vier Eiweiß schlug und in das Weinfaß gab, wodurch die Schwebeteilchen aufgenommen wurden. Die Fässer reinigte er mit einem alten Eisenwerkzeug, das wie eine aufgerauhte Sichel aussieht, und ein vierzig Jahre altes Holzfaß restaurierte er lieber, als daß er seinen Wein in einem teuren neuen Stahltank gären ließ.

Armande hat acht Gärfässer, und zwei davon sind inzwischen aus Stahl, ausgekleidet mit Email, die mit Wasser gekühlt beziehungsweise gewärmt werden. Sie hat eine neue Schweizer Grand-Cru-Presse, die mit Luftdruck arbeitet (neben der alten Presse, die, wie ein Heizkessel, mit Öldruck gearbeitet hat) sowie eine neue Abfüllmaschine und natürlich die Klimaanlage. Fernand konnte den Maschinen nichts abgewinnen, aber Francis findet sie gut. Francis ist zweiundzwanzig und hat praktische Ansichten — beispielsweise, daß Stahltanks leichter zu pflegen sind als Holzfässer und daß Klimaanlagen bei Hitze und Kälte sinnvoll sind und daß für das Herumturnen in einem Faß mit gärenden Trauben eigentlich nur spricht, daß man als Rugbyspieler fit bleibt. Francis hat früher für Beaune Rugby gespielt. Seine Mannschaft war in der Vierten Liga, und er strengte sich so sehr an, in eine Mannschaft der nächsthöheren Klasse zu kommen, daß er sich schon zweimal das Bein gebrochen und dreimal das Knie verletzt hatte, bevor er Armande kennenlernte. Kurz darauf zog er sich einen Kreuzbandriß zu, so daß er für die nächsten neun Monate nicht auf seinen Traktor klettern konnte. Armande kaufte ihm zum Trost einen neuen Traktor — einen komisch aussehenden Weinbergtraktor, der sich in die Erde einkrallt und wie ein Motorrad wenden kann. Armande und Francis kommen gut miteinander aus. Armande mag seine freundliche Art und seine roten Wangen und sein offenes Gesicht. Ihr gefällt, daß er samstags in den *caves* arbeitet und Kunden empfängt, denn Fernand hat samstags nie gearbeitet, nachdem er in Rente gegangen war. Und besonders gefällt ihr, daß Francis mit seiner Freundin nach Monthelie zieht, denn eine *union libre* wird dem Dorfleben sicher etwas Würze geben.

Francis sagt, er habe mit so einer alten Dame überhaupt nicht gerechnet. Er hatte geglaubt, daß Armande, alt und katholisch, einen *caviste* mit Freundin ablehnen würde, doch Armande stellte sofort klar, daß sie, nach allem, was sie von der Ehe gesehen habe, für »die freie Liebe« sei, und da wußte Francis, daß *»le courant passait entre nous«* — daß die Chemie zwischen ihnen stimmte —, und er nahm den Job an. Er liebt den Weinberg. Seine Eltern hatten weder Land noch ein Geschäft — sein Vater war Automechaniker, und seine Mutter arbeitete als Sekretärin bei den Ponts et Chaussées in Beaune. Er studierte drei Jahre am Lycée Viticole in Beaune und arbeitete dann in einem Winzerbetrieb in Saint-Romain. Durch seine Tätigkeit — teils im Weinberg, teils in der Kellerei — lernte er zwischen Rebzüchtern und Weinproduzenten zu unterscheiden oder auch, wie er sagt, zwischen den Weinbauern und den Köchen. Zur Zeit interessiert er sich besonders für das Kultivieren von Rebstöcken. Er sagt, wenn der Pfropfreiser oder die Unterlage schwach ist oder wenn man beim Zurückschneiden mogelt, um eine größere Ernte zu bekommen, kann man in der Kelterei, selbst in einem Betrieb mit den modernsten Maschinen und den besten Wissenschaftlern, keine anständige Flasche erzeugen.

Francis' Mentor in Sachen Weinerzeugung ist Armandes Freund André Porcheret. Porcheret arbeitete zehn Jahre als *maître des vignes* und Chefkeltermeisters des Hospizes, das fünfzig Hektar Land an der Côte de Beaune besitzt. Jetzt arbeitet er für Lalou Bize-Leroy von der Domaine La Romanée-Conti, die im letzten Jahr eine heruntergekommene Parzelle an der Côte des Nuits erwarb und sie Porcheret in Pflege gab. Porcheret stammt aus einem Dorf bei Saint-Romain. Seine Eltern waren kleine Pächter, die mit der Winzerei nicht reich wurden und deren sieben Kinder alle fortzogen, mit Ausnahme von André. Er sagt, er habe eine Zeitlang daran gedacht, sich lieber die Welt anzusehen, als in Burgund zu bleiben. Er war vierundzwanzig und arbeitete für eine Weinfirma namens Clerget, und als sich die Gelegenheit bot, den Firmenlastwagen nach Paris zu fahren, machte er sich mit einer Ladung Wein auf den Weg, hielt an einer Fernfahrer-Kneipe und trank und spielte Flipper und sah sich die Pariser Mädchen an, und das nächste, woran er sich erinnerte, war acht Tage später: der Lastwagen mitsamt der Fracht war verschwunden, und die Champs-Elysées hielt er für die Avenue de la République in Beaune. Heute ist er zweiundfünfzig und eine angesehene Persönlichlichkeit, ein großer, ungeduldiger, eigenwilliger, lebhafter

Mann, der in seinem rauhen burgundischen Dialekt offen seine Meinung sagt und Armande treu ergeben ist. Seit über zehn Jahren arbeitet er jetzt schon in seiner Freizeit für Armande. Die beiden lernten sich eines Tages kennen, als einige Grundstücksmarkierungen zwischen Armandes Volnay Champans und einer Volnay-Parzelle, die dem Hospiz gehört, festgelegt werden sollten, und anschließend begann er, donnerstags nach der Arbeit regelmäßig bei ihr vorbeizuschauen. Wer einmal mit ihr gesprochen hat, will ihr helfen — so erklärt er es. Bald kümmerte er sich um Armandes Rebstöcke.

Porcheret sagt, es sei eine Erleichterung gewesen, nach dem Hospiz für Armande zu arbeiten. Das Hospiz, mit seinen zwei Altersheimen, einem Erholungsheim und einem Krankenhaus, ist eine Institution in Burgund. Es finanziert sich aus den Legaten burgundischer Weinbauern, die sich den Weg in den Himmel mit ihren besten Weinen erkaufen, sowie aus den beträchtlichen Erlösen der alljährlich stattfindenden Weinauktion und ist durchdrungen von Weinpolitik. Die Direktoren sind örtliche Notabeln, die Porcheret, sofern gutgelaunt, als Hohlköpfe bezeichnet, wohingegen Armande einen, wie er sagt, guten Kopf hat, in dem viel Liebe und Humor ist — und so würden manche Leute auch ihn beschreiben. Er respektiert Armande wie jeden anderen in der Weinbranche auch. Den Leuten, die ein paar Jahre zuvor mit der Bitte an sie herangetreten waren, eine »Vereinbarung« zu unterzeichnen, nach der Armandes Weinberg am Ende ihnen zugefallen wäre, hat er nie verziehen. Er bezeichnete sie als *buveurs de sueur* und erteilte ihnen Hausverbot, und danach gründete Armande jene Gesellschaft, die sie eigentlich mit ihrer Schwester hatte bilden wollen, und machte Porcheret zu ihrem Teilhaber. Es ist ihr spezielles offenes Geheimnis. Porcheret bleibt in Armandes Gegenwart noch immer stehen (solange sie ihn nicht aufgefordert hat, Platz zu nehmen), und er spricht von ihr noch immer als Mademoiselle. *»C'est une femme d'affaires, Mademoiselle«*, sagt er, oder: *»Mademoiselle et moi, nous sommes amis par les vignes.«* Aber er kämpft gegen sie, in ihrem eigenen Interesse. Er hatte dafür plädiert, den Volnay-Clos des Chênes und den

Volnay-Frémiet ihrer Schwester anzukaufen. Er fand, sie hätte ruhig Schulden machen können oder ein paar gewöhnliche Parzellen verkaufen sollen, um in den Besitz dieser Lagen zu kommen. Zur Zeit will er eine »ausgewogenere« Produktion erreichen. Er möchte, daß Armande mit ihm durch den Weinberg geht und jeden einzelnen Rebstock prüft, um zu entscheiden, welche profitabel sind und welche entfernt werden müssen, und dann möchte er, daß die alten Gärfässer ausrangiert werden, die Fernand so lieb waren, und durch saubere neue Tanks ersetzt werden. Er möchte, daß sie eine weitere *cave* graben läßt, tiefer und wärmer als die anderen, und daß sie den alten *égrappoir* gegen eine neue Maschine austauscht, die sauber entrappt.

Nach zehn Jahren im Hospiz, wo dreiundzwanzig *vignerons* und zwei Önologen für ihn gearbeitet haben, gibt es nur sehr wenig, was Porcheret von der Weinerzeugung nicht weiß, und er ist überzeugt davon, daß es einem Weinberg besser bekommt, wenn man eine schlechte Ernte eliminiert — indem man sie billig als gewöhnlichen Burgunder verkauft —, als wenn man sie zu einem teuren *vin d'appellation* puscht. Er ist stolz auf seinen Burgunder und mag einen Wein, der seinem Ruf nicht gerecht wird, nur sehr ungern verkaufen. Er sagt, seine Skrupel seien von der Hospiz-Verwaltung nicht besonders gern gesehen worden, und man habe nie so recht gewußt, was man von einem jungen Winzer halten sollte, der an seinem ersten Arbeitstag verkündete, er habe sich die Rebstöcke und die *caves* des Hospizes angesehen und sei zu der Auffassung gelangt, daß in den nächsten neun Jahren keine Weinauktion stattfinden solle. Er kündigte, als Lalou Bize-Leroy ihm ein dickes Gehalt bot und versprach, ihm freie Hand zu lassen.

Der Betrieb, für den Porcheret heute arbeitet, trug früher den Namen Charles Noëllat. Es ist ein großer Besitz — zwanzig Hektar mit Weinen wie Richebourg und Vosne-Romanée und Clos de Vougeot —, und um ihn zu erwerben, verkaufte Mme. Bize-Leroy einen Teil des Handelshauses Leroy an die japanische Holdinggesellschaft Takashimaya. Lalou Bize-Leroy ist die einflußreichste und auch die am meisten Aufsehen erregende Frau in Burgund. Sie trägt Chanel-Kostüme und ist als unerschrockene Bergsteigerin bekannt — in ihrem Büro in Auxey-Duresses hängt ein bekanntes Foto von ihr, wie sie irgendwo in den Französischen Alpen in einer Gletscherwand an einem Seil hängt —, und das in einer Umgebung, wo die meisten Frauen zu Hause bleiben und erst in ihrem *troisième âge* auf Reisen gehen. Weinjournalisten hofieren sie, weil ihre gewählten Formulierungen sich ausgezeichnet als Zitate eignen — sie spricht vom »archäologischen und komplexen Boden Burgunds« und vom »würdevollen Nährboden Burgunds« und der »großen Demut, die entsteht, wenn man den Boden sprechen läßt«. Sie ist aber auch eine kluge und anspruchsvolle Weinproduzentin, auf deren Boden einige der besten Weine der Welt gedeihen. Armande fragte sich besorgt, wie lange Mme. Bize-Leroy wohl Porcheret mit ihr teilen würde. Sie müsse doch auf die Zeit eifersüchtig sein, die ihr *vigneron* im Weinberg einer alten Mademoiselle mit ausgeprägtem Charakter verbrachte. Porcheret hat sich darüber nie den Kopf zerbrochen. Sein Engagement für Monthelie-Douhairet gibt ihm etwas, worauf er nicht verzichten möchte. Er sagt, wenn eine Busladung von Akkordarbeitern bei Noëllat vorfährt, um Trauben zu ernten oder die Abfüllmaschinen zu bedienen, dann denkt er an die Ernte bei Armande — daran, daß jeder, selbst die Akkordarbeiter, von Mademoiselle als Teil der Familie betrachtet werden. Die Ernte in diesem Jahr war früh und trocken, die Trauben waren schwer und süß, und Porcheret brachte ein Vermögen an Trauben ein und schickte sie durch seine neue Stahlrutsche auf seinen neuen Sortiertisch und preßte sie mit seiner neuen automatischen Presse — die mit der »dreidimensionalen Drainage« —, aber zugleich wünschte er sich, daß er in Monthelie wäre und die Leute herumscheuchte, während Fernand Eiweiß schlug und Francis auf seinem Traktor unterwegs war und Mademoiselle oben bei einem *petit cocktail* saß und jede Fuhre Trauben in das 1989er Hauptbuch eintrug.

Der Mann, der bei Armande die Ernte beaufsichtigt, ist ein alter Freund von ihr, den ich Claude nennen werde. Claude keltert nun seit fast zwanzig Jahren für Armande, doch Porcheret traut ihm nicht ganz, weil er einen akademischen Grad besitzt. Von Leuten, die die Winzerei aus Lehrbüchern gelernt haben, hält er nicht viel. Porcheret sagt, daß die »Experten«, die von Weinschulen wie dem Lycée Viticole in Beaune und Önologie-Instituten der Universität in Dijon oder Montpellier kommen, »jenen Ärzten ähneln, die einem zwölf Spritzen in den Arsch hauen, wenn man schon längst wieder gesund ist« — und damit meint er: wenn man einen guten Boden hat, einen heißen Sommer und wenn es während der Ernte nicht geregnet hat, dann bleibt einem Önologen nicht viel mehr als zu sagen, daß nun gearbeitet werden muß, und zu hoffen, daß man ihm glaubt. Claude hat einmal für ein großes Handelshaus an der Côte d'Or gearbeitet. Er war *maître des chais* — eine Art Manager. Er war verantwortlich für ein Lager von Hunderttausenden von Flaschen, zwei Stunden mußte täglich gekostet werden, und während der Saison wurden an einem Fließband acht- bis zehntausend Flaschen pro Stunde abgefüllt. Zu Armande kam er, weil ihm das »menschliche Maß« fehlte. Es sei gut für seine Nerven gewesen, sagt er, und gut für seine Gemütsverfassung, in einer *cuverie* zu arbeiten, wo man dem Wein nicht nachhelfen mußte — wo man sagen konnte, daß der Wein zu *mou* sei, daß er noch ein paar Monate im Faß warten müsse.

In seinem Handelshaus hatte Claude dem Wein nie Zeit lassen können. Das frustrierte sein, wie er sagt, önologisches Interesse an dem, was man für einen Wein tun kann, wenn er in einem Gärtank ist oder einem Faß, ja sogar in der Flasche. Wenn er Weine macht, sieht er sich als Vater, der über ein schlafendes Kind wacht oder sich um ein Kind sorgt, das gerade von zu Hause weggegangen ist, hinaus in eine mitleidlose Welt. »Der Wein ist ganz allein draußen in der Welt«, sagt er jedesmal, wenn ihm jemand zuhört. »Wir sind nicht da, ihn zu verteidigen, aber wir tragen eine moralische Verantwortung.« Claude ist ein gewandter Mann und ein gewandter Redner, und wie Mme. Bize-Leroy und viele andere Weinmenschen hat er sein spezielles Vokabular. Gern führt er ein »ernstes Winzergespräch«, wenn er Armande besucht, das weiße Haar ordentlich gekämmt, mit gebügelter Kordhose und einem Pullover mit V-Ausschnitt, so daß er wie ein bejahrter Rendezvous-Partner aussieht, und Armande liebt es, ihn zu piesacken. Wenn Claude seufzend erklärt, ihr *village*-Wein sei »ordentlich und aufrichtig«, dann erwidert sie, ihr Wein solle »an einem Tag getrunken und ausgepißt werden«. Wenn er von der *»élevage du vin«* spricht, sagt sie, daß das Wort *»élevage«* sie an eine Kuh erinnere. Doch sie verläßt sich auf ihn. Sie sagt, er sei wählerisch mit den Korken — Armande ärgert sich noch immer über den Volnay-Champans, dessen Korken aus der Flasch flogen — und penibel mit den Pfropfreisern. Seit die Côte d'Or im Jahre 1878 von der Reblausseuche heimgesucht wurde, arbeitet man in Burgund mit Edelreisern. Man verwendet amerikanische Wurzelstöcke, auf die man burgundische Klone setzt, und pflanzt die veredelte Rebe dann in einen Boden, der zwei, drei Fuß tief »desinfiziert« und analysiert worden ist. Claude ist ganz begeistert von dieser Methode. Er fährt gern ins Laboratorium von Beaune, um die Klone auszuwählen und die Magnesium-Protokolle zu studieren. Auf diese Weise, sagt er, verliert er nicht den Anschluß.

Claude pflegte Armande freitags nach der Arbeit zu besuchen, und den ganzen Samstag verbrachte er ebenfalls in Monthelie, aber jetzt ist er ruhelos, nachdem er im Handelshaus aufgehört und kein Lager mehr zu inspizieren hat, und er neigt dazu, an irgendeinem Tag spontan vorbeizuschauen. Das bedeutet Stress für Armande, die die Besuche ihrer Bewunderer gern staffelt. Armande war es lieber, wenn sie Donnerstag abends mit einem Besuch von Porcheret rechnen konnte, freitags mit einem Besuch von Claude und sonntags mit einem Besuch der Priester aus Beaune, und zu wissen, daß keiner dem anderen in die Quere kommen würde. Es erfüllt sie mit Sorge, daß Claude von Porcherets Interesse an dem Weingut erfahren könnte (was natürlich schon längst passiert ist) oder daß Porcheret weitererzählen könnte, daß Claude für sie arbeitet (was natürlich schon jeder weiß) und daß ihr irgendwie die Kontrolle entgleitet. Die Leute in der Weinbranche hatten Armande immer wieder erklärt, daß jetzt, da Claude die Kelterei beaufsichtige und Fernand nach dem Wein in den Fässern sehe, ihre Weine garantiert »von allein etwas würden«, Jahrgang auf Jahrgang. Doch Armande mag Claude, und sie versteht seine Enttäuschungen. Er wollte selbst einmal Winzer werden. Seine Eltern waren Weinbauern. Sie waren tapfere Leute — *résistants.* Während der Besatzung haben sich immer drei oder vier Widerstandskämpfer bei ihnen versteckt, und Claude, der beim Einmarsch der Deutschen noch ein junger Bursche war, übermittelte Botschaften für die *résistants* und brachte ihnen Lebensmittel. Die Deutschen verpflichteten ihn als Erntehelfer und schickten ihn dann als Fabrikarbeiter nach Deutschland. Er sagt, er habe in all den Jahren nur daran gedacht, zu seinen Eltern in den Weinberg zurückzukehren. Sie besaßen acht Hektar Weinland — acht Hektar und vier Kinder —, und nachdem Claude das *lycée* beendet und als Lehrling in der Stadt Flaschen gewaschen und Fässer gereinigt hatte, war klar, daß vier Kinder niemals von acht Hektar würden leben können, jedenfalls, wenn sie eigene Familien gründen wollten. Claude übertrug seinen Erbteil dem ältesten Bruder und ging auf die Universität, um zu studieren und später für jemand anders zu arbeiten.

Früher haben in Burgund nur einige wenige berühmte Winzer ihren Wein selbst abgefüllt und verkauft. Das Geschäft mit dem Burgunder lag in den Händen der *négociants,* der Weinhändler, die bei den verschiedenen Domänen en gros einkauften (Trauben oder Fässer) und das Abfüllen und den Verkauf übernahmen und den Profit einstrichen. Bei diesen *négociants* handelte es sich um eine Schicht von Kaufleuten, die in Beaune und Nuits-Saint-Georges nach der Revolution zu Reichtum kamen und schließlich die Notabeln der Côte d'Or wurden — vermögende und einflußreiche Familien. Manche von ihnen besaßen eigene Weinberge, die ihren Namen trugen (was dazu führte, daß die Kunden die Weinbergweine oft mit den Firmenweinen verwechselten und schließlich Weine bekamen, die aus Trauben unterschiedlicher Domänen stammten und gelegentlich mit Wein verschnitten waren, der seine »Farbe und

Sonne« von Trauben aus dem Süden gewonnen hatte). Manche Händler besaßen keine Weinberge. Einige waren ehrlich, andere waren unzuverlässig, wieder andere waren Pioniere. Einige stabilisierten den Markt, insofern sie in einem schlechten Jahr die Verluste des Erzeugers auffingen. Einige lehnten es ab, in einem schlechten Jahr etwas zu kaufen, wenn der Erzeuger nicht mit niedrigen Preisen in einem guten Jahr einverstanden war. Eine Zeitlang hatten sie die Macht, einen Jahrgang nach Belieben zu steuern, zu ihrem Vorteil. Sie gingen zu den Hospiz-Auktionen und trieben die Preise von Weinen, die sie auf dem Markt durchsetzen wollten oder unbedingt loswerden mußten, in die Höhe, und obgleich die Auktion eine Wohltätigkeitsveranstaltung war, bei der schon die Aufrufpreise um das Zwei- bis Dreifache über dem Marktpreis lagen, konnten sie über die hohen Erlöse, die sie später erzielen würden, die Kosten mühelos hereinholen.

In den dreißiger Jahren, als an der Côte d'Or die ersten *appellation*-Vorschriften in Kraft traten — der Pinot Noir wurde in Village-Weine, Premier Crus und Grand Crus klassifiziert, und die verschiedenen Lagen wurden ebenso festgelegt wie die jeweilige Anzahl der Rebstöcke und die Ertragsmenge —, begannen die burgundischen Weinerzeuger mit größeren *appellations* ihren Wein selbst auf Flaschen zu ziehen und zu verkaufen. In manchen Fällen wurde nur der beste Wein abgefüllt, und der Rest wurde im Faß an die Händler verkauft. Manche Winzer beschlossen, sich überhaupt nicht auf Händler einzulassen. Die Erzeuger an der Côte de Nuits waren die ersten, die Flaschenabfüllungen produzierten — jene mit Grands Crus wie Richebourg und Clos de Vougeot, Winzer, deren Boden so charakteristisch war, daß der Wein von einer Parzelle deutlich anders schmeckte als Wein von der nur ein paar Schritte entfernten Parzelle des Nachbarn. Es gab zweiundzwanzig Grand-Cru-Rotweine an der Côte de Nuits — Weinberge, die unterteilt und an verschiedene Eigentümer verkauft, aber nicht erweitert werden konnten —, während der einzige Grand-Cru-Rotwein an der Côte de Beaune der Corton aus Aloxe-Corton war, zehn Kilometer von Armandes

Dorf entfernt. Jede Seite hatte ihre eigenen Erklärungen dafür. Die Winzer von der Côte de Nuits sagten, daß ihr Wein besser sei. Sie erzählten, daß an der Côte de Nuits die Rebstöcke von den Frauen zurückgeschnitten und von Männern hochgebunden würden (an der Côte de Beaune war es umgekehrt) und daß auf diese Weise eine andere *robe* entstehe. Erzeuger von der Côte de Beaune warfen diesen Winzern vor, sie würden nachts in die *mairies* einbrechen und ihre *appellation*-Listen fälschen, während ihre großen Rotweine — ihr Volnay-Clos des Chênes und ihr Pommard Rugiens — nur als Premier Cru klassifiziert würden. Die Wahrheit war, daß die Politiker von der Côte de Nuits sich stärker als die Politiker von der Côte de Beaune engagierten und bessere Beziehungen hatten und ihr Geld in geeignetere Kanäle fließen ließen.

An der Côte d'Or gab es eintausendachthundert Erzeuger, und bei Ausbruch des Krieges waren all jene, die selbst keine Händler waren oder Händlern gehörten oder mit Händlern kooperierten, dazu übergegangen, ihren Wein in Flaschen zu verkaufen. Ihnen gefiel die Freiheit, obwohl das Abfüllen von mehr als der Familienreserve größere *caves* und viele teure Maschinen verlangte. Und der zeitliche und finanzielle Aufwand für Kundenwerbung und Verkauf nur wenige Jahre nach der Wirtschaftskrise hatte Erzeuger *und* Käufer an den Rand des Ruins gebracht. Armandes Onkel gehörte zu den ersten Erzeugern an der Côte de Beaune, die ihren Betrieb kommerzialisierten. Er begann 1934, seine Weine in Flaschen zu verkaufen. Er hatte hauptsächlich französische Kunden, und seine Produktion war nie besonders groß. Er ließ seine Rotweine drei Jahre ruhen — zwei im Faß und eins in der Flache —, bevor er sie verkaufte, und für sich selbst zweigte er eine Menge ab, doch er hatte einen festen Kundenstamm, zu dem auch ein New Yorker Weinimporteur gehörte, der sich für den Familienwein interessierte. Armande erbte ein paar private Kunden aus der Schweiz und aus Belgien, aber keine bedeutenden ausländischen Kontakte, die ersetzt hätten, was sie »die Amerikaner meines Onkels« nannte. Armande mochte die meisten Ausländer, weil Ausländer gute Käufer waren. Vor allem gefielen ihr die Amerikaner. Ihr gefiel die Art, wie sie Geschäfte machten. (Claude hatte ihr erzählt, daß man in Amerika bei einem Bankrott nur den Firmennamen ändern müsse, um wieder von vorn anfangen zu können.) An Amerikaner müsse man sich erst gewöhnen, sagte sie, aber am Ende seien sie amüsant.

Der Umstand, daß Armande allein lebte und immer ansprechbar war, verhalf ihr zu einer *fidèle clientèle*. Die meisten Winzer machten von Samstagmittag bis Montagmorgen dicht — in der französischen Provinz ist das Wochenende fürs Privatleben, für die Familie da und nicht fürs Geschäft —, da Armande aber keine Familie hatte, mit der sie die Wochenenden verbrachte, konnte man bei ihr zu jeder Tages- oder Nachtzeit klingeln, und das sprach sich herum. Sie sagt, nach dem Kauf des Aufzugs sei sie an Wochenenden immer auf Trab gewesen. Samstag nachts um elf stand unten im Hof immer ein deutscher Börsenmakler oder ein jungverheiratetes amerikanisches Paar, dem sie hinunterrief, daß sie gleich kommen werde, und dann lief sie ins Bad, um aus ihrem Nachthemd in Rock und Pullover zu steigen. Sie sagt, ihr sei keine andere Wahl geblieben — jedesmal, wenn sie jemanden weggeschickt habe, sei er am nächsten Tag um sechs Uhr früh einfach wiedergekommen, um ihren Wein zu probieren. Ihr Lieblingsamerikaner war ein mormonischer Schönheitschirurg, der sich darauf spezialisiert hatte, Fußzehen auf verstümmelte Finger zu verpflanzen. Sie lernte ihn über einen seiner französischen Kollegen kennen, einen alten Monthelie-Kunden, und dann kam er jedes Jahr, und Armande sagt, er sei jedes Jahr mit einer anderen Frau gekommen. Er erklärte Armande, er wolle eine Frau finden und mit ihr einige Jahre verbringen und ein paar Kinder bekommen und sie dann »in den Ruhestand versetzen« und sich eine neue nehmen, eine jüngere und fruchtbare. Armande behauptet, er habe, als sie ihn kennenlernte, sieben Frauen zu Hause gehabt und siebzehn Kinder und eine verbotene Liebe zu gutem Burgunder. Durch ihn begann sie sich für die Mormonen zu interessieren. *»Ce n'est pas une mauvaise idée, sept femmes«*, sagt sie. *»C'est pour leur race.«* Wenn er jetzt mit einer neuen Frau auftaucht, nimmt sie ihn beiseite und sagt, das nächstemal solle er allein kommen. Sie sagt, wenn er allein komme, könne er sich eine französische Frau suchen — und so bei den Flugkosten sparen.

Vor fünf Jahren lernte Armande Russell Hone kennen und begann, ernsthaft zu exportieren. Russell ist fünfundvierzig und Schotte. Er hat sich in den siebziger Jahren in Burgund einen Namen gemacht, als er für einen Bordeaux-Händler, der auch Burgunder vertreiben wollte, in Gueugnon einen Keller mit seltenen Weinen entdeckte, sie für ein paar Dollar pro Flasche aufkaufte und für seine Firma bei Christie's für etwa das Fünfzigfache weiterverkaufte. Als Armande ihn kennenlernte, hatte er sich schon in Burgund niedergelassen. Er war geschieden und lebte in Bouilland, eine halbe Stunde von Monthelie, mit einer Amerikanerin namens Rebecca Wasserman zusammen, die als Weinhändlerin tätig war und bei Erzeugern wie Armande für ihre ausländischen Kunden und Importeure einkaufte. Becky Wasserman, die ihr Büro in einem alten steinernen Bauernhaus eingerichtet hat, war eine ungewöhnliche Person im Burgunder-Geschäft, eine, die den »amerikanischen Stil« pflegte, wie die Leute sagten. Sie war eine kleine, hübsche Frau mit sanfter Stimme und einem Lockenkopf und einer Sicherheit in Weindingen, die man bei einem Ausländer niemals erwartet hätte. Sie hatte großen Einfluß in Burgund, trotz der Tatsache, daß sie nicht nur aus Amerika kam und noch dazu eine Frau war, sondern eine geschiedene Amerikanerin, die ihre beiden Söhne allein erzog. Sie war bekannt für ihre »Nase«. Sie suchte die guten, kleinen, unabhängigen *vignerons* in Burgund, die bislang hauptsächlich an alte Privatkunden verkauft hatten, und stellte sie im Ausland Leuten vor, die nie einen Wein ohne Rebeccas Empfehlung probiert hätten, Leute, deren Burgunder aus den berühmten Jahrgängen und den berühmten Namen bestand. Russell hatte über einen Freund in Beckys Firma von Armande gehört — daß eine Mlle. Douhairet ein paar hübsche 1982er habe, die er doch mal probieren solle. Als er sie schließlich kennenlernte, »diese ungeheuer humorvolle alte Dame«, wie Russell sagt, erinnerte er sich an den Namen und den Jahrgang und fragte, ob er sie in Monthelie mal besuchen dürfe. Armande war sofort hingerissen von Russell. Er war trocken, schüchtern, höflich, sensibel — und fand Gefallen an ihr. Er fühlte sich wohl in ihrer Gesellschaft. Armande war unprätentiös und direkt, wie die Leute in Schottland. Er wollte ihr Bestes und machte sich Gedanken um ihren Wein und ihre Zukunft, und so begann er, vorbeizuschauen. Er legte Wert darauf, sich nicht einzumischen, erzählte Branchengerüchte und gab Ratschläge und hörte zu, während sie erzählte, was sie auf dem Herzen hatte. Anfangs rief Armande die Nachbarn herbei, wenn Russell zu Besuch kam, um mit ihm zu renommieren: »Kommt und schaut euch meinen hochgewachsenen Schotten an«, sagte sie, und die Nachbarn kamen, weil es in Monthelie niemand gab und noch nie gegeben hatte, der annähernd so groß war wie Russell Hone, und die Nachbarn hofften, er würde brüllen oder heulen oder ähnlich furchtbare Dinge anstellen wie die Krieger in *Macbeth*. Einmal, das war, als Armande sich die Hüfte gebrochen hatte und im orthopädischen Krankenhaus von Dracy-le-Fort lag, bat sie ihn, zum Besuch seinen Kilt zu tragen. Alle Frauen in der Abteilung kamen auf ihr Zimmer, um Russell in seinem Jagd-Duncan zu sehen, und sie riefen Ah und Oh und staunten über seine Körpergröße und seine behaarten Beine und versuchten unter seine beschlagene Felltasche zu gucken und hörten verzückt zu, als er ihnen erzählte, daß das Messer, das er in seinem Kniestrumpf trage, für den Nahkampf mit seinen Feinden gedacht sei.

Zwischen Russell und Armande hat sich inzwischen eine enge Beziehung entwickelt. Armande erwies ihm die Ehre, als er und Becky Wasserman im letzten Frühjahr heirateten — sie kaufte zwei neue Kleider, eines fürs Standesamt und eines für das Hochzeitsmahl —, und irgendwie gehören sie jetzt zur Familie. Russell und Becky behalten sie im Auge. Sie nehmen sie auf Gesellschaften mit und sehen zu, daß Armande in ausländischen Weinkatalogen erscheint und daß die ausländischen Käufer ihre Weine probieren — und wenn die Käufer für Monthelie keine Zeit haben, organisieren sie eine Verkostung bei sich zu Hause. Sie mögen Armandes Weine. Becky sagt, daß man diesen Weinen die Jahre harter, radikaler Entscheidungen anmerkt. Inzwischen kauft man sie in Washington und San Francisco und London und Tokio, und Armande fragt sich, ob diese Kunden zufrieden sind, ob sie nicht genauso zufrieden wären mit einem guten belgischen Bier und gelegentlich einem Elsässer Weißwein — genauso zufrieden wie sie. Sie macht sich Gedanken um ihre japanischen Kunden, weil sie weiß, daß es in Japan recht beengt zugeht, und ihr nicht klar ist, wo sie die ganzen Flaschen lagern. Sie macht sich um alle ihre Kunden Gedanken. Sie sagt, daß das zu ihrem Service gehört. Sie weiß, daß es Tage gibt, an denen ein Wein gut schmeckt, und andere, an denen derselbe Wein furchtbar schmeckt. So etwas kann man nie vorhersagen. Also denkt sie besorgt an ihre Kunden und an die Kritiker, die sie besuchen, jetzt, da sie »international« geworden ist, wie sie Porcheret erklärt. Die Weinkritiker machen sie nervös. Sie können leicht den schlechten Tag erwischen, und Armande findet, daß sie ohnehin nie etwas wirklich Interessantes sagen. Nie schnuppern sie die Luft in ihrem Keller, so wie Becky im letzten Jahr, und sagen, daß die Hefe dort wie eine großartige Interpretation einer Mozartsonate ist. Eher wird ein Weinkritiker ihren Keller als »rustikal« bezeichnen. Robert Parker, der amerikanische Weinkritiker, hat ihn jedenfalls als rustikal bezeichnet. Er kam im letzten Jahr nach Burgund und probierte Armandes 1986er Rotweine und gab ihnen eine mittlere Note, und dann bezeichnete er ihren Monthelie als »käsig und muffig« und erklärte, daß ihr Monthelie Premier Cru nach feuchten Kastanien rieche und ihr Volnay-Champans nach Kot — daß man sie durchaus probieren könne, wenn man wissen wolle, wie roter Burgunder vor achtzig Jahren geschmeckt habe. Armande ging mit Porcheret und Claude zu der Verkostung, überstand stoischen Blicks die Veranstaltung, die Hand auf dem Gehstock. Heute sagt sie, es sei ein Wunder gewesen, daß nicht alles nach Kot schmeckte, da Mr. Parker vermutlich schon dreißig oder vierzig andere Weine verkostet hatte, bevor er bei ihr erschien.

Manche Leute finden, daß Armande einen Önologen einstellen sollte. In Burgund hat es nicht viele berühmte Önologen gegeben — die großen professionellen Erzeuger wie Émile Peynaud und Pascal Ribéreau-Gayon waren hauptsächlich in Bordeaux tätig —, aber an der Côte d'Or arbeitet inzwischen ein Önologe, der viel Aufmerksamkeit auf sich gelenkt hat. Er heißt Guy Accad und ist Libanese. Er verließ Beirut 1969, um in Montpellier Önologie zu studieren. Heute hat er in Nuits-Saint-Georges, unten am Fluß, ein kleines Laboratorium mit einem Spektrophotometer im Wert von fünfundzwanzigtausend Dollar und Säcken voller Erde auf dem Boden und zahllosen gluckernden Teströhren, die mit Schnüren zusammengebunden sind. Sein Ideal ist es, einen Savigny von der Farbe eines Côte de Nuits hervorzubringen — vielleicht sagt Armande auch deswegen, seine Weine röchen nach Cassis und seien »zu dunkelrot«, wie ein libanesischer Teppich. Fünfzehn wohlhabende junge Winzer haben ihre Weinstöcke und ihre *caves* an Accad übergeben. Er hat ihnen versprochen, ihre Produktion zu stabilisieren, ihr einen gemeinsamen Charakter zu geben und eine gleichbleibende *robe,* wie die *robes* von Bordeaux-Weinen. Er findet, daß die Burgunder in Weindingen rückständig sind, daß sie ihre önologischen Kenntnisse von den Gebrauchsanweisungen der Düngersäcke beziehen, die sie kaufen, und daß sie eigentlich nicht verstanden haben, daß sie ohne den alten organischen Dünger einen Boden bekommen, der zu viel Kalium und zu wenig Magnesium enthält, und daß ohne den Mehltau, der sie heimsuchte, als es noch keine Medizin für die Rebstöcke und Herbizide gab, ihre Rebstöcke keine Chance haben, sich hin und wieder zu erholen und deswegen anders behandelt werden müssen: Burgunder bezeichnen ihre Weinerzeugung gern als »traditionell«, doch Accad bezeichnet sie als »überholt«. Armande zum Beispiel findet überhaupt nichts dabei, daß burgundische Winzer ihre Weine im Faß auf verschiedenste Weise »schönen«, von Fernands Eiweiß bis hin zu Lehm und sogar Ochsenblut, und sie würde nie nach »wissenschaftlichen Erkenntnissen« fermentieren, wie Accad — langsam und in einem kühlen Keller.

Tatsächlich findet sie Accad merkwürdig, denn sie hat gehört, daß er auf seine Erde und vielleicht auch in seine Gärfässer gern etwas Geschirrspülmittel gibt, wegen der interessanten Enzyme, die darin enthalten sind. Sie sagt, er habe sie vor Jahren einmal besucht. Damals war er noch auf der Uni, aber im Sommer arbeitete er in Burgund — als Vertreter eines Pharmakonzerns, der Rebstockmedizin produzierte. »*Ce n'est pas un crack*«, so erinnert sie sich an ihn. Keine Kanone. Er hätte sie gern beraten, aber sie bat ihn nicht herein, und ein paar Jahre später arbeitete er eine Saison lang mit Porcheret im Hospiz. Die beiden Männer freundeten sich nicht an — und für Armande war die Sache damit erledigt. Vielleicht ist es ein Indiz für Accads Erfolg, daß alte Winzer wie Armande ihm aus dem Weg gehen. Burgunder sind verschlagen, sagt er. Selbst seine Kunden halten ein paar Fässer mit Wein zurück, den sie nach altem Familienrezept gären lassen, und dann mixen sie alles zusammen und schreiben es sich selbst zu, wenn alles gutgeht, und geben ihm die Schuld, wenn etwas schiefgeht. »Wir Burgunder sind sehr *méfiant*«, sagt Armande. Selbst die Jungen sind *méfiant*. Sie studieren Önologie am Lycée Viticole und frequentieren das Pickwicks, den modischen Treffpunkt in Beaune, und verbringen ihre Ferien in McMinnville — und alles in allem halten sie sich für modern und aufgeschlossen, aber letztlich sind sie genauso altmodisch wie ihre Eltern.

Armande kann noch viele Geschichten erzählen, jetzt, da sie international bekannt geworden ist. Geschichten von Belgiern, die nur tiefroten Wein kaufen, der möglichst wie Blut aussehen soll, und Geschichten von Deutschen, denen von ihrem Meursault-Santenot schlecht wird, und Geschichten von Engländern, die ihn als Aphrodisiakum servieren. Sie weiß von japanischen Geschäftsleuten zu erzählen, die ihren Freunden Burgunder schicken, damit diese auf den Yen genau veranschlagen können, wie viel (oder wie wenig) diese Geschäftsleute von ihnen halten. Sie kennt Geschichten von Amerikanern, die ihren Einkauf mit einer Bewertungstabelle von Robert Parker in der Tasche tätigen — sie wollen möglichst viel Punktzahlen (auf einer Skala von fünfzig bis hundert) für möglichst wenig Geld haben —, und Geschichten von Engländern, die ihre Rechnungen nur ungern bezahlen. Sie sagt, man muß den Engländern zusehen, wenn sie so tun, als schicke es sich nicht für einen Gentleman, Rechnungen zu bezahlen, ja überhaupt darüber zu sprechen. Einmal kaufte ein englischer Importeur hundert Kisten ihres 1985er Monthelies — damals kostete die Flasche fünfunddreißig Francs, und jeder wollte ihn haben —, und der Wein gefiel ihm so gut, daß er nachbestellte. Um die Provision des Händlers einzusparen, kam er mit einem Lastwagen vorgefahren und wollte sich Armandes letzte siebzig Kisten sofort aufladen. Armande sagte nein. Sie sagte in jener Woche dem Engländer nein und der amerikanischen Botschaft, die fünfzig Kisten geordert und Armande gebeten hatte, den Wein abzüglich Umsatzsteuer zu liefern, da die Botschaft an der Avenue Gabriel in Paris eigentlich Ausland sei. Und einem Weinbauern in Mercurey, der Mademoiselle »in Pension schicken« und ihre Domäne für eines seiner Kinder pachten wollte, hat sie ebenfalls eine Abfuhr erteilt. Armande war erschöpft und wütend. Sie versäumte die Messe, die jeden zweiten Samstagabend in der Kirche von Monthelie gelesen wird und mußte sich mit einer Fernsehmesse am Sonntagvormittag auf Antenne 2 begnügen. Als Invalidin darf sie dem Gottesdienst sozusagen im Fernsehen beiwohnen. Sie nimmt dieses Recht in Anspruch, wenn es sein muß, aber sie fühlt sich schlecht dabei und ganz gewiß nicht belohnt — sie hat eben nur eine Pflicht erfüllt. Armande findet, daß die Kirche für die Messe da ist und das Fernsehen für unanständige Filme, wie jenen Film, mit dem das ganze Problem erst anfing, weil sie zu Boden stürzte, als sie einen anderen Kanal einstellen wollte. Sie liebt Filme. Ihr Lieblingsfilm ist *Der Bär*. Sie sah ihn in Beaune mit einem von Beckys Lehrlingen — einem netten jungen Mann aus New York, der aus dem Investment-Bankgeschäft ausgestiegen ist, um im Weinhandel anzufangen, und Probleme mit seiner Freundin hatte, die unbedingt wollte, daß er nach Hause zurückkam. Er besuchte Armande, um sich mit ihr zu unterhalten, und Armande sagte, sie beide brauchten jetzt einen Film, in dem man spielende Bären sehe statt ein Paar im Bett.

Der Winzer aus Mercurey kam nicht sehr weit mit Armande. Er war ein *gros paysan,* ein wohlhabender Bauer. Er hatte eine große Familie, mit vielen Cousins und vielen Rebstöcken, und war außerordentlich geschäftstüchtig. Armande hatte gehört, daß er bunte, viersprachige Werbeprospekte in all den Drei-Sterne-Restaurants verteilte, in denen seine Weine ausgeschenkt wurden. Sein Interesse an Armandes Weinberg war praktischer Natur. Sein Sohn arbeitete schon auf dem Familienbesitz, und nun wollte er seine drei Töchter mit Weinbergen ausstatten. Ihr Charme und ihre jeweiligen Aussichten sollten entsprechend berücksichtigt werden. Er wandte sich an Armande. Es war nicht leicht, mit Armande in Kontakt zu kommen. Niemand, den er bat, wollte ihn mit ihr bekannt machen, und als er sie schließlich besuchte, lief es nicht besonders gut, denn Mlle. Douhairet erklärte ihm, daß sie ewig leben werde, woraufhin er ganz direkt erwiderte: *»Ce n'est pas évident.«* Armande erzählte diese Geschichte ihren Nachbarn, die der Ansicht waren, daß Armande, sollte sie jemals vorhaben, ihren Besitz zu verpachten oder zu verkaufen, jemanden aus der näheren Umgebung nehmen sollte, jemanden wie Michel Lafarge in Volnay, wo es vierzig Weinerzeuger gab und alles Land schon verteilt war. Lafarge hatte ebenfalls vier Kinder sowie zehn Hektar Land — die teilweise an Armandes Volnay-Parzellen angrenzten. Er war zuverlässig. Man konnte den »Stil« in seinen Weinen schmecken, und er würde Armandes Stil und die eigentümlichen *robes,* welche die Weine der Domäne Monthelie-Douhairet charakterisierten, gewiß verstehen und bestimmt versuchen, sie zu erhalten. Er würde Armande zustimmen, daß ein wahrer Önologe jemand ist, den seine *caves* und sein Land und seine Familie geprägt haben.

Armande fügte den Namen einer imaginären Liste von Leuten hinzu, die sie »interessierte Parteien« nennt, neben den Priestern in Beaune und dem Geschäftsmann aus Tokio mit dem unaussprechlichen Namen, der sein Geld mit dem Import von Weinen und Surfbrettern verdiente, und den belgischen Ärzten mit dem Investmentclub und den Deutschen, die ihren Stuttgarter Freunden unbedingt erzählen wollten, daß sie unter die burgundischen Winzer gegangen seien, und den drei massigen jungen Leuten aus Kalifornien, die eines Tages bei Armande vorfuhren — einer von ihnen mit Pferdeschwanz und Jeans und Ohrringen — und ihr Fotos von ihrem eigenen Weinberg zeigten, der so groß wie ganz Burgund war.

Noch immer leben nicht sehr viele Ausländer in Burgund. Becky und Russell leben hier und ein Deutscher mit einem Weinberg an der Côte de Nuits sowie ein paar Schweizer, ein Engländer und ein Amerikaner, aber bislang handelt es sich bei den meisten Ausländern um Leute, die in die Branche eingeheiratet haben. Die Ausländer, die sich Weinberge kaufen, tun das meist in Partnerschaft mit alteingesessenen burgundischen Erzeugern, wie etwa die sieben Australier, die sich in Gérard Potels Domaine de la Pousse d'Or in Volnay eingekauft haben. Sie wollen eher mit ihrem Wein Geld verdienen als sich in einem langweiligen Dorf wie Volnay oder Monthelie niederlassen und tatsächlich Wein erzeugen. Die Leute, die von einer winzigen Parzelle in Burgund träumen, gerade ausreichend für ein paar Faß Richebourg zum privaten Verbrauch (»ein Eckchen Grand Cru«, sagt Russell), haben selten die Zeit und das Geld, sich derlei zuzulegen. Leute mit Geld sind meist nicht die Leute, die die Franzosen *terre à terre* nennen. Wenn Leute mit Geld sich einen Weinberg kaufen, muß es meist etwas Grandioses sein — größer jedenfalls als ein Bauernhaus und ein paar über das Land verstreute Parzellen. Sie kaufen in Kalifornien oder Australien eine Ranch »zuzüglich Rebstöcken«. Oder sie fahren nach Bordeaux und suchen nach einem Grundstück mit Mauern und Park und alten Kastanienbäumen, die einen Weg zu einem *château* aus dem achtzehnten Jahrhundert säumen. Sie wollen am Wochenende aus Köln oder London einfliegen und Schloßherr spielen und Gäste empfangen.

All das Interesse, das man ihr entgegenbrachte, tat Armande gut und half ihr, die Schmerzen in der Hüfte zu ertragen. Außerdem plagte sie das eine Bein, und sie mußte sich langsam an den Gedanken gewöhnen, daß Fernands Haus in Bresse nach zweiundzwanzig Jahren schließlich fertig renoviert war, daß Fernand packte und Monthelie verließ, um nach Hause zurückzukehren. Sie ging zum Friseur in Meursault und ließ sich eine Dauerwelle legen und die Haare hennarot tönen und setzte sich dann, zum erstenmal seit ihrer Operation, in ihren blauen Renault und brachte ihren Anteil der besten Ernte an der Côte d'Or seit dreißig Jahren ein. Armandes Weinberg ist nicht großartig — *pas superstar,* sagen die Leute im Pickwicks —, aber einige Weinkenner finden, daß es Haarspalterei ist, sich über »gut« und »sehr gut« des Jahrgangs 1989 an der Côte d'Or zu streiten, und selbst Armande mußte zugeben, daß ihr 1989er Volnay und ihr 1989er Pommard, ja sogar ihr 1989er Monthelie etwas zu werden versprachen. Als »ganz schön ruppig« bezeichnete sie den Monthelie, ein Zitat des einzigen Weinschriftstellers, den sie seiner guten Manieren wegen akzeptiert — Clive Coates, ein Engländer, der sie jedes Jahr besucht und in seiner sauberen, winzigen Handschrift (die Armande an Maitre Prélot erinnert, den *notaire* in Beaune) in ihrem Keller Aufzeichnungen macht. Aber nach dem Keltern war Armande wieder viel allein. Sie wartete auf den Winter, darauf, daß Fernand ausziehen würde, darauf, daß Francis die Räume neben der Garage vermutlich mit Rugby-Plakaten und den diversen Attributen einer *union libre* »umdekorieren« würde, und sie wartete auf die Entscheidung der Ärzte, ob es sich lohnen würde, die Venen ihres kranken Beins zu öffnen — ihr dreiundachtzigjähriges krankes Bein, sagte sie —, um den Druck zu lindern. Sie freute sich schon auf die Paulée, die immer im November stattfindet, und zwar am Montag nach der Auktion im Hospiz. Sie hatte Plätze für sich und Porcheret reservieren lassen und für den Arzt in Dracy, der ihre Hüfte gerichtet hatte — und einen weiteren Platz hatte Russell für Rusty Staub bestellt, den amerikanischen Baseballspieler, der unterwegs nach Burgund war, um in die Confrérie des Chevaliers du Tastevin aufgenommen zu werden, und sich ihnen anschließen wollte. Doch die Eintrittskarten kamen nicht, und als sie in Meursault anrief, erklärte ihr eine Frau im Paulée-

Büro, daß zwanzig lokale Platzbestellungen storniert und an »prominente Ausländer« vergeben worden seien, darunter auch ihre vier reservierten Plätze. Die Frau sagte, daß Armande ja »im nächsten Jahr« kommen könne, woraufhin Armande erwiderte, daß sie im nächsten Jahr möglicherweise tot sei. Da sagte die Frau, nun, in dem Fall müsse sie eben im übernächsten Jahr kommen. Armande bekam schließlich ihre Billetts, und Becky und Russell saßen mit an ihrem Tisch, und alle tranken einen anständigen 1923er Volnay aus ihrem privaten Keller, aber Armande war deprimiert. Einige Wochen später bemerkte ihr Nachbar Henri Meyer, daß ihre Fensterläden geschlossen waren. Es war halb zehn an einem Samstag vormittag, und Armande öffnete die Fensterläden immer um halb neun, selbst an Wochenenden. Henri und seine Frau machten sich daher Sorgen und brachen in das Haus ein und fanden Armande, vor dem laufenden Fernseher, in ihrem orthopädischen Sessel mit einer Gehirnblutung.

Armande liegt inzwischen im Krankenhaus in Beaune, einem neuen, großen Spital am Stadtrand, das die Hospizverwaltung mit Geldern der Weinauktionen gebaut hat. Es ist ein zweckdienlicher Ort. Keine buntglasierten Ziegeln tanzen dort über das Dach so wie auf dem Hôtel-Dieu, das der Kanzler Rolin innerhalb der Stadtmauern von Beaune errichtet hat. Es gibt keine Altarbilder von Rogier van der Weyden, wie dasjenige, das der Kanzler für das Hospiz bestellte, damit es den Kranken leichterfalle, »ihre Leiden zu ertragen«, und keine *bonnes soeurs,* die in gestärkter altmodischer Tracht durch die Korridore schweben. In Armandes Zimmer steht ein Fernseher, und im Nachbarbett liegt eine alte Frau, und in der Empfangshalle warten immer viele Nachbarn, die Armande besuchen und ihr den neuesten Klatsch berichten wollen — und sich fragen, ob die Jesuiten nach ein paar Wochen Krankenpflege mitreden werden, wenn in der Angelegenheit der Domaine Monthelie-Douhairet entschieden wird. Früher hatte, wer seine Rebstöcke dem Hospiz schenkte, Anspruch auf ein Bett und Krankenpflege. Es war eine Art Geschäft — Wein gegen Altersversorgung. Armandes Versorgung läuft über die Kranken- und Sozialversicherung. Ihr Interesse am Hospiz, das hat sie wiederholt erklärt, sei geistiger Natur und habe mit ihrer *»côté chrétien«* zu tun. Vielleicht war das ihre Art, Frieden mit dem unter der Glasglocke sitzenden Jesuskind zu schließen, das nie sein Hochzeitssymbol bekam — keine Perlenkette und kein Stück Spitze für Glück und Kinder —, und vielleicht war es ihre Art, den Männern der Aufklärung, die ihre Bibliothek so langweilig machten, *»Je m'en fous«* zuzurufen, und vielleicht war es ihre Art, all die Leute zu verunsichern, die ihr so bemüht den Hof machen. Armande geht es schon etwas besser, aber das Sprechen fällt ihr schwer. Niemand weiß also, wie es weitergeht.

Kurz vor der Weinlese bat Armande Becky, mit ihr nach Joncy zu fahren. Sie wollte ihr den Friedhof zeigen, wo sie begraben werden wird — den Friedhof, wo unter einem großen weißen Marmorkreuz ihre Eltern liegen. Sie hat kein Wort darüber verloren. Die beiden unternahmen die Fahrt wie einen Ausflug, sprachen hauptsächlich über die Ernte, darüber, ob sich das schöne Wetter halten würde und ob die Trauben süß und voll sein würden. Als sie den Friedhof erreicht hatten, stiegen sie für ein paar Minuten aus, betrachteten das Kreuz und fuhren dann wieder nach Hause. Auf dem Friedhof wiederholte Armande etwas, was ihr Vater kurz vor seinem Tod einmal gesagt hatte: »Wäre es nicht schön, die Ewigkeit hier in Burgund zu verbringen, mit Blumen auf dem Bauch?«

Peter Schmidts Abschied

Peter Schmidt wollte Ostdeutschland schon immer verlassen. Er wollte weniger nach Westdeutschland als einfach weg aus Ostdeutschland, weg von seinem übellaunigen Vater und seiner besorgten Mutter und all den Polizisten und Betriebsleitern und Parteiideologen, deren Aufgabe es war, einen verträumten Jugendlichen zur Raison zu bringen, der eine Schachtel mit Jefferson-Airplane-Kassetten unter dem Bett hatte und ein Motorrad aus dritter Hand, das am Treppengeländer angekettet war. Er wollte frei sein, auch wenn er nicht so recht wußte, was »Freiheit« bedeutete, außer vielleicht die Freiheit, nie mehr zur Schule gehen und in einem volkseigenen Betrieb eine Lehre absolvieren oder in der Volksarmee bei Regen Krieg spielen zu müssen. Peter war ein Schlüsselkind. Er betrachtete sich als ein »Kind des Rock«, war aber eher einer von diesen einsamen, ernsten Jungen, die jeden Morgen in die Welt hinausgeschickt werden mit einem Schlüssel am Hals und der Anweisung, in der Schule zu bleiben, bis der Hausmeister abschließt, und dann auf dem Parkplatz zu spielen und sich die Zeit zu vertreiben, bis einer der Eltern von der Arbeit nach Hause kommt oder ein Nachbar, der ihnen eine Tasse Kakao macht. Bei schlechtem Wetter greifen sie auf den Schlüssel zurück und warten zu Hause, in einer kleinen, engen Wohnung in einem Neubauviertel, das durch eine vierspurige Schnellstraße, die zu überqueren verboten ist, von der Stadt und von dem Leben in der Stadt abgeschnitten ist. Peter hatte keine besondere Schulbildung. Mit sechzehn ging er von der Schule ab, um eine Lehre anzufangen. Er arbeitete in einer großen Rostocker Werkstatt, wo Panzerfahrzeuge des Warschauer

Pakts überholt wurden, aber sein Traum war es, den ganzen Tag dazuliegen und seine Kassetten mit amerikanischer Musik der sechziger Jahre zu hören, während seine Mutter ihn versorgte und seine Jeans wusch und vielleicht eine saftige polnische Schweinekeule zubereitete (seine Mutter stammte aus Danzig, und Schmorbraten mit Kartoffeln war ihre Spezialität), oder auf sein Motorrad zu steigen und Richtung Westen zu fahren, wo das verbotene Land jenseits des Grenzübergangs Schlutup-Selmsdorf lag.

Wenn er morgens auf dem Vorortbahnhof im Süden von Rostock auf seinen Zug wartete, sah er den Kopenhagen-Express auf dem »Transitgleis« vorbeifahren. Die jungen Dänen in den Abteilen tranken, lachten, küßten sich und winkten *ihm* zu, und dann dachte er über Grenzen nach. Als er einmal seine Großmutter besuchte — sie wohnt sechzig Kilometer von der Grenze entfernt, in einem Dorf an der Ostseeküste, das ich Baumberg nennen werde —, brachte er einen schwedischen Anhalter mit langen Haaren und Walkman auf seinem Motorrad bis zum Kontrollpunkt und beobachtete, wie der Schwede hinüberging und dabei die Musik von Elton John mitpfiff. Da sah er mit eigenen Augen, »wo meine Welt aufhörte, aber nicht seine«. In diesem Augenblick beschloß Peter, Ostdeutschland zu verlassen. Es war der 10. April 1981. Die ganze Familie kennt diesen Tag. Er bezeichnet ihre Probleme sehr viel besser als der Tag, an dem er tatsächlich seinen Fluchtversuch unternahm und verhaftet wurde, oder der Tag, als er verurteilt und in einem geschlossenen Wagen zum Gefängnis transportiert wurde, oder der Tag, an dem er von Westdeutschland für fünfzigtausend DM freigekauft wurde, ja selbst der Tag in diesem Frühjahr, an dem er zum erstenmal seine Heimat wieder besuchte. »Der 10. April 1981«, sagt Hannelore, seine Mutter. »Der Tag, an dem Peter den schwedischen Tramper getroffen hat.« »Der 10. April 1981«, sagt sein Bruder Rainer. »Der Tag, an dem Peter so traurig war, weil der schwedische Tramper nach Lübeck fahren konnte und er nicht.« (Die meisten Namen in diesem Text wurden geändert, bestimmte Einzelheiten unkenntlich gemacht.)

Vom Westen versprach Peter sich weder Geld noch Demokratie, nicht einmal Schallplattengeschäfte mit Regalen extra für die Stones und die Grateful Dead und all die andere Musik, die mit zwanzig Jahren Verspätung in die DDR kam. Er suchte etwas, was Ostdeutschland verloren hatte, und er hätte das nur als eine Sehnsucht beschreiben können, die im Grunde eine Sehnsucht nach sich selbst war, nach einer Kraft, einer Fähigkeit, einer Selbstsicherheit, durch die er Anschluß an die Welt gefunden hätte. Die DDR, die ihm klarzumachen versuchte, *was* er war — die einen Arbeiter für einen Arbeiterstaat produzieren wollte, jemanden, der nicht zu klug war, nicht zu skeptisch, dafür kollegial —, hatte es versäumt, ihm zu zeigen, *wer* er war oder wie er zu sich selbst finden konnte. Er sehnte sich nach sich selbst, so wie die Jungen, die er später in Hamburg kennenlernte, sich nach Mädchen oder Jobs oder BMWs sehnten. So entstand eine große Passivität in ihm. Seinen Hamburger Freunden erklärte er, daß Westdeutschland zu ehrgeizig, zu aggressiv sei — er vermißte das »engere, schäbigere Leben« zu Hause. Zuerst fanden sie ihn exotisch. Sie wußten sich sein Verhalten nicht anders zu erklären. Sie fanden ihn lässig und obercool. Sie glaubten, daß seine »Distanziertheit« die Folge seiner leidvollen Erfahrungen war, daß er durch sie zu einer besonderen Radikalität gefunden hatte, die den linken Söhnen und Töchtern der Hamburger Bourgeoisie unerreichbar war. Deren aufsässigste Gesten erschöpften sich darin, mit den Skinheads in der Hafenstraße von St. Pauli Bier zu trinken. Doch am Ende verloren sie die Geduld mit Peter. Sie fanden, daß er faul war, träge, vielleicht auch ein bißchen seltsam. Sie wußten nicht, worauf er eigentlich wartete oder wieso er glaubte, daß man sich um ihn kümmern werde — warum er nicht aufstand und hinausging und sich den anderen anschloß, wie sein Zimmergenosse Rudolf Klaasen, der Geschichte studierte und in einer Heavy-Metal-Band Gitarre spielte und jedesmal, wenn er blank war, loszog und irgendwo jobbte. Rudolf war ein richtiger Hamburger Linker. Ihm war es egal, ob er sein Geld damit verdiente, Sekretärinnen beizubringen, wie man mit Computern umgeht, Postsäcke zu schleppen, auf der Reeperbahn die *Morgenpost* zu verkaufen oder in einem Hamburger Großhandelslager Pilz- und Tomatendosen mit neuen Haltbarkeitsetiketten zu versehen. Er konnte mit dem System umgehen, während Peter Schmidt es ablehnte, in dem neuen System einen Job anzunehmen. Peter weigerte sich, in diesem System zu studieren oder sich eine Freundin zu suchen, ja sogar abzuwaschen, wenn ihm nicht ausdrücklich aufgetragen worden war, abzuwaschen. Er konnte Anweisungen befolgen, aber es zeigte sich, daß er Schwierigkeiten mit der Freiheit hatte. Die Freiheit, von der er träumte, war immer hinter irgendeiner Grenze, auf der anderen Seite, weit weg von Gefängnissen oder Kummer oder schmutzigen Tellern. Sie hatte mit Westdeutschland und seiner demonstrativen Tüchtigkeit ebensowenig zu tun wie mit Ostdeutschland und seiner demonstrativen Apathie. Peter sagt, das Problem, das traurige Problem der Ostdeutschen bestehe vielleicht darin, daß man immer dann seine besten und klarsten Momente habe, wenn man vor einer Mauer oder einer Grenze oder einer Zellentür stehe und über die Welt auf der anderen Seite nachdenke.

Deutsche beschäftigen sich gern mit sich selbst. Sie sprechen über ihre deutsche Identität und grübeln darüber nach, was es für sie heißt, Deutsche zu sein. Sie sprechen über ihre Befindlichkeit. Sie wollen wissen, wo ihre deutsche Seele, wo Deutschland liegt, und sind am Ende so fasziniert von diesem Ort, daß sie dazu neigen, ihn überall zu erblicken, die Welt um sich herum als natürliches Korrelat ihrer selbst zu betrachten. Ob sie nun als Soldaten kommen oder als jugendliche Flüchtlinge wie Peter, sie tragen einen blinden Anspruch in sich. In ihrer Selbstgefälligkeit machen sie alles Positive zu etwas »Deutschem« und alles Nicht-Deutsche zu einem Problem. Den Begriff Lebensraum verwenden sie zwar nicht mehr (sie wissen, daß Hitler ihn benutzt hat), aber sie denken in diesem Sinne. Sie sprechen über den Lebensraum in ihren Köpfen und dessen Grenzen, so wie Helmut Kohl vor ein paar Monaten davon sprach, daß der Status der deutsch-polnischen Grenze neu überdacht werden müsse — als wären die Schwierigkeiten einer sich vertiefenden, größeren, wachsenden Identität die Voraussetzung ihres Deutschseins. Darüber sprechen sie, so wie Franzosen darüber sprechen, daß das Weintrinken zum Franzosen gehört, und Engländer darüber sprechen, daß Schlägereien in Fußballstadien zum Engländer gehören. Peter ist »gegen Nationalismus«, aber auch er spricht über das Deutschsein. Nie, sagt er, habe er sich »so deutsch« gefühlt wie im Gefängnis — was vielleicht erklärt, warum er draußen so verloren und enttäuscht war. Mit fünfundzwanzig in Hamburg herumzugammeln war nicht die Freiheit, an die er geglaubt hatte, als er über das Meer in Richtung Lübeck blickte — oder gar aus seinem Zellenfenster. Er hatte geglaubt, »Peter Schmidt« sei mit dem schwedischen Anhalter aus Ostdeutschland weggegangen und erwarte ihn auf der anderen Seite der Grenze, symbolisch und vollkommen, wie eine der mecklenburgischen Kiefern auf dem Hügel hinter dem großmütterlichen Bauernhof. Er hatte geglaubt, einen »Peter Schmidt« dort vorzufinden, der nur darauf warte, abgeholt zu werden.

Es gibt sechzehn Millionen Ostdeutsche und zweiundsechzig Millionen Westdeutsche — das heißt, am Ende des Jahres wird es achtundsiebzig Millionen Bürger eines neuen »Deutschland« geben. Es wird keine Bundis mehr geben, die in italienischen Lederjacken und Designerjeans mit ihren Mercedessen übers Wochenende in die DDR fahren und, ausgestattet mit Videokameras und frischem Obst und harter Währung, den Einheimischen ein Stück der zurückgebliebenen, »ursprünglichen« Landschaft abzukaufen versuchen. Es wird keine Ossis wie Peter mehr geben, die auf Motorrädern oder in stinkenden, stotternden, rosafarbenen und blauen Trabis in den Westen fahren und Wohngeld verlangen und Sozialhilfe und Übersiedlungsbeihilfen und schließlich die Jobs und Wohnungen, von denen die Bundis glauben, daß sie ihnen zustünden. Es wird achtundsiebzig Millionen »Deutsche« in dem Land geben, das ihnen seit weniger als fünfundsiebzig Jahren richtig gehört. Sie werden sich miteinander einrichten und versuchen, ihre Antipathie zu ignorieren, und sich fragen, ob der Vertrag, den sie miteinander geschlossen haben, etwas Gutes ist, etwas, was sie weiterbringt, oder eher eine arrangierte Heirat zwischen zänkischen Fremden, die zu weit gereist sind und zu viel gesagt — und zu viel Geld ausgegeben — haben, als daß sie noch auseinandergehen könnten.

Am Ende ist es ziemlich egal, ob die Ostmark im Verhältnis 1:1 zur D-Mark eingetauscht wird, was die Ostdeutschen verlangt und auch durchgesetzt haben, oder im Verhältnis 2:1, was die Westdeutschen (die Ostdeutschland faktisch einkaufen) vorgeschlagen hatten. Es ist ziemlich egal, ob die Vereinigung nach Artikel 146 des Grundgesetzes, der provisorischen Verfassung Westdeutschlands seit vierzig Jahren, vollzogen und entweder in Bonn oder in Berlin eine verfassunggebende Versammlung einberufen wird, die eine neue gesamtdeutsche Verfassung ausarbeitet, oder nach Artikel 23, der den fünf deutschen Ländern, die die DDR bildeten, die Möglichkeit gibt, jeweils einzeln den Beitritt zur »Bundesrepublik Deutschland« zu erklären (so wie das Saarland, das sich 1957 von Frankreich löste) und das Grundgesetz als offizielle deutsche Verfassung anzuerkennen. Es ist ziemlich egal, ob die Hälfte der neuen Demokraten in Ostdeutschland für die Stasi gearbeitet hat oder ob die Politiker in Bonn oder Berlin oder in einem vereinten Deutschland beschließen, die Akten zu vernichten oder sie zu öffnen. (In den Händen von ostdeutschen Bürgerkomitees wie dem Neuen Forum befinden sich fünf Millionen Stasi-Akten, über deren politischen Nutzen allenthalben gestritten wird.) Das Entscheidende ist, daß die achtundsiebzig Millionen Deutschen einander ins Gesicht sehen, siebenundfünfzig Jahre nach Weimar, und sich darüber klarwerden, was sie unter Deutschsein und unter Deutschland verstehen. Vielen ist nicht ganz klar, ob sie zusammengehören, ja nicht einmal, ob sie zusammengehören wollen.

Als im November die Mauer geöffnet wurde — es war der 9. November, ein bekanntes Datum, obgleich nur wenige Leute in beiden Teilen Deutschlands sich daran zu erinnern schienen, was daran so vertraut war oder was sich einundfünfzig Jahre zuvor (in der »Kristallnacht«) ereignet hatte —, war das wohl der Versuch, die Ostdeutschen in Ostdeutschland zu halten, indem man ihnen freistellte, das Land zu verlassen. Nirgends wurde damals von Wiedervereinigung gesprochen, jedenfalls nicht öffenlich. Die Ostdeutschen erklärten, daß eine Wiedervereinigung nicht zur Debatte stehe. Man wolle einen »dritten Weg« finden und ein neues Land aufbauen, das besser und menschlicher, »sanfter« als die Bundesrepublik wäre, und interessanterweise kann heute niemand in Ostdeutschland genau sagen, wer wann zuerst von Wiedervereinigung gesprochen hat oder aus welchem Deutschland der Betreffende kam. Bekannt ist nur, daß irgendwann im letzten Herbst die Leipziger Demonstranten nicht mehr »Wir sind das Volk« skandierten, sondern »Wir sind *ein* Volk«, und danach war die entscheidende Frage nur noch die, wieviel Geld es Westdeutschland kosten würde, Gorbatschow auf seine Seite zu ziehen. Doch nach achtundzwanzig Jahren Mauer kannten sich die Deutschen nicht mehr. Mit ihren verschiedenen Vorstellungen von »Deutschsein« wußten sie nicht, ob sie sich vertragen würden. Sie hatten unterschiedliche Prioritäten. Sie verstanden nicht dasselbe unter den Begriffen, mit denen sie sich selber beschrieben. (Die ostdeutschen Christdemokraten beispielsweise sind evangelisch, und sie stellten schockiert fest, daß die westdeutschen Christdemokraten, vielfach Katholiken, von ihnen erwarteten, sich gegen die Abtreibung auszusprechen oder, als Konservative, den Staatshaushalt durch Schließung der Kindertagesstätten zu entlasten.) Zweihunderttausend DDR-Bürger sind in den ersten beiden Monaten nach Öffnung der Mauer in den Westen gegangen und weitere zweihunderttausend sind in diesem Jahr umgezogen, was die Vermutung zuläßt, daß einige Ostdeutsche lieber sofort Westdeutsche wären (und nicht mehr das Problem hätten, mit den Westdeutschen auskommen zu müssen), statt zu Hause zu bleiben und sich Westdeutschland als arme Verwandte anzuschließen, die mit leeren Händen dastehen und ihr peinliches Scheitern erklären müssen.

Am Ende waren es vor allem die Westdeutschen, die die Ostdeutschen am liebsten in der DDR sahen. Die Politiker gaben das nur ungern zu, selbst als westdeutsche Arbeiter anfingen, ostdeutsche Autos zu demolieren und Grenzübergänge zu blockieren und die Turnhallen zu besetzen, in denen einige der Übersiedler untergebracht wurden. Oskar Lafontaine, der Kanzlerkandidat der Sozialdemokraten, sprach im Dezember von den sozialen Kosten der Übersiedlung, und er war der erste prominente westdeutsche Politiker, der so offen darüber sprach. Er sagte, daß es keinen Grund gebe, enthusiastisch darüber zu sein, daß Hunderttausende von Ostdeutschen in der Bundesrepublik aufgenommen würden, daß ihnen Jobs und Wohnungen und all die kostspieligen Errungenschaften des westdeutschen Wohlfahrtsstaates zur Verfügung gestellt würden. Er hatte in der Bundesrepublik gelebt, und die Ostdeutschen standen ihm so nahe wie beispielsweise die Österreicher. Er kannte Österreicher, aber er kannte nicht sehr viele Ostdeutsche. Tatsache ist, daß nach dem Bau der Mauer nur wenige Westdeutsche daran interessiert waren, die DDR zu besuchen. Die Reise war zu kompliziert. An der Grenze mußte man zu lange warten. Die Überwachung war zu enervierend.

Willy Brandt, der von 1969 bis 1974 Bundeskanzler war, war an Ostdeutschland interessiert. Er und Günter Gaus, sein Botschafter in Ostberlin, setzten auf die Ostpolitik. Sie wollten die Verbindungslinien aufrechterhalten, auch wenn dieses Angebot hauptsächlich an die Ostdeutschen gerichtet war und mit dem Glauben zu tun hatte, daß irgendwo, vielleicht in den alten Arbeiterkneipen in den düsteren Straßen von Ostberlin, noch immer Sozialisten von einer besseren Welt träumten und daß einige ihrer Träume die Ideologie des bundesrepublikanischen Wirtschaftswunders überleben und sogar mäßigen würden, wenn man diese alten Sozialisten akzeptierte und nicht im Stich ließ. Für den durchschnittlichen Westdeutschen änderte sich nicht viel durch die Ostpolitik. Sie machte viele Geschäftsleute reich, und der ostdeutsche Absatzmarkt brachte Westdeutschland zusätzliche sieben oder acht Milliarden DM jährlich, aber was die Westdeutschen von Ostdeutschland tatsächlich sahen, beschränkte sich auf die Verwandten, die einmal im Jahr zu Besuch kamen, und die Rentner, die nicht nur reisen durften, sondern zur Ausreise sogar ermuntert wurden, damit ihre Altersversorgung von Westdeutschland bezahlt würde. Jahrelang war die einzig nennenswerte westdeutsche Präsenz in der DDR der Müll, den Westberlin (in Ermangelung anderer Möglichkeiten) gegen harte Devisen exportierte. Einige Ostdeutsche kannten Westdeutschland immerhin aus den abendlichen Fernsehsendungen, während die Westdeutschen nichts über Ostdeutschland wußten. Der Westen gab sich stets dem Mythos hin, die DDR sei ein zweites Deutschland — die führende Industrienation des COMECON, die Nummer eins des Ostblocks. Niemand im Westen, mit Ausnahme der Geschäftsleute, die nach Ostdeutschland fuhren, wußte wirklich, wie sehr der Kommunismus die Deutschen zu Russen gemacht hatte. Niemand schien etwas von dem Ausmaß an Unzufriedenheit und an Unfähigkeit im Herzen Preußens zu ahnen. Die Westdeutschen hätten es wissen müssen. Kein Land in Europa wurde intensiver analysiert und besorgter beobachtet als Ostdeutschland. Die Alliierten, formal noch immer Besatzungsmächte, spionierten Ostdeutschland für die Westdeutschen aus, und die Westdeutschen spionierten Ostdeutschland für die Alliierten aus, Gefangene wurden freigekauft und Spione ausgetauscht, Rentner kamen, hatten die Habseligkeiten eines ganzen Lebens in ein paar Umzugskartons verpackt, und Geschäftleute fuhren alljährlich zur Leipziger Messe und sahen die Umweltverschmutzung und die Ärmlichkeit und die Korruption — aber noch immer wurde die Fiktion von den auf Fleiß und Gehorsam getrimmten Ostdeutschen als der Vorhut der kommunistischen Welt aufrechterhalten. Niemand ahnte, wie kaputt Ostdeutschland war. Niemand ahnte etwas von Peter Schmidt.

Peter braucht nicht viel zum Leben. Sein Bruder Rainer, der mit einer Westdeutschen verheiratet ist und inzwischen in Hamburg wohnt, sagt, daß Peter jedes Jahr auf den Flohmarkt geht und sich dort für eine Mark ein Paar Jeans kauft, »und damit ist er zufrieden«. In diesem Jahr sind seine Jeans schwarz, beneidenswert abgewetzt und schmuddelig, aber noch ganz. Jeden Morgen zieht er sie an, dazu ein altes rosa T-Shirt, ein lila Sweatshirt und braune Joggingschuhe und, wenn es kalt ist, die alte Motorradjacke, die er in der Nacht des 29. Januar 1984 trug, als er bei dem Versuch, in der Nähe von Lübeck die Grenze zu überqueren, erwischt wurde. Die Motorradjacke ist ein Geschenk seiner Mutter, das rosa T-Shirt hat er von seinem Bruder bekommen, nachdem es in der Waschmaschine eingelaufen war, und das lila Sweatshirt hat er von seinem Wohnungsgenossen Rudolf geerbt. Peter kann sich nicht mehr erinnern, wo seine Schuhe her sind. Er meint, ein Besucher aus Berlin könnte sie dagelassen haben. Es widerstrebt ihm, sich über »Dinge« Gedanken oder Sorgen zu machen, sagt er, oder Dinge gar zu besitzen. Er findet, daß die Westdeutschen »Besitzmenschen« sind, daß ihr Leben von dem geprägt ist, was Ulrike Meinhof einmal »Konsumterror« genannt hat, und daß sie ihre Nachbarn nicht als Menschen sehen, sondern nach den Autos beurteilen, die sie fahren, und nach der Größe ihrer Fernsehgeräte. Peter sieht gern fern, würde aber nie einen Fernseher besitzen wollen. Rudolf hatte einmal einen Fernseher. Peter saß dann im Wohnzimmer und sah den ganzen Tag fern, während Rudolf in der Uni war oder mit seiner Band spielte oder irgendwo jobbte, doch dann wurde das Bild immer schlechter, und Peter machte Rudolf darauf aufmerksam. Er wartete, daß Rudolf das Gerät reparieren ließ, und kam immer wieder darauf zu sprechen — »Wär doch schön, wenn der Fernseher wieder geht«, sagte er —, und er hat nie so recht verstanden, warum Rudolf eines Abends wütend wurde, den Fernseher nahm, vier Treppen hinunterstieg und ihn auf den Müll warf.

Rudolf sagt, daß Peter nie auf den Gedanken gekommen wäre, sich selbst um die Reparatur zu kümmern. »Peter erwartet alles und nichts zugleich«, so erklärt es Rudolf. Er nennt das die ostdeutsche Krankheit. Peters dunkelbraunes Haar wächst und fällt ihm in die Augen, und sein Schnurrbart hängt in die Kaffeetasse, aber Peter wartet, bis irgend jemand ihn sieht — die Frau seines Bruders vielleicht oder eine von Rudolfs Freundinnen — und seufzend den Kopf schüttelt und sich bereit erklärt, ihm die Haare zu schneiden. Wenn etwas zu essen da ist, ißt er. Ansonsten denkt er nicht ans Essen. Er wird blaß und mager, und schließlich kommt ein Freund in die Wohnung und bemerkt, wie furchtbar er aussieht (er war schon immer dünn), und lädt ihn zu einem großen Essen ein und bestellt sogar für ihn, da Peter, wie er selbst sagt, nicht groß ans Essen denkt. Sein Bruder sagt, Peter sei »bescheiden und schüchtern« und habe kaum Bedürfnisse, und seine Mutter in Rostock sagt: »Armer Peter, er kann nicht auf sich aufpassen.« Aber Rudolf Klaassen findet, daß er negativ und arrogant und wehleidig ist — und daß er »eine ostdeutsche Redlichkeit hat, die einem auf den Geist geht«. Rudolf sieht nicht ein, warum seine Freundinnen seinem Wohnungsgenossen das Haar schneiden sollen, bloß weil er ein Flüchtling aus der DDR ist. Er findet, Peter solle sich eine eigene Freundin zulegen, sagt aber, Peter sei »schüchtern *und* stolz« — Peter selber findet, er sei zu anständig und habe zu sehr gelitten, als daß ein Mädchen ihn verstehen könnte.

Die Schmidts sind eine alte mecklenburgische Familie. Sie sprechen Mecklenburger Platt miteinander und hängen mecklenburgische Fahnen — rot-gelb-blau gestreifte Fahnen — über die Türen ihrer Bauernhäuser und sprechen ehrfurchtsvoll über Peters schon etwas älteren Cousin Otto, den Schweinemeister der LPG von Baumberg, der sich starrsinnig und mit Erfolg weigert, hochdeutsch zu reden. Otto hatte immer schon gesagt, die mecklenburgischen Höfe der Schmidts würden eines Tages ein einziges großes Gut sein. Das war weitsichtig. Als die Russen 1945 kamen, bewirtschafteten die Schmidts seit zweihundert Jahren die Ostseeküste zwischen Wismar und Rostock. Einige waren mit Schweinen, Steckrüben und Zuckerrüben reich geworden und hatten nach Süden hin Land dazugekauft. Um die Schmidts für den Kommunismus zu gewinnen, mußten die Russen nur die Familie zusammenrufen, ihre Höfe zur landwirtschaftlichen Produktionsgenossenschaft erklären und das Dorf Baumberg, wo ihre Scheunen und Häuser standen, zum Verwaltungszentrum machen.

Sechs Brüder Schmidt gab es in Baumberg. Als sie, einer nach dem anderen, von der Front oder aus der Kriegsgefangenschaft heimkehrten, erfuhren sie, daß ihre Zuckerrübenfelder zu Weideland gemacht und ihre Scheunen zu Ställen umgebaut wurden und ihr Familiensitz Schulungszentrum der Partei und der gesamte Besitz, bis auf zwanzig Hektar, »Volkseigentum« war. Sie stellten fest, daß die Eichen, die sie 1934 für Hitler gepflanzt hatten, als der Vaterländische Verein Mitglieder im Dorf geworben hatte, prächtig gewachsen waren, doch die Gedenktafeln lagen hinter dem Haus von Peters Großmutter auf dem Grund des Teiches — was auch ganz gut war, denn ihre Kinder hatten schon in der Schule gelernt, daß die Baumberger Schmidts nie Nazis gewesen waren. Die Baumberger Schmidts waren immer tapfere Kommunisten, wären es jedenfalls gewesen, wenn man sie gefragt hätte. Sie waren die »Opfer« Hitlers und nicht seine Anhänger. Hitler war ein Imperialist von »drüben«, aus der Westzone.

Natürlich erinnerten sich die meisten Dorfbewohner sehr gut daran, wie sie voller Begeisterung ihre Hitler-Eichen gepflanzt hatten und wie jeder ein Glas süßen, selbstgemachten Kirschwein auf den Führer getrunken hatte und wie Cousin Otto, damals noch ein Pimpf, versucht hatte, auf Mecklenburger Platt eine Strophe des Deutschlandlieds zu singen, und wie in jener Nacht die Baumberger Schmidts damit begannen, einen Familienstammbaum zu erstellen, der achtundzwanzig Seiten der Dorfchronik plus sechs Seiten Ergänzungen einnahm, um dem neuen »Rassenamt« im Wismarer Rathaus zu beweisen, daß die Schmidts makellose Arier waren. Niemand hätte damals gedacht, daß die Schmidts irgendwann einmal aus Baumberg wegziehen würden. Aber nach dem Krieg kam Ottos Bruder Erich aus einem amerikanischen Kriegsgefangenenlager zurück, nahm seine junge Frau und zog nach Baden-Württemberg, und ein paar Jahre später ging ein Cousin weg, und bis zum Bau der Mauer hatten weitere sechs Schmidts

Baumberg verlassen. Peters Vater Stefan ging zwar nicht in den Westen, aber er verließ den Hof, um in Rostock zu studieren, wo nur eine Familie Schmidt lebte, die ketzerische Anthroposophen waren. Peters Großonkel Horst ging nach Amerika und wurde reich, behaupten alle in der Familie. Seine Großtante Arntraud, die (trotz ihrer Mitgift von fünfzig Schweinen und ihren Aussteuertruhen voller Leinen und Federbetten) nie einen Mann gefunden hatte, sagte sich, daß sie jetzt, mit fünfundvierzig, in einem kommunistischen Viehzuchtbetrieb auch keinen mehr finden würde und ging nach Bonn, wo sie eine Stelle als Telefonistin im Landwirtschaftsministerium annahm.

Die meisten Schmidts blieben. Sie begannen, die Kühe zu melken, die Schweine zu hüten, die Rübenfelder zu pflügen und die Ställe auszumisten und all die andere Dreckarbeit zu verrichten, die man in den Glanzzeiten der Familie polnischen Arbeitern überlassen hatte. Sie packten ihre schönen, ledergebundenen Bücher in Kisten auf den Boden und machten ihre Klaviere zu und zitierten nicht mehr Schiller und Goethe, sondern Fritz Reuter, und erzählten sich auf Mecklenburger Platt Nonsensgeschichten, die mit Fragen wie »Gehen Gänse in Amerika barfuß?« begannen und mit Antworten wie »Mein Hemd hat lauter Beulen« aufhörten. Sonntags gingen sie, wie gewohnt, in die Kirche — auf dem Dorfhügel stand eine berühmte Kirche, ebenso einladend und abweisend wie das Meer dahinter —, und nach dem Gottesdienst liefen die Kinder den Hügel hinunter an den steinigen Strand, krempelten Röcke und Hosen hoch und wateten durch das Wasser, um Muscheln zu suchen. Ihre nächtlichen Mutproben hielten die Kinder in der kleinen steinernen Krypta ab, die vor Jahrhunderten in den Hügel gehauen worden war, als noch Priester statt Pastoren in der Kirche waren und Statuen angebetet wurden und tote Kinder ihrem Schöpfer als Bildnisse von Schlafenden gegenübertraten, die die marmornen Grabplatten schmückten.

Pastor Busch hatte viel Arbeit mit den Schmidts, desgleichen Pastor Femfert und schließlich Pastor Müller, der inzwischen im Pfarrhaus wohnt und eines der drei Telefone in Baumberg hat. Jeden Tag, nach dem letzten Melken, stiegen sie mit ihren Rechen und Hacken und ihren Schubkarren voller Osterglokken und eingetopften Lilien den Kirchpfad hoch und pflegten die Gräber auf dem Friedhof, wo elf Schmidts ihr Familiengrab haben — ordentliche mecklenburgische Gräber, mit Efeuhecken und schlichten quadratischen Steinen und schönen Bauernblumen. Für sie war die Kirche kein Ort des Widerstands, höchstens gegenüber den Katholiken. Sie schienen sich in ihrem kommunistischen Leben eingerichtet zu haben. Die Nazis waren gekommen und hatten ihre Kinder in die Hitlerjugend gesteckt und ihnen gesagt, sie sollten sich auf den Tod vorbereiten, denn Deutschland werde die Welt gehören. Dann waren die Kommunisten gekommen und hatten ihre Kinder in die Freie Deutsche Jugend gesteckt und ihnen erklärt, sie hätten auf der falschen Seite gestanden — den Kommunisten würde die Welt gehören. Vermutlich betrachteten die Schmidts ihre Begeisterungsfähigkeit nun mit einer gewissen Distanz. Sie traten in die Partei ein und besuchten die wöchentlichen Parteiversammlungen (das Büro befand sich am Fuß des Dorfes, dort, wo der Kirchpfad anfängt) und stimmten schließlich dafür, ihre Produktionsgenossenschaft mit den Produktionsgenossenschaften von zwei Dörfern an der Küste zusammenzulegen. So entstand daraus ein Kombinat mit zweitausend Schweinen, achthundert Kühen und hundertsechzig Personen, einschließlich zweier Stasi-Spitzel und eines Parteisekretärs, der einen Teil des Gewinns in die eigene Tasche steckte. Sie arbeiteten hart und schwiegen, als eine junge Schmidt — sie war verheiratet und arbeitete in Schwerin als Kindergärtnerin — verhaftet und zu acht Jahren Zuchthaus verurteilt wurde, weil sie im Kindergarten das Stalinbild von der Wand genommen und statt dessen religiöse Bilder hingehängt hatte. Sie freuten sich, als eine andere Schmidt, die ihr Milchsoll übererfüllt hatte, zur »Heldin der Arbeit« ernannt wurde und einen Brueghel-Druck von arbeitenden Bauern geschenkt bekam und mit hundert anderen Ausgezeichneten eine Reise auf einem Wolgadampfer unternehmen durfte. Sie lebten mit einem russischen Fliegerstützpunkt bei Wismar und mit Manövern auf ihrem

Weideland und dem Lärm von Tieffliegern, die über ihre Höfe hinwegdonnerten und die Kälber erschreckten, und sie setzten rotbackige, grobknochige Kinder in die Welt, die Overalls und kleine Wollmützen trugen und an einem Januartag um vier Uhr morgens eine Schweinebox oder einen Hühnerstall ausmisten konnten, ohne die Kälte zu spüren, und in ihrem starken, komischen mecklenburgischen Dialekt die Düsenjäger begrüßten.

Ihre Kinder hatten nie etwas von Schiller gehört. Ihre Kinder hatten nichts gemein mit den Kindern auf den alten Familienfotografien, jenen zarten Geschöpfen, die wie Bürgerskinder in Organdy und Matrosenanzügen gekleidet waren und aussahen, als seien sie Möhren oder Steckrüben höchstens auf dem Mittagstisch begegnet. Die Schmidts liebten ihre Schweine und Kühe, so wie die Schmidts acht Generationen zuvor, so wie Cousin Otto. Der westliche Lebensstil war ihnen nicht fremd — sie betrachteten die Kleider und die Lebensmittel und die Möbel, die es abends im Fernsehen des Norddeutschen Rundfunks zu sehen gab —, aber sie hatten Besseres zu tun, als ihre Zeit mit Träumen von diesem Leben zu vergeuden. Sie schalteten ihre Wünsche ab, wenn sie um neun ihre Fernsehgeräte ausmachten und ins Bett gingen. Die meisten von ihnen haben die sechzig Kilometer entfernte Grenze nie gesehen, obwohl jeder Geschichten kannte von Leuten, die flüchten wollten und an den Stacheldrahtsperren (aus denen die Mauer in Ostdeutschland zum größten Teil bestand) erwischt und von Hunden zerrissen worden waren. Die älteren Schmidts fanden, daß sie ein furchtbares Jahrhundert erwischt hatten, und wollten es möglichst schnell und ruhig hinter sich bringen. Sie wollten nicht mehr an Ruhm denken. Sie wollten nicht mehr an Krieg denken. Sie wollten nur noch an die Bibel glauben, so wie ihre Kinder nur noch an die Musik glauben wollten, die auf geschmuggelten amerikanischen Kassetten nach Baumberg gelangt war.

Peter hat einen etwa gleichaltrigen Cousin in Baumberg. Er heißt Arnulf und ist ein freundlicher, etwas beschränkter Bauernjunge, der auf Bob Dylan steht. Er spielt Bob Dylan im Stall. Abends, wenn die Kälber gefüttert sind, tanzt er in seinem Jogginganzug aus grellblauer Kunstseide allein im Stall herum. Er tanzt zu »Positively Fourth Street« und »Like a Rolling Stone« und spricht voller Ehrfurcht von dem Tag, als Bob Dylan in Ostberlin vor achtzigtausend Zuhörern sang. Am liebsten, sagt er, würde er Bob Dylan umarmen. Das ist sein größter Wunsch. Er erzählt es jedem. Wenn die russischen Lastwagen durch Baumberg kommen, um Kartoffeln zu holen — alljährlich schicken die Russen Lastwagen nach Mecklenburg, die von Dorf zu Dorf fahren und überall Kartoffeln aufladen, bis sie ihr Soll von fünfhunderttausend Tonnen zusammenhaben —, erzählt er den Fahrern von seiner Begeisterung für Bob Dylan und daß er Bob Dylan umarmen möchte, und dann erzählt er ihnen, daß Bob Dylan eigentlich Zimmerman heißt. Er fragt sie, ob sie noch andere jüdische Künstler kennen, die sich einen anderen Namen zugelegt haben. Er möchte Kassetten von diesen Künstlern bekommen. Er ist sicher, daß er, wenn er ihre Namen kennt — wenn er weiß, wer sie sind und wie sie sich nennen —, wunderbare Musik entdecken wird. Er sagt, er hat eine Liste jüdischer Künstler mit neuen Namen. Er ist sieben Jahre zur Schule gegangen und bei den Jungen Pionieren gewesen und hat eine landwirtschaftliche Lehre absolviert, aber er ist noch nie einem Juden begegnet (es gibt nur vier- oder fünfhundert praktizierende Juden im ganzen Land) und hat noch nie etwas über Juden gehört. Peter hat auf der Schule in Rostock ein Buch über einen jüdischen Arzt gelesen *(Professor Mamlock)*, der wegen der Nazis seine Arbeit verlor und sich das Leben nahm, aber Professor Mamlock hat es nicht bis Baumberg geschafft. Niemand in Baumberg hat Arnulf oder seinen Cousins beigebracht, daß es zwischen Juden und Deutschen eine Besonderheit gibt, etwas Ungewöhnliches, Heikles, etwas, bei dem die Leute unruhig werden könnten, wenn sie hören, daß ein Deutscher eine Liste von jüdischen Künstlern führt, die sich einen anderen Namen zugelegt haben.

Bei der Arbeit im Stall zeigt einer der Schmidts manchmal auf die Marke im Ohr eines Kalbs und sagt: »Das hat Hitler auch versucht.« Ein anderer Schmidt nickt dann und sagt, daß Hitler »das versucht und auch geschafft hat, aber jetzt ist Deutschland wieder ›vermischt‹«. Er sagt das ganz nüchtern und mit einem Lächeln, wie beiläufig, und man weiß nicht so recht, ob er es gut findet, daß Deutschland wieder »vermischt« ist. Oder er sagt: »Wer hätte gedacht, daß so etwas wie der 9. November passiert«, und man weiß, daß er nicht über 1938 und die »Kristallnacht« spricht. Er meint das letzte Jahr und die Mauer. Die Baumberger Schmidts befürchten, daß der 9. November sie übergangen hat. Ihr Bauerndasein und ihr bäuerlicher Dialekt und selbst ihre Liebe zu den Kühen ist ihnen ein bißchen peinlich, nachdem sie in Lübeck gewesen sind und gesehen haben, »daß es dort, angefangen bei Bananen, alles gibt, was das Herz begehrt«. Es ist ihnen peinlich, daß eine Schmidt Widerstand geleistet hat und ins Gefängnis gesteckt wurde und ein anderer zu fliehen versucht hat und ins Gefängnis gesteckt wurde, während sie brav nach den Schweinen und Kühen im Stall schauten und sich an die Regeln hielten. Diese Regeln besagten, daß man in der Kneipe nicht über Politik sprach, denn die Stasi konnte einen hören, und sich nie während der Arbeit über jemanden beschwerte, denn man konnte bei der Stasi angezeigt werden, und nie mit Fremden sprach, denn die konnten selbst bei der Stasi sein. Sechs Jahre lang — seit dem Tag, als Peter verhaftet wurde, bis zu dem Tag, als er auf dem Weg zu seiner Mutter in Baumberg Station machte — hat niemand über Peter Schmidt gesprochen. Jeden Sonntag trafen sich die Schmidts bei seiner Großmutter, die in einem großen Bauernhaus an der Straße zur Kirche wohnt, und saßen in ihrem Wohnzimmer, tranken eine Tasse Tee oder vielleicht einen Schnaps und erzählten sich Familiengeschichten, aber nie fragten sie nach Peter oder erkundigten sich, ob sie ihm helfen könnten. Sie wollten nicht auffallen.

In der Nähe von Baumberg gibt es eine Stelle, wo Peter gern ein Haus hätte. Man kann sie vom Friedhof aus sehen — man folgt dem hügeligen Weideland in östlicher Richtung, etwa einen halben Kilometer landeinwärts, bis man zu einer windzerzausten Bodenerhebung kommt. Dort ragt, neben den

Ruinen einer Windmühle, eine riesige Eiche in den Himmel, und das ist die Stelle, wo Peter sich gern ein Haus bauen würde, wenn er etwas von Grundbesitz hielte. Es ist ein schönes Fleckchen Erde. Seit November kommen an jedem Wochenende Westdeutsche aus Hamburg und Lübeck und sogar aus Kiel nach Mecklenburg und bewundern die grünen Weiden und die alten Backsteinhäuser, deren Höfe zum Schutz vor dem nassen Ostseewind überdacht sind, und die alten Bäume und die schönen Strände. In der Nähe von Peters Stelle stehen immer BMWs und Mercedesse, und Bundis machen Aufnahmen mit ihren Videokameras und sprechen darüber, wie schön und ursprünglich Mecklenburg ist — eine Landschaft wie aus einem anderen Jahrhundert, wie Schleswig-Holstein, als es dort noch nicht so überlaufen war: die ideale deutsche Freizeitlandschaft. Als Peter im März in Baumberg Station machte, hielt sich dort gerade eine Gruppe von Westdeutschen auf, die einen Pfad suchten, der über das Weideland bis zu dem alten Baum auf dem Hügel neben der Windmühle führte. Peter freute sich, daß der Pfad, den er immer benutzt hatte, in den sechs Jahren seiner Abwesenheit überwuchert war, denn die Bundis hatten gefragt, ob bekannt sei, wem das Land »gehöre« und ob es zum Verkauf stehe. Sie wollten den Küstenstreifen bei Baumberg erschließen. Sie fanden, daß er eine schöne Urlaubsgegend abgebe, die es mit Travemünde aufnehmen könnte. Mit der Arbeit sollte bald angefangen werden, und es war offenkundig, daß Peters Lieblingsstelle, mit dem Blick auf das Meer auf der einen Seite und die schönen Wiesen bis hin zum Baumberger Kirchturm, der sich auf dem Hügel hinter den Gerstenfeldern erhebt, auf der anderen Seite, den Westdeutschen sehr gefiel.

In Baumberg waren Bundis schon gewesen. Bundis hatten versucht, eine Kate zu kaufen, die Peters Vater gegenüber dem Haus seiner Großmutter, am Rand des Obstgartens, gebaut hatte. Bundis hatten, beobachtet vom ganzen Dorf, Arnulfs Haus umschritten, das dreihundert Jahre alt ist und den größten überdachten Innenhof von Baumberg hat. Bundis waren jedes Wochenende an der Grenze und drehten den Bauern Plastikuhren und ranziges Parfüm an. Sie standen auf jedem Flohmarkt in Mecklenburg und verkauften Holsten-Bier. Sie stellten Schilder mit der Aufschrift »Nur harte Währung« auf ihre Klapptische und verhökerten das ganze Zeug, das sie unter der Woche in Westdeutschland billig eingekauft hatten, da es in Hamburg und Frankfurt oder Köln nicht mehr gefragt war. Sie verkauften kaputte Badezimmerspiegel für fünfzig Mark und billige Messingkerzenleuchter für hundertfünfzig Mark, und wer keine Kerzenleuchter verkaufte und keine Strände und Bauernhäuser aufkaufte — diese Leute nannte man die wohlmeinenden Bundis —, der kam mit Tüten voller Kiwis und Bananen (nachdem die *Welt* geschrieben hatte, die Ostdeutschen seien so arm, daß sie noch nie Kiwis und Bananen gegessen hätten) und stürzte sich auf die Bauern auf den Straßen von Schwerin und auf die Rostocker Hafenarbeiter, und wenn die Bauern und die Hafenarbeiter Angst bekamen oder wütend und aggressiv wurden, dann warfen die Bundis ihnen die Kiwis und die Bananen hin und liefen zu ihren schönen Autos und verriegelten die Türen und fuhren, so schnell das auf den schmalen, holprigen ostdeutschen Straßen ging, in die Bundesrepublik zurück.

Peter sieht es nicht gern, daß Bundis nach Ostdeutschland kommen. Er ist sehr eigen, was Ostdeutschland angeht, obwohl er geflohen ist und inzwischen einen westdeutschen Ausweis hat und selber offiziell ein Bundi geworden ist. Auf seiner Reise von Hamburg nach Rostock zählte er die Bundis, das heißt die westdeutschen Autos unter all den kleinen Trabants. Er weiß, daß die Trabis entsetzliche Autos sind. Er nennt sie Leukoplastbomber und zitiert aus einem Artikel, den er irgendwo gelesen hat, daß ein Trabi ebensoviel Kohlenmonoxyd ausstößt wie hundert westdeutsche Autos zusammengenommen. Aber manchmal sagt er, Trabis seien »natürlicher« als Westautos. Unter »natürlich« versteht Peter alles, was ärmlich oder schäbig oder vertraut ist. Ein altes Auto. Ein Haus, das seit vierzig Jahren nicht verputzt oder getüncht worden ist. Das Leben, das er daheim geführt hat.

Als Peter seine Flucht plante, fand er im Gartenschuppen seiner Großmutter ein altes Fahrrad. Er richtete es her, pumpte die Reifen auf und befestigte eine Tasche am Rahmen für die Landkarte, ein paar Flaschen Bier und Wasser und eine Dose Leberwurst. Die Karte war alt. Auf ihr waren Pfade über Hügel, durch Dünen und Weideland eingezeichnet — die überwachsenen Pfade, nach denen die westdeutschen Investoren jetzt suchen, wenn sie ihre Autos abstellen und ihre Ferngläser auf ein besonders schönes Stück Landschaft richten. Peter fuhr diese Pfade mit einem dünnen Bleistift nach, bis er eine ihm sicher erscheinende Route zur Grenze markiert hatte — eine Route, die ihn durch Wismar führen würde und dann weiter, im Schutz der Hügel oder Bäume oder Dünen, von der Landstraße aus uneinsehbar. Vier Monate, nachdem er dem schwedischen Tramper begegnet war, hatte er seine Streckenplanung abgeschlossen. Weitere zweieinhalb Jahre brauchte er, um den Mut zur Flucht aufzubringen. Er sagt, er sei nie besonders mutig gewesen. Bei seiner Musterung — er mußte sich ausziehen und wurde mit zwanzig, dreißig Lehrlingen in einen Raum gesperrt und von einem Soldaten mit Maschinenpistole bewacht — fragte der Stasi-Offizier, der die »Sicherheitsbeurteilung« abgeben mußte, nach seiner Einstellung zur DDR. Peter zuckte mit den Schultern und sagte: »Der Staat interessiert mich nicht.« Er sagt, er habe nicht den Mut gehabt, zuzugeben, daß er den Staat hasse, oder zu lügen und so zu tun, als liebe er ihn. Der Stasi-Offizier wurde wütend und stellte eine andere Frage: Ob er lieber in Hamburg oder in Rostock wohnen würde?, woraufhin Peter wieder mit den Schultern zuckte und sagte, daß es ihm egal sei. Er war nackt und hatte Angst und fror. Sie hielten ihn für subversiv. Sie sperrten ihn acht Stunden in den Raum ein, dann ließen sie ihn gehen.

In dieser Nacht begann er, Briefe zu schreiben. Er teilte dem Wehrkreiskommando mit, daß er keine Waffe tragen werde. Er habe nichts gegen den Staat, weigere sich aber, *für* den Staat Waffen zu tragen. Er habe »keinen Mut«. Dann schrieb er dem Rat der Stadt Rostock, daß es wohl besser sei, wenn er es aufgebe, den perfekten DDR-Bürger spielen zu wollen. Die Arbeit in der Autowerkstatt hatte ihm nicht gefallen. Er dachte, es würde ihm Spaß machen, in einem Theater zu arbeiten oder vielleicht Tänzer zu werden, und nachdem er seine Lehre beendet hatte, bekam er eine Arbeit als Bühnentechniker am Rostocker Volkstheater. Die Künstler fand er interessant, nicht aber die »Volks«-Operetten, -stücke und -tänze, die sie aufführen mußten. Einmal hatte er versucht, in der Landwirtschaft unterzukommen. Er hatte sich bei einem angesehenen Agrarbetrieb in Dorf Mecklenburg bei Wismar beworben, aber seine Stelle wurde »gestrichen« — er glaubt, daß jemand mit guten Beziehungen zur Partei sie bekam —, und er wurde an einen kleinen Lehrbetrieb in einem Dorf verwiesen, wo es nichts zu tun gab. Er langweilte sich und trampte nach Rostock zurück. Inzwischen gab es nur noch im Maschinenbau Lehrstellen. Maschinen gefielen ihm nicht. Er fand es interessanter, Maschinen zu bedienen, als sie zu reparieren.

Schließlich schrieb er an den Innenminister in Ostberlin und ersuchte um die Genehmigung zur Ausreise. Er schrieb einen Entwurf nach dem anderen, und zwar mit der Hand, da es verboten war, mit anderen Leuten über das Thema Ausreise zu sprechen oder andere um Hilfe bei der Formulierung des Antrags zu bitten oder auch nur eine Schreibmaschine dafür auszuleihen. Damals wanderte ein DDR-Bürger ins Gefängnis, wenn sich herausstellte, daß er seine Schreibmaschine einem anderen zum Ausfüllen des Ausreiseantrags geliehen hatte.

Peter wußte nicht, was er in seinen Antrag eigentlich hineinschreiben sollte. Er wollte sich nicht der offiziellen Euphemismen bedienen, aber es war ihm schleierhaft, wie er über schwedische Tramper oder lachende Dänen im Zug oder über die Langeweile in der Autowerkstatt und die endlosen Versammlungen sprechen sollte, die jeder Lehrling besuchen mußte. Er wußte nicht, wie er — in Behördendeutsch — die häusliche Enge beschreiben sollte, daß er mit den Eltern und dem Bruder eine Zweieinhalb-Zimmer-Wohnung in einer »Wohngenossenschaft« bewohnte, für die seine Mutter sich sechs Jahre, bevor sie überhaupt ans Kinderkriegen dachte, beworben hatte. Aus Sicht der ostdeutschen Behörden war das schlimmste Verbrechen gegen den Staat Agitation, dann kam Opposition, und das drittschlimmste war, wie in Peters Fall, Gleichgültigkeit und der Wunsch, wegzugehen. Das Thema Ausreise wurde in der DDR schamvoll verschwiegen. Dreieinhalb Millionen Ostdeutsche waren vor dem Bau der Mauer in den Westen geflohen — ja sie waren überhaupt der Grund dafür, daß die Mauer errichtet wurde —, und in den dreiundzwanzig Jahren, bis Peter seinen Versuch unternahm, waren zweihundert Ostdeutsche bei ihrem Fluchtversuch ums Leben gekommen und mehr als zweihunderttausend im Zuchthaus gelandet.

Peter sagt, daß er mit einem Ausreisevisum im Grunde gar nicht gerechnet habe. Die Baumberger Schmidts mögen vorbildliche Bauern gewesen sein, aber Peter war ein Rostocker Schmidt, und die Rostocker Schmidts waren bereits eine verdächtige Familie. Sie waren »kosmopolitisch«. Sie hatten Kontakte. Bei der Stasi existierten Akten über die Rostocker Schmidts, angefangen bei Peters Vater Stefan, einem Schiffsbauingenieur, über Peters dritten Cousin Adolphus, einen anthroposophischen Prediger, bis zu seinem Bruder Rainer, der seine westdeutsche Freundin schon kennengelernt und sich verliebt hatte und heiraten und zu ihr ziehen wollte. Stefan Schmidt hatte wegen Kontaktaufnahme schon einmal seinen Job verloren. Er war Ingenieur auf der Fähre gewesen, die zwischen Rostock und einem dänischen Hafen verkehrt, und als der Schiffsmotor (ein westdeutsches Fabrikat) einmal kaputtging, kam ein westdeutscher Mechaniker nach Dänemark, um die Maschine zu reparieren. Stefan lud ihn zu einem Bier ein und wurde prompt als »Klassenfeind« denunziert. Er durfte nicht mehr zur See fahren, durfte die DDR überhaupt nicht mehr verlassen. Er verlor seinen »West«-Paß (nicht jedoch sein Parteibuch), seinen Dienstgrad und sein Ingenieursgehalt. Er landete als Lehrer auf einem Schulschiff, das im Wismarer Hafen ständig vor Anker lag. Er wurde verbittert und wütend und tyrannisch. Er verkündete jetzt, daß ihm nur noch seine

Familie geblieben sei. Es machte ihm nichts aus, daß die Wohnung so eng war, weil seine Kinder daher buchstäblich immer zu hören und zu sehen waren. Er versuchte sie zu beeindrucken, sie sollten stolz auf ihn sein, als würde er noch immer zur See fahren und ihnen Ansichtskarten mit ausländischen Briefmarken schicken und ausländisches Spielzeug mitbringen und in seiner weißen Uniform mit den schönen goldenen Tressen wie ein Held heimkehren — von sehr viel weiter her als Wismar. Er rahmte seine staatlichen Auszeichnungen für sie ein und hängte die Medaille auf, die er 1970 für »hervorragende Leistungen beim Aufbau des Sozialismus« bekommen hatte. Er erzählte ihnen Geschichten. Er erzählte ihnen von dem Tag, als die Amerikaner zu der HJ-Schule in Wörth an der Donau kamen, wo er »für Hitler lernte«, und den Direktor verhafteten und die Schlafsäle öffneten und den Jungen befahlen, loszulaufen, und wie er sechshundert Kilometer quer durch Deutschland marschiert war, bis nach Baumberg, und dort die Russen vorgefunden hatte, die die Dorfjungen rekrutierten, um »für Marx zu lernen«. Er sagte, nachdem die Russen gekommen seien, habe er immer das Gefühl gehabt, daß ihm der Hof nicht mehr gehöre, obwohl sie ihn als »Volkseigentum« bezeichneten. Damals schien es ihm, als sei nur das Meer hinter dem Haus nicht Volkseigentum — weshalb er nach Rostock ging und sich um Aufnahme in die Seefahrtsschule bewarb.

Stefan Schmidt kam über die Schande und die Enttäuschung, nicht mehr zur See fahren zu dürfen, nicht hinweg. Er verlor den Antrieb. Er wurde wehleidig und opportunistisch und unterwürfig. Er hatte große Angst, aufzufallen. Er wollte nicht, daß irgendein Familienmitglied die Aufmerksamkeit auf sich zog. Der Gedanke, noch mehr zu verlieren, erschien ihm unerträglich. Als Rainer seinen Ausreiseantrag stellte, schrieb Stefan seinem Betrieb und versicherte, daß er mit der Heirat seines Sohnes nicht einverstanden sei. Als Rainer wegen seines Antrags von der Universität relegiert wurde — er studierte Jura —, war es die Mutter, die aufs Rathaus ging und sich beschwerte. Peter beschloß, seinen eigenen Antrag zu verheimlichen. Er sagt, niemand in der Familie hätte etwas geahnt, wäre da nicht die Sache mit dem Abflußrohr gewesen — einem normalen ostdeutschen Abflußrohr. Peter warf seine Entwürfe ins Klo, woraufhin das Rohr verstopfte, und sein Vater fand sieben »Anträge auf Genehmigung zur Ausreise« in der Kloschüssel schwimmen, brachte sie zitternd in Peters »Zimmer« — eine Nische im Flur — und brüllte, daß er jetzt, wo jeder in der Familie ihn verraten habe, auch noch diesen Job verlieren werde, und danach werde er bestimmt keinen mehr kriegen. In dieser Nacht warf er Peter aus der Wohnung.

Peter wanderte durch Rostock und klopfte an Türen, aber keiner seiner Bekannten, mit Ausnahme des alten anthropophischen Predigers, wollte das Risiko eingehen, einen Jungen bei sich aufzunehmen, dessen Vater wegen »Westkontakten« seine Arbeit verloren hatte und dessen Bruder wegen einer »Westverlobten« von der Uni geflogen war. Ein paar Tage später wurde Peter im Theater von der Staatssicherheit abgeholt. Sie behielten ihn zwei Tage da und verhörten ihn abwechselnd zu dritt. Der erste Stasi-Mann brüllte ihn an — seine Beschuldigungen hatten etwas mit antisowjetischen Graffiti in Rostock zu tun. Dann kam, seelenruhig lächelnd, der zweite herein und sagte zu Peter: »Sei vernünftig, wir haben die Macht«. Schließlich war der dritte an der Reihe, der ihm anbot, daß er ausreisen könne, wenn er für sie in Lübeck einen Auftrag übernehme. Peter versuchte ihnen zu erklären, daß ihm alles egal sei. Er wolle für kein System arbeiten — alle Systeme seien ihm egal. Am Ende ließ man ihn laufen. Er unterschrieb ein Papier, in dem er versicherte, daß ihre Gespräche nie stattgefunden hatten, und die Stasi schickte ihn nach Hause. Ein paar Tage später bestieg er einen Bus nach Baumberg. Er holte das Fahrrad aus dem Schuppen der Großmutter und fuhr die sechzig Kilometer bis zur Grenze. Er kam bis an den Strand, duckte sich, wollte gerade durch das seichte Wasser losspringen, als er einen Draht berührte und Leuchtraketen hochgingen und die Bucht plötzlich so hell erleuchtet war, daß er »das Nachtleben von Lübeck« sehen konnte. Die Grenzpolizisten suchten nach ihm. Sie suchten eine Stunde lang, dachten aber nicht daran, hinter dem Gebüsch nachzusehen, wo Peter sich versteckt hatte. Als ihm klar wurde, daß sie bald mit Hunden kommen würden, rief er: »Hier! Ich bin hier!« Er bat sie, das Fahrrad seiner Großmutter zurückzugeben.

Stefan Schmidt wohnt jetzt wieder in Baumberg und will ein Buch schreiben. Immer, wenn ein Bundi durch Baumberg kommt, spricht Stefan ihn an und lädt ihn auf einen Schnaps zu sich nach Hause ein und fragt, ob er vielleicht einen guten Reporter kenne — vom *Stern* etwa oder vom *Spiegel* —, der an seinem Buch mitarbeiten wolle, mit dem sie viel Geld verdienen würden. Heißen soll es »Von den braunen Fanatikern zu den roten Wendehälsen«. Es handelt von seinem Leben und seinen Schwierigkeiten und seinem Unglück. Er möchte der ganzen Welt erzählen, was einem Patrioten widerfuhr, der für seine Familie immer nur das Richtige gewollt hatte. Er möchte schildern, warum er die Stasi anrief, nachdem Peter verhaftet worden war, und sich bereit erklärte, Peters Umerziehung zu übernehmen, wenn sie ihn freiließen. Peter sagt, er habe während der drei Monate Untersuchungshaft in Rostock nur eine einzige schlaflose Nacht gehabt, und das sei die Nacht gewesen, als er von einem Wächter erfuhr, daß sein Vater seine Umerziehung übernehmen wollte.

Peter hatte sich bald an das Gefängnisleben gewöhnt. Er teilte sich die Zelle mit einem vierzigjährigen Matrosen, der einen Ausreiseantrag gestellt, eine Ablehnung bekommen, seinen Antrag erneut gestellt hatte und daraufhin wegen »Nötigung der staatlichen Organe« verhaftet worden war. Peter selbst wurde wegen Republikflucht, Paragraph 213 des DDR-Strafgesetzbuches, verurteilt. Er sagt, nach dem Anruf seines Vaters habe er dann doch angefangen, sich für DDR-Politik zu interessieren. Er habe mit dem Matrosen darüber diskutiert, wie man eine Grenze überschreiten könne, die nach ostdeutscher Argumentation nur ein Phantasiegebilde der Imperialisten war und nach westdeutscher Argumentation nur ein Phantasiegebilde der Kommunisten. Sein Vater hat ihn nie besucht, nur seine Mutter. Hilfe hat er immer nur von seiner Mutter bekommen. Es war seine Mutter, die mit dem Pflichtverteidiger sprach und ihm das Mandat entzog, weil sie fand, daß er nichts taugte und wahrscheinlich ein Spitzel war. Sie war es, die mit dem Zug nach Berlin fuhr, um den berühmten Rechtsanwalt Wolfgang Vogel zu sprechen, der im »Menschenhandel« — Menschen gegen D-Mark — zwischen den beiden Deutschlands vermittelte. Sie schaffte es, daß er Peters Fall einem richtigen Anwalt zuwies, der sein »Repräsentant« in Rostock war.

Stefan Schmidt sagte sich von Peter los. Er erklärte, daß er nicht verantwortlich sei für das schlimme Verhalten von Kindern wie Peter und dessen Bruder — Kindern, die sich beklagten und keinen Respekt hatten, weder vor ihm noch vor dem Staat. Als Hannelore ihn unter Tränen bat, Peter zu helfen, erwiderte er, daß sie es der Familie schuldig seien, zu Peter auf Distanz zu gehen, um ihre Arbeit nicht zu verlieren. Hannelore weinte unablässig. Da fing er an, zu trinken und spät nach Hause zu kommen und sich mit einer Frau zu treffen, die er kennengelernt hatte, und schließlich zog er aus der Wohnung. Am Ende ging Hannelore zu Peters Anwalt — er hieß Hans-Joachim Vormelker — und fragte ihn, ob er sich auch mit Scheidungen befasse.

Stefan Schmidt behielt seine Arbeitsstelle auf dem Schulschiff noch fünf Jahre. Am 4. Oktober letzten Jahres, fünf Wochen vor der Maueröffnung, lud er die anderen Schiffsoffiziere in seine Kajüte ein, um einen jungen Matrosen zu verabschieden, der seine Ausreiseerlaubnis bekommen hatte und nach Westdeutschland wollte. Es war eine »freundliche und höfliche Abschiedsfeier«, sagte Stefan später. Er konnte nicht erklären, warum ein Mann, der sich von seinen Söhnen losgesagt und seine Frau verloren hatte, um seine Arbeit und sein bescheidenes Ansehen nicht zu verlieren, plötzlich alles riskierte und ausgerechnet zu Ehren eines Seemanns, der die DDR verließ, in seine Kajüte zu Kaffee und Kuchen einlud. Vielleicht wollte er Beachtung finden — als derjenige, der an der Tür stand und die Gäste begrüßte und Kaffee einschenkte und eine kleine Abschiedsrede für den Seemann hielt. Oder vielleicht war der Matrose, der nur ein paar Jahre älter als Peter war, respektvoll und höflich gewesen und hatte Stefans Geschichten aufmerksamer zugehört als seine Kinder. Vielleicht mußte Stefan am Ende die Regeln brechen oder selbst zerbrechen. An diesem Tag meldete sich der Parteisekretär des Schiffes bei einer Versammlung zu Wort und erklärte, Stefan Schmidts Verhalten sei »nicht sozialistisch genug«. Stefan verlangte eine Entschuldigung. Als er diese Entschuldigung nicht bekam, kehrte er der Versammlung und seiner Arbeit den Rücken. Es war eine ganz und gar impulsive Handlung. Er warf fünfzehn Jahre Vorsicht über Bord. Er verlor seinen Dienstgrad und seine kleine Rente. Fünf Wochen später hatte die DDR ihre »Revolution«, und der Parteisekretär wurde gefeuert.

Stefan Schmidt genießt jetzt ein gewisses Ansehen im Dorf. Er hat den ganzen Tag nichts anderes zu tun, als über sein Buch nachzudenken, aber er denkt zuviel darüber nach und wird sentimental und larmoyant, doch jetzt ist er Experte in Sachen Opposition — der Mann, der sich für die Freiheit opferte und Söhne erzog, die sich für die Freiheit opferten —, und seine Probleme haben ihn in Baumberg zu einer Art Autorität gemacht. Seine Cousins schenken ihm einen Schnaps ein, wenn er abends seine Besuche bei den Schmidts macht, und sie hören ihm zu und nicken verständnisvoll, wenn er verkündet, daß er jetzt Grüner ist oder Sozialdemokrat oder die CDU wählen wird, weil Ostdeutschland Geld braucht, oder den Unabhängigen Frauenverband, weil Ostdeutschland den Feminismus braucht, oder daß er dem Neuen Forum beitreten und in der Verwaltung von Rostock mithelfen wird. Er schreibt Briefe an seine Frau, in denen er sie bittet, nach Hause zu kommen, und Briefe an den Gerechtigkeitsausschuß des Rostocker Hafens, in denen er um die Rückgabe seiner Schiffahrtspapiere bittet, und die Abende verbringt er damit, die Fotos in einem alten Familienalbum neu zu ordnen. Er war mal ein gutaussehender Mann, aber sein blondes Haar wird grau, und seine blaßblauen Seemannsaugen werden schwach und trübe vom

Alkohol und scheinen immer in die Ferne gerichtet. Er ist oft verwirrt. In letzter Zeit taucht er häufig mit einem Koffer in Hamburg oder in seiner alten Rostocker Wohnung auf. Er geht einfach in die Wohnung, wo Hannelore und ihr Freund, ein netter, rundlicher Buchhalter aus dem Viertel, schlafen, und fängt an, über den Tag im Jahre 1981 zu sprechen, an dem sie ein Strandpicknick machten, oder wie sie sich 1987 mit Peter in Prag trafen. Nur Peter bringt es übers Herz, ihn fortzuschicken.

In der Familie wird er jetzt nicht mehr »Papa,« sondern »der arme Papa« genannt. Jeden Tag versinkt er etwas tiefer in seinem Traum, daß er eine glückliche Familie hat. Er sitzt im Wohnzimmer seiner Mutter am Tisch — an einem ovalen Mahagonitisch, auf dem die Damastdecke liegt, die seine fünfundachtzigjährige Mutter in einem Bottich auf dem Holzfeuer wäscht und mit einem alten Plätteisen bügelt. Auf dem Rest des Meißner Familienporzellans ißt er Landeier und Dosenleberwurst zum Frühstück, und dann liest er laut aus der *Ostseezeitung* vor, als säße die komplette Familie am Tisch und nicht eine alte Frau, die die *Neue Deutsche Bauernzeitung* vorzieht und sowieso taub ist. Die *Ostseezeitung* ist das regionale kommunistische Blatt. Früher war sie »das offizielle Organ der Partei«, aber inzwischen nennt sie sich »Die Unabhängige des Nordens« und verzerrt die Nachrichten nur gelegentlich.

Stefan Schmidt liest sie täglich. Er interessiert sich für den Fall des Rostocker Anwalts Wolfgang Schnur, der Bürgerrechtler verteidigte und sich als ehemaliger Stasi-Spitzel herausstellte, der eine Reihe von Decknamen hatte und für jede gelieferte Information eine Prämie von fünfhundert Mark bekam. Schnur war der Vorsitzende des Demokratischen Aufbruchs (eine der neuen Parteien, die bei den Wahlen im März eine Allianz mit der CDU eingingen) und eine prominente Figur in Rostock. Er behauptete, Zehntausende von politischen Gefangenen verteidigt zu haben, und als sein Fall bekannt wurde und er aus dem Wahlkampf ausstieg und in einem Krankenhaus verschwand, erzählte Stefan überall im Dorf, wie klug es von ihm gewesen sei, einen ehrlichen Anwalt für Peter ausgesucht zu haben — einen Anwalt mit einer weißen Weste. Er hat vergessen, daß er mit Peters Anwalt nur einmal zu tun hatte, und das war, als Vormelker ihm seine Scheidungspapiere aushändigte. Er bildet sich ein, Vormelker zu kennen. Er erzählt von seinem Freund, dem Rechtsanwalt Vormelker, und dessen und seinen eigenen Söhnen und daß der Sohn seines Freundes Vormelker ein bekannter Oppositioneller gewesen sei, wie Peter, und bei der Besetzung der Stasi-Zentrale, einen Monat nach der Maueröffnung, an führender Stelle mitgewirkt habe und daß Vormelker höchstpersönlich für das Neue Forum mit der Stasi verhandelt habe — daß er die Stasi dazu überredet habe, zu kapitulieren und das Gebäude dem Volk zu überlassen. Er spricht davon, daß er Vormelker damit beauftragen wird, seine »Rehabilitierung« zu betreiben, da Vormelker, ein alter Rostocker Seefahrtsanwalt, schon mit dem Gerechtigkeitsausschuß im Hafen zusammenarbeitet, um Entschädigungszahlungen für Seeleute zu erreichen, die ihren Arbeitsplatz verloren haben.

Rostock ist der größte Hafen in Ostdeutschland. Die dort ansässige Deutsche Seereederei — die staatliche Schiffahrtsgesellschaft — versorgte die Stasi mit Unterlagen über jeden Ostdeutschen, der irgendwann einmal zur See gefahren war. Dreihunderttausend Akten von Seeleuten fanden sich in der Rostocker Stasi-Zentrale, als die Leute vom Neuen Forum das Gebäude besetzten — und Stefan Schmidt will nun seine Akte einsehen. Hundert Seeleute, die wegen »Westkontakten« nicht mehr zur See fahren durften, haben ihre Akten bereits dem Gerechtigkeitsausschuß unterbreitet und eine Entschädigung in Höhe von drei Jahresgehältern erhalten, doch angesichts der Krise, die sich eher noch verschärfen wird, da Rostock mit großen Häfen wie Hamburg und Bremen konkurrieren muß, ist die Chance, daß sie ihre Arbeitsplätze wiederbekommen, nicht besonders groß. Einer dieser Seeleute verlor seinen Job, weil er einer Frau, die er in einem thailändischen Hafen kennengelernt hatte, eine Postkarte geschrieben hatte, ein anderer, weil er einen Geburtstagsgruß an einen Engländer unterschrieben hatte, den er in einem angolanischen Hafen kennengelernt hatte, ein dritter, weil seine Frau einem Westdeutschen geschrieben hatte, der 1952 übers Wochenende zu Besuch gekommen war, und ein vierter, weil er von einem ihm unbekannten Verwandten in Amerika, der ihn ausfindig gemacht hatte, einen Brief erhalten hatte. In Rostock gab es dreitausend Stasi-Mitarbeiter, die Briefe und Denunziationen lasen, und Stefan Schmidt hatte schon immer den Verdacht, daß sie die beiden Weihnachtskarten abfingen, die er an einen englischen Soldaten geschrieben hatte, der ihn, als er 1945 von Bayern aus nach Hause marschierte, im Auto ein Stück mitgenommen hatte. Der Pastor, der Peter und seinen Bruder konfirmiert hat, sitzt in der Seefahrtkommission des Gerechtigkeitsausschusses und könnte für ihn die Akte einsehen, aber er muß vorher noch dreihundert andere Fälle erledigen und hat nicht die Zeit, sich um seine Kirche zu kümmern und den neuen Volkswagen fahren zu lernen, den er gerade von einer westdeutschen Schwestergemeinde bekommen hat, und außerdem noch die langen Briefe zu beantworten, die Stefan Schmidt jedesmal schickt, wenn er seine Papiere durchsieht und über seine Probleme nachdenkt. Auch der anthroposophische Prediger hätte die Akte einsehen können, doch der ist im letzten Winter zu einem Rudolf-Steiner-Seminar nach Wiesbaden gefahren, und die Familie sagt, er sei so aufgeregt gewesen, im Westen zu sein und mit anderen Anthroposophen sprechen zu können, daß er mitten in einer Podiumsdiskussion tot umfiel.

Oma (alle sagen Oma zu Peters Großmutter), die aufrecht am Tisch sitzt, ihre *Bauernzeitung* liest und eine Zigarette nach der anderen raucht, beobachtet Stefan beim Briefeschreiben und rät ihm, von dem neuen Deutschland keine Wunder zu erwarten. Sie erinnert sich an die Inflation nach dem Ersten Weltkrieg und an die Inflation nach dem Zweiten Weltkrieg, und daß sie durch beide ihre Ersparnisse verloren hat, und sie sorgt sich, was jetzt passieren wird, »nach den Russen«. Sie hat nie etwas gegen die Russen gehabt. Sie sagt, Angst habe sie gehabt, bevor die Russen kamen. Jeder lief herum und schrie: »Die Russen kommen!« und versteckte die paar Lebensmittel, die er noch hatte, doch die Russen kletterten aus einem großen Lastwagen und schüttelten allen Leuten die Hand. In Baumberg haben sie nichts Schlimmeres getan als mit vorgehaltener Waffe vier Fahrräder zu stehlen. Erich Schmidt, der Cousin, der 1945 seine Braut nahm und nach Baden-Württemberg zog, möchte zurückkehren und seinen Grund und Boden in Besitz nehmen, und Oma weiß nicht, was aus der Familie werden soll, wenn die Genossenschaft dichtmacht und von überallher die Schmidts kommen und ihr »Erbe« beanspruchen. Sie will »in Frieden« sterben, sagt sie, und hofft, daß von ihren Ersparnissen noch genug für einen schönen Sarg übrigbleibt. Es beunruhigt sie, daß das Kilo Tomaten auf dem Markt in Wismar achtzehn Mark kostet und daß man für einen Blumenkohl, der früher eine Mark fünfzig kostete, mittlerweile acht Mark fünfzig bezahlen muß. Ein Liter Milch kostet in Wismar noch immer sechzig Pfennig, aber jenseits der Grenze, in Schleswig-Holstein, kostet er fast das Doppelte, und Oma befürchtet, daß er in ein paar Monaten auch hier soviel kosten wird. Sie erinnert sich an die Preise von 1929, als die Lage in Mecklenburg so schlimm war, daß sie und ihr Mann den Bauernhof aufgeben und nach Hamburg ziehen mußten. Ihr Mann bekam eine Stelle als Autoverkäufer — Opel, Mercedes, Wanderer, Horch, Audi, Hanomag, Hansalloyd, die alten deutschen Modelle —, und sie selbst führte eine Pension an der Alster. Nach Hause kehrten sie erst wieder zurück, als die Luftangriffe auf Hamburg begannen.

Stefan kam in Hamburg zur Welt. In letzter Zeit sagt er, er sei »aus Hamburg«. Wenn er jetzt mit seinem Koffer in Hamburg auftaucht und davon redet, »heimzukehren«, versteckt sich Peter in seinem Zimmer, bis er weiß, daß sein Vater wieder gegangen ist. Peter will seinen Vater nicht in Hamburg sehen. Er sagt, er mache seinem Vater keine Vorwürfe für das, was er getan hat. Er versteht seinen Vater. Er sagt: »Das System ist schuld«, und wenn sein Vater sich nicht bei allen entschuldigen könne, so liege das daran, daß das System ihn kaputtgemacht habe. Das System habe einen Feigling aus ihm gemacht.

Als Peter in diesem Frühjahr nach Baumberg zurückfuhr, versammelte sich die ganze Familie in Cousin Arnulfs Haus und lauschte gespannt der Geschichte seiner Flucht. Sie riefen Oh und Ah, während Peter durch die klare, kalte Januarnacht radelte und dem Pfad entlang dem Ufer eines Baches folgte, bis er die Küste erreichte und die Lichter von Lübeck sah. Seine Zuhörer erschraken, als die Leuchtraketen hochgingen, und hielten den Atem an, während Peter hinter dem Gebüsch in der Falle saß und die Polizisten dicht neben ihm vorbeikamen und von den Hunden sprachen. Peter spürte aber, daß sie enttäuscht waren und ihn sogar ein bißchen überheblich ansahen. Wer in den Westen ging, wurde reich und kam in einem BMW, mit einer italienischen Fliegerjacke und amerikanischen Cowboystiefeln nach Hause; Peter dagegen hatte sich von einem Reporter, der Richtung Osten fuhr, nach Baumberg mitnehmen lassen, trug Jeans vom Flohmarkt und ein ausgeblichenes T-Shirt und besaß keine Jacke, nicht einmal einen Pullover gegen die Kälte. Peter war arm. Aus Sicht der Baumberger Schmitdts war er voller Stolz in den Westen gegangen, und jetzt konnte er nichts vorweisen. Als sie ihn nach dem Westen fragten, meinte er: »Ich will den Westen loswerden. Der Westen ist kaputt. Der Westen zerstört Beziehungen.« Als sie ihn nach seinem Cousin Erich fragten, der nach Hause gekommen war, um sein Erbteil zu fordern, sagte er, Cousin Erich sei unmoralisch, das Privateigentum habe Cousin Erich aggressiv gemacht. Ein Erich Schmidt, der beim Anblick eines Feldes: »Das gehört mir« sage, sei nicht besser als Helmut Kohl, der Ostdeutschland betrachte und »Das gehört mir« sage, oder Volkswagen oder die Allianz AG oder die Deutsche Bank oder irgendein anderer Bundi-Konzern, der erkläre: »Das gehört mir.« Als sie fragten, wie es ihm selbst gehe, zuckte er mit den Schultern und meinte, es sei ihm egal, so oder so. Sie selbst waren vierzig Jahre lang arm gewesen und hatten sich im Kommunismus eingerichtet, und jetzt freuten sie sich auf ein bißchen Vergnügen und ein bißchen Geld, und Peter Schmit machte sich mit seiner Gleichgültigkeit über ihre Armut lustig.

Das Zuchthaus in Cottbus liegt etwa hundert Kilometer südöstlich von Berlin, unweit der polnischen Grenze. Es ist ein viereckiger Backsteinbau mit hohen, vergitterten Fenstern, dessen Mauern mit Stacheldraht und Glasscherben versehen sind, und als Peter dort einsaß, liefen Wachhunde an der Mauer entlang, und auf den Wachtürmen standen Posten mit Kalaschnikows. Das Zuchthaus war unter dem Kaiser errichtet und unter den Nazis »befestigt« worden, und als die Kommunisten es erbten, brauchten sie neben das Eingangstor nur noch einen Lebensmittelladen hinzustellen, so daß Mütter wie Hannelore bei ihren monatlichen Besuchen in Versuchung gerieten, ihr Geld für geräucherten Schinken und teure Schokolade auszugeben. Peter sagt, das Leben im Zuchthaus sei nicht viel anders gewesen als an jedem anderen Ort in der DDR, nur »interessanter«. Das Zuchthaus war Phantasie und Geschichte zugleich, und die Leute dort gefielen ihm. Mit den Kriminellen hatte er nicht viel zu tun. Die Kriminellen waren in Cottbus in einem separaten Flügel untergebracht. Sie genossen Vorzugsbehandlung und hatten besondere Vergünstigungen — mehr Besuch und bessere Verpflegung und leichtere Arbeiten, etwa in der Gefängniswäscherei oder bei der Essensausgabe. Es waren die politischen Gefangenen, die Peter kennenlernte. Sie trugen gelbe Streifen auf Ärmeln und Hosen und hatten alle die Überzeugung, sagt Peter, daß sie unschuldig waren. Sie bewohnten große Zellen — Peters Zelle war mit zwölf Insassen belegt — und sprachen viel darüber, was es für sie bedeutete, Ostdeutscher zu sein.

In Rostock hatte Peter niemanden gekannt, der über das Ostdeutschsein, geschweige denn über das Deutschsein geredet hatte. Die Gespräche, die er in Rostocker Versammlungen gehört hatte — beim Freien Deutschen Gewerkschaftsbund und der Freien Deutschen Jugend und all den anderen Organisationen, denen er beitreten mußte —, drehten sich immer darum, wie man junge Menschen wie Peter in die »sozialistische Gemeinschaft« integrieren konnte. Im Gefängnis freundete er sich mit Oppositionellen und Freidenkern und Intellektuellen an. Er teilte seine Zelle mit einem Theologiestudenten und einem Bühnenbildner und einem Kellner, der alles von Kant und Hegel gelesen hatte, und einem Rostocker Werftarbeiter mit Ohrring und Tätowierungen, der davon träumte, nach Kreuzberg oder Neukölln zu ziehen und in einer Autonomen-Kommune zu wohnen und in einem Dunst von Marihuana und Gemeinschaftsgefühl Musik zu hören und das Leben an sich vorbeiziehen zu lassen. In seinen elf Monaten Cottbus lernte Peter fünf Rostocker kennen, aber Max, der mit dem Ohrring, stand ihm am nächsten, da er »weder rechts noch links war, sondern gesund« und sie hielten zusammen.

Peter beschloß, ebenfalls gesund zu werden. Er gab das Rauchen auf und dann das Fleischessen. Er las ein Buch über Makrobiotik und überlegte, wie sich auf »makrobiotische« Weise die furchtbar fette und stärkehaltige Gefängniskost ausgleichen ließ. Das einzige, was ihm in der Haft fehlte, war der Kaffee seiner Mutter — frischgemahlen und gefiltert und heiß in einer Porzellantasse serviert. Heute sagt er, das Befriedigende an dieser Erfahrung sei vor allem die Kameradschaft, das Gefühl der Zusammengehörigkeit und der Überlegenheit gewesen. Es war die erste richtige Kameradschaft, die er kennenlernte. Früher hatte er immer Angst gehabt, den Mund aufzumachen. Er hatte Angst, mit einem anderen Lehrling in der Kneipe ein Bier zu trinken und ihm zu erzählen, daß er abhauen wollte, und daß sich dann herausstellen würde, daß es der *falsche* Lehrling war. Er hatte Angst, denunziert zu werden und in einem Gefängnis wie in Cottbus zu landen. Also hatte er sich gesagt, je weniger Freunde, die ihm Probleme bereiten konnten, desto weniger hätte er zu verlieren. Aber im Gefängnis war es wie in dem Volkslied. Die Gedanken waren frei, die Gespräche waren frei, und die politischen Gefangenen redeten die ganze Zeit miteinander. Sie gingen im Gefängnishof spazieren und sahen durch das eiserne Tor die Neonschrift der Fabrik gegenüber, in der das *Neue Deutschland* gedruckt wurde, das Zentralorgan der SED, und sie dachten darüber nach, wie es kam, daß Deutsche soviel Schmerz verursachen und zugleich erleiden konnten. Peter sagt, er habe zum erstenmal »die Schwere der deutschen Geschichte« gespürt. Er wollte Geschichtsbücher lesen, weil er inzwischen wußte, daß in der DDR von der deutschen Geschichte nur das akzeptiert wurde, was gut oder fruchtbar oder fortschrittlich war. Er wollte Philosophie studieren, wie der Kellner, weil in der DDR nur die Philosophie von Marx und Lenin anerkannt wurde. Doch in der Gefängnisbibliothek gab es keine richtige Geschichte des Krieges und auch keinen Kant und keinen Hegel. Es gab billige Romane und Agitpropliteratur sowie, versteckt in einer Schublade, die Bibel. Peter betrachtete sich nicht als Christ — niemand in seiner Zelle war praktizierender Christ, abgesehen von dem Theologiestudenten, aber der durfte die Bibel entleihen, also beschloß die Zelle, die Bibel zu studieren, einfach um sich die Zeit zu vertreiben, und vielleicht stand ja auch etwas darin, was das Problem des Ostdeutschseins erklären würde. Jeden Abend, nach dem Essen, wurde in der Bibel gelesen. Alle fanden, daß das Gefängnis genau der richtige Ort war, die Bibel zu lesen, weil die ganze Bibel davon handelt, wie man mit Menschen umgeht, und nichts anderes tat man im Gefängnis: mit Menschen umgehen.

Peter gefiel die Bibel. Er sagt, sie habe ihn auf den Gedanken gebracht, daß das Christentum und der Kommunismus vieles gemeinsam hätten — daß sie »in ihrer reinen Ausprägung sehr ähnlich und sehr gut sind, gemeinschaftsorientiert, aber in der Praxis sind beide mit Ketzern sehr brutal umgegangen«. Peter erkannte, daß alles politisch ist, daß es immer um Macht geht. Und er dachte über Widerstand nach. Sein eigener Widerstand bestand darin, daß er die Arbeit verweigerte. Morgens ging er in die Gefängniswerkstatt und nahm, zusammen mit einigen hundert politischen Gefangenen, seinen Platz an einem Fließband ein, wo sie Plastikteile für die staatliche Kamerafabrik mit Namen Pentacon ausstanzen mußten. Er tat einfach nichts. Acht Stunden am Tag saß er untätig da. Seine Schicht mußte zehntausend Teile pro Tag produzieren, und wer hart arbeitete, bekam Bohnenkaffee, und wer nicht, bekam Einzelarrest, und Peter sagt, das eigentliche Opfer für ihn sei der Kaffee gewesen. Seine Freunde deckten ihn. Der Theologiestudent sagte, er sei »genau wie Ghandi«, und Max sagte, er sei sensibel und gerecht wie Christus, und der Kellner sagte, das mit dem Kaffee könne er verstehen. Sie schoben ihm Werkteile zu. Sie erklärten dem Wachpersonal, daß er krank sei und überhaupt nicht arbeiten dürfe. Sie machten ihn zu ihrer Sache, zu einer Art Maskottchen, weil er so viel jünger war als sie und, wie sie fanden, auf erstaunlich instinktive, *natürliche* Weise protestiert hatte. Durch ihn erkannten sie, daß Menschen *von Natur aus* politisch sind. Er war ein Lehrling, der zu Hause keine Verbindung zu Bürgerrechtlern oder Intellektuellen gehabt hatte und trotzdem über die »Politik des passiven Widerstands« Bescheid wußte. Max erklärte ihm, er sei der Beweis dafür, daß das Volk »ein Gewissen des Volkes« hervorbringen könne.

Peter genoß sein Ansehen, und zwar so sehr, daß er sogar etwas enttäuscht war, als die Wächter eines Tages kamen und ihm seine Jeans und die Motorradjacke zurückgaben und ihm erklärten, daß er ausreisen könne. Am 2. April 1985 wurde Peter zusammen mit siebzig politischen Gefangenen und, wie er sagt, ein paar Kriminellen, die als politische Gefangene deklariert wurden, in einem Buskonvoi über die Grenze geschafft. Der Konvoi brachte die Häftlinge von Karl-Marx-Stadt in das Notaufnahmelager bei Gießen, wo Vertreter des Ministeriums für Innerdeutsche Beziehungen sie zu ihrer Freilassung beglückwünschten und jedem hundertfünfzig Mark in die Hand drückten und fragten, wo sie gern wohnen wollten. Peter erklärte, daß es ihm egal sei. Er sagte, aus seiner Sicht sei eine Stadt so gut wie die andere — Städte seien alle gleich. Er habe keine Illusionen über den Westen. Er wisse, daß der Kapitalismus nicht schlimmer sein könne als der Kommunismus, aber er erwarte nicht, daß er im Westen glücklich sein werde oder auch nur ausgeglichen. Sie fragten, was er unter »ausgeglichen« verstehe. Er sagte: »Na ja, geistig und makrobiotisch ausgeglichen, Sie wissen schon.« Dann sagten sie, daß er doch *irgendwohin* gehen müsse. Er solle sich einfach für irgendeinen Ort entscheiden. Also schrieb er »Hamburg« hin, weil das, wie Rostock, am Wasser liegt, und vielleicht würde er dort die gleiche Mentalität vorfinden — vielleicht etwas von der ostdeutschen Schmuddeligkeit und Enge. Fritz Kepel, sein einziger Freund aus der Autowerkstatt, hatte mit seiner Familie die DDR verlassen, und *sie* hatten sich für Hamburg entschieden. Also dachte Peter, daß er es ja versuchen könnte. »Was mir gefällt? Ich bin ein typischer Ostdeutscher«, sagte er zu dem Sozialarbeiter, der den Dringlichkeitsschein für das Hamburger Wohnungsamt ausfüllte. »Ich kann sagen, was mir nicht gefällt, aber ich kann nicht sagen, was mir gefällt.«

Tags darauf hatte er ein Zimmer in einem Durchgangsheim in Ohlsdorf, in der Nähe des Hamburger Friedhofs. Er besaß einen kleinen Kassettenrecorder, Musik von Pink Floyd, Grace Slick und Grateful Dead, eine Kaffeekanne mit Filter sowie ein halbes Pfund Jacobs-Kaffee Mild und Fein. Er hatte alles, was er brauchte. Jetzt mußte nur noch jemand kommen und ihm sagen, was er tun sollte.

Hannelore Schmidt ist Physiotherapeutin in einem Rostocker Krankenhaus. Als junges Mädchen war sie sehr sportlich — sie schwamm und sprintete und lief Schlittschuh bei großen ostdeutschen Wettkämpfen —, und es war völlig klar, daß sie jede gewünschte Trainingsmöglichkeit erhielt und auch den Job bekam, den sie haben wollte. Athleten genossen Privilegien in Rostock. Die Partei hatte den Körper gewissermaßen zu einer öffentlichen Angelegenheit gemacht, und die »neuen« deutschen Männer und Frauen waren die Turner, die Eisschnelläufer, die Schwimmer, also Leute wie Hannelore, und nicht die Musiker oder die Intellektuellen, ja nicht einmal die Kommunisten. Als Vorbild dienten die kraftvollen Bronzefiguren, die mit ihren strammen Bronzekindern auf dem Brunnen in der Mitte des Universitätsplatzes spielten — schöne Menschen, die mit energischem, ehrlichem, leerem Gesichtsausdruck Bällen und Delphinen nachsetzten. Hannelore, die nach dem Krieg in Rostock aufgewachsen war, wollte ihren Teil dazu beitragen, daß jeder so schön und gesund war wie diese kommunistischen Skulpturen. Sie war zwar nie in der Partei, aber sie fand, daß sie den Kommunisten etwas schuldete. Sie hatten sich um die Achtjährige gekümmert, deren Vater an der Front gefallen war und deren Mutter, mit fünf kleinen Kindern auf der Flucht aus Danzig, halbtot in Rostock angekommen war. In einer Stadt, die weitgehend in Trümmern lag (bei Kriegsende war Rostock zu vierzig Prozent zerstört), hatte man eine Schule für sie gefunden und ihr eine Möglichkeit gegeben, wo sie nachmittags schwimmen und Schlittschuh laufen konnte. Die Kommunisten förderten ihr sportliches Talent und später ihre Ausbildung, und ihnen gehörte die Bank, die Hannelore den Kredit gab, damit sie der Wohnungsbaugenossenschaft beitreten konnte. Auf einer FDJ-Versammlung hatte sie Stefan Schmidt kennengelernt, und bei einer von der Partei organisierten Berufsinformationsveranstaltung hatte sie die Physiotherapie entdeckt. Sie wollte mit dem, was sie konnte, ein Beispiel geben. Ihre Spezialität war es, mit Herzkranken lange Spaziergänge am Strand zu unternehmen, denn sie sagte sich, daß, wenn Therapie etwas nützte, Therapie in der Natur mit einer Sportlerin wie Hannelore Schmidt noch mehr nützte. Die Patienten mochten Hannelore. Sie hatte schmale blaue Augen, eine blonde Ponyfrisur und ein schelmisches, spitzes Gesicht, und sie war einfühlsam. Sie lachte, wenn die Patienten ihre Witze erzählten, und sie weinte leise, wenn sie ihre Geschichten erzählten. Einige ihrer Patienten waren krank, weil sie bei der Stasi arbeiteten, und einige waren krank, weil sie von der Stasi verfolgt wurden, und Hannelore sagt, daß sie überhaupt nur wegen ihrer Patienten angefangen habe, über die Stasi und die schrecklichen Dinge, die die Partei tat, nachzudenken.

Einer ihrer ersten Patienten, ein junger Mann, hatte im Zuchthaus Waldheim gesessen. Seine Eltern waren bei der Stasi und hatten ihn wegen »asozialen Verhaltens« angezeigt. Er wurde ins Gefängnis geworfen und angekettet, und in seiner Zelle stand ihm das Wasser bis ans Kinn. Als ihm die Zähne ausfielen und das Herz immer schwächer wurde, ließen sie ihn laufen. Seine Nachbarn, Lehrer und Ärzte, angesehene Leute, beschwerten sich jedoch, ein zahnloser Mieter mit Narben an den Handgelenken sei für die Hausgemeinschaft nicht tragbar. Daraufhin verlor er seine Wohnung, erlitt einen Herzanfall und wurde zu Hannelore gebracht, um bei Strandspaziergängen wieder gesund zu werden.

Hannelore sagt, daß sie nach einer Weile anfing, die Leute, die sie kannte, in drei Generationen einzuteilen: Die Kinder des Krieges (wie sie), die Kinder des Staates (wie ihre Patienten) und die Kinder des Rock (wie Peter und seine Freunde). Daß sie Peter verhätschelte — sie kaufte ihm Kassetten und erlaubte ihm, zu Hause herumzuliegen und Musik zu hören —, hatte auch damit zu tun, daß sie ihn lieber zu Hause sah, hilflos und ein bißchen konfus, als ihn in eine Welt hinauszuschicken, in der die Stasi ihn verhaften konnte. Sie machte sich die ganze Zeit Sorgen um Peter. Peter war zehn, als Stefan Schmidt sein Seemannsbuch verlor und wieder von vorn anfangen mußte, auf dem Schulschiff, mit nicht mehr als fünfhundert Ostmark im Monat, und er war sechzehn, als Rainer Schmidt sich in eine Westdeutsche verliebte und von der Universität flog und wegging. Seitdem war Hannelore fest entschlossen, ihn zu beschützen. Sie war keine Intellektuelle. Sie war abergläubisch, glaubte fest an Volksmedizin (sie kochte zwar nicht das Trinkwasser ab, aber doch das Wasser, mit dem sie sich das Gesicht und ihre Strümpfe wusch), war eigensinnig und gefühlvoll. Sie war überzeugt davon, daß eine Rostocker Mutter ein Kind, das gehen wollte, halten konnte. Sie sagt, sie sei fast verrückt geworden, als Peter verhaftet wurde. Die Stasi klingelte nachts an der Tür, und einer der Leute sagte, sie habe ihre Kinder falsch erzogen, woraufhin sie zu schreien begann. »Ihr wißt ja gar nicht, wieviel Mühe ich mir gegeben habe«, schrie sie immer wieder. Sie saß da in ihrem weißen Nachthemd, benommen von den Beruhigungstabletten, denn sie hatte geahnt, daß etwas Schreckliches passieren und daß sie nicht schlafen können würde. Sie schrie die Polizisten an. Sie erklärte, daß sie immer für die Kommunisten gewesen sei. Sie hatte darauf bestanden, daß Peter sein FDJ-Hemd trug, und er hatte sich immer geweigert, doch jetzt wußte sie, daß er recht hatte und nicht sie. Sie holte das Hemd und zeigte es den Stasi-Leuten. Sie folgte ihnen die Treppe hinunter zum Parkplatz und erklärte, daß sie so lange vor dem Stasi-Hauptquartier warten werde, bis sie wisse, wohin ihr Sohn gebracht worden sei und was ihm zur Last gelegt werde. Das tat sie dann auch.

Der Menschenhandel begann mit der Mauer. Württembergische Lutheraner sammelten Geld, um einem oppositionellen ostdeutschen Pfarrer das Leben zu retten, und dann sammelten Protestanten in der ganzen Bundesrepublik Geld, und binnen weniger Jahre hatte der Handel solche Ausmaße angenommen, daß sich der Staat einschaltete, vertreten durch die Behörde mit dem delikaten Namen Ministerium für Innerdeutsche Beziehungen. Als Peter verhaftet wurde, gab Westdeutschland knapp hundertfünfzig Millionen DM im Jahr für den Freikauf ostdeutscher Gefangener aus. Einige von ihnen waren Oppositionelle. Manche hatten das Land einfach verlassen wollen, wie Peter, und waren verhaftet worden, wie Peter — wenn nicht wegen tatsächlichen Fluchtversuchs, dann deswegen, weil sie einen Ausreiseantrag gestellt hatten. Ihre Eltern hatten sich an Wolfgang Vogel gewandt, wie Hannelore, und Vogel hatte sie nach Hause geschickt, zu einem seiner Repräsentanten, wie Hans-Joachim Vormelker, und die Verhandlungen mit den Westdeutschen aufgenommen. Vormelker betreute zu jener Zeit siebzig oder achtzig politische Fälle pro Jahr, und er sagt, daß zwar keiner seiner Mandanten freigesprochen wurde, am Ende aber fast alle »freigekauft« wurden. Kurzfristig konnte er kaum mehr für sie tun, als dafür zu sorgen, daß sie einen »korrekten« Prozeß und ein »korrektes« Urteil bekamen und im Gefängnis nicht vergessen wurden. Vormelker fand den Menschenhandel nicht besonders appetitlich. Er weist gern darauf hin, daß Anwälte wie er und sein alter Freund Wolfgang Vogel die »demokratischen Feigenblätter« der DDR waren — sie verhalfen dem Regime zu einer Art obszönen Legitimation im Ausland und außerdem zu harter Währung. Aber er war in Rostock aufgewachsen und kannte alle Leute dort, und vor allem wußte er, wie man mit dem dortigen Machtapparat umgehen mußte — und als Vogel für die DDR den Menschenhandel abwickelte, sagte sich Vormelker, daß er mit seiner Tätigkeit eine bessere Überlebenschance in Rostock habe als viele seiner jüngeren Kollegen.

Peter Schmidt war kein prominenter Gefangener. Er war kein richtiger »Politischer«, so wie der Bibliothekar von der Rostocker Universität, der zehn Jahre bekam, weil er Ostblockbücher gegen »Westliteratur« getauscht hatte. Er war nicht so erfinderisch wie der Chemiestudent, der fünf Jahre bekam, weil er Postkarten mit einer Bildmontage vom Gesicht des Bibliothekars hinter Gefängnisgittern gedruckt hatte. Vormelker sagt, Peter sei jung und hilflos gewesen und der Staat habe nichts zu verlieren gehabt, wenn er ihn laufenließ. Es sei eine Frage des Geldes gewesen. Peter sagt heute, er sei »billig gekauft« worden. Er erinnert sich an fünfzigtausend DM, aber seine Mutter behauptet, es sei mehr gewesen. Für sie ist er ein Freiheitskämpfer geworden. Sie hat ihn nie gefragt, warum er unbedingt gehen wollte oder welche politischen Ansichten er vertrat oder ob er im Untergrund aktiv war oder gar, ob er jemanden im Untergrund kannte — weder bei ihrer Begegnung in Prag noch bei ihrem Wiedersehen in Hamburg, nach der Maueröffnung. Sie wartete, bis Peter wieder in Rostock war und sie im Wohnzimmer saßen und Stachelbeer-Kirschtorte aßen und Kaffee tranken und im Fernsehen ein Bericht von der westdeutschen Fußballbundesliga lief — und alles, wie Hannelore sagt, »normal« war. Da erst hat sie ihn gefragt.

Peter erzählte Hannelore von seinem passiven Widerstand, und Hannelore erzählte Peter von *ihrem* Widerstand. Sie erzählte ihm, wie sie den Stasi-Leuten sein FDJ-Hemd gezeigt und was sie, am Tag seines Prozesses, den Polizisten vor der Stasi-Zentrale gesagt hatte — an diesem Tag wartete sie auf der Straße und sah, wie er in einem Auto abtransportiert wurde. Es war schrecklich, denn er war in Handschellen und hatte keinen Pullover an, und es war kühl. Sie erzählte ihm von dem Tag, als sie nach Cottbus fuhr und der Wachposten ihr erklärte, daß der Strafgefangene Schmidt kein Essenspaket empfangen dürfe — der Strafgefangene Schmidt arbeite nicht genug, um ein Essenspaket in Empfang nehmen zu dürfen.

Hannelore hatte erwidert, daß der Strafgefangene Schmidt auch zu Hause nicht genug arbeite. Er räume seine Unterwäsche nicht auf und mache sein Bett nicht und helfe auch nicht beim Abwasch, aber trotzdem gebe sie ihm zu essen. Der Wachposten war so beeindruckt, sagte Hannelore, daß er sie sofort zum Gefängnisladen führte, und gemeinsam kauften sie Peter eine Schachtel Pralinen für fünfunddreißig Mark. Hannelore weinte, als sie Peter diese Geschichten erzählte. »Es ist unglaublich. Daß Deutsche sich so schlimm benehmen!« sagte sie immer wieder, und Peter nickte und streckte sich und lehnte sich in seinem Sessel zurück und kratzte sich die Brust unter seinem rosa T-Shirt, und einmal verschüttete er Kaffee auf der gestickten Tischdecke. Hannelore wollte schon schimpfen, besann sich aber und sagte: »Macht nichts.«

Sie freute sich, daß er wieder zu Hause war. Sie wollte nicht mit ihm schimpfen, bloß wegen eines Kaffeeflecks auf der Tischdecke oder wegen des Rings, den er mit seinem Bierglas auf ihrer schönen neuen Schrankwand hinterlassen hatte — die mit den Regalen und Schubläden und den herunterklappbaren Seitenteilen und einer verspiegelten Bar —, oder weil er ihr ganzes Mineralwasser trank. Sie beschwerte sich nicht, als er am ersten Abend zu Hause blieb und die ganze Zeit Fernsehen guckte, statt mit ihr zum Universitätsplatz zu gehen, wo eine Veranstaltung mit Willy Brandt und Ibrahim Böhme stattfand. (Später sagte sie, daß er recht hatte, denn Willy Brandt habe sich in weitschweifigen Gedanken verloren, und Böhme, damals der Vorsitzende der neuen ostdeutschen SPD, habe eine Woche später sein Volkskammermandat zurückgegeben — der *Spiegel* schrieb, Böhme sei Stasi-Mitarbeiter gewesen — und angeblich einen Selbstmordversuch gemacht.) Sie beschwerte sich nicht einmal, als er das große Bett nahm, so daß sie auf einer Matratze im Wohnzimmer schlafen mußte. Sie sagte, ihr jüngerer Sohn habe in seiner ersten Nacht zu Hause seit sechs Jahren in einem anständigen Bett schlafen sollen, und dieser Meinung war Peter auch. Am nächsten Morgen stand er auf und trank den ganzen Apfelsaft und das Mineralwasser und sagte, daß die »Beziehungen« in Ostdeutschland besser seien. In Ostdeutschland kümmere man sich mehr um den anderen. Die Leute seien mißtrauisch und bespitzelten sich gegenseitig, aber sie seien nicht so egoistisch und aggressiv und geizig und kalt wie die Westdeutschen. Er wollte seine Mutter vor den Westdeutschen warnen. Wenn sie über die Ostdeutschen sprach und fragte, was es denn Schlimmeres geben könne als die DDR, erklärte Peter jedesmal: »Der Westen ist schlimmer.«

Hannelore war entschlossen, CDU zu wählen. Sie hatte Helmut Kohl gehört. Sie fand ihn »toll«, und Peter verstand nicht, wie ein so natürlicher Mensch wie seine Mutter — die immer davon redete, daß sie lieber mit dem Fahrrad eine Landstraße entlangfahren oder ein Picknick am Strand machen würde, als immer nur ans Geldverdienen zu denken wie ein Bundi — Helmut Kohl »toll« finden oder dessen kalte, kapitalistische Partei wählen konnte. Hannelore wußte, daß Politiker lügen. Wenn sie über Politik redete, konnte es passieren, daß sie plötzlich innehielt und den Kopf schüttelte und sagte: »Diese Lügen! Vierzig Jahre Lügen!«, aber am Ende wollte sie glauben, was Helmut Kohl jetzt versprach. Sie konnte nicht erklären, warum sie Helmut Kohl mehr glaubte als Willy Brandt, außer vielleicht, weil Brandt alt war und sich in weitschweifigen Gedanken verlor. Sie sagte, Kohl packe zu. Kohl stelle nie Fragen. Er sage den Ostdeutschen klipp und klar, was sie zu tun hätten. Er mache ihnen deutlich, daß die Christdemokraten die Macht in Westdeutschland hätten und das Geld besäßen und daß sie dieses Geld unter keinen Umständen an die Konkurrenz verschenken würden — womit er nicht bloß die ostdeutschen Sozialdemokraten meinte, sondern all die neuen Parteien in Ostdeutschland, sogar die Leute vom Neuen Forum, die die »Revolution« überhaupt gemacht hatten. Er traf die Stimmung der Ostdeutschen ganz genau. Er drohte und schmeichelte wie ein Parteibonze und erteilte simple Befehle (»Wählt das Geld!«), während die Lokalpolitiker und sogar die anderen westdeutschen Politiker, die selbst nicht kandidierten, sondern sich und ihre Leute in eine günstige Ausgangsposition für die ersten »gesamtdeutschen« Wahlen bringen wollten, immer nur davon sprachen, wie schwierig und aufregend die Situation mit ihren Möglichkeiten und Chancen sei. Die Ostdeutschen fanden es verwirrend, sich zwischen so vielen Möglichkeiten entscheiden zu müssen. Sie hatten Angst, sich falsch zu entscheiden. Sie glaubten den Leuten, die ihnen (nicht ganz zu Unrecht) erklärten, daß zum gegenwärtigen Zeitpunkt freie Entscheidungen in der DDR illusionär seien, daß Ostdeutschland schon den Westdeutschen gehöre und daß es so etwas wie einen »dritten Weg« zwischen Kapitalismus und Kommunismus nicht gebe, daß nur die D-Mark sie retten könne.

»Wir brauchen das Geld«, sagte Hannelore Schmidt. Sie versuchte Peter klarzumachen, wie schlimm es in den Rostokker Krankenhäusern aussah und wie heruntergekommen die Fabriken seien und wie verpestet die Luft in der Stadt sei, genau wie in Leipzig und Dresden, und wie korrupt die Regierung noch immer sei, lauter alte Stasis. Deswegen, sagte sie, müsse man das Geld nehmen, das die CDU anbot. Es war eine furchtbare Situation. Jeder war nervös. Es gab vierundzwanzig Parteien und ein Jahr lang nichts als Wahlen. Immer neue Plakate tauchten auf und verschwanden wieder, weil die Leute sich stritten und auseinandergingen und neue Parteien gründeten. Helmut Kohl stritt mit Lothar de Maizière über Kindergärten, und Oskar Lafontaine stritt mit Markus Meckel über den Wechselkurs, und Bundis versuchten einem auf dem Donnerstagsmarkt die schmutzige Wäsche von letzter Woche zu verkaufen. Nichts war so, wie es die Leute wollten. Es blieb nur, die Bundis zu wählen und ihr Geld zu nehmen und sie vier Jahre später abzuwählen — Politik war sowieso ein schmutziges Geschäft. Man durfte nicht an die Bundis am Strand denken, an die Bundis auf dem Markt. Man mußte vergessen, wie arrogant sie waren. Jeder wußte, daß die Bundis arrogant waren. Das Wichtige im Moment war Rostock. Es kam darauf an, die Kommunisten loszuwerden, und es gab keine Garantie, daß sie ein für allemal verschwinden würden, solange die Leute arm waren. Die neuen Parteien — das Neue Forum und Demokratie Jetzt und die anderen Bürgerbewegungen, die seit November praktisch die Verwaltung der ostdeutschen Städte übernommen hatten — konnten nichts anderes anbieten als Hoffnungen und Opfer und eine Menge Arbeit. Sie hatten nicht das Geld für einen richtigen Wahlkampf, geschweige denn das Geld, die DDR zu retten. Ihre Telefone funktionierten nicht, ihre Plakate waren ärmlich und lösten sich im Regen auf, und ihre Vervielfältigungsmaschinen druckten mit lila Tinte, während die Parteien mit Westbeziehungen sich kräftiges weißes Plakatpapier und Telefone und Fotokopierer und Laserdrucker leisten konnten.

Wirtschaftsfachleute schätzten, daß es die Westdeutschen dreißig Milliarden DM jährlich kosten würde, »Deutschland« aufzubauen, aber es hatte nicht mehr als ein paar Plakate und ein paar Flugtickets gekostet, um Hannelore Schmidt davon zu überzeugen, daß Helmut Kohl ihre Probleme lösen und Rostock so sicher und so attraktiv machen würde, daß Peter Schmidt sich überlegen würde, nach Hause zu kommen.

Als Peter in Hamburg eintraf, gab es dort nur ein paar hundert Flüchtlinge. Die meisten Gefangenen, die freigekauft worden waren, blieben in Süddeutschland, in Bayern, oder gingen sofort nach Westberlin, wie Max, da sie sich in dieser Stadt mit ihrer Mauer und den türkischen Arbeitern und ihrem verrückten, subventionierten Leben eher zu Hause fühlten als in der »Realität« von Städten wie Hamburg oder Frankfurt oder Köln. Ehe Rainer Schmidt nach Hamburg zog (er hatte in Frankfurt studiert), kannte Peter nur einen Menschen in Hamburg, und das war sein Freund Fritz von der Autowerkstatt. Er hatte Cousins in Hamburg, entfernte Verwandte der Großmutter. Er besuchte sie kurz nach seiner Ankunft und erschien sogar zum Abendessen in ihrem Haus in Volksdorf und traf sich mit ihren Kindern, aber er sagt, die Kinder hätten sich »nur für Konsum und Karriere und Jobs interessiert, die ›Ansehen‹ bringen« — jedenfalls mehr dafür interessiert als für Peter. Er hat sie nie wiedergesehen. Er zählte auf Fritz, denn Fritz hatte die »DDR-Mentalität«. Fritz hatte unter demselben System gelitten und die gleichen Sorgen gehabt, und Peter glaubte, daß daraus eine Solidarität, eine Gemeinsamkeit entstehen würde, die die hektischen, ehrgeizigen und isoliert lebenden Westdeutschen nie empfinden konnten. Die beiden waren ein paar Monate zusammen. Von der Stadt bekamen sie jeweils sechshundert DM Sozialhilfe im Monat plus zweihundert DM Wohngeld. Damit konnten sie zur Schule gehen, um das technische Abitur nachzuholen. Aber Peter war klar, daß Fritz keine Lust mehr hatte, »gegen den Strom zu schwimmen«. Fritz lernte fleißig und sprach davon, zu studieren und als Ingenieur Karriere zu machen, während Peter das machte, was er wehmütig »das DDR-Ding« nennt — er entzog sich dem Wettbewerb und hörte auf zu lernen. Noch bevor das Semester zu Ende war, gab er auf und jammerte, daß alle anderen mehr wüßten als er.

Fritz ging in diesem Winter an die Freie Universität in Westberlin. Peter meinte bei ihrem Abschied, daß Fritz jetzt die westdeutsche Mentalität habe, aber er nahm das alte ostdeutsche Stereoradio, das Fritz dagelassen hatte, und die Kassetten und die Lehrbücher und die Bettlaken. Eine Zeitlang wohnte er bei Rainer und dessen Frau in einer kleinen Wohnung an der Reeperbahn. Das dauerte ein Jahr. Doch dann bekam Rainer einen guten Job und zog mit seiner Frau in ein besseres Viertel, in eine anständige Wohnung, die sie mit Laura-Ashley-Kissen und Rattanmöbeln einrichteten; sie zogen den Fußboden ab, so daß helle Kieferdielen zum Vorschein kamen, und hängten ein Matisse-Poster vom Centre Pompidou an die Wand statt der komischen Mecklenburger Keramik, die Hannelore ihnen geschickt hatte, und gingen dazu über, zum Frühstück Müsli und Joghurt mit exotischen Früchten zu essen. In ihrem Leben gab es nicht mehr viel, was Peter vertraut war.

Schließlich lernte er Rudolf Klaassen kennen. Rudolf hatte einen Freundeskreis, der sich einmal wöchentlich in seiner Wohnung traf, um zu diskutieren. Man las Historiker wie Eric Hobsbawm und debattierte über Sozialrebellen, und einer der Freunde lud Peter zu einer Diskussion ein, in der Annahme, es werde ihn aufmuntern, an den Gesprächen teilzunehmen. An diesem Abend beschloß Peter, sein Wohngeld und einen

Teil seiner Sozialhilfe zusammenzulegen und ein Zimmer in Rudolfs Wohnung zu nehmen. Ihm gefiel es in der großen, sonnigen, heruntergekommenen Wohnung im vierten Stock eines Hauses am Goldbekplatz, wo viele Studenten wohnten. Es war »natürlich«. Peter kaufte sich ein paar Pflanzen für sein Zimmer und dann eine Katze und dann einen Gefährten für die Katze. Er kaufte ein paar Kieferbretter, die ihm als Schrank dienten, und zum Davorhängen ein Bambusrollo. Er hängte einen Papierengel an die Wand und ein mecklenburgisches »Kunst und Erinnerung«-Poster von seiner Mutter und eine aus drei Bastmatten bestehende Pinntafel für seine Kollektion von Grünen-Parolen und seine Postkarten von den alten Kumpeln in Cottbus. Er packte seine Motorradjacke weg und seine Turnschuhe und das T-Shirt. Er ordnete seine Kassetten in alphabetischer Reihenfolge und stellte seine Bücher hin: Stefan Aust über die Baader-Meinhof-Gruppe, Michael Herr über Vietnam, die Tagebücher von Max Frisch, *Ansprachen* von Christa Wolf und ein paar populärwissenschaftliche Geschichtsbücher über den Zweiten Weltkrieg. Er war froh, daß er sich endlich mit Geschichte beschäftigen konnte. Ihm gefielen die Debatten mit Rudolf und dessen Freunden über Sozialrebellen. Es erinnerte ihn an das Gefängnis.

»Er war ein netter, offener Typ«, sagt Rudolf, wenn er von Peter spricht. Er hatte damals geglaubt, Peter sei ein authentischer DDR-Oppositioneller, ein Typ, dem man in Hamburg nur selten begegnete, jemand wie sein Freund Freimut von der Vereinigten Linken, der eine bedeutende Rolle in der DDR-Opposition gespielt hatte und in Berlin aktiv gewesen war und das Land erst dann verlassen hatte, als es zu gefährlich für ihn geworden war. Freimut, der in einem falschen LKW-Tank nach Westdeutschland geschmuggelt wurde, war jetzt in der Hausbesetzerbewegung aktiv. Rudolf stellte sich vor, mit Peter einen solchen Menschen aufgenommen zu haben. Einen Revolutionär. »Damals hatte Peter eine Perspektive«, sagt Rudolf. »Er hatte ein paar Freunde, wie Max in Berlin — Max war so freundlich, ein richtiger Proletarier —, und er sagte ein paar kluge Dinge. Er war gegen die Leistungsgesellschaft.

Er wollte nichts leisten, weder für den Staat noch im Beruf, aber das Problem war, daß er auch für sich selbst nichts erreichen wollte. Er hatte Probleme mit dem Begriff Leistung. Er glaubte, daß *jede* Leistung dem System dient, also hat er es gar nicht erst versucht. Er war aus der DDR ausgestiegen. Er wollte weg und notfalls auch ins Gefängnis, aber heute glaube ich, daß es eine rein persönliche Geschichte war. Es war die Entscheidung, sich aus der Gesellschaft auszuklinken — erst aus seiner Gesellschaft, dann aus der Gesellschaft überhaupt. Die meisten Leute aus der DDR, die ich kenne, sind hierhergekommen, um zu studieren, zu arbeiten, politisch aktiv zu werden, Musik zu machen. Sie hatten etwas — eine Gruppe, einen Beruf, politische Vorstellungen. Vielleicht war Peter viel typischer für die Ostdeutschen. Vielleicht hat das System ihn wirklich geprägt, weil er so unfähig war. Er taugte nicht für die Gemeinschaft. Er hatte sich in sein Schneckenhaus verkrochen. Das war seine Methode, sich vor dem Staat zu schützen, aber als er die DDR verließ, kam er aus seinem Schneckenhaus nicht mehr raus. Ich glaube, er wollte es auch gar nicht mehr. Er hielt sich für einen Anarchisten oder einen Rebellen oder einen Revolutionär, aber in Wirklichkeit war er eine Schnecke. Er hatte nur seine Opposition.«

Nach ein paar Monaten fingen Peter und Rudolf an, sich richtig zu streiten. Sie stritten sich über die Palästina-Frage und über die Nationalismus-Frage und über die Sozialismus-Frage. Peter erklärte eines Abends, daß die Israelis genau wie die Nazis seien, und dann, daß die Kommunisten genau wie die Nazis seien. Rudolf explodierte und sagte, daß das nicht stimme. Peter solle mit seinen monokausalen Erklärungen aufhören, monokausale Erklärungen seien »ahistorisch«. Er wollte wissen, ob Peter über Auschwitz nachgedacht habe. Wenn er nämlich ernsthaft über Auschwitz nachgedacht hätte, dann würde er nicht jedes schlimme Verhalten als faschistisch bezeichnen. Dann würde er verstehen, daß man die furchtbare Einzigartigkeit des Holocaust akzeptieren müsse, wenn man überhaupt über das Deutschsein spreche. Rudolf hatte diese Auseinandersetzung schon einmal geführt, und zwar mit seinen

Freunden von der Vereinigten Linken. Seine Freunde waren entschieden pro-palästinensisch, und Rudolf hatte nicht eingesehen, warum man alle Israelis als Schurken betrachten müsse, wenn man für die Palästinenser sei. Er »verstand« die Israelis. Er war, wie viele westdeutsche Studenten, in Israel gewesen und hatte in einem Kibbuz gearbeitet und war im Land herumgetrampt. Die Regierung war ihm nicht sonderlich sympathisch — er hatte sogar an einigen Demonstrationen gegen die Regierung teilgenommen —, aber er mochte seine linken israelischen Freunde, und er wollte nicht, daß irgend jemand sie als Nazis bezeichnete. Er fragte Peter, wie er wohl reagieren würde, wenn die Leute *ihn* als Nazi bezeichnen würden, bloß weil er Deutscher sei. Er warf ihm vor, sich um eine ernsthafte moralische Haltung zu Auschwitz gedrückt zu haben, was immer er bislang von Auschwitz gedacht haben mochte, worauf Peter erwiderte, daß ihm niemand etwas über Auschwitz erzählt habe — für ihn stehe nur fest, daß jeder Nationalismus schlecht sei. Rudolf fand das »typisch DDR«.

Rudolf hält sich für einen richtigen deutschen Linken. Er hat das freundliche Selbstbewußtsein eines guterzogenen Bürgersohns. Sein Vater ist Lehrer, seine Mutter Bibliothekarin in einem Wirtschaftsarchiv, und seine Freiheit, wie seine Zukunft, hat er immer als selbstverständlich und gesichert hingenommen. Er spielt klassische und Flamenco-Gitarre und Heavy Metal und träumt von einem digitalen Synthesizer — so einem Ding wie das Synclavier, auf dem Sting spielt —, den man an einen Macintosh anschließen und zum Komponieren benutzen kann. Mit all seinen verschiedenen Jobs und seinem reichen Talent wird ihm das wohl gelingen. Er hat eine ungewöhnliche Jugend genossen. Als er und seine Freunde ihre erste Rockgruppe namens Cyberdeath gründeten und in den Clubs von Sankt Pauli und in der Hafenstraße spielten — »Wir waren langsamer und emotionaler, aber wir waren *heavy*, ich meine, wir wollten Gewalt und Blut karikieren« —, da lachten alle und sagten, daß Rudolf sein Ding mache, Rudolf sei jung, Rudolf sei begabt. Als er als Lehramtskandidat an das Vorort-Gymnasium kam, mit seinen langen braunen Locken und seinem komischen psychedelischen Pullover, der im Physiksaal leuchtete, wenn das Licht ausgeschaltet war, da lachten alle und sagten, Rudolf sei ein Paradiesvogel in der Hamburger Ödnis. Als er seine Doktorarbeit über die grausame Behandlung kommunistischer Abweichler in der Weimarer Republik schrieb, da lachten alle und fanden, daß das Thema zu ihm passe — fanden, daß junge Leute wie Rudolf Klaassen zornig sein *mußten*. Rudolf ist natürlich nicht zornig. Er strahlt eine Freundlichkeit aus, die teils in seinem Charakter liegt und teils von seiner Überzeugung herrührt, daß das Leben es immer gut mit ihm meinen wird. Das gibt ihm die Freiheit, sich um die Menschen zu kümmern, die es tatsächlich schwer haben. Menschen wie Peter.

Zuerst bemühte er sich, Peter zu überreden, es noch einmal mit der Schule zu versuchen. Er blieb jeden Abend eine Stunde zu Hause, um Peter bei den Mathematikaufgaben zu helfen. Aber Peter, sagt er, hatte Angst vor Mathematik. Peter hatte Angst vor Prüfungen. Er hatte Angst, zu versagen, aber auch vor dem Versuch, nicht zu versagen. Er arbeitete zehn Minuten mit Rudolf an seinen Matheaufgaben, um dann über Konzentrationsschwierigkeiten zu klagen. Er stand auf und spazierte herum und machte Musik — legte eine Kassette der Stones oder von Jefferson Airplane oder T. Rex ein —, woraufhin Rudolf entnervt das Zimmer verließ, weil Peter so einen »typischen DDR-Geschmack« hatte — die Musik, die er spielte, hatte nichts mit der Musik zu tun, die gerade angesagt war, mit Queensryche, die »Operation Mindcrime« auf zwölf Tonspuren einspielten, oder mit Sabotage oder mit der Black Metal Band Living Colour. Und statt Mathe zu lernen, stritten sie dann über Musik. Oder sie stritten über das Thema Arbeit, denn Peter wollte nicht arbeiten, und aus Rudolfs Sicht gab es nur einen Grund, nicht arbeiten zu wollen, und das war: Musik zu machen. Oder über Liebe. Rudolf verstand nicht, wie Peter seine Mutter lieben konnte, ihr aber nie schrieb — daß er jede Woche einen langen Brief aus Rostock bekam und nie antwortete und trotzdem behauptete, daß er seine Mutter liebe. Er verstand nicht, wie Peter seine Freunde lieben konnte, aber nie ans Telefon ging. Er verstand nicht, wie Peter den ganzen Tag in seinem Zimmer hocken konnte und sich einschloß und perfekten Kaffee machte, aber nie einen Freund anrief und nie ans Telefon ging, wenn ein Freund mit ihm sprechen wollte.

Peter machte immer besseren Kaffee, aber das war auch das einzige, was er tat. Im letzten Jahr sprach er davon, nach Westberlin zu gehen. Er hatte bei Max Frisch von dem »großartigen Berliner Himmel« gelesen und hatte Wim Wenders' Film *Der Himmel über Berlin* gesehen, dieses Märchen über Berlin — »daß alles vergeht, aber um die Phantasie zu leben, muß man das unsterbliche Leben gegen das sterbliche eintauschen, und Berlin ist sterblich« —, und er hatte gedacht daß der Gegensatz zwischen Ost- und Westberlin vielleicht auch seine eigene innere Zerissenheit ausdrücke. Er fuhr für ein Wochende nach Berlin, als die Mauer fiel, und ein paar Tage später hatte ihm sein Freund Max ein Quartier in Neukölln besorgt — ein Zimmer in einem ehemals besetzten Haus, das inzwischen »legalisiert« war —, aber Peter schob den Umzug vor sich her, und als es soweit war, bekam er eine Aufforderung, seinen Ersatzdienst auf der AIDS- und Krebsstation des Hamburger Hafenkrankenhauses zu leisten. Diese Arbeit gefällt ihm inzwischen — Menschen beim Essen, beim Baden, mit Thermometern und Bettschüsseln zu helfen. Er sagt, es ist ein »einfacher Job, nichts Anspruchsvolles«, mit sechs Wochen Urlaub und ein bißchen von dem guten DDR-Gefühl. Er hätte nichts dagegen, am Krankenhaus zu bleiben, möchte aber nicht Krankenpfleger lernen, die Konkurrenz unter den Schülern ist ihm zu anstrengend. Er spricht manchmal davon, nach Amerika zu gehen. Rainer und seine Frau waren im letzten Jahr in Amerika und haben ihm von irgendwelchen Bergen erzählt — er glaubt, in Wyoming oder vielleicht in Montana —, wo es keine Städte gab und keine Autos und keine ehrgeizigen Ellbogenmenschen, die über Geld und Politik reden, und Peter glaubt, daß er dort in diesen Bergen eine Arbeit finden könnte. Als Hausmeister vielleicht. Nichts Besonderes. Rudolf bezweifelt, daß Peter jemals gehen wird.

Letztes Jahr bat er ihn, sich um ein eigenes Zimmer zu kümmern. Peter willigte ein, aber es ist schwer, in Hamburg eine Wohnung zu finden, wenn man keine Arbeit hat, und Peter hat auch nie richtig gesucht. Er sagt, daß es jetzt keinen Zweck hat, zu suchen — täglich kommen Leute aus der DDR, und alle brauchen eine Wohnung. Es gibt zu viele Bewerber auf dem Wohnungsmarkt, sagt Peter, und Rudolf räumt ein, daß das stimmt. Alle paar Monate sagt Rudolf ganz höflich: »Geh bitte!« Und Peter, ebenso höflich, bleibt.

Fünfzehntausend der fünfhundertfünfzigtausend Ostdeutschen, die in den vergangenen zwölf Monaten nach Westdeutschland übergesiedelt sind, wohnen in Hamburg. Es fing im letzten Sommer an, als Ungarn und dann die Tschechoslowakei ihre Westgrenze öffneten, und ein paar Monate lang bot sich für jeden Ostdeutschen, der einen Paß für die Ostblockländer hatte, ein sicherer Fluchtweg. Der Exodus war so enorm und so konstant, daß die westdeutsche Regierung daran ging, die Aufgaben (und die Kosten) gleichmäßig zu verteilen, indem es jedem Bundesland eine Quote von Übersiedlern zuwies. Hamburgs Anteil betrug 3,1 Prozent. Das war eine Behelfsgröße, die mit der Einwohnerzahl zu tun hatte, aber nichts mit der Bevölkerungsdichte, mit der Lage auf dem Wohnungs- oder Arbeitsmarkt (Westdeutschland hat zur Zeit zwei Millionen Arbeitslose) oder mit beruflicher Verteilung.

Bei den ersten Übersiedlern, denjenigen, die beispielsweise über die Tschechoslowakei nach Bayern kamen, handelte es sich hauptsächlich um Familien. Einige von ihnen hatten schon jahrelang auf die Ausreisegenehmigung gewartet. Es waren junge Handwerker und Facharbeiter und Techniker, die mehr Energie und Ehrgeiz hatten, als sie in den heruntergekommenen Kombinaten der DDR befriedigen konnten, wo die Leute vier Stunden am Tag arbeiteten und ansonsten Pause machten und (anders als die Ungarn und die Polen, die ihre Energie hauptsächlich in die Schwarzarbeit steckten) keine Lust auf das hatten, was in Osteuropa die »zweite Wirtschaft« genannt wird. Fast jeder fand die ersten Übersiedler sympathisch. Viele Hamburger sagen heute, daß sie sich wirklich darauf gefreut haben, ein paar nette junge ostdeutsche Familien zu bekommen, so wie jene, über die sie im *Spiegel* gelesen hatten. Sie waren enttäuscht, als die meisten dieser Familien in Bayern blieben, einem schönen und wohlhabenden Land, so wie sie enttäuscht waren, als die Künstler und Intellektuellen — jene, die nicht ausgebürgert worden waren in jenen Jahren, als die DDR die Dissidenten »exportierte« und Leute wie Wolf Biermann und Monika Maron nach Hamburg kamen — erklärten, daß sie nicht die Absicht hätten, ausgerechnet in dem Moment in den Westen zu gehen, wo sich die DDR nun endlich verändere. Hamburgs 3,1 Prozent waren meist Leute mit »fettigen Haaren und tätowierten Armen«, wie eine Boulevardzeitung schrieb. Sie kamen mit ihren Trabis über die Grenze, ließen ihre Autos dort einfach stehen und erklärten den wartenden Reportern und Fotografen, daß sie im Westen als erstes einen VW Golf haben wollen. Dieses Wort fiel so oft, daß es zum Leitmotiv einer Kabarett-Nummer wurde: Ein westdeutscher Reporter fragt ein hübsches ostdeutsches Mädchen, ob es die Freiheit will, und das Mädchen antwortet, nein, nein, sie will »einen Golf GTI, Marlboros und einen Videorecorder«.

Nikolaus Piper, der in der *Zeit* über osteuropäische Wirtschaftsfragen schreibt, hat einmal gesagt, daß die Ostdeutschen, die nach Hamburg kamen, »nur an den Konsum dachten und nicht an die Ökonomie«, womit er meinte, daß man im Westen Geld verdienen müsse, um es ausgeben zu können, und daß die Ostdeutschen das nicht wüßten. Tatsache ist, daß die Ostdeutschen monatelang nicht an die Ökonomie dachten. Sie hörten in Rostock, daß Übersiedler in Hamburg tolle neue Kleider und Wohnungen mit Fernsehern und Kühlschränken bekamen; daß Übersiedler mehr Arbeitslosengeld bekamen, als sie zu Hause mit ihrer Arbeit verdienten; daß Übersiedler vom Staat praktisch zinslose Darlehen über siebentausend DM bekamen. Also machten sich die Leute auf den Weg. Einige wenige waren Akademiker (in einem Hamburger Krankenhaus arbeiten beispielsweise vier Ärzte aus Rostock, und ein paar andere Rostocker Ärzte beziehen Arbeitslosengeld, doppelt soviel wie das, was sie zu Hause in ihrem Beruf verdient haben). Aber die meisten waren Arbeiter. Sie waren Landarbeiter und Fabrikarbeiter, allerdings nicht das Brechtsche Proletariat, das die Hamburger Intellektuellen erwarteten. Sie hatten — und das fanden die Hamburger so schockierend — kleinbürgerliche Wertvorstellungen. Sie gaben ihre »Einrichtungsbeihilfe« für mächtige Schrankwände und entsetzliche Couchgarnituren mit Blümchenmuster aus und hatten noch nie vom Neuen Forum gehört.

Jeden Tag treffen fünfzig bis hundert neue Übersiedler in Hamburg ein. Sie kamen, als Hamburg seine Quote erfüllt hatte, und sie kamen, als das »Notaufnahmeverfahren« offiziell eingestellt wurde, und jetzt hält sie nicht einmal die Aussicht auf die Währungsunion Anfang Juli zu Hause. Sie werden in Wohnwagen untergebracht und in Turnhallen und in Kasernen auf dem Land und in umgebauten Bordells auf der Reeperbahn und auf jugoslawischen Fähren und auf Hotelschiffen, die, geleast von norwegischen Ölbohrfirmen, jetzt an der Alster vor Anker liegen. Sie verbringen ihre Zeit mit Einkaufen. Fast alle sind weitgehend unkritisch. Sie besuchen keine Seminare, um den Bundis zu berichten, wie es ihnen ohne den »Postmaterialismus« ergangen ist (westdeutsche Intellektuelle bezeichnen die sechziger Jahre gern als Postmaterialismus), geschweige denn, wie sie ihr Demokratiedefizit aufholen wollen. Sie kommen ganz durcheinander an und sagen, daß sie für Politik keine Zeit haben, daß sie sowieso nicht zwischen richtiger und falscher Politik unterscheiden können. Ihr Interesse, sich weiterzubilden, ist nicht besonders groß.

Eine junge Radiojournalistin namens Maren Wintersberg begleitete eine Gruppe von Übersiedlern während der ersten sechs Monate in Hamburg und machte eine Sendung darüber. Sie gewann am Ende den Eindruck, daß die Menschen, die sie kennengelernt hatte, durch die DDR-typische Symbiose von Freundschaft und Gefälligkeiten beschädigt waren. Sie kamen in den Westen und wußten nicht, daß sie allein waren. Sie trafen auf Leute, die zu ihnen sagten: »Hallo, wir sind eure Freunde, hier habt ihr einen neuen Kühlschrank«, und verstanden nicht, warum sich diese netten Leute eine Woche später nicht mehr blicken ließen. In der DDR bedeutete ein neuer Kühlschrank Freundschaft, selbst wenn es eine Freundschaft war, die auf dem Nehmen und Geben von Vergünstigungen beruhte. Ein neuer Kühlschrank bedeutete Protektion. Es bedeutete, daß irgend jemand einen bei der Hand nahm, daß man sich keine Sorgen mehr machen mußte, daß man einen Freund mit Beziehungen hatte.

Maren Wintersberg sagt, das Schwierigste, was *ihre* Ostdeutschen zu lernen gehabt hätten, sei die Tatsache gewesen, daß im Westen niemand einem anderen Menschen freiwillig hilft. Sie fühlten sich bei ihrer Ankunft wie Pioniere auf einer Abenteuerreise und waren nicht stark oder gebildet genug, um diese Grundtatsache der kapitalistischen Gesellschaft zu akzeptieren, und jetzt laufen sie Gefahr, durch das Netz eines Wohlfahrtsstaates zu fallen, der ihre Bedürfnisse zwar befriedigt, sie aber nicht in das gesellschaftliche Leben einbezieht. Ihre Apathie ist, wie in Peters Fall, eine Art Angst. Sie lachen über die Westdeutschen, die in der DDR einkaufen, als ob sie in Portugal auf Urlaub wären, und alle möglichen furchtbaren Dinge einpacken, die sie nicht brauchen, die aber billig sind — und die Westdeutschen lachen über sie, wenn sie in Hamburg die furchtbarsten Dinge kaufen, weil sie so teuer sind, auch wenn sie sie gar nicht brauchen. Peter hält nicht viel von den Übersiedlern. Er hat davon gehört, wie Deutschland sich nach dem Zweiten Weltkrieg dadurch wirtschaftlich erholte, daß es die Währung abwertete, um deutsche Produkte konkurrenzfähig zu machen, und wie alle Leute anfingen zu kaufen, und er glaubt, daß Ostdeutschland das auch tun sollte. Er findet, daß die Ostdeutschen zu Hause bleiben und nicht mehr an die Wiedervereinigung und an das Reichwerden, sondern an ihr eigenes Land denken sollten. Mit den Leuten, die aus Rostock herübergekommen sind, hat er nichts zu tun. Er will mit ihnen nichts zu tun haben. Die Probleme, die er hatte, sind ihnen fremd. Sie haben keine Schwierigkeiten an der Grenze, sie haben keine Schwierigkeiten zu Hause. Zu Hause sind sie frei, und er versteht nicht, warum jemand, der Rostock jederzeit verlassen kann, nicht zufrieden ist und daheimbleibt und an dem vertrauten ostdeutschen Lebensgefühl von Enge und Schmuddeligkeit festhält.

»Ich denke jetzt viel darüber nach«, sagt Peter. »Ich versuche, es mir nicht so schwerzumachen, aber ich denke: Warum ich? Ich hatte nie daran gedacht, in den Westen zu gehen. Ich wußte nichts über den Westen. Es gab kein West-Fernsehen — die Antenne in Rostock war damals nicht stark genug. Ich kannte nur die Musik. Mit meinen Eltern konnte ich nicht reden. Ich hätte sie gern nach dem Westen gefragt, aber Westdeutschland war tabu, die Grenze war tabu. Sie wußten, es war blöd, aber sie hatten keine Antworten und sie hatten diese typisch ostdeutsche Haltung, alles zu verdrängen, worauf sie keine Antwort wußten. Alle, die ich kannte, waren so. Heute sehe ich die Ostdeutschen demonstrieren, und ich frage mich, wo kommen diese ganzen Leute eigentlich her? Zu meiner Zeit hat doch keiner was unternommen. Man wußte, die DDR war Scheiße, aber man hat nichts gesagt. Man war passiv. *Ich* war jedenfalls passiv. Ich bin zur Schule gegangen und bekam dieses eindeutige Bild vom westdeutschen Klassenfeind vermittelt — wir waren die Bürger der sozialistischen DDR, und Westdeutschland war eine imperialistische Macht, die gegen uns war; der Zweite Weltkrieg war gar kein deutscher Krieg gewesen, sondern ein faschistischer Angriff gegen *uns;* wir waren die Antifaschisten, und die Faschisten waren in Westdeutschland noch immer an der Macht. Meine Haltung war, laß sie reden, aber glaub ihnen nicht. Ich hab nie verstanden, warum die anderen ihnen geglaubt haben. Die meisten von uns hatten Eltern, die im Krieg gekämpft hatten. Wie auch immer, man sagte uns, wir sollten uns in die Welt der sozialistischen Arbeiter einordnen, unsere Identität liege in der großen deutschen Arbeiterbewegung. Da hab ich zu mir gesagt, Moment mal, was geht mich das an? Ich habe doch nicht darum gebeten, daß ich hier geboren bin. Warum konnte ich nicht Däne sein? Oder Schwede? Oder meinetwegen Westdeutscher? Warum bin ich allein? Von den

Oppositionellen habe ich nichts bemerkt. Mein Bruder wollte weg, aber nur um zu heiraten. *Sein* Konflikt mit der DDR fing an, als man ihn nicht gehen lassen wollte. Der einzige Oppositionelle, den ich kannte, war Fritz, und als er und seine Familie weggingen, war das wie mit dem schwedischen Tramper — mir war völlig klar, daß sie in einer anderen Welt lebten. Ich dachte an die Beengtheit zu Hause — vier Leute in zweieinhalb Zimmern — und den ganzen Mist, die Feindseligkeit, meine private Unzufriedenheit mit dem System, und ich habe mir gesagt, nein, hier kann ich nicht leben. Der Feind war jetzt Ostdeutschland. Ich dachte: Der Westen? Schlimmer kann es nicht sein.

Ich fing an, Pläne zu schmieden. Ich wußte, mein Antrag würde fünf, sechs Jahre in Ostberlin herumliegen. Ich wollte legal ausreisen, aber das einzige, was ich mir dafür einhandelte, waren Drohungen von einem Stasi-Typen und ein Jobangebot von einem anderen. Ich wußte, daß mir nur der illegale Weg blieb. Ich sagte mir, ich werde im Gefängnis landen, aber versuchen werde ich es trotzdem. Ich dachte an Ungarn, aber für einen Minderjährigen war der Weg über Ungarn nicht so leicht. Meine verrückteste Idee war, ein Boot zu klauen und über die Ostsee zu fliehen. Es gab ja Geschichten von Leuten, die über die Ostsee nach Dänemark gepaddelt waren, Geschichten von Leuten, die in Ruderbooten herumtrieben, bis sie schließlich von dänischen Fähren aufgelesen wurden. Aber am Ende wußte ich, daß es die Grenze zu Hause sein würde. In der Phase, als ich meine Strecke plante, habe ich mal eine Probefahrt zur Grenze gemacht. Es war eine furchtbar nasse, stürmische Nacht. Ich fuhr über Feldwege, und dann — fünf Kilometer vor der Grenze — dachte ich, was mir alles passieren konnte, zum Beispiel auf eine Mine zu treten und zerfetzt oder vielleicht sogar verhaftet zu werden. Ich war ziemlich fertig und rauchte eine nach der andern, dann fuhr ich nach Baumberg zurück und rief meine Mutter an.

Selbst als ich es dann tatsächlich versuchte, habe ich nicht an einen Erfolg geglaubt. Ich wußte einfach nur, daß ich nicht länger bleiben konnte. Ich konnte diese brutale Abschirmung von der übrigen Welt nicht mehr aushalten. Grenzen waren mir zuwider. Ich fand es unerträglich, daß man nicht über Grenzen sprechen durfte. Einmal habe ich versucht, mich kirchlichen Kreisen anzuschließen — interessant an der Kirche fand ich den *oppositionellen* Aspekt —, aber die Themen, über die ich reden wollte, Themen wie Grenzen, wurden in Kirchenkreisen nicht diskutiert. Heute denke ich, daß Ostdeutsche wie ich von einem System geformt wurden, das es ihnen unmöglich gemacht hat, in Ostdeutschland wirklich zu leben. Sie hatten die Solidarität, die aus dieser furchtbaren gesellschaftlichen Realität entstand — aus dem Wunsch, unter anderen Bedingungen zu leben. Hier ist diese Solidarität verlorengegangen. Die Leute hier sind selbstsicherer. Es fällt ihnen leichter, Individuen zu sein, aber sie leben isoliert voneinander. Deshalb finde ich, daß all diejenigen, die jetzt idealistisch sind — nach dem Fall der Mauer, nach dem Scheitern des Kommunismus —, in Ostdeutschland bleiben sollten. Nach fünf Jahren kann ich sagen, daß *ich* nicht gegangen wäre. Es hätte gereicht, wenn sich die Kommunisten verändert hätten.

Es hat so viele Veränderungen gegeben — das Kaiserreich, Weimar, der Faschismus, die Teilung, der Kommunismus und jetzt das. Die Ostdeutschen haben das System selbst abgeschüttelt, ohne die Westdeutschen. Hätte es Gorbatschow schon vor zwanzig Jahren gegeben, hätten sie es damals schon getan, ohne den Westen. Ich versuche, mich in meine Mutter hineinzuversetzen, wenn sie den Westen wählt, und das Traurige ist, daß sich diese Chance vielleicht erst in vierzig Jahren wieder bietet. Ich habe versucht, hier zu wählen. Ich habe meine Stimme den Grünen gegeben, aber ich glaube, daß die Grünen ebensowenig wie die anderen westdeutschen Linken wissen, was im Moment passiert. Die Grünen wissen mehr über Australien als über Ostdeutschland. Sie haben nichts für die Ostdeutschen getan. Zuerst waren sie dafür, wie alle anderen auch, die Flüchtlinge aufnehmen, aber jetzt sagen sie, wie alle anderen auch, daß alle Ostdeutschen ›Konsumidioten‹ sind. Die Leute machen sich nicht klar, daß alle Ausländer hier ›konsumieren‹. Sie fragen nicht, woher diese ›Konsumhaltung‹ kommt — von Jahrzehnten der Entbehrung. Sie sagen einfach, sie sind gegen den ›Kaufrausch‹ der Ostdeutschen.

Vielleicht ist das schwer zu verstehen, wenn man aus einem reichen, satten Land kommt. Es heißt, wir sind ein Volk, aber ich finde, daß die Tschechoslowakei und Ostdeutschland mehr verbindet als Ost- und Westdeutschland. Beide haben nichts. Mir ist egal, daß ich nichts habe. Ich mag den Westen nicht. Es lohnt sich nicht, für ihn alles aufzugeben. Ich wollte nie in den Westen. Ich wollte weg, aber nicht unbedingt in den Westen. Ich wollte einfach weg aus dem Osten, und zwar auf dem kürzesten Weg.«

Über die Autorin

Jane Kramer, 1938 geboren und in Vassar und Columbia erzogen, arbeitet seit 1963 für den *New Yorker*. In dieser Zeitschrift hat sie seitdem ihre wichtigsten Arbeiten veröffentlicht. Seit 1972 ist sie die Europa-Korrespondentin des Magazins. Sie lebt in New York und Paris, wo sie die Nachfolge der legendären Janet Flanner angetreten hat.

Ihre wichtigsten Buchpublikationen sind: *Off Washington Square*. New York: Duell, Sloan and Pearce 1963; *Allen Ginsberg in America*. New York: Random House 1969; *Honor to the Bride*. New York: Farrar, Straus and Giroux 1970; *The Last Cowboy*. New York: Harper and Row 1978; *Unsettling Europe*. New York: Random House 1980; *Europeans*. New York: Farrar, Straus and Giroux 1988.

Inhalt

Jane Kramers Reportagen SONDERBARE EUROPÄER. GESCHICHTEN UND GESICHTER sind im Oktober 1993 als hundertundsechster Band der ANDEREN BIBLIOTHEK im Eichborn Verlag, Frankfurt am Main, erschienen. Die ersten beiden Stücke dieses Bandes sind dem Band *Unsettling Europe* entnommen; die zwei folgenden stammen aus *Europeans;* die letzten drei wurden aus der Zeitschrift *The New Yorker* übersetzt, in der auch sämtliche anderen Arbeiten als Erstdrucke erschienen sind.

Die Übersetzung aus dem Amerikanischen hat Matthias Fienbork übernommen.

Dieses Buch wurde in der Buchdruckerei Greno in Nördlingen aus der Korpus Bembo Monotype gesetzt und auf einer Condor-Schnellpresse gedruckt. Das holz- und säurefreie mattgeglättete 100 g/qm Bücherpapier stammt aus der Papierfabrik Niefern. Den Einband besorgte die Buchbinderei G. Lachenmaier in Reutlingen.

1. bis 7. Tausend, Oktober 1993. Einmalige, limitierte Ausgabe im Buchdruck vom Bleisatz.

ISBN 3-8218-4106-0. Printed in Germany.

Von jedem Band der ANDEREN BIBLIOTHEK gibt es eine Vorzugsausgabe mit den Nummern 1–999.